五南文庫 009

臺灣慰安婦

朱德蘭◎著

臺灣慰安婦

作　　者　朱德蘭
發 行 人　楊榮川
總 經 理　楊士清
主　　編　陳姿穎
責任編輯　沈郁馨
封面設計　姚孝慈、王麗娟

出　　版　五南圖書出版股份有限公司
地　　址　106台北市和平東路二段339號4F
電　　話　（02）2705-5066
傳　　真　（02）2709-6100
劃撥帳號　01068953
戶　　名　五南圖書出版股份有限公司
網　　址　http://www.wunan.com.tw/
電子郵件　wunan@wunan.com.tw
法律顧問　林勝安律師事務所 林勝安律師
出版日期　2009年 1 月初版一刷
　　　　　2010年 3 月初版二刷
　　　　　2015年12月二版一刷
　　　　　2019年 5 月三版一刷
定　　價　新台幣500元

國家圖書館出版品預行編目資料

臺灣慰安婦 / 朱德蘭著.--三版.--臺北市:
五南, 2019.05
面；公分

ISBN 978-957-763-378-1 (平裝)

1.慰安婦 2.臺灣史 3.日據時期

542.264　　108005076

推薦序——「臺灣慰安婦」

從軍「慰安婦」的世界，真是另一種「悲慘世界」（Les Miserables）。「慰安婦」牽涉戰爭時期，日軍對殖民地婦女的性暴力問題。第二次大戰時期，日本政府在亞洲各地強徵「慰安婦」，為日軍提供「慰安所」，對受害婦女身心造成極大摧殘及其人權的侵害，違反了國際上有關人權保障條約。

最先對日本政府提出控訴的是韓國的婦女團體，一九九一年十二月，得到日本人律師協助，有三名朝鮮人「慰安婦」，向東京地方法院，控告日本國「戰爭犯罪」，要求各二千萬日圓的補償。接著，北韓、中國、臺灣、菲律賓、印尼等，亞洲各地的戰時「慰安婦」，陸續出來控告日本政府。

一九九三年間日本獨大的自民黨分裂，經過「非自民黨」的八黨派聯合，擁立日本新黨黨魁細川護熙為首相組閣。一九九三年八月內閣官房長官河野洋平，經過對朝鮮人「慰安婦」聽取調查後，發表談話，承認「慰安婦」的強制性，說當時的朝鮮半島在日本統治下，「慰安婦」的募集、移送、管理等，使用甘言或強押等手段，總之有違反本人意志之情事，對於「慰安婦」的募集，主要是承包商受軍部委辦，也有官憲直接牽涉的，對此表示由衷的致歉並反省。但是這個「河野談話」，後來被日本右翼、政客、舊軍人、戰爭史研究學者秦郁彥等所反對。

聯合國人權委員會，為了調查「慰安婦」的實情，派遣斯里蘭卡出身的庫瑪拉蘇瓦密

（Kumaraswami）女士，到亞洲各地調查，於一九九六年二月提出報告，得到的結論是：關於募集方法，雖然大部分是依據「慰安婦」的證詞，缺乏佐證的文獻，但可以認定很多案例是由掮客或警察，欺騙婦女上當的。「慰安婦」的總數約二十萬人，大部分被殺死，「慰安婦」的生活條件，極為悲慘。庫女士的報告，對於「慰安婦」的人數以及死亡人數，日方有異議，但是日本政府一直不肯公布「慰安婦」的統計數字。可見日本政府沒有誠意，去清算「戰爭犯罪」問題。

變成世界第二經濟大國之後的日本，以為一切都可以用金錢解決。一九九五年八月，日本的村上內閣，設立了「財團法人亞洲女性平和國民基金」，但這是「民間基金」性質，讓日本政府逃避「戰爭犯罪」責任。日本政府對認定為戰時「慰安婦」者，各支給二百萬日圓的慰問金，以為戰後的補償問題，如此在法理上處理完了。

日本政府不承認「戰爭犯罪」，以「慰問金」替代「國家補償」，很多「慰安婦」拒絕受領，至二〇〇一年底為止，受領者總共只有一百八十八人，菲律賓約一百二十人最多，其次是韓國約五十人，再其次是臺灣約十人，每人個別受領「慰問金」二百萬日圓。

庫女士的報告，認定日軍的慰安所制度，「違反國際法」，日本政府應正式謝罪，並勸告調查參與慰安婦募集與慰安所制度的罪犯，應盡可能查定處罰。「違反國際法」，是指違反一九三〇年禁止強制勞動的ＩＬＯ第二十九號條約，以及一九二一年禁止買賣婦女與兒童的日內瓦條約。

二〇〇七年一月三十一日，美國的日裔民主黨眾議員邁克．本田（Mike Honda），提出「慰安婦決議案」，當時只有六名議員聯署。二月中旬，韓國的李永洙和金郡子、荷蘭的沃海倫，三位「慰安婦」

到美國眾議院舉行的「慰安婦」聽證會。六月三十日，美國眾議院無異議通過決議案，譴責日本在第二次世界大戰期間強徵亞洲其他國家和地區的婦女，充當日軍的「慰安婦」，要求日本政府，不但要對強徵「慰安婦」正式道歉，並且要教育下一代，了解日本國的犯罪。

自美國眾議院通過決議案後、荷蘭眾議院、加拿大聯邦眾議院，相繼通過「慰安婦」決議案。二〇〇七年十二月十三日，歐洲議會在法國斯特拉斯堡（Strasbourg）討論「慰安婦」案，歐洲議會全體會議的各政治黨團代表，對「慰安婦」決議案，經過審議後進行表決，最後以五十四票贊成、零票反對、三票棄權，通過了決議案，要求日本政府正式對「慰安婦」道歉，並對受害者及其家屬給予經濟上的賠償。

晚了將近一年之後，二〇〇八年十一月十一日，臺灣的立法院三讀通過「臺灣慰安婦決議文」，要求日本以清楚而不曖昧的態度，向「臺灣慰安婦」，正式承認事實並道歉，且接受歷史責任賠償。這是十七年來，臺灣的國會，首次公開支持「臺灣慰安婦」討回公道。高齡九十二歲的「臺灣慰安婦」吳秀妹，來自桃園，雖然是「遲到的正義」，仍然感到欣慰，為了討回公道，抗議十七年，因國際上的連帶奮鬥，終於回饋到臺灣來。

日本政府在強徵「慰安婦」問題上，始終不肯正式承認、道歉，並以民間基金的「慰問金」替代「國家賠償」，而引起國際社會的廣泛關注。日本右翼甚至先前，說要暴露戰後美軍強暴「日本慰安婦」之事，威脅美國眾議院不得通過「慰安婦」決議案。然而，日軍強徵殖民地婦女為「慰安婦」，與日本國策的「日本慰安婦」，是完全不同性質的。

日本政府為了籠絡美軍，於一九四五年日本投降後三天，即在八月十八日，命令地方長官，為美國占領軍設置「性的慰安設施」。八月二十三日，由日本政府融資，以美軍為對象的色情接客業，在東京銀座設立事務所，稱為「特殊慰安設施協會」（Recreation and Amusement Association）。戰敗國的日本政治家，對付美國占領軍的辦法，最先想到的就是運用日本女人的「賣春」戰術。日本的「國策慰安婦」，自稱是「戰敗者贈送給戰勝國的禮物」（敗者の贈物）。當時的大藏省主稅局長池田勇人，還融資一億日圓給「特殊慰安設施協會」。池田勇人後來當上首相，計畫「所得倍增」政策，讓日本經濟高度成長。日本政府的「賣春」戰術，真是厲害。

臺灣的學界、政界，充斥著日本殖民統治讚美論。朱德蘭女士的《臺灣慰安婦》，詳實地記錄日本的殖民地統治，在戰爭體制下臺灣總督府、臺灣軍司令以及地方官廳，有組織性地參與設立「慰安所」，也官商勾結地參與「慰安婦」的募集與出境。德蘭女士對「臺灣慰安婦」的史實紀錄，完全駁倒了日本新右翼的謬論，拆穿了「慰安婦」不是強制的，「慰安婦」是出人頭天的謊話。

韓國能，為什麼臺灣不能？對「慰安婦」的「悲慘世界」，臺灣終於也有人艱辛地完成一部鉅作《臺灣慰安婦》。在臺灣屈曲的歷史上，留下值得長久教育下一代的作品。

臺灣日本綜合研究所　所長
東京大學法學博士
許介鱗
二〇〇八年十二月

推薦序

有關世人對太平洋戰爭的記憶，從南京大屠殺、東南亞集中營，到沖繩、廣島、長崎，累計有上百萬無辜的平民、婦女兒童受害犧牲，這些不幸一直留在人們的記憶中。儘管世界各地有的通過紀念碑，有的建造墓園，或以肅穆的追悼儀式來提醒後人不要遺忘這場殘酷的戰爭，但，曾經在日本統治下的國家，也有以自己的方式來紀念或忘記這場戰爭的情形。法國史學家歐內斯瑞南（Ernest Renan）說過：「忘記是不可能的，除非學會忘記。」不過，二十世紀九〇年代，在東北亞、東南亞、澳洲、歐洲諸國的日本大使館門外，經常出現一群年長婦女抗議示威，她們向世人告白，戰爭期間她們遭到日軍種種不人道的待遇，要求日本政府承認當年所犯下的罪行，給與謝罪和賠償。

這群來自不同文化背景、不同國家的婦女，控訴戰時自己被迫從娼，在日本統治地、大東亞日軍占領區慰勞日本士兵。近半個世紀以來，她們因為不願讓自己的丈夫和子女知道自己羞恥的過去，所以忍受痛苦，把這祕密深藏在心底。但，她們為了已經過世的「慰安婦」姐妹，不願再壓抑心中的憤懣，因而決定要把自己的經歷公諸於世，甚至出書。換言之，存活者實在無法忘記戰時慘痛的記憶，要求日本政府必須公開道歉與賠償。

關於索賠，受害者在日本提出控訴，根本是徒勞無功。日本官方反駁，每個人都有自己版本的故事，至今為止，並沒有真憑實據可以證明「慰安婦」制度是由日本政府策劃的。起初，這些意志堅決的婦女得到廣泛民眾的支持，日本官方也接受他們的申訴，但並未採取什麼實際行動。日本政府似乎有意讓這段陳年往事隨著歲月的流逝，就如同戰爭中無辜的受害者一樣，等待年老的阿嬤們往生，來解決難以處理的戰爭責任問題。

其實，從以往發表的「慰安婦」專題文章來看，受害者絕非各說各話。朱德蘭博士研究了數十名不幸被騙、被迫在臺灣山區、華南和其他地區的臺灣婦女個案，就足以證明日本政府是募集、運輸性奴隸的幕後黑手。朱德蘭博士留學日本，有相當嚴謹的史學訓練，經她分析當年重要官方文件的結果，而得斬釘截鐵地指出，「慰安婦」制度是日本政府一手策劃，把無辜婦女送到海內外各地淪為性奴隸，而由影子組織作為代罪羔羊，藉以掩蓋日本政府與殖民地政府的醜行。

對於許多受害者而言，這個學術論證也許來得太遲了，但本書的出版，可以強而有力的告訴後人，「慰安婦」曾經遭受日本帝國主義的蹂躪與傷害。少數仍存活於世的受害者勿須再去示威，因為她們本身就是最好的證據。

值得一提的是，作者以臺灣慰安婦作為訪談對象，在她聆聽受害者追憶泣訴她們當年遭受種種不人道迫害的同時，為安定受害者激動的情緒，和整理自己的思緒，也順手草擬了若干圖畫，以便做詳盡的紀錄。通過這些活生生的歷史見證以及日本官方的有力文獻，再加上作者的畫作，可更加凸顯出受害者個別故事的張力。受害者的口述資料和日本官方文件的互補，實已為臺灣慰安婦拼出一幅完整的歷史圖像，並證實朱德蘭博士著作的學術貢獻。

荷蘭萊登大學

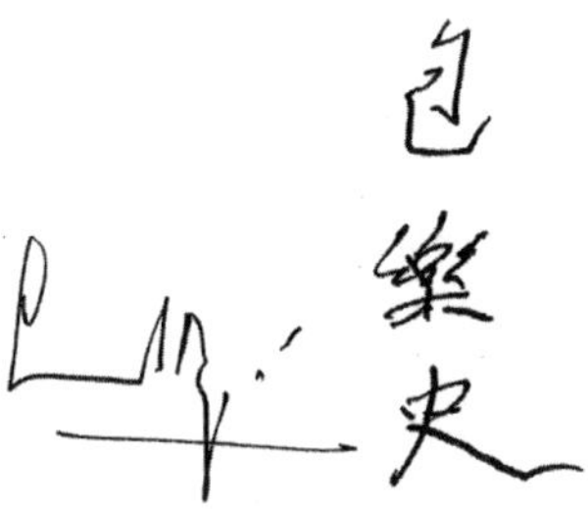

二〇〇八年十二月三日

自序——記憶與紀錄：臺灣慰安婦的歷史傷口

一九九四年，是我在日本國立九州大學攻讀博士學位的最後一年，母親特地來福岡幫我打理生活瑣事，以利我完成論文，儘早返臺工作。一九二三年出生於山東日照農村的母親，和我閒聊時說，太平洋戰爭末期，日軍多次掃蕩山東抗日根據地，有一回她家剛煮好一鍋飯，突然聽聞「鬼子」來「掃蕩」，一家人趕緊出外避難。等待「鬼子」離去，回家吃飯，正吃之間，竟發現飯裡有一坨糞便，大夥對「鬼子」把人當狗，如此糟蹋糧食，罵聲連連。母親說，「日本鬼子」侵占中國，村民最怕他們前來掃蕩，最恨婦女被強姦，一聽到「鬼子」來了，都不顧一切的拔腿就跑。

母親陪我住了半年，在日常生活中發現，福岡街道十分平整，馬路沒有垃圾；車輛行駛路口，一定禮讓行人；乘客上下公車不爭先恐後，家家戶戶門前多擺設盆栽，重視美化環境，有的庭院種植果樹，果實累累垂落牆外，也沒有人來攀爬偷摘。總言之，母親對日本人守法、愛清潔、有禮貌、講求公德，印象極好，她曾問我：「這麼懂禮節的民族，為什麼侵略中國？為何到中國殺人放火、搶奪東西、強暴婦女？」

我先後到東京、福岡留學七年，對於日本國民普遍性的有教養，科技產業日新月異，藝術文化精緻，也感到相當的欽羨。至於我從專業研究領域（華商貿易史、中國海洋發展史），轉向關注臺灣慰安婦此一議題，則全屬一種機緣。

一九九八年出於好奇，在誠品書店觀看臺北市婦女救援基金會發行的紀錄片「阿嬤的祕密——臺籍慰安婦的故事」時，認識了王清峰律師，其後受到她的精神感召，開始蒐集資料，博覽群書，探索原臺籍慰安婦的歷史真相。

言及原臺籍慰安婦，一九九二年婦援會已經做了若干的查訪紀錄，且對申訴者之中，具有戰前日軍慰安婦身分者，確認共計五十六名。一九九二年當時，臺灣阿嬤沒有任何補助，她們不畏旁人異樣的眼光，挺身而出控訴日本政府，為的是洗刷汙名，向日本政府討回公道。

二〇〇一至二〇〇四年我應邀擔任婦援會董事期間，為詳細紀錄臺灣阿嬤口述史，在婦援會社工人員的引領下，開始有計畫的探訪分布於全臺灣各地的阿嬤。在訪談印象裡，阿乖、大桃、滿妹、秀妹、沈中諸位阿嬤，個性豪邁直爽，訪談工作比較順利。芳美、寶珠、愛珠、蓮花、阿菜、小桃諸位阿嬤，個性內向，心理負擔沉重，訪談過程十分辛苦。二〇一七年我從婦援會出品的《蘆葦之歌》影片裡，看到蓮花、小桃阿嬤落落大方，勇敢地面對鏡頭，侃侃而談自己的不幸經歷，很為她們走出歷史陰影而感到欣喜。

憶及二〇〇三年由我負責慰安婦認證工作的一件奇案，簡要地說，有一天，一位客家籍阿嬤玉妹（化名），她請她的義子打電話到婦援會，要求認證她有慰安婦的身分。當下我直覺的懷疑，一九九二年婦援會開放申訴案件時，媒體經常報導相關消息，那時她不出面，為何現在來申訴，究竟有何意圖？心裡大打問號，儘管如此，仍和婦援會的督導前往玉妹義子的家，訪問了她。訪談大約進行兩小時，針對我的提問，玉妹阿嬤有時沉默，由她義子代答。為求慎重起見，我回應要做第二次訪問。一個月後，玉妹義子從新竹到臺北，親訪婦援會，他向督導解釋，玉妹是怕親生兒子、媳婦知道她的過去，看不起她，所以一直隱瞞了慰安婦的經歷，但眼前兒子欠下一筆債，想賣房子，媳婦不肯，夫妻倆常常吵架鬧離婚，玉妹阿嬤想解決債務，才要求婦援會認證，幫忙申請補助款。我對此說詞仍然存疑，便請督導回覆，必須再訪玉妹一次，才考慮是否立案。

同年夏，我和婦援會社工一同採訪寶珠阿嬤。據玉妹和其義子敘述，一九四一至一九四五年她的慰安地點在佛山、臘戍，正巧寶珠阿嬤也在那裡工作。寶珠阿嬤居住臺北，戰後從未見過玉妹。我藉此機會詳問寶珠阿嬤有關玉妹在佛山、臘戍充當軍妓的事。不料，寶珠阿嬤答的內容和玉妹阿嬤講的不謀而合。

我打算回報婦援會，核准玉妹阿嬤的申請案。但很遺憾的，玉妹阿嬤去世了。為此，我將一遍又一遍傾聽阿嬤埋藏於內心的生命經驗，連同玉妹阿嬤的悲慘經歷，收錄在本書第三篇內。換言之，阿嬤們的歷史記憶告訴我們，日本帝國主義者在侵略鄰國領土的同時，也侵略了眾多弱勢婦女的性、身體。

我曾經捫心自問，倘若我生在戰前，成長在父母不識字，依靠種田度日，常常餓肚子的貧困家庭裡，為了溫飽，為求改善家計，會不會答應掮客到海外打工賺錢？一旦到了語言不通的外地，發現那不是原先同意的工作，卻被店主掐住命運，又該如何生存呢？

一直以來，韓國阿嬤有政府支援、民間力量為後盾，在女性人權運動團體的支持下，不僅每週三定期向日本駐韓領事館抗議，堅持要求日本政府謝罪與賠償，且在領事館前方設置了慰安婦雕像，警惕日本政府要認真面對歷史。

相形之下，臺灣社會不斷地有人質疑：一、慰安婦並非全部都是被迫，她們也有本來就是妓女，自願賣淫的。二、日本殖民時代，為防止性病，臺灣引進了日本本土的公娼制度，公娼制度完備，慰安婦制度和公娼制度是一樣的。三、沒有能力接受教育、家境貧窮的婦女，選擇性工作是很自然的事，不應忽略有自願從事性工作者的自主性。四、戰後國民黨主政數十年，曾經設有八三一軍中樂園，不應只論日軍慰安婦，選擇性的遺忘軍中樂園問題等等。

上述論點看似有理，但不可忘記，日本政府在殖民地，採取了一國兩制、差別性的統治方針。日本本土和殖民地的公娼制度，因為族別不同，法規並不一致；日軍慰安所制度依據地區、從業婦族別，也多有差異。尤須反思的是，戰時日軍慰安所市場的創造及擴大，源自日本政府，其相關機構、商民利誘婦女充當日軍的「性工具」，讓受害婦女死的死，傷的傷，讓倖存者一生背負著汙名與苦痛，日本政府難道不該謝罪與賠償嗎？

臺灣八三一軍中樂園和日軍慰安所有無異同，不得而知，如果有受害者出面提供證詞，當然也是一值得深入追究的問題。

本書在紀錄日本帝國主義之惡，臺灣婦女受害經歷的同時，也想讓其他地區受害婦女知道，妳並不孤獨。

本書值此發行第三版第一刷之際，由衷地感謝：勇敢回顧自己歷史傷口的臺灣阿嬤；盡心盡力支援臺灣阿嬤，協助療癒其身心的婦援會；日本義務律師公會、海內外各地秉持正義的專家學者。倘若沒有臺灣阿嬤的證詞，沒有民間社會團體和正義人士的支持，我絕無力量完成此書。

謹序

二〇一九年五月一日

目次

附錄圖資料索引

附錄表資料索引

導論

一、研究緣起

「慰安婦」（comfort women）一詞是一九三七年至一九四五年中日戰爭、太平洋戰爭期間，在戰場、日本統治區慰勞官兵，為日軍提供性服務的婦女，[1]其從業及生活場所一般稱之為「慰安所」。戰時日軍普遍設立慰安所的原因，大致是：日軍在各地頻繁地發生強姦事件、為緩和士兵的殺伐氣氛、為維護日本占領區的治安工作、為預防士兵感染性病、為防止軍情外洩、為鼓舞皇軍的作戰士氣等。[2]戰時慰安婦的實際人數不詳，戰後倖存者基於人格、尊嚴受到侮辱，大多自怨自卑地生活在社會下層的角落裡。而此沉默數十年的陰暗史，一直等到一九八〇年代韓國民主化運動興起，女性運動抬頭，才漸漸地露出了一道曙光。

關於韓國慰安婦問題的提出，源起於一九八〇年梨花女子大學尹貞玉教授到處查訪，一九九〇年報紙刊載她採訪受害者的口述史〈挺身隊取材記〉，給韓國婦女帶來極大的衝擊，自此時起揭露挺身隊（慰安婦）歷史真相備受韓國社會的關切。同年五月，韓國婦女團體以盧泰愚總統訪問日本為契機，呈交盧泰愚總統一封公開信，信中要求盧泰愚總統在訪日期間，要向日本政府提出解決慰安婦問題的聲明。六月，日本政府針對社會黨參議員本岡昭次提出調查慰安婦問題的質詢時，因做出「慰安婦是民間業者帶走，礙難調查實情」的答辯，激起韓國人的內心怒火，因而有三十七個婦女團體組成「韓國挺身隊問題對策協議會」，呼籲日本政府徹底調查慰安婦問題，並提出：（一）承認強制徵用慰安婦的事實；（二）正式謝罪；（三）查明所有的野蠻行為；（四）設立紀念碑；（五）補償倖存者或受

害者遺族；（六）為避免重蹈覆轍，應在歷史教育中記載此一史實等六點要求。【3】

一九九一年十二月，韓國第一個勇敢露面的金學順（六十七歲），狀告戰時日本政府強徵她為慰安婦，要求日本承認戰爭罪行，予以謝罪、賠償。金學順的控訴行動不僅掀開了戰時日軍性暴力的黑幕，成為各國慰安婦指控日本政府犯下戰爭罪行的先驅，且為日後媒體爭相報導，婦女團體、人權團體共同矚目的國際性議題。【4】

值得指出的是，在金學順控告日本政府的當天，日本中央大學吉見義明教授因對官房長官加藤紘一公開發表：「因為沒有發現政府機關參與慰安婦的資料，所以很難回應挺身隊問題」的論調，認為這是官員違背良知，袒護政府，刻意逃避戰爭責任的行為，故於一九九二年一月十一日提供《朝日新聞》六件有關日軍指示設置軍隊慰安所的公文資料。同年二月，日本社會黨眾議院議員伊東秀子在日本防衛廳研究所圖書館找到三件有關南方軍要求臺灣軍派遣「慰安土人」（臺灣婦女）到婆羅洲（Borneo）的電報，證實日軍在臺灣也有招募臺籍婦女為慰安婦之事。伊東秀子的發現立即引起臺灣社會的關注。三月，臺灣國民黨政府順應民意，特別成立「臺籍慰安婦專案小組」，設立電話申訴專線，並委託臺北市婦女救援基金會（簡稱婦援會）啟動調查，負責申訴者的查訪與確認工作。【5】

一九九八年九月，婦援會在臺北誠品書店放映「阿媽的祕密——臺籍慰安婦的故事」紀錄片，筆者前往觀看，與時任婦援會董事長的王清峰律師（現任法務部長）提起，我在臺灣總督府投資的臺灣拓殖株式會社檔案資料裡，發現有若干慰安婦的文件。王清峰聽了很高興，希望我能全面清查這批多達三千冊的文書資料。一九九九年筆者獲得中央研究院的研究補助，開始查閱臺灣拓殖株式會社檔案資料。二〇〇〇年擴大調查範圍到臺灣總督府公文類纂與日治時期的臺灣戶籍資料。二〇〇一年日本出版筆者編輯臺灣慰安婦關係資料集二卷後，又因找到不少解答慰安婦疑點的線索，故決定以臺灣慰安婦問題做為我近十年來的主要研究課題。[6]

二、研究動機與目的

根據學者指出，一九九四年存活於世間的慰安婦總數約有二千人，其中有些婦女受到金學順的鼓舞和婦女團體、人權團體的支援，由韓國開始，菲律賓、荷蘭、中國大陸、臺灣接踵其後，一一向日本政府提出控告，她們要求日本政府承認戰爭罪行，對其身心傷害予以謝罪和賠償。[7]

（一）日本政府的態度

日本政府面對強大的國際輿論壓力，官員們雖在一九九五年籌組了一個名稱為「亞洲女性和平國民基金」（簡稱國民基金），想以民間捐款方式，代替政府致贈每名慰安婦撫慰金二百萬元（日圓），解決這個法律控訴問題。但慰安婦認為她們最需要的是回復尊嚴與名譽，因不接受日本政府逃避責任，不承認犯罪事實的處理問題方式，故大多數受害者並未向國民基金申請領取補償金。[8]

應該指出的是，日本國內的自由主義史觀派活躍地到各地舉行宣傳活動，他們一再美化過去的戰爭和肯定殖民地統治的論點，結果使一九九七年已經通過日本政府審核七本初級中學教科書中有記述慰安婦的文句，[9]到二〇〇一年檢定改訂版時，除了新增加的扶桑社沒有記述慰安婦內容外，原來七家裡的五家出版社全部予以刪除，剩下來的清水書院在《新中學校歷史——日本の歴史と世界》中，只做簡單的記述：「在戰地的不人道慰安設施，不僅有日本人，也有朝鮮、臺灣等女性。」日本書籍出版社在《わたしたちの中學社會——歷史的分野》裡記載：「戰時日本在亞洲各地有強制徵集年輕的女性到戰場充當日軍慰安婦。」如此簡略的文句而已。二〇〇五年日本政府進行檢定新訂版時，上述八家出版社全都刪除了有關慰安婦的段落記述。[10]

二〇〇五年日本文部科學省大臣中山成彬對八家出版社不再記載慰安婦的編輯方針表示：

> 在二次大戰期間並無「慰安婦」這個字眼。我們的歷史教科書過去使用過這個從未存在的名詞，新版歷史教科書不再使用這個錯誤的描述，這是一件好事。[11]

二〇〇七年新任首相安倍晉三在國會中表明：

> 並不存在官方擄走女性的強制性，也沒有證據證明日本政府有過類似抓捕慰安婦的強擄行為。[12]

以上現象意味著日本政府在日軍性暴力與慰安婦問題上，根本沒有誠意自我反省，深刻地進行歷史批判。

值得一提的是，臺灣政府對於日本政府處理慰安婦的態度，向來僅止於外交辭令的形式譴責，並未加入國際社會嚴正聲討日本政府的陣營。臺灣社會出現前所未有的熱烈討論狀況，緣於日本漫畫《臺灣論》的不當描述。

（二）漫畫《臺灣論》事件的爆發

二〇〇一年二月，日本漫畫家小林善紀[13]在臺發行《臺灣論：新傲骨精神宣言》（以下簡稱臺灣論）中文版後不久，因為文中引用許文龍（臺灣奇美企業董事長，二〇〇〇年至二〇〇六年兼任總統府資政）、蔡焜燦（偉銓電子公司董事長）的談話，記述戰時臺灣婦女擔任慰安婦，每個人都是抱著希望去的，沒有人被強迫；並說日軍也重視人權，能成為從軍慰安婦，收入穩定，可以存錢，加上有嚴格的衛生管理，對她們而言，簡直再好不過，可以出人頭地等內容，[14]與控告日本政府的臺籍慰安婦證詞不符，故引起以婦援會為首的婦女團體、民意代表們相當強烈的反應。

先是婦援會在二月二十一日舉行標題為：「日本、財團、慰安婦，反《臺灣論》不實刊載」的記者會，指出《臺灣論》這本書對慰安婦的描述完全偏離史實，嚴重地汙衊臺灣婦女；接著現代婦女基金會、女性立法委員向媒體表示，小林善紀的著作分明是踐踏婦女人權，許文龍應該出面澄清，政府應替受害者討回公道，另建議政府應該停止《臺灣論》在臺灣流通販賣，和呼籲讀者拒買、拒讀。[15]

臺籍慰安婦阿桃、寶珠在王清峰律師、謝啟大、郭素春、鄭金玲等立法委員的陪同下，於出席立法院在野聯盟的記者會中，先向媒體控訴《臺灣論》的觀點歪曲事實，再度傷害了她們，要許文龍出面對質，向她們謝罪，並辭去總統府的資政職務；然後再向行政院長張俊雄陳情，請求院長為她們主持公道。阿桃、寶珠也到總統府晉見陳水扁總統，當時陳總統正好有事外出，結果由簡又新副祕書長接見她們。她們請簡又新轉達總統，她們希望撤銷許文龍的資政職務，維護臺籍慰安婦人格尊嚴的訴求。【16】

在野黨立法委員在立法院向張俊雄院長表示：許文龍傷害臺籍慰安婦，已不適任總統府資政；慰安婦相關內容應該列入教科書；政府必須承諾，在半年內向國人提出有關慰安婦史實的正式調查報告。【17】張俊雄院長針對立法委員的質詢，答覆：《臺灣論》內容嚴重汙辱、扭曲歷史事實，政府願意幫助慰安婦討回公道，和希望日本政府道歉，以及半年內將向國人提出有關慰安婦史實的正式調查報告。【18】

（三）小林善紀與許文龍的辯解

小林善紀對《臺灣論》在臺灣社會引起軒然大波，二月二十四日於接受《中國時報》記者劉黎兒訪問時，表示很難理解。小林善紀解釋，他不否認戰時有慰安婦制度的存在，但問題在於日本政府是否使用「強制」的方式，就他所知並無證據證明日本政府強制徵集慰安婦，很多家境貧窮的少女根本也不知道自己是被父母賣掉的。又說，現在為慰安婦爭取賠償的人，都不是出生在那個年代的人，因此不了解當時的情況。許文龍是生於那個時代的人，他確實說過當時並沒聽說有「強制連行」去當慰安婦的事，因為假如有，戰後很快就會有人出來告發，不會等到現在。

小林善紀強調，有關「出人頭地」的描述，是反映日本的一般常識，而非出自許文龍的口。也就是說，慰安婦在日本軍方的監督下，慰安所會做妥善的衛生管理，對於避孕、性病也會加以檢查和預防，這種做法要比婦女被賣到一些惡劣的妓院，只被強迫賣淫，缺乏衛生管理，結果病死要好得多。小林辯稱，慰安婦問題是一種反日運動，是由日本國內左翼人士發起，到亞洲各地推展。左翼人士認為如果不提戰爭犯罪問題，就不配當共產主義論者，認為只有否定戰爭時代，日本才不會變成軍國主義，這是他們的信仰。但從臺灣的國家利益來說，最好與日本維持良好關係，不要拿慰安婦問題反日，應該讓她們過清靜的日子，不應常用她們做為運動或政治的工具。[19]

許文龍針對社會各界的抗議行動越演越烈，為消除民眾對他的誤解，故於二月二十五日召開記者會，聲明他沒有說過當慰安婦是「出人頭地」，以及日本的確沒有強迫婦女去當慰安婦，慰安婦問題也和他擔任資政職務無關。許文龍強調，二次大戰時他十七歲，住家附近有娼妓館。據他所知，當時日本（日軍）編有充分的預算，通過代理商或民間財團，代為尋找女孩。商人在採購女孩的過程，通常以合理的價錢，經由仲介或店主和女孩的父母談條件，讓父母把女兒賣到妓院，然後被集中管理，而成為日軍的玩樂場所。如上所說，日本以合法手續進行合理的買賣，並沒有強抓女孩當慰安婦的事，國人實在不應該以沒有的事實來「冤枉」日本。又說，據他了解，二次大戰以後國民黨政府開辦的軍中樂園，如果妓女被檢舉二次，就要被送到金門、馬祖的軍中樂園去接客，那些妓女人數可不是區區的一、二十人，而是多達數萬人。[20]

（四）臺灣老人對慰安婦問題的見解

另，出生於日治時代，風聞或有慰安婦招募經歷的老人，他們對此問題的理解如何？茲舉例說明如下：

1.曾任高雄縣小港庄役所（鄉公所）商工係長（股長）的王智先生說：

說是自願，實在沒人要自願，總督府一張公文下來，每鄉規定要多少女子報上去，我們就要去酒家、妓女戶勸誘，人數不夠的，再拜託警察想辦法。當年由臺灣總督府一紙祕密公文下來，說是要身體健康、思想健全的十八歲以上女子，送到前線去「鼓舞士氣」。祕密公文上寫著招募「看護、慰安婦」字眼，可以解讀是「安慰軍心」，大家心裡大約也猜到是做什麼事，但沒有人講破。接到公文，臺灣五州三廳按級分配人數下來，小港鄉只須招募二、三名，不是很難，根本不需要強迫，只要去勸誘。如果沒有達成日本上級的命令，不但會受處罰，也是十分丟臉的事。【21】

2.中日戰爭期間，參加海口市環境衛生規劃業務的臺北帝國大學醫科學生蘇嘉謨先生說：

當年想成為慰安婦可不是簡單的事，前提是要有同意書，然後她們不但須通過嚴格的身體檢查，領有證明還得聽候派令，到達指定「慰安所」後才得以排班接客，並不是如有心人所說，慰安婦是遭日軍強押的犧牲品。當時日軍紀律嚴明，不少是妓女出身的慰安婦，都慶幸有這麼高所得又不怕被流氓「白嫖」困擾的行業，收入是臺籍日軍一日六毛薪餉的數倍，行情好者是「賺一年可抵一生所得」。【22】

3.臺北市萬華區居民顏先生說：

一九四〇年日本政府公開招募慰安婦，（我）叔父當時是萬華地區妓戶公會的幹事，（他）認為這是一樁好生意，故決定擔任代理商，並向萬華地區「有牌照」的娼妓進行招募。（那時）風聲才一傳出，就吸引了相當多的人報名，全部都是當地的娼妓，（我）叔父大約招募二十幾個人，之後就帶往菲律賓去工作，回來後賺了很多錢。不只我叔父，很多人從事這樣的工作，包括妓院、酒店的老闆，招募的情形相當好。據我的了解，這些人都是自願擔任慰安婦，而且是很高興地去報名，她們原本都是從事相關行業的娼妓，之中並無良家婦女。【23】

以上說詞，有的說沒有人要自願當慰安婦，那是殖民政府按照地區分配人數，命令公職人員前往酒家、妓院勸誘的。有的說雇主、雇工雙方談好條件，必須有同意書、有受雇證明才能到指定的場所排班接客。有的說應徵慰安婦的人都是娼妓，她們都是自願報名就業的。又有當時慰安婦收入很高，吸引很多人前往報名的說法。臺灣人對慰安婦問題的理解，可謂人言言殊，究竟慰安婦歷史真相為何？頗值得深入探討。

（五）漫畫《臺灣論》事件的擴大

婦援會認為臺灣沒有出現軍中樂園的受害者，[24]許文龍把慰安婦問題與臺灣軍中樂園混為一談，根本是想模糊問題。至於許文龍說慰安婦是被家境貧窮的父母賣掉的，則是想替日本政府脫罪，要把責任全部推給受害者的父母。婦援會鑑於許文龍的談話一再加重傷害臺籍慰安婦的尊嚴，故於二月二十五日在臺北車站展開「為勇敢的阿嬤加油——拒買《臺灣論》」連署活動，要求許文龍向阿嬤道歉；並呼籲教育部將慰安婦歷史編入中學教科書中，使學生明白戰爭受害者慰安婦的歷史真相。[25]

在二月二十五日同一天，令人感到意外的事是，新黨立法委員馮滬祥在臺北誠品書店門口，爆發焚燒日本國旗、焚燒《臺灣論》，和焚燒許文龍與小林善紀的漫畫肖像等激烈舉動。他呼籲民眾拒買、拒讀《臺灣論》，書商拒售《臺灣論》，出版社不要出版《臺灣論》。新黨另一位立法委員鄭龍水和其助理則到基隆臺汽公路局車站內超市商店前，手持抗議海報，一面抗議許文龍的言論不當，一面呼籲民眾拒買奇美食品公司的產品，以及勸告超市商店拒售奇美食品。[26]

許文龍看到社會各界對於他的發言，有不同的理解，為免引起更大的爭議，波及他的奇美企業生意，便於二月二十六日以書面方式發表以下五點聲明：

1. 對於慰安婦一事引發社會爭議，造成對當事人的二度傷害，深感歉意。受到有限經驗的限制，個人恐有以偏蓋全、不盡周延之處，但對於當事人絕無汙衊之意，希望各界能夠以理性態度面對。

2. 本人並未表示慰安婦是為了「出人頭地」，也未使用「自願」這兩個字眼，關於此點，日本作家小林善紀已在接受訪問時公開表達。

3.關於本人曾經提到慰安婦「不是被強迫的」一事，是在指出當時日本政府並不是對慰安婦公開用捉的，是經過一定程序辦理的。此外，本人也並未否認有些人是在被勸誘或欺騙下才成為慰安婦的。

4.慰安婦的發生是歷史悲劇，和戰爭一樣，都是不人道的，本人對此深表遺憾，對當事人深感同情。除盡力撫慰當事人的創痛外，為了避免再次發生類似事件，本人將更加致力提高女權，使我們社會做到真正尊重婦女同胞的權益。

5.軍中妓女的存在，無論是在日本統治時代或國民黨政府時代，都是不應該的。為了更深入了解歷史真相，本人願意支持對慰安婦和過去軍妓制度更深入的研究，以還給社會一個歷史的真相。本人在此呼籲社會各界能夠阻止此一爭議發展成為政治和社會的嚴重對立，也避免對慰安婦當事人造成持續的傷害。[27]

以上聲明，雖然表達了許文龍對當事人的同情與歉意，但，他並沒有澄清人有沒有權利把自己或自己的女兒賣為娼妓？其實，賣淫活動的本質是一種侵犯公共秩序、社會良俗，把婦女「商品化」的一種人身買賣活動。戰時日本政府為女子提供賣淫機會，為皇軍規劃賣淫場所，為商人提供嫖客來源，為業者、消費者製造「性交易」市場，這些通過國家權力助長婦女賣淫、日軍買春的行為，為何會被他視為已經有一定的程序辦理，是合理合法的交易過程，而不會成為需要被檢討的問題？

附帶一提的是，許文龍在報紙刊載這份聲明稿後，既沒有以具體的行動撫慰臺籍阿嬤的傷口，也沒有支援誰從事臺灣慰安婦歷史問題的調查與研究。

（六）臺灣執政黨的反應

《臺灣論》在臺灣，有反對小林善紀言論的一群人，做出燒書、拒買、拒賣書的激烈舉動；也有支持小林善紀的一群人，大量買書和送書，呼籲民眾響應購閱的對立行動。[28]

內政部鑑於《臺灣論》成為臺灣媒體每日熱烈報導的新聞焦點，就在風波尚未平息之際，於三月二日召開一個專案審核會議，審查三月八日小林善紀預定來臺訪問的申請案。經過討論結果，內政部依據「入出國及移民法」第十七條規定：「外國人有危害我國利益、公共安全、公共秩序或善良風俗之虞者，得禁止其入國。」即以「不受歡迎人士」的等級，將小林善紀列入入境管制的黑名單中。[29]

內政部的突兀做法立即引起小林善紀的反彈，他批評臺灣不是一個民主國家，也不是一個言論自由的國家。行政院則為平息臺灣輿論的交相指責，和避免被人批評臺灣是個不講人權的國家，損害臺灣的民主形象，故迅即發布新聞稿，宣稱此事尚未定案，事經二十天，就正式取消了小林善紀「禁止入國」的規定。[30]

值得留意的是，政府先前受到輿論的壓力，在承諾半年內要提出有關慰安婦史實的調查報告後，就於二〇〇一年二月指示臺灣省文獻委員會（簡稱省文獻會，即今國史館臺灣文獻館）負責調查。但，令人感到遺憾的事是，省文獻會並未認真地進行調查，該機構編印的《臺日官方檔案慰安婦史料彙編》

一書，只不過依據一九九七年日本國民基金編輯，龍溪書舍出版的《政府調查「從軍慰安婦」關係資料集成》，與筆者一九九九年編集《臺灣慰安婦調查與研究資料集》（未出版），直接將日文資料予以中譯而已。

綜上所述，應可看出臺灣執政黨在處理慰安婦問題時，和韓國政府勇於向日本政府抗議的態度截然不同。臺灣人對此問題的歷史知識也多一知半解，似乎比較偏好選擇性地相信他們想要相信的某種說法，以為那就是歷史事實。

本書有鑑於此，為期釐清若干似是而非的觀點，解開此一歷史疑雲，故擬以嚴謹的史學研究法，通過官方與民間文獻資料的蒐集和爬梳，深度訪問個案資料的取得，以及重要史料的考證和比對，來探究臺灣慰安婦歷史問題。

三、研究回顧

有關慰安婦問題的出版品，包括：文書資料集、學術性著作、回憶錄、口述歷史、文學、漫畫、小說等，多不勝數。[31]如此多元、大量出版品的問世，也顯示這個問題相當重要。

如以慰安婦官方檔案彙編來說，收錄：戰時日軍慰安所政策、慰安所設置經緯、設置時期與地區、慰安所的監督管理與經營、慰安婦的招募與出入境運輸等文件，廣為學界利用的出版品有：

1. 琴秉洞編、解說，《戰場日誌にみる從軍慰安婦極密資料集》（東京：綠蔭書房，一九九二復刻版）。

2.吉見義明編集、解說，《從軍慰安婦資料集》（東京：大月書店，一九九二）。

3.後藤乾一、高崎宗司、和田春樹共編，《政府調查「從軍慰安婦」關係資料集成》（東京：龍溪書舍，一九九七—一九九八）。

首次公開〈臺灣總督府公文類纂〉、〈臺灣拓殖株式會社文書〉、〈日據時代臺灣戶籍資料〉，將臺灣公娼制度、臺拓國策會社受命招募慰安婦、慰安婦寄居臺灣戶籍資料呈現於世的出版品有：朱德蘭編集、解說，《臺灣慰安婦關係資料集》（東京：不二出版社，二〇〇一）。

增補朝鮮公娼制度、戰時朝鮮女姓勞務動員、國際連盟討論婦女兒童買賣問題等內容的出版品有：鈴木裕子編，《日本軍「慰安婦」關係資料集成》（東京：明石書店，二〇〇六）。

有關日本軍人、軍醫及慰安所關係者的證詞、回憶錄，與慰安婦當事人的訪查報告和口述史，數量繁多，這些著作多以朝鮮慰安婦為記述對象，其中，較具代表性的有：

1.千田夏光，《從軍慰安婦——「聲なき女」八萬人の告發》（東京：雙葉社，一九七三）。

2.金一勉，《天皇の軍隊と朝鮮人慰安婦》（東京：三一書房，一九七六）。

3.川田文子，《赤瓦の家——朝鮮から來た從軍慰安婦》（東京：筑摩書房，一九八七）。

4.尹貞玉等著，《朝鮮人女性がみた「慰安婦問題」》（東京：三一書房，一九九二）。

5.韓國挺身隊問題對策協議會、挺身隊研究會編，《證言——強制連行された朝鮮人慰安婦》（東京：三一書房，一九九六）。

以臺籍慰安婦為調查對象的報告和口述史有：

1.臺北市婦女救援基金會主編，《臺灣慰安婦報告》（臺北：臺灣商務印書館，一九九九）。

2.柳本通彥，《臺灣先住民・山の女たちの「聖戰」》（東京：現代書館，二〇〇〇）。

3.臺北市婦女救援基金會策劃、朱德蘭（計畫主持人）撰，《歷史的傷口：臺籍慰安婦口述歷史計畫成果報告》（臺北：臺北市政府文化局補助計畫，二〇〇二年十一月至二〇〇四年五月）。

以中國大陸慰安婦為對象的調查研究有：

1.蘇智良，《日軍性奴隸——中國慰安婦真相》（北京：人民出版社，二〇〇〇）。

2.石田米子、內田知行主編，《黃土の村の性暴力——大娘たちの戰爭は終わらない》（東京：創土社，二〇〇四）。

關於歷史文學，以通俗文學方式描寫慰安婦個案故事的代表作有：高橋功編著，《軍妓》（臺北：漢湘文化事業股份有限公司，一九九四）；李碧華，《煙花三月》（臺北：臉譜出版，二〇〇〇）。

關於學術研究，學者專家分別從性別觀念、族別意識、歷史教育、歷史認識、婦女人權、帝國主義、法律訴訟等多元視角，做過許多深度和廣度的探討，研究成果相當豐碩。其中，廣為學術界參考的著作有：

1.倉橋正直，《從軍慰安婦問題の歷史的研究》（東京：共榮書房，一九九四）。

2.川田文子，《戰爭と性——近代公娼制度・慰安所制度をめぐって》（東京：明石書店，一九九五）。
3.吉見義明，《從軍慰安婦》（東京：岩波書店，一九九五）。
4.吉見義明、林博史共編，《共同研究日本軍慰安婦》（東京：三一書房，一九九五）。
5. George Hicks 著、濱田徹譯，《性の奴隷從軍慰安婦》（東京：岩波書店，一九九五）。
6.金富子、梁澄子等著，《もっと知りたい「慰安婦」問題性と民族の視點から》（東京：明石書店，一九九六）。
7.鈴木裕子，《「慰安婦」問題と戰後責任》（東京：未來社，一九九六）。
8.荒井信一、西野瑠美子、前田朗共編，《從軍慰安婦と歷史認識》（東京：新興出版社，一九九七）。
9.鈴木裕子，《戰爭責任とジエンダ——》（東京：未來社，一九九八）。
10.前田朗，《戰爭犯罪と人權——日本軍「慰安婦」問題を考える》（東京：明石書店，一九九八）。
11.日本戰爭責任センタ——編，《ナシヨナリズムと「慰安婦」問題》（東京：青木書店，一九九八）。
12.上野千鶴子，《ナシヨナリズムとジエンダ——》（東京：青土社，一九九八）。
13.蘇智良，《慰安婦研究》（上海：上海書店出版社，一九九九）。

14.蘇智良、榮維木、陳麗菲主編，《滔天孽天二戰時期的日軍「慰安婦」制度》（上海：學林出版社，二〇〇〇）。

15. VAWW-NET Japan編，《「慰安婦」戰時性暴力の實態——日本・臺灣・朝鮮編》（東京：綠風出版，二〇〇〇）。

16. VAWW-NET Japen編，《「慰安婦」戰時性暴力の實態——中國・東南・太平洋編》（東京：綠風出版，二〇〇〇）。

17.尹明淑，《日本の軍隊慰安所制度と朝鮮人軍隊慰安婦》（東京：明石書店，二〇〇三）等。

18.金富子、中野敏男編著，《歷史と責任「慰安婦」問題と一九九〇年代》（東京：青弓社，二〇〇八）。

以上專著當中，爭論較多的問題大致如下：

1.慰安婦的數量有多少？

千田夏光（每日新聞報社記者）估計，慰安婦總數約十萬人，其中，以朝鮮族人數最多。日本中央大學教授吉見義明推估，總數約在十萬至二十萬人之間，其中，也以朝鮮族居多。上海師範大學教授蘇智良估算，總數約計四十萬人。在四十萬人裡，中國大陸婦女約占一半，人數最多；日本婦女約有二萬至三萬人，朝鮮族約為十四萬至十六萬人，臺灣與東南亞地區各族婦女各約數千人，澳大利亞、美國、英國、荷蘭、西班牙、俄羅斯等國婦女，各占數百人。秦郁彥（日本大學教授）估計，總數約有兩萬人。[32]

2.把慰安婦制度當作公娼制度是合法的嗎？

日本埼玉大學教授長谷川三千子主張，慰安婦制度等同公娼制度，她認為：(1)戰前日本和韓國都存有貧窮人家為了避免家人餓死，有不賣女兒就不行的社會現象，因此，很有可能出現年輕女孩為了家人跳進火坑，家庭也用欺瞞的方式把女兒賣掉的情形。[33] (2)戰時只要有軍隊存在的地方，就會有強姦事件和以金錢為目的之賣春婦、性病蔓延等等糾纏的問題，所以對管理軍隊的人來講，有周密衛生管理措施的公娼制度是非常好的系統。(3)當時日本存有合法的公娼制度，賣春是合法職業，戰地軍隊付出代價進行性行為，是公娼制度的一個型態，沒有什麼不好？慰安婦和公娼都是賣春婦，前者只不過是以軍隊做為商業交易的對象而已，並沒有所謂加害與被害的問題，我們不應以現在的常識去裁判歷史。[34]

川田文子（作家兼戰後補償實現市民基金共同代表）的看法和長谷川三千子的見解相反。她認為根據當時娼妓取締規則（內務省令）與貸座敷引手茶屋營業取締規則（警視廳令），女性的性交易是被合法化的。但，軍隊裡的慰安所不是按照民間取締性買賣的法律來營業。譬如說，在日本軍法中，沒有制定慰安婦與慰安所的管理法規，即使有的部隊訂出「軍人俱樂部利用規定」，但那也不是軍法。換言之，日軍是以不合法的方式對女性犯下了組織性的性暴力犯罪。[35]

吉見義明從國家介入的程度進行分析，他指出慰安婦制度和公娼制度的差異性很大。理由是：(1)慰安婦制度中的女性募集過程，是由國家選定業者，提供業者渡航和移動上的方便。(2)慰安所的設置、建築物的接收、改建和利用規定都由軍方決定；但，在公娼制度中，地方政府並不干預這些事。(3)公娼制度是平時實施於日本本土、殖民地、租借地，慰安婦制度是戰時主要設於戰場、海外占領區。(4)公娼制度允許從業婦有停業自由權，但慰安婦制度卻沒有。吉見義明強調，秦郁彥教授認為慰安婦在契約期間還完債，辭去工作就是停業自由，然而，真正的停業自由應該是只要自己覺得厭膩就可以辭職。[36]

此外，學者倉橋正直從慰安婦的來源觀察，他認為慰安婦之中，除了有同意到戰場為日軍賣身的娼妓以外，還有被強制賣身的婦女，因而主張慰安婦是賣春型與性奴隸型兩種型態混合的特殊制度。[37]

3.婦女有無被強制帶走？或是出於自願？究竟何謂強制？

東京大學教授藤岡信勝認為，把慰安婦「強制帶走」是件很嚴重的事，因為這意味著日本以軍方命令將朝鮮女性如同捕擄奴隸般地召集，移送到戰地且拘束其身體，讓日本士兵施加集團性的暴行。日本難道是這樣奇怪的性犯罪國家嗎？日本人是世界上罕見的好色、淫亂、愚蠢的民族嗎？事實上，慰安婦的強制帶走並沒有任何證明。藤岡信勝強調，迄今為止，承認強制押送的人可以考慮的證據如下：(1)原慰安婦的證詞；(2)強制帶走時目擊者的證詞；(3)執行強制帶走的日本人的證詞；(4)企圖及命令強制帶走的日本政府的公文等四種。其中，被報紙和電視媒體大量報導的是自稱為慰安婦的證詞。但，這些證詞既沒有特定場所，附屬部隊也不明，因使嫌疑犯方面沒有反駁的餘地，所以很不確實，不能採信。如果她們講的是真的，誠然值得同情，但沒有發生在日軍慰安所內的證明。又，證詞者之中，還被發現有許多並非慰安婦而是朝鮮娼妓的人。在沒有被質疑是偽證罪下的證詞，由媒體隨便散布報導很不適當，更不能依此而認定一個國家為有罪。[38]

東京大學教授大沼保昭不同意藤岡信勝的看法。他主張婦女有被強制帶走的理由是，所謂「沒有強制帶走的資料就不存在那個事實」是非常狹隘的解釋。例如：自己雖然不是被警察強迫帶走，但有

被面長（相當於村長）說：「去比較好」的情況。在當時的人際權力關係中被人家這麼說，其實也就是強制的意思。【39】

吉見義明針對這個問題，指出狹義的「強制擄走」，是如同官員捕捉非洲奴隸般的暴力性的挾走，完全忽視了其他的強制性。【40】「強制性」的徵募須從廣義角度解釋，也就是說，利用前借款束縛婦女，以人身買賣、詐欺就業、誘拐等手段，只要不是出於本人意思的徵召，以及在慰安所裡的性暴力等，都屬於「強制性」的徵募。又，無論有沒有強制帶走，讓未成年女孩做慰安婦，其實就是一種「構造性的強制行為」。【41】

早稻田大學教授鈴木裕子認為，反對慰安婦的人說沒有強制帶走的證明，所以就沒有「從軍慰安婦」，但，強制帶走並不只限於「抓人」、「捉奴隸」擄走時候的直接行使暴力。依照日軍意思設置慰安所，使用欺騙、詐欺就業、誘拐、人身買賣等各種動員型態，招募婦女強制她們賣春，就是違反當事人自由意思的強制行為。進一步說，軍方利用公娼制度，做出踐踏女性人權的慰安所制度，「性的慰安」的強制要求，其本身就強烈含有強制性，是對女性的性暴力，是明顯的犯罪行為；此外，日軍在各個占領區假借討伐游擊隊的名義，也有搶擄婦女強制慰安，直接行使暴力的事例。【42】

4.日本政府是否可以說慰安婦問題「與我無關」？可否視此為民間業者的商業行為？

藤岡信勝主張無關。他認為軍隊中沒有「從軍慰安婦」，只有職業性的賣春婦（prostitute）。何況日本也沒有婦女被強制從娼的公文，除非能有婦女被「強制帶走」的證據，否則沒有所謂「從軍慰安婦」的事。【43】

秦郁彥主張有關，但責任較輕。他認為在「慰安婦」問題上進行某些補償和道歉，日本政府確應負起統治的責任；不過，這正如發生小偷橫行，有受害遭殃的人們說這是政府取締不足之故一樣，因此，即使要政府負責，也應負最低限度的統治責任。【44】

吉見義明主張有關。他認為人身買賣與婦女因受騙而被帶走都屬於違法行為，軍方知道這些情形，理應要把女性運送回家才對，但卻沒有這樣做。換言之，軍方是形成「結構性暴力」組織的組成要素，必須負起主要責任。【45】吉見義明進一步說，日本學界雖然有「慰安婦招募及慰安所經營者大部分是朝鮮人，若要問起責任應該追究朝鮮人業者」這樣的議論，但這些朝鮮人是為了日本軍方，才成為慰安所設置、管理的左右手。職此之故，如果不分主從，不加以明確最嚴重的責任是日本，那就等於偏袒日本，幫助日本政府逃避責任。【46】

日本中央大學教授橫田洋三也主張有關。他認為倘若沒有軍方的承認及支援，例如在移動婦女之際，提供運送上的方便等等，業者根本就無法經營，因此，日本政府應該要負主要的責任。【47】

5.日本政府是否要負法律責任？

日本政府至今為止，對被害者提出正式謝罪與國家補償的要求，其一貫主張是：(1)第二次大戰結束後，有關戰爭中的被害賠償問題，在日本與各國之間的條約裡，因為已經處理完了，所以不能對個人進行補償。(2)日本並未做違反國際法之事，即使做了，慰安婦問題是五十年前的事，法律訴訟時效已經過了。【48】

相對於此，學者的看法是：(1)關於戰後處理問題，也有與日本沒有締結條約的國家，例如北朝鮮就是一例，因此日本政府的論點不能成立。(2)在與日本政府締結條約的國家之間，根本沒有討論慰安婦問題，所以不能說問題已經獲得了解決。(3)在放棄索賠權的主體僅被限定於國家，國家不等於個人，因此仍然保留了被害者的賠償問題。[49]

有關謝罪與國家補償的爭論，吉見義明認為：(1)日本政府雖然知道業者募集慰安婦和設置慰安所這些事，但是沒有防止它。國家的不作為在國際法上，將成為被檢討的重要問題，國家責任當然要被追究。(2)業者的行為無非是接受軍方的要求而做的，若單單就這一點，說他們是代行了國家的行為也無妨。(3)日本政府也涉及違反禁止婦女兒童買賣條約的嫌疑、有關違反強制勞動條約、牴觸奴隸制度、禁止奴隸交易的習慣法之可能性、陸戰法規慣例、違反人道罪等，多項必須深究的罪行。[50]

橫田洋三也認為，日本政府違反人權法、違反國際法所設置的「慰安所」，將「慰安婦」強制性或欺騙帶走的經過都很清楚，做了違反國際法的行為，就應勇於負責。[51]何況還有將校拔刀砍傷慰安婦，危害婦女性命和侵害人權的事例。[52]

6.歷史認識該怎麼教？

戰後日本不太教近現代史，主要原因之一是學者沒有統一的看法，發生教科書記載戰爭責任的文句曖昧不明，使歷史認識含混不清的問題。[53]

關於教科書中慰安婦的記述，藤岡信勝在〈不要教國中生「慰安婦」！〉（刊載於《諸君！》

一九九六年十月）一文中寫道：「早熟性地揭露人類的黑暗面，即使讓孩子們看，也沒有特別學到什麼。」[54]主張慰安婦記述刪除派提出三點看法：(1)記錄慰安婦內容會失去作為日本人的驕傲。(2)因為是「人類的黑暗面」，所以沒有必要勉強孩子們學習。(3)此事就算不在學校裡教，孩子們也能自然而然地學到。[55]

與此論點對照，川田文子的看法是，「慰安婦」問題極端顯現日本對臺灣、朝鮮的殖民地支配、十五年戰爭是犯錯的殘酷行為。日本社會雖然有不要教近代負面史，以免奪去年輕人「做為日本人的驕傲」的意見，但，只有對自國不方便的醜惡事實不遮掩，努力克服負面史，才能培養日本人在國際社會上與他者共通的歷史認識。[56]川田文子並指出，「自由主義史觀研究會」及「制訂新版教科書會」等團體堅持「刪除教科書上慰安婦的記述」，其實是逆歷史發展方向的怯懦行動。儘管他們說「教國中生為時尚早」，可是在教導「性尊嚴」之際，慰安婦問題是必要的題目，應是毋庸置疑的。[57]

東京都足立區立第六中學教師大谷猛夫同意川田文子的見解。他指出，從日本男性到東南亞去買春旅遊，和透過援助交際使沒有愛情的男女關係成為問題裡，讓國中生好好從慰安婦問題中學習人權、男女平等觀點，應該是很重要的課題。[58]

四、問題意識

綜上學者們的討論，給筆者提供許多思考方向。為深入探討戰時殖民地臺灣與日軍性暴力的關係，本書擬由兩個面向來處理臺灣慰安婦問題，即：（一）《臺灣論》事件出現一部分臺灣人不同情臺灣同胞，他們不願意幫助弱勢婦女討回歷史公道。他們站在日本政府的立場，認同過去的殖民統治，是否意味著「皇民化」教育已經徹底地改造了他們的文化與心理層面的認同？假設是，那麼，我們必須要問：日本殖民臺灣五十一年的統治方針為何？統治者的殖民動機如何？殖民統治實況如何？戰爭動員時期，扮演行政中間人角色的臺籍菁英，他們如何被殖民政府動員？又如何動員底層社會，讓臺灣婦女淪為日軍的「性工具」，成為戰爭的犧牲品？換言之，本書將以臺灣人為主體，針對殖民政府的統治結構與動員系統進行分析。

（二）本書為探討臺籍慰安婦的從業背景，及日軍性暴力的實情是否具有普遍性或特殊性，將從地域史、當事人的角度出發，試圖通過下列問題展開史料比對與分析。這些問題包括：

1.日本政府是不是慰安婦制度的策劃者？是不是製造慰安所市場的主導者？

2.經營慰安所業的商人與日本軍部、官方是否存有什麼互信與依存的共生關係？

3.以金錢交易為目的的娼妓與慰安婦是不是人口買賣？縱容人口買賣的日本政府、殖民地政府沒有行政責任嗎？

4.未成年或已婚婦女是否可以自願被賣、自願從娼？日本政府沒有保留臺籍婦女自願為慰安婦的證明文件，能否說她們是自願應徵的？

5.臺灣社會除了有臺籍婦女自願從娼的說法外，有無被詐欺、勸誘、誘拐、強制就業的情形？

6.「強制抓人」是犯罪行為，企圖及命令強制帶走的公文要怎麼寫？日本政府為什麼要留下國家「強制抓人」這種公文？

7.如果日本政府沒有留下「強制抓人」的證明就不算犯罪，那麼詐欺、勸誘、誘拐、強制就業算不算犯罪？欺騙、利誘婦女賣淫，暴露國家犯罪行為的公文要怎麼寫？會被官員記錄、保存嗎？

8.如果日軍也講人權，那麼，為何不在軍法中制訂保障婦女權益的法律，直接使用「軍妓」名義，光明正大地公開徵求婦女？而要以曖昧不明的「慰安婦」名稱，讓不明實情的婦女誤入歧途，從事賣淫工作？

9.慰安所的監督與管理是為了保護日本官兵？還是為了照顧慰安婦？如果慰安婦的待遇良好，那麼，為何不全部招募日籍婦女，而要徵用殖民地、占領區的婦女？

10.臺灣人應該如何看待慰安婦問題？

綜上所述，本書將由殖民者與被殖民者互動的視域切入，以身為人應有的基本人權觀念出發，針對日本殖民政府的統治構造，與統治者馴服臺灣人，培養臺灣人對日本產生國家認同，以及慰安婦募集動員系統中，臺籍婦女成為被動員從妓的對象，和日軍性暴力的實情等問題，做一實證性的分析。

五、研究方法與史料

（一）史料蒐集與利用

本書使用的研究方法是，以歷史學的史料分析法為主，對於史料不足之處，再以口述資料為輔。關於史料的蒐集，包括原始檔案資料，如有：〈臺灣總督府公文類纂〉、〈臺灣拓殖株式會社文書〉、〈日據時期臺灣戶籍資料〉、《臺灣總督府統計書》、《臺灣年鑑》，以及日本外務省、防衛廳文書中有關臺灣慰安婦關係資料等，約計十種第一手官方資料。[59]

言及信憑性頗高的官方檔案，其史料特色如：〈臺灣總督府公文類纂〉收錄日治時期臺灣總督府的公娼制度法令。〈臺灣拓殖株式會社文書〉載有臺灣總督府指示臺灣拓殖株式會社負責興建慰安所與招募慰安婦，及臺灣拓殖株式會社承包慰安所事業，再轉發包給下游會社，給予融資，使之經營慰安所的機密文件。〈日據時期臺灣戶籍資料〉詳細登錄慰安所店主與從業婦個人、家族構造與遷移的資料。《臺灣總督府統計書》收錄歷年臺灣特種行業營運變化的數字。本書將透過文獻資料、統計圖表的交織運用，系統地整理、歸納與分析問題。

關於輔助資料，除參考學術界前輩既有的研究成果之外，主要運用《臺灣日日新報》、《臺灣人物誌》電子資料庫。日治時期《臺灣日日新報》是在臺發行時間最久、發行量最大的一份報紙。這份報紙的官方立場，可以反映統治階級的主流價值觀，戰爭動員體制下殖民政策對臺灣民眾生活的影響，以及特種行業與地方社會之間的互動關係。《臺灣人物誌》可以提供臺灣官員的履歷、地方社會領導階層的出身背景、各行各業菁英分子的人際網絡關係等訊息。以上內容豐富的資料，頗有助於筆者進行多元界面與深度的分析。

（二）口述資料

二〇〇一年筆者鑑於臺籍慰安婦年事已高，逐漸凋萎辭世，為了保存她們的歷史資料，故對記憶力尚可、健康狀況尚佳的阿嬤採集訪談資料。經向臺北市政府提出「歷史的傷口——臺灣慰安婦口述歷史」研究計畫，獲得審核通過，而得自二〇〇二年十一月起，迄二〇〇四年五月為止接受補助，以十四名七十二歲至八十七歲的臺籍慰安婦為對象，展開深度、隱私性的訪談工作。

論及口述史，日本大學教授小濱正子指出，口述資料存有遺忘、誤記、缺乏連貫性、選擇性的記憶等缺點；但在文獻資料中，生產文書資料者基於自身的立場或利害關係，同樣有可能呈現與事實不符，或掩蓋真相的資料。因此，歷史研究的基本工夫應該是，通過多元資料的蒐集和比對，進行嚴密的考證與批判，才能逐步地推進研究。[60]筆者十分同意小濱正子的看法。

近幾年來，筆者為與臺籍慰安婦建立互信關係，一方面在長期關心阿嬤生活的婦援會人員協助下，進行質化與量化的訪談作業；另一方面也用比對個案資料的方式，不斷地重複與交叉訪問個案，以期確認口述資料的可靠性。為想有效獲得口述資料，筆者還預先設計了六類、七十個問題，分成數次訪談。這些問題包括：

1.個案從事慰安婦以前的生活狀況，包括：出生年月日、教育程度、戶主職業、當事人從事慰安婦以前的職業、婚姻狀況、有無生育經驗、家族人口結構、家庭經濟生活；

2.個案被徵召充當慰安婦的過程，包括：當時年齡、招募人姓名、招募人職業、被徵召目的地、有無契約規定工作內容、月薪與期限、有無前借款；

3.個案渡航過程，包括：有無身體檢查、有無交付招募人相片、有無取得渡航證明書、出發日期、集合地點、搭乘船隻名稱、同行出發人數、航行起迄地點、航行時間、船上生活情形、抵達目的地後的迎接人員；

4.慰安所生活實況，包括：慰安婦花名（日本名字）、慰安所四周環境、慰安所名稱、慰安所建築物形狀、慰安所房間設備、慰安部隊名稱、慰安所經營者姓名、年齡、性別、族別、慰安所營業規定、慰安從業時間、生理期是否正常、有無定期檢查身體、有無流產或生育經驗、有無感染性病或其他傳染病、有無被管理員或顧客毆打責罵、身體傷害情況、有無逃走或自殺經驗、慰安結算帳款方式、有無儲蓄金錢、有無學習吸菸喝酒嗜好、有無感情較好的男女朋友、有無保存照片、文件、存款簿、顧客身分、顧客消費價格與利用時間、顧客使用保險套情形；

5.個案被遣送返臺情形，包括：何時停止慰安工作、結束慰安的原因、離開慰安所和被遣送回臺灣過程、有無同行回國的友人；

6.個案返臺以後的生活情況，包括：謀生方式、婚姻狀況、家庭生活、社交活動、身體健康情形等等。

以上問題，對於七、八十歲的老人來說，要她們明確地回憶六十餘年前的事情，著實不易。尤其是，受到傳統社會「貞操」價值觀影響甚深的婦女，多認為年輕時被日軍剝奪「貞操」是其「一生之中最大的恥辱」，因為擔心家人知道這個「汙點」會被歧視，或會影響到家族的名譽。故有時和筆者約定了訪談日期，卻又臨時取消；有的阿嬤在受訪時，也會因為某個家人突然回家，而停止訪談。

大體而言，臺籍慰安婦的「性傷害」是烙印在她們內心深處，一道很難癒合的歷史傷痕。為此，筆者十分尊重她們的意願，回答她們願意回答的問題；也正因如此，在口述資料裡，留下了若干她們已經遺忘或避不作答的疑點。

筆者在訪問過程中，還遭遇以下無法解決的問題，亦即是：

1.大部分的個案沒有接受初級教育，思想單純，她們因為很容易相信別人，所以對勸誘她們出外打工的人，多未探聽對方的姓名、職業、經歷等訊息。

2.個案不識字，對於陌生的外國地名只記得發音，不知道正確的地理位置。

3.歲月流逝模糊了個案的記憶，有的阿嬤對出國時間、搭乘船隻名稱、停泊港口，以及到慰安所來的部隊番號、軍人階級等，不能給予完整的答覆。

4.在訪問期間，有的個案因為健康情況變差，而不得不終止訪問。

綜上所述，口述資料儘管存在著一些缺陷，但筆者認為「性侵害」口述史，和以一般人為對象的口述史不同，由於它涉及個人很隱密的生活史、傷痕史，屬於隱私性很強的訪談領域，以及樣本十分特殊，不容易取得。所以倘若用比對的方式，記下她們的記憶，以做為「存在著這樣一種歷史事實的意義」這個角度來看，那麼，這些口述資料擁有一定程度的學術研究價值，應是毋庸置疑的。

附帶一提的是，筆者為避免主觀和理解錯誤起見，除了對每名個案做過多次的深入訪談外，還要她們儘量提供日治時期的戶籍資料、相關圖片，以此對照其他關係者的證詞資料；並查閱個案所回憶的人名、地名、相關歷史事項，來對一九九二年婦援會調查的認證資料做一修正與補充。

六、研究架構

二〇〇五年筆者曾以《臺灣慰安婦關係資料集》為基礎，以日文撰寫了一本《臺灣總督府と慰安婦》的學術著作。該書共有七章，內容著重於臺灣總督府的花柳業管理政策、總督府介入臺灣島內外慰安所營運的分析。本書則為檢討臺灣總督府的獨裁統治與日軍性暴力之間的關聯，而以全新的章節架構，來對臺灣的殖民地史黑洞做一深入的剖析。

本書除了導論和結論外，全文分為三篇、十一章。第一篇統治篇共有四章，在第一章一君萬民裡，主要探討臺灣總督府的統治政策，內容包括專制統治、恩威並用、差別待遇等三節。

第二章警察大人，針對接觸民眾日常生活最頻繁的警察，其權威的建立和使用，以及民眾對警察的印象等問題，進行實證性的考察。內容分為警察制度的發展變化、警察制度的任用與培訓、警察官紀與社會觀感等三節。

第三章國家認同，主要探討臺灣總督府如何將近代日本的天皇中心、皇國意識導入臺灣，內容包括天皇制國民國家形象的塑造、國民教化事業的推展、裕仁皇太子視察臺灣、臺灣人的認同等四節。

第四章扶助皇運，主要探討中日戰爭、太平洋戰爭爆發後，臺灣總督府如何強化臺灣人的尊皇敬神信仰，驅使臺灣人為母國的對外戰爭盡忠效命。本章內容分為精神振興運動、滅私奉公運動、實踐報國運動等三節。

第二篇慰安所篇有三章，亦即是第五章戰爭與日軍慰安所，旨在論述日本軍隊的訓練方式與養成、日軍在戰爭中的表現、日軍的性欲與慰安所的關係。本章內容分為天皇的軍隊、戰爭暴力、日軍慰安所等三節。

第六章慰安所承包會社，主要探討臺灣總督府投資的臺灣拓殖株式會社（簡稱臺拓會社），是代理總督府推行南進政策的官督民營企業，這間半官半民的跨國公司如何以其綿密的政商網絡關係擴展經濟活動，並承包經營日占區皇軍慰安所的事業。本章分為臺拓會社的領導幹部、臺拓會社的軍需產業、海南慰安所特殊事業等三節。

第七章慰安所融資公司，主要剖析臺拓會社插股投資的福大公司，如何替臺灣總督府在福建建立經濟勢力，這間以糖業資本為後盾的御用企業又如何配合國策，在華南地區經營包括日軍慰安所在內的多種軍需事業。本章分為福大公司的組織與領導幹部、福大公司的經營事業、福大公司的慰安所事業等三節。

第三篇慰安婦篇有四章，亦即是第八章慰安婦的出國與募集，分為慰安婦的出國、軍方指定經營者、經營者的背景、慰安土人的募集等四節。內容針對日本本土與臺灣對以出國賣淫為目的的婦女出境辦法，日本軍部指定慰安所營業者的實情，及日本人招募臺籍慰安婦的途徑等問題，進行實證性的分析。

第九章閩南籍慰安婦，分為個案分析、礦工女兒愛珠、種田女兒阿乖、草繩廠女工阿蓮、藝旦寶珠等五節。本章係以婦援會的認證資料與筆者對個案所做的口述資料為基礎，以個案申訴的方言＝閩南語系婦女為對象，試圖通過出身背景不同的慰安婦經歷，建構日軍多元的性暴力圖像。

第十章客家籍慰安婦，分為個案分析、採茶女兒滿妹、旅館女傭秀妹、被賣身的玉妹、照相館女傭阿桃等五節。本章同樣以婦援會的認證資料與筆者對個案所做的口述資料為基礎，以個案申訴的方言＝客家語系婦女為對象，通過出身背景不同的慰安婦經歷，探討日軍對婦女實施性暴力的種種樣式。

第十一章原住民慰安婦，內容分為個案分析、太魯閣族芳美、太魯閣族沈中、布農族阿柿等四節。根據婦援會的認證資料顯示，一九九二年臺灣原住民婦女出面申訴，戰時被日軍招募有慰安婦經歷的人數，共有十二人。本章針對三名在島內外三個不同地區，被迫慰安的婦女加以分析，試圖尋找日軍對原住民婦女進行性暴力的特色。

最後在結論裡，筆者除了對本書三篇十一章的核心問題，與各章討論要點做一整理外，也將從臺灣個案的視線，對日本學術界的若干爭議做出一些回應。

註釋

【1】'Japanese Prisoner of War Information Report' No.49，收入後藤乾一、高崎宗司、和田春樹共編，《政府調查「從軍慰安婦」關係資料集成》第五卷（東京：龍溪書舍，一九九八），頁二〇三。

【2】吉見義明、林博史編著，《共同研究日本軍慰安婦》（東京：大月書店，一九九五），頁九～一一。

【3】尹貞玉等著，《朝鮮人女性がみた「慰安婦問題」》（東京：三一書房，一九九二），頁一三～一四、二五三～二六四。

【4】尹貞玉等著，《朝鮮人女性がみた「慰安婦問題」》，頁二六六～二七一。

【5】尹貞玉等著，《朝鮮人女性がみた「慰安婦問題」》，頁二六七；韓國挺身隊研究所著，金英姬、許善子編譯，《よくわかる韓國の「慰安婦」問題》（東京：アドバンテ——ジサーバー，二〇〇二），頁五九；臺北市婦女救援基金會主編，《臺灣慰安婦報告》（臺北：臺灣商務印書館，一九九九），頁六五。

【6】朱德蘭編集、解說，《臺灣慰安婦關係資料集》（東京：不二出版社，二〇〇一）。

【7】龔柏華，〈慰安婦索賠的法律問題剖析〉，收入蘇智良、榮維木、陳麗菲主編，《滔天孽天二戰時期的日軍「慰安婦」制度》（上海：學林出版社，二〇〇〇），頁五八九；金富子、中野敏男編著，《歷史と責任「慰安婦」問題と一九九〇年代》（東京：青弓社，二〇〇八），頁四〇八～四一三。

【8】有關國民基金概要，參見財團法人亞洲女性和平國民基金，《女性のためのアジア平和國民基金》（東京：女性のためのアジア平和國民基金，一九九八），頁三六～四七。

【9】新しい歷史教科書をつくる會編，《新しい日本の歷史が始まる》（東京：幻冬社，一九九七），頁一一、七八。

【10】大口勇次郎、西脇保幸、中村研一等十二名合著，《新中學校歷史——日本の歷史と世界》（東京：清水書院，二〇〇二），頁一八九；兒玉幸多、峯岸賢太郎等十五名合著，《わたしたちの中學社會——歷史

的分野》（東京：日本書籍新社，二〇〇二），頁一八〇。二〇〇一年、二〇〇五年通過檢定的中學社會・歷史教科書，除了以上兩種外，另六種為：西尾幹二等十三名合著，《新しい歷史教科書》（東京：扶桑社，二〇〇二）；笹山晴生、阿部齊、奧田義雄等三十九名合著，《中學社會歷史——未來をみつめて》（東京：教育出版株式會社，二〇〇二）；田邊裕等三十七名合著，《新しい社會歷史》（東京：東京書籍株式會社，二〇〇二）；熱田公等十三名合著，《中學社會歷史的分野》（大阪：大阪書籍株式會社，二〇〇二）；大濱徹也等十一名合著，《中學生の社會科歷史——日本の歩みと世界》（東京：日本文教出版，二〇〇二）；里田日出男、小和田哲男、成田龍一、里井洋一、真榮平房昭、仁藤敦史、土屋武志、梅津正美等著，《ここまで變わった——中學校社會科歷史》（東京：帝國書院，二〇〇二）。

【11】陳世欽（編譯），〈日文部大臣談慰安婦失言〉，《聯合報》，二〇〇五年六月十四日，A4版。

【12】陳世昌，〈就算美施壓日相：不再向慰安婦道歉〉，《聯合報》，二〇〇七年三月六日，A14版；〈慰安婦真相歷史學者澄清〉《紐約時報》，二〇〇七年四月九日，頁四。安倍首相的言論引起美、中、韓等國強烈的質疑，為緩和外交上的磨擦，安倍於四月二十日接受社民黨眾議員逵元清美質詢時，立即改變態度，發表聲明承認日本在二次大戰期間確有強徵慰安婦的事實。見陳世昌，〈日本政府承認強徵慰安婦〉，《聯合報》，二〇〇七年四月二十一日，A16版。

【13】小林よしのり（小林善紀），日本漫畫家，一九七五年出道，初期以搞笑漫畫出名，一九九〇年代開始以政治性議題做為漫畫題材，頗受右翼讀者歡迎。小林よしのり也為自由主義史觀派宣傳脫離自虐史觀，推廣新編歷史教科書運動的成員之一。參見維基百科電子資料庫，http://zh.wikipedia.org/ 二〇〇八年八月三十日引用。

【14】小林よしのり，《新ゴ——マリズム宣言 SPECIAC 臺灣論》（東京：小學館，二〇〇〇），第十一章〈臺南と許文龍〉，頁二三一。中譯版見賴青松、蕭志強譯，《臺灣論：新傲骨精神宣言》（臺北：前衛出版，二〇〇一），頁一〇二、二〇三、二〇四。

【15】徐國淦報導，〈臺灣論許文龍、蔡焜燦說法挨批〉，《聯合報》，二〇〇一年二月二十二日，頁五。

【16】黎珍珍、張瑞昌報導，〈八旬阿嬤痛罵慰安婦自願說汙辱人〉，《中國時報》，二〇〇一年二月二十四日，頁五。

【17】樊嘉傑、徐孝慈報導，〈臺灣論風波繼續發酵〉，《中國時報》，二〇〇一年二月二十四日，頁一。

【18】田世昊、邱燕玲報導，〈張揆：半年內完成慰安婦調查〉，《自由時報》，二〇〇一年二月二十四日，頁五。

【19】劉黎兒報導，〈小林善紀：慰安婦出人頭地非許文龍所言〉，《中國時報》，二〇〇一年二月二十五日，頁二；中央社記者東京專訪，〈小林善紀：勿拿慰安婦當政治工具〉，《臺灣日報》，二〇〇一年二月二十五日，頁四。

【20】謝恩得報導，〈許文龍打破沉默：慰安婦是父母賣女兒〉，《聯合報》，二〇〇一年二月二十六日，頁三；鄭雅文、陳秀枝報導，〈許文龍公開說明〉，《臺灣日報》，二〇〇一年二月二十六日，頁一。

【21】梁玉芳專訪，〈總督府祕密公文下來就去酒家勸誘〉，《聯合報》，二〇〇一年二月二十七日，頁三。

【22】張盈德專訪，〈皇軍軍醫見證當時認為所見與許文龍不謀而合〉，《臺灣日報》，二〇〇一年三月二日，頁五；翁禎霞報導，〈海南島慰安婦多為自願〉，《聯合報》，二〇〇一年二月二十八日，頁二。

【23】陳秀枝，〈八旬老翁指確有自願慰安婦〉，《臺灣日報》，二〇〇一年三月一日，頁五。

【24】有關一九五一年至一九九二年間，臺灣國防部在金門、馬祖設立俗稱為「八三一」的軍中樂園，根據軍方人士解釋，當時戍守在外島的官兵大部分來自大陸，他們沒有配偶，因為考慮到這些軍人有生理上的需求，因此依據「臺灣娼妓管理辦法」及「地方政府特殊營業規定」，設置了類似公娼制度的軍中樂園。而到軍中樂園服務的臺灣女性都以簽約方式進行招募，從業婦女年齡限於二十歲至二十五歲之間。從業人員如果合約期滿，可以依照個人的意願決定是否需要續約。參見華志豪報導，〈軍方：許對歷史無知很可悲〉，《中央日報》，二〇〇一年二月二十六日，頁三。http://blog.udn.com/31442/977504，筆者

於二〇〇八年九月三十日引用。
【25】梁玉芳報導，〈拒買「臺灣論」逾萬人連署〉，《聯合報》，二〇〇一年二月二十六日，頁三。
【26】林新輝、陳東旭、邱英明、包希勝報導，〈臺灣論、奇美食品新黨立委籲拒買拒賣〉，《聯合報》，二〇〇一年二月二十六日，頁三；李志德、林美玲、詹三源、李令儀報導，〈馮滬祥抗議「前衛」出版臺灣論〉，《聯合報》，二〇〇一年二月二十七日，頁三。
【27】黃潔報導，〈許文龍最新聲明〉，《臺灣日報》，二〇〇一年二月二十七日，頁三。
【28】《臺灣論》在臺問世不久，第一刷的銷售量超過三萬本，成為相當罕見的暢銷書。陳芳顛報導，〈市場反應良好臺灣論續集出版計畫不變〉，《臺灣日報》，二〇〇一年三月三日，頁三。
【29】溫貴香報導，〈簡太郎：臺灣論傷害我國家民族尊嚴〉，《臺灣日報》，二〇〇一年三月三日，頁三。
【30】包喬晉、謝梅芬報導，〈臺灣南社籲熱烈購買臺灣論〉，《聯合報》，二〇〇一年三月一日，頁四；中央社東京專電，〈小林善紀對臺灣的單戀破碎了〉，《臺灣日報》，二〇〇一年三月三日，頁三；社論，〈小林事件：政府為何連犯兩次錯？〉，《聯合報》，二〇〇一年三月四日，頁二。
【31】財團法人女性のためのアジア平和國民基金編，《「慰安婦」關係文獻目錄》（東京：株式會社ぎょうせい，一九九七）。
【32】蘇智良，《慰安婦研究》（上海：上海書店，一九九九），頁二七六～二七九；和田春樹，〈歷史家は「慰安婦」にどう向き合うのか〉，收入大沼保昭、岸俊光編，《慰安婦問題という問い—東ゼミで「人間と歷史と社會」を考える》（東京：勁草書房，二〇〇七），頁二八～三〇。
【33】長谷川三千子，〈いまの常識で歷史を裁いてはいけない〉，收入大沼保昭、岸俊光編，《慰安婦問題という問い——東ゼミで「人間と歷史と社會」を考える》（東京：勁草書房，二〇〇七），頁一五八～一五九。
【34】長谷川三千子，〈いまの常識で歷史を裁いてはいけない〉，頁一五四～一五六、一五八。

【35】川田文子，《授業「從軍慰安婦」歷史教育と性教育からのアプロ——チ》（東京：教育史料出版會，一九九八），頁九~一〇。

【36】吉見義明，〈「從軍慰安婦」問題と歷史像——上野鶴子に答える〉，收入日本の戰爭責任資料センター編，《ナショナリズムと「慰安婦」問題》（東京：青木書店，一九九八），頁一三九；笹原十九司編，《歷史の事實をどう認定しどう教えるか：檢證七三一部隊・南京虐殺事件・從軍慰安婦》（東京：教育史料出版會，一九九七），頁一七七。

【37】倉橋正直，《從軍慰安婦問題の歷史的研究》（東京：共榮書房，一九九四），頁五〇~八二。

【38】鈴木裕子，《戰爭責任とジェンダー——》，頁二〇一~二〇二。

【39】和田春樹，〈歷史家は慰安婦にどう向き合うのか〉，頁四一。

【40】笹原十九司編，《歷史の事實をどう認定しどう教えるか：檢證七三一部隊・南京虐殺事件・從軍慰安婦》，頁一七八。

【41】吉見義明、林博史編著，《共同研究日本軍慰安婦》，頁一一四~一一八；吉見義明、川田文子編著，《「從軍慰安婦」をめぐる30のウソと真實》（東京：大月書店，一九九七），頁二二~二三；吉見義明，〈性暴力を生む構造こそ問題〉，頁八九~九〇、九七；同氏，〈「從軍慰安婦」問題と歷史像——上野鶴子に答える〉，收入日本の戰爭責任資料センター編，《ナショナリズムと「慰安婦」問題》，頁一二五。

【42】鈴木裕子，《戰爭責任とジェンダー——》（東京：未來社，一九九八），頁四二~四三、七〇~七三。

【43】鈴木裕子，《戰爭責任とジェンダー——》，頁七九~八〇；石原信雄，〈河野談話はこうしてできた〉，收入大沼保昭、岸俊光編，《慰安婦問題という問い——東ゼミで「人間と歷史と社會」を考える》，頁二〇四。

【44】秦郁彥，〈事實を確定するのが歷史家の任務〉，收入大沼保昭、岸俊光編，《慰安婦問題という問い——

東ゼミで「人間と歴史と社會」を考える》，頁六五。

【45】吉見義明，〈性暴力を生む構造こそ問題〉，頁九九。

【46】吉見義明、川田文子，《「從軍慰安婦」をめぐる30のウソと真實》，頁一七。

【47】岸俊光，〈自らの思考を相對化するために－ほかの講師方々〉，收入大沼保昭、岸俊光編，《慰安婦問題という問い——東ゼミで「人間と歴史と社會」を考える》，頁二四四。

【48】吉見義明、川田文子，《「從軍慰安婦」をめぐる30のウソと真實》，頁八四、八九～九〇。

【49】吉見義明、川田文子，《「從軍慰安婦」をめぐる30のウソと真實》，頁九一～九二。

【50】吉見義明、川田文子，《「從軍慰安婦」をめぐる30のウソと真實》，頁八四～八九。

【51】岸俊光，〈自らの思考を相對化するために－ほかの講師方々〉，頁二四三。

【52】岸俊光，〈自らの思考を相對化するために－ほかの講師方々〉，頁二四四。

【53】村山富市，〈これからのアジアを考えるために〉，收入大沼保昭、岸俊光編，《慰安婦問題という問い——東ゼミで「人間と歴史と社會」を考える》，頁二一九。

【54】川田文子，《授業「從軍慰安婦」歴史教育と性教育からのアプロ—チ》，頁一一。

【55】川田文子，《授業「從軍慰安婦」歴史教育と性教育からのアプロ—チ》，頁二〇四。

【56】川田文子，《授業「從軍慰安婦」歴史教育と性教育からのアプロ—チ》，頁一三。

【57】川田文子，《授業「從軍慰安婦」歴史教育と性教育からのアプロ—チ》，頁三一。

【58】吉見義明、川田文子，《「從軍慰安婦」をめぐる30のウソと真實》，頁六九。

【59】朱德蘭編集、解說，《臺灣慰安婦關係資料集》第一卷，參閱〈解說〉，頁一～一三。

【60】有關訪談資料與文獻資料的價值與利用方法，參見小濱正子著、葛濤譯，〈利用口述史料研究中國近現代史的可能性——以山西省盂縣日軍性暴力研究為例〉《史林》第三期（上海：上海社會科學院歷史研究所，二〇〇六年），頁七一～七二。原文刊於日本《東洋史研究》第六四卷第二號（二〇〇五年九月），頁一三六～一三七。

第一篇　統治篇

第一章　一君萬民

一八九五年中日甲午戰爭結束，四月十七日雙方在馬關（日本下關）簽訂講和條約，交割臺灣本島及其附屬島嶼給日本，接著五月十日，日本政府派遣海軍大將樺山資紀就任臺灣總督兼軍務司令官，二十二日在東京設置「臺灣總督府」，六月成立「臺灣事務局」，由伊藤博文首相、川上操六陸軍中將分任正、副總裁，針對臺灣應實行文官制或武官制進行討論，議論結果由天皇裁定採用武官制。[1]於是，從一八九五年六月十七日首任總督樺山資紀在臺北舉行施政典禮起，到一九四五年八月十五日日本戰敗投降為止，臺灣經歷前期武官總督、中期文官總督、後期武官總督三個階段的統治時代。日治時期臺灣總督的殖民政策為何？本章將分專制統治、恩威並用、差別待遇等三節，就其重要治理方針論述如下。

一、專制統治

一八九五年五月至翌年六月，樺山資紀就任首任總督期間，鑑於臺灣各地抗日活動活躍，日、臺兩地相隔遙遠，人情、風俗、語言殊異，倘若凡事要和東京交涉，恐將緩不濟急，不能收其統治效果，故向帝國議會提出「施行臺灣之法律案」。翌年（一八九六）三月三十日以法律第六十三號公布「有關施行臺灣之法令的法律」（簡稱六三法），自四月一日起立即實施。[2]

六三法為日本政府授權臺灣總督得在臺灣制定具有帝國議會法律同等效力之法令，施行期限到一九〇六年。一九〇七年臺灣總督頒行「三一法」（法律第三十一號）取代六三法，一九二一年施行「法三號」（法律第三號）取代三一法。以上三階段的三種法律，從整體內容來看，修訂幅度不大。臺灣總督根據此法因可視特殊情況，制定名稱為「律令」的嚴刑峻法，故得集立法、行政、司法大權於一身，實施一人獨裁的專制統治。[3]

臺灣總督在六三法、三一法期間，根據統計，其制定律令的數量，共有二百零三件，在法三號期間，有六十七件。其中，兒玉源太郎總督於一八九八年頒布「匪徒刑罰令」、「保甲條例」，一九〇四年施行「犯罪即決令」與「罰金及笞刑處分令」，一九〇六年頒布「臺灣浮浪者取締規則」等，都屬於漠視臺灣人人格的律令。[4]與此對照，明治政府依照帝國憲法，實行的是法治主義與權力分立的議會政治和責任政治，但此立法精神僅僅適用於日本本土，並不適用於殖民地臺灣。[5]

臺灣人批評殖民政府的惡法，與母國追求文明開化、傳播自由平等的新思想背道而馳。具體地說，殖民政府只要依據「匪徒刑罰令」，就可不問「匪徒」之犯行是既遂或未遂，一審結案就判處死刑，即使為「匪徒」從事雜役，或附和隨從者也不例外。[6]又，殖民政府也可依據「犯罪即決令」及一九一八年施行的「臺灣違警令」，依法授權司法機關以外的官員逕行判決屬於拘留或科處罰鍰之罪。警官因為權限過大，而有濫用職權，對罪犯施以：竹鞭、藤條、皮棍、吊索、水道栓等酷刑拷問的情形。[7]

另，關於「臺灣浮浪者取締規則」，有些臺灣人根本沒有犯罪事實，但若被看成浮浪者（游民），就有可能被剝奪自由，送到臺東偏僻的地方強制勞役，或送到火燒島監禁。浮浪者一旦被處分，即使處分被解除了，日後仍要受到官廳的監視。[8]

臺灣總督除了制定或修改有關臺灣的法律外，並掌握重要的軍事權、行政權與司法權。首先，就軍事權而言，這是指出身武官的總督有指揮、調動軍隊的軍令權，和握有關於軍事建設、維持與管理的軍政權，及教育軍隊的軍訓權。如據一八九六年敕令第八十八號「臺灣總督府條例」規定，武官總督的軍事權範圍如下：

第三條　總督於委任範圍內統率陸、海軍。

第五條　總督掌管轄區內的防備事宜。

第六條　總督為保持域內之安寧秩序，必要時得使用兵力，並立即向陸軍大臣、海軍大臣、拓殖務大臣、參謀總長、海軍軍令部長報告。[9]

說明臺灣總督握有強大的軍事權。一九一九年至一九三五年臺灣改行文官總督制時期間，臺灣總督的軍事權交給臺灣軍司令，臺灣總督除了一九三〇年爆發「霧社事件」外，幾乎都不須請臺灣軍調動兵力採取鎮壓行動。[10]

其次，在行政權方面，臺灣總督不僅擁有幅度很大的人事任免權、賞罰權，還有頒行相當於日本本土省令、天皇敕令，亦即名稱為「總督府令」的行政命令權。具體地說，有違反府令者，將處一年以下的徒刑、禁錮、拘留，或科以二百日圓以下的罰款。地方首長依據他們的職權，也有頒布「州令」或「廳令」的行政權，對於違反者，將處二個月以下的徒刑、禁錮、拘留，或科以七十日圓以下的罰款。【11】

再次，論及司法權，總督在施行軍政期間，經常假借軍事作戰的名義，不經公正的法律裁判就殺害臺灣人。質言之，一八九六年五月在「臺灣總督府法院條例」裡規定，法院受總督府管轄，裁判民事與刑事，法官與檢察官都由臺灣總督任命，此法使總督對法院擁有管轄權及人事權。一八九七年七月又頒布「臺灣總督府臨時法院條例」，規定凡屬於顛覆政府、反抗行政或暴動、危害高官、外患罪或觸犯「匪徒刑罰令」的案件，總督可以視案情需要，在適當的場所開設臨時法院進行審判，不受裁判管轄區的限制。此法自公告以來，實施長達二十二年，直到一九一九年八月才被廢除。【12】

綜上所述，臺灣總督掌握司法權的結果是，讓地方官握有一定的司法權，譬如一九〇四年施行「犯罪即決令」，可讓廳長對違反行政法規或賭博案的人，判處三個月以下的刑罰。一九二〇年起，廳長以下的郡守、支廳長、警察署長也都參照上級長官的模式，擁有同樣的裁處權。【13】

二、恩威並用

日治時期臺灣人的反日、抗日運動，分為二階段，第一階段指的是一八九五年至一九一五年的武裝抗日運動時期，第二階段指的是一九一六年至一九四五年的非武裝抗日運動時期。關於第一階段，被日方稱為「匪首」的重要抗日人物有：陳秋菊、林李成、簡大獅、簡義、柯鐵、張呂赤、黃國鎮、陳發、阮振、林少貓、蔡清琳、劉乾、林啟禎、羅福星、李阿齊、賴來、張火爐、沈阿榮、楊臨、余清芳、江定、羅俊等人。其中，一八九八年至一九〇二年間被日軍誘降、捕殺，慘死的義民共有一萬一千九百五十人。一九〇二年後著名的抗日事件如：一九〇七年十一月「北埔事件」、一九一二年三月「林圮埔事件」、一九一三年三月「苗栗事件」、一九一五年七月「新庄事件」、一九一五年七月「西來庵事件」，這些事件的犧牲者總數不詳，被審定有罪的五千八百八十四人中，共有四千四百三十名被處死刑。[14]

第二階段的非武裝抗日運動，主要是指一九二一年至一九三四年間的臺灣議會設置請願運動，其代表人物有：林獻堂、蔣渭水、石煥長、蔡培火、林幼春、王敏川、林呈祿、蔡式穀、蔡惠如、蔡年亨、楊肇嘉、連溫卿、陳逢源、羅萬俥、賴和、韓石泉等人。此一運動的訴求要點是，向日方提出成立代表臺灣民意的臺灣議會主張。然而，他們歷經十四年的努力，十五次請願的結果，不但沒有得到日方合理的回應，且因臺灣總督府的強烈反對，採行威脅、分化、整肅手段，壓制臺灣人的自治主義，而使該運動隨著時局的緊迫，而變得消聲匿跡。[15]

應該指出的是，臺灣總督府為平息上述抗日運動，使用高壓政策，進行武力鎮壓，和以嚴酷刑罰威嚇臺灣人，畢竟不能安撫民心。因此，臺灣總督府也採懷柔策略，亦即對漢人實施：頒贈紳章、舉行「饗老典」與「揚文會」等措施，對原住民施行撫育方針，以期聯絡官民感情，塑造統治者愛民、親民的仁政形象。

（一）頒贈紳章

一八九六年臺灣總督府頒布「臺灣紳章條規」，規定授予條件必須要有學識，要有名望。其遴選方式，一般是讓通譯（口譯）、密探、公職人員查訪前朝遺賢，將社會名人的家世背景、學經歷、資產多寡等資料，填報給官廳，經過總督審核後，再於官廳舉行授予紳章儀式。【16】

關於頒贈實況，例如一八九八年六月一日加藤重任署長在桃園辨（辦）務署為陳祖成、林溶哲、鄭哲仁等三人舉辦「賜章」典禮的情形是，邀請向山警察署長、參事署員、各區區長、國語（日語）學校師生，及地方代表觀禮。典禮開始，由加藤署長致詞，說明紳章乃國家名器，才德兼備者受到褒獎應該感到非常榮幸。領受紳章者應該謹言慎行，忠心報國，以為庶民的典範。接著由陳祖成等三名接受紳章，朗讀謝詞：

> 茲蒙政府紳章下賜，可謂恩賞之隆，獨是卑紳等德薄才疏，蓋有辱厚貺者矣。夫既命令，頻須自當懔遵拜領，仰體政府之至意，勵志修身，勉副鴻恩於萬一。謹謝。明治三十一年六月一日【17】

表明他們得到這個榮譽，將更加注意修身養性，報答當局的賞賜隆恩。有關陳祖成、林溶哲的出身背景，資料乏載，不詳。關於鄭哲仁，根據《臺灣列紳傳》記載，鄭哲仁，廣東潮州人，出生於一八五三年。他在一八九五年日本征臺之際，因為出面安撫地方，功勞顯著，故於一八九七年被任命為桃園街庄長，次年獲授紳章。鄭哲仁自佩帶紳章以後，就積極協助地方政府處理公務，直到一九〇三年去世，得年五十歲。[18]

日治初期臺灣總督授予紳章的對象，大多是屬於擔任日軍嚮導，或為日軍募丁徵糧，或參加討伐抗日軍，協助日本綏靖地方的有功者，譬如辜顯榮、蔡蓮舫、林鶴壽、仇聯青、吳春奇、李志清、李三明、林振德、陳洛等人都是。[19]另如曹田、陳秋菊、李孫蒲、張達源等人，則是在日軍征臺期間，起初加入抗日運動，不久就被招降，反過來為日軍出生入死，參與討伐行動，或居間斡旋，或表示輸誠，熱心公益事務的人。[20]

值得一提的是，臺灣總督府隨著治安漸漸趨於平靜，百廢待舉，財源不足，由於亟需地方士紳、名門富豪率先捐贈土地、貢獻財物，協助政府推展建設事業，故其授予紳章的對象慢慢擴展到急公好義，有利於統治者施政的人。接受表揚的紳商，如李春生、黃玉階、王慶忠、葉為圭、陳洛等人，因可進出官邸晉見總督，成為官府舉辦慶祝活動的貴賓，以及佩帶紳章，可以活用其綿密的政商關係，得到當局的特許，擁有某項產業的經營權，或取得專賣品的經銷權，故其事業飛黃騰達，榮譽性的頭銜也變得越來越多。[21]

如據不完全資料統計，臺灣總督頒授紳章的人數，一八九八年有四百一十六人，一九〇三年為五百五十六人，一九一六年增至一千餘名。以上紳章數量的遞增，與紳章被視為一個符號、象徵意義及價值體系有關。換言之，紳章儀式的功能，不僅可將它所承載的象徵意義、社會價值觀傳達給參與者、觀看者，而且統治者通過儀式的進行，也可向社會召喚，鼓勵人們和政府合作，一起建立一個社會共同體，和殖民當局所期待的社會秩序。[22]

（二）饗老典

「饗老典」指的是敬老典禮。日治之初，兒玉源太郎總督（見圖1-1）為安撫民眾，參考了前清時代的敬老儀式，舉行饗老典，招待八十歲以上的老人，贈送茶資，饗以酒食。饗老典最早在一八九八年七月十七日於總督府內舞樂堂前舉辦，受邀老人共二百九十三人，連同隨行者約計七百餘人。典禮當天兒玉源太郎總督的賀詞如下：

> 人生幸福，莫如長壽，而長壽求之不可得，其所以保之者，必存有素行旌表，以之事君則忠，奉親則孝，加以德行堅貞，其所以有至幸至福之應報，豈偶然乎？余敬此德行，欣此至幸至福，爰呈薄儀，以表敬意。[23]

總督致詞完後，由男女老人代表各自宣讀謝詞、地方士紳致詞，典禮結束，進行饗宴和欣賞餘興節目。會後總督贈送紀念品，致贈每名老人扇子一對，百歲以上的老人另贈鳩杖一枝。第一次舉辦饗老典的成果是主客皆歡。第二次饗老典安排在次年四月九日於中部彰化文廟舉行，當天有三百六十九名老人出席。第三次饗老典於十一月五日在南部臺南兩廣會館舉行，當天有一百六十四名老人參加。第四次饗老典於一九〇〇年十二月三日在鳳山辨務署舉行，當天有一百零六名老人出席。[24]殖民當局鑑於饗老典對懷柔民心助益頗甚，故自此以後，每年在各地都有舉辦饗老典的活動。

值得一提的是，屬於軍事要塞的馬公港，廳政府籠絡民心的方式相當特別。如以一九一七年十一月

圖 1-1　左邊人物為兒玉源太郎

資料來源：《臺灣總督府警察沿革誌》，第 1 編（東京：綠蔭書房 1986 年復刻本），未編頁碼。

二十一日的饗老典為例，其實況如下：

二十一日澤井（瀨平）廳長代理（安東貞美）總督閣下開饗老特典。先寄發紅柬招之。並邀重望官民百十名。九勾（點）鐘頃。即陸續齊到。同隨伴扶杖而入。澤井廳長同令夫人殷意歡迎。到總務課室前。各賜椅子坐觀本島劇。有頃給仕（服務生）捧糖霜茶。俾各歡飲。嗣而一陣微雨。彼蒼若為諸老洗塵。廳員同諸隨伴移椅扶老。安置廊內。諸老者感激不勝。維時十點四十分。鈴聲一響。一齊著席畢。十一時。澤井廳長代總督閣下臨場。國谷庶務課長述開典之詞。廳長朗讀典詞畢。男總代鮑喜氏。女總代陳氏貴。依次進前恭答畢。即授與紀念品。各區長代領分給後。並饗以福員茶及各菓子。澤井廳長又對諸老正立演談。諸老躬逢御即位大典。前日既受天皇陛下賜杯賜金殊恩。今總督閣下又乘此好機。開此饗老特典。終身有一無二。實為曠古所未有。身受者宜如何感激聖恩。家族人亦宜孝親孝祖。並宜移孝作忠。庶忠孝兩全。為人生之大本。並不失為大和之民族。諄々訓示至十分鐘餘。庶務課長述閉會之詞。然後開筵宴飲。並傳觀賜港尾鄉百零四歲吳氏談之鳩杖。該杖丹紅色。杖端縫色刻花紋。並各給鮮黃菊花一枝。廳長謂此花本天皇陛下御盆內所心愛之物。今特頒給以示殊恩。諸老者聞言之下。感激不措。點首再三。既而蒼顏白髮之鮑喜氏。高視闊步。進至廳長之席前。三唱天皇陛下萬歲。眾賓齊和。堂壁為震。並乾杯祝總督閣下健康。澤田醫院長亦出席敬酒。廳長及令夫人亦一同敦敬及宴畢。廳長及各廳長之令夫人。一同恭送。至廳署前再觀本島劇。時約二下鍾。然後隨意各由車轎回家。其盤費各給金二圓。如此禮遇之隆。與前兒玉督憲之饗老典。實後先輝映。[25]（文句、標點符號依

照原文，以下同）

反映在饗老典中，馬公當局體貼老人的方法是：搬椅子給老人坐，讓他們觀賞臺灣劇，安排侍者奉茶，贈送老人紀念品、福員茶（龍眼茶）、甜點，並送上一枝連結天皇符號的鮮黃菊花，另向老人敬酒和致贈旅費。馬公官員如此禮遇老人的目的是，要向饗老典的所有參與者傳達，臺灣人應該感激天皇的聖恩浩大，要移孝作忠，唯有忠孝兩全，才能涵養日本精神，成為大和民族一分子的訊息。饗老典對臺灣老人的優厚招待與賞賜，不用說，會讓老人和其隨行者向其親友、鄉民宣傳，為當局的仁政在民間留下美談。

（三）揚文會

揚文會的目的在獎勵文治，是由殖民政府支付交通費、安排食宿，籠絡臺灣菁英分子的一項文化策略。一九〇〇年三月十五日第一次揚文會於臺北淡水館召開，邀請對象包括前清舉人、拔貢、歲貢、恩貢、廩生等儒生士紳。根據統計，當天來自全臺各地的人數有：臺北縣二十六人、臺中縣十五人、臺南縣二十人、宜蘭廳十一人，共計七十二人；此外，還有民政長官以下的官員們參與列席。[26]有關臺灣總督對揚文會的期許，兒玉源太郎在開幕儀式中說：

> 天產暢茂，民物繁生，既薈萃精華，又鍾人地之靈秀，如不繩之以文教，曷得望及風化之淳美？臺

灣素稱人文之區，夙興庠序，涵養人才之道可謂已備。然而開其智以益世之具，豈無缺如之感？況改隸當時，兵馬倥傯，不遑顧及文治，以致文物頓廢，名士屏息，多歸梓里，屈而不伸，懷古思今之情，良可慨也，今已歷六星霜，百廢俱興，諸闕均整，際比政令制度煥然一新之秋，文運亦當進其步武，茲為振興文教，舉行揚文會，搜羅文人學士，共聚一堂，施以優待之典，隆以敦風勵學之儀，使展其所見，以期文明進化。至於我國文教，常求實行實用，尤其致知格物之學，致力研究已久，在此新化之地，如因循不予講習，焉能臻於完善？相信本島人士當亦同此感想，而樂從採長補短之意也。[27]

以上漢文致詞，是由陸軍通譯關口長之翻譯朗讀，旨在聲明殖民當局要網羅全臺灣各地文人，禮遇學士，使之發揚臺灣傳統淳美之文風，並修習日本新式之學問，截長補短，俾能推展臺灣之文明進化。總督致詞完後，接著有臺北縣李秉鈞、臺中縣莊士勳、臺南縣蔡國琳、宜蘭廳李望洋等代表，依次登壇，輪流歌頌兒玉源太郎總督的功德。典禮完畢，共進午餐，下午舉辦協議會，審查規約及針對時政之條規，會中還決定每年要舉行一次揚文會。會後全員分成兩班，自十六日起至二十三日安排參觀：軍艦、警察官及司獄官練習所、砲兵工廠、覆審法院、臺北醫院、臺北醫學校、臺北郵便電信局、公學校、小學校、度量衡調查所、天氣預測所、樟腦試製所。[28]其間官員提出下列三個問題，向儒生士紳們徵詢意見，以為施政之參考，即：

1. 請問有關廟宇（文廟、武廟、城隍廟、天后宮之類）的保存方法以及其習俗。

2. 請問有關旌表節孝（孝子節婦忠婢義僕）的方法以及其習俗。
3. 請問有關救濟賑恤（養濟院、育嬰堂、義倉、義塚、義渡、義井之類）的方法以及其習俗。[29]

三月十八日官員在淡水館舉行晚宴，施放煙火，和觀賞樂曲、舞蹈表演。二十二日舉行書畫展覽、座談會、茶會。臺籍儒生士紳在參觀軍艦、學校、官衙後，都表示驚嘆母國之富強文明。綜上所述，殖民政府舉辦揚文會的成果是，開啟當局與臺灣菁英分子交流的機會，這些文人受到當局的優厚禮遇，無疑的，多成為日後政府推行殖民政策的協力者。[30]

（四）撫育「蕃人」

日治之初，臺灣總督府因為急於控制平地治安，和貪圖「蕃地」的樟腦製造利益，因此「理蕃」政策沿襲清朝舊制，採取暫時性的「綏撫」措施。[31]等到進入兒玉時期（一八九八至一九〇六年），就以「警察政治」、「保甲制度」與「匪徒刑罰令」對付漢人，「理蕃」方面則因人手不足，故對南部與東部的「生蕃」採取消極的撫育政策，對經濟價值較高的北部「生蕃」採取隘勇制度，加強警備功能，以便保障日本人擴展「蕃地」利益。關於隘勇（防蕃警員），設於平地與「蕃地」的交界處，他們接受日本警察的監督和指揮，主要來自居住山腳地帶的漢人與「熟蕃」，用以戒備「蕃人」出草（獵取人頭），和防止抗日分子藏匿「蕃地」。隘勇沿線的重要地除了備有大砲外，還埋設地雷、設置高壓電流鐵絲網、木柵、掩堡、探照燈、電話線等，以為日軍進一步圍剿「生蕃」，拓展新的樟腦原

料區及造林計畫的備戰措施。【32】

一九〇六年至一九一五年，臺灣總督府改用軍事行動、調查事業與開闢道路等措施，推展「五年理蕃計畫」。日軍討伐「生蕃」的成果是，鎮壓了北部的泰雅族，沒收其槍枝。【33】一九一五年至一九三一年，「理蕃」計畫從原先的「威壓」手段，轉為「撫育」政策，治理對象包括全臺灣的「蕃地」，其施政要點為，使山地警察派出所的功能擴大為「生蕃」教育、醫療、交易、裁判的機關。要言之，當局利用教育、體力勞動、授產、觀光、衛生、遷居等多元措施，主要目的是使原住民不必經過漢化，直接同化為日本人。【34】

關於臺灣總督府的撫育實況，可由一九一七年《臺灣日日新報》的一篇報導裡，窺知大概，即：

北白川宮殿下。三十一日天長節祝儀後。上午十時半。在行邸東庭前。親身引見各廳下各種蕃人。定刻以前。各廳下蕃人。由所統率警官。各就所定席次。定刻一到。兩殿下由山邊事務官先導。並偕各扈從人員。於參列者敬禮中蒞席。斯時湯地警視總長。就各種蕃人生活狀況稟過一番。總長對蕃人訓示如左。

今日躬引見汝等於此處者。為北白川宮殿下。殿下即平定臺灣故殿下之哲嗣。天潢貴冑。尊貴無比。妃殿下現聖上陛下御令妹。至為尊貴。內地人間。尚難于拜謁。汝等得蒙賜拜謁。其光榮蔑有加焉。觀光以來汝等所目擊耳聞者何如陛下之軍隊頗多。內地人隨處充滿。汝等蕃人縱用何等兇力。亦斷々不能及也。今後宜專致恭順之誠。今日始獲觀光臺北者。為數良多。歸社後。宜告于一同。詳述今日光榮見聞狀況。

其次各種（族）代表蕃人答詞。式終各蕃人仍由引率官引率退出。惟留各族頭目及代表者一隊。殿下偕安東總督。下村長官。湯地總督長。及其他隨從員。縱觀蕃人各種各樣服裝。暫時入休憩室。然後出觀花蓮港廳下阿美族蕃人等舞蹈。蕃人如例張圓陣。一老蕃吹唄為號。各整一步驟。舞蹈約三十分間。兩殿下視之始終湛以微笑。舞蹈蕃人退出後。其次引見蕃人中入醫學校之宇都木一郎。渡井三郎。工業講習所二名。桃園尋常小學校在學之宇都木隈子。岡野雪子。及曾畢業。國語學校附屬女學校者二名。計共八名。由湯地總長詳敘履歷。殿下對該引見之蕃人。特賜以布及洋傘等。是日舞蹈之意。係歡迎貴人。表示鼓腹擊壤之義云々。[35]

說明一九一七年臺灣總督府安排北白川宮成久王與王妃召見原住民頭目、代表時，表示：1.北白川宮和王妃是當今大正天皇的親戚，這次各位親眼見到日本人都很難拜見的皇族，是何等榮幸之事；2.以往官員招待原住民到日本觀光，讓他們看見母國的富庶強大，乃原住民的武力遙不可及，所以原住民應該將那些見聞與今日的榮耀告訴族人。

此外，從官府安排皇族觀賞阿美族表演歡迎舞，和賞賜原住民學生布匹、洋傘的活動裡，也可了解這些就讀醫學校、工業講習所、小學校、國語學校附屬女學校，改用日本姓名的原住民學生，都是各族頭目的孩子，他們從小享有日本人的權益，等到長大後，成為母國施政的協力者，自不待言。

值得一提的是，撫育措施由於警察執行政策的粗暴，和出自經濟利益的目的，故爆發了震驚國際社會的「霧社事件」。一九三〇年臺灣總督府為能迅速平息事件，不惜以槍炮、催淚彈、毒瓦斯等先進武器，進行大規模的鎮壓行動。等待事件平靖後，臺灣總督府為了改造「蕃人」成為日本的忠誠順民，才將原先赤裸裸的掠奪「蕃地」利益行為，改以傳授日常生活簡易知識、灌輸農業中心觀念，和教化原住民涵養絕對信任與服從的精神。【36】

三、差別待遇

日本自十九世紀實施明治維新以來，其施政方針主要是推進「殖產興業」、「富國強兵」、「文明開化」等三大政策。由於實施徵兵、徵稅的需要，故一面於一八七一年訂立「戶籍法」，將出生、居住（遷移）、婚姻、生養子、離異、死亡等人們生活過程的基本項目，都登記在國家的記錄簿中；一面為脫離封建社會向近代文明社會發展，而公告士、農、工、商四民平等，承認平民可以擁有姓氏，可以和華族（貴族）、士族（武士）通婚，可以自由就業與遷居。另，還頒布「解放令」，廢止「穢多」、「非人」的賤稱，以示消除封建性的身分差別制度。然而，一八七二年明治國家在編制戶籍名簿時，在族稱欄上，登錄了「舊穢多」、「新平民」等標示身分差別的資料。一八八六年明治政府修法，雖然不再使用這種登記法，但「平民」與「士族」新的族稱分類，和僅限男性擁有選舉權，以及全國只有百分之一的國民才可行使參政權的規定，仍然顯示身分差別為日本社會公認，牢不可破的規範體系。【37】

日本社會按照個人身分、性別、地位、經濟能力等差異形成的等級序列，和由價值觀、行為模式大致相同的利益集團，經由他們制定社會結構中的制度所形成的分層體系，一一被挪用於殖民地臺灣後，身為日本「國民」的大和人，和被視為「土人」、「本島人」的臺灣漢人，以及被看成野蠻人「生蕃」的原住民，他們在教育、政治、經濟上的待遇有何不同？頗須做一探討。

（一）種族隔離的教育政策

日治時期臺灣總督府根據小學校規則第一條規定：「小學校是內地兒童受教育的地方」，公學校規則第一條規定：「公學校是本島兒童受教育的地方」，「兩者教育目標互異，彼此不許混淆。」實施種族隔離的教育政策。[38]小、公學校除了學童的族別不同外，在教育經費的多寡、師資程度的優劣、課程與教材的安排上也都不同。具體地說，臺灣總督府的財政預算偏重於公共建設，教育預算不僅編列的少，且分給日本人讀的醫學校、小學校較多，分給臺灣人讀的公學校極少。[39]

關於教科書的內容，如以介紹明治天皇的課文為例，小學校用的教科書記述明治天皇的治國理念：「廣興會議，國事取決於公論；上下一心，盛行經綸；官員、將兵、庶民各遂其志，要使人心不倦；破除陋習，奠立世間公道；求知識於世界，大振皇基」等五條誓詞。公學校的教科書則只介紹明治天皇對臺灣人的關心。[40]

臺灣人認為要改變差別待遇，讓子女和日本兒童在小學校一同學習，是同化小孩甚至家族擠進日本社會，成為日本國民的最佳途徑。然而，殖民當局的看法正好相反。一九〇六年臺灣總督對各廳廳長訓示：

聽說臺北第一小學校有本島人兒童入學，在地方上也常有內地人（日本人）兒童到公學校當旁聽生，此實有違本島的教育方針。按，小公學校各有學制規定，兩者教育目標不同，彼此不許混淆。雖說如此，但仍有本島人兒童入小學校，內地人兒童列席公學校的傳聞。似此情形的發生畢竟是出於監督粗率，教師應該慎重，善盡職責，切莫抵觸法規。如此方能收學制之效，對本島之施政目的也不會帶來永久阻礙之虞，企盼各個廳長部下之官員、教師要監督周到，遵守學制規定，以收教育之效。【41】

以上總督的告誡，反映統治者為確立日、臺人之間的等級序列關係，是採用種族隔離的差別教育來建立社會規範。殖民政府的種族差別觀如從底下臺灣人申請就讀小學校的個案裡，也可發現其教育目的根本是在維持日、臺人不同的社會身分。

一九一七年，一個名叫譚阿讚的臺灣人向臺中廳長三村三平呈交了一封陳情書，內容敘述：

譚賽花生於明治四十三年十一月十一日，已達就讀高等女學校的年齡，由於我的家庭生活都已改為母國風，近來家庭用語甚至連日常生活的穿著也模仿母國習俗。我一直很關注幼兒的教育，明白既已脫離清國成為母國國民，凡事早晚就要同化於母國。平常接近母國人的我們，很想讓女兒先受母國教育，將來再教授本島人，希望儘快的到達與母國人同樣的待遇。

本島有錢人可以直接到內地留學，接近母國風土，但無法賺取經費的庶民及年級太小的幼兒要想離家前往母國留學，畢竟很難實現。而根據法規，本島人學齡兒童要到公學校就讀，但現在公學校兒童的家庭環境已經進步到和母國人兒童相比毫無遜色的地步。因此，讓小孩到公學校讀書，不只痛苦，且對女兒將來的教育也很擔心。

再者，還須考慮上學的方便。也就是說，我家距離二林公學校有一里以上，就學相當困難，是否可以允許讓我女兒到附近的二林小學校當旁聽生。二林小學校收容許多源成農場的日本移民子弟，我已和這些家長取得聯絡，學童們之間也許會發生若干障礙，但若承蒙入學許可，我就會在家裡做更嚴格的監督，負責就學上的所有事情，深盼得到您特別的關懷允許我的請求。【42】

譚阿讚在陳情書內，添附其個人資料如下：

1. 學歷

一八九五年二月至一九〇二年十二月就讀新竹尖山下庄（今尖山鄉）梅峰書院漢學。

一九〇三年三月就讀新竹廳頭份公學校第四學年，迄一九〇六年三月畢業。

一九〇五年十月奉命擔任臺灣臨時戶口調查委員委託通譯（口譯）。

一九〇六年十一月四日奉命擔任新竹廳家屋調查通譯，次年公務結束被解雇。

一九〇七年三月奉命擔任苗栗廳南湖區長陳慶麟製腦（樟腦業）、開墾業、製糖業事務員，一九〇八年二月辭職。

一九〇八年三月從事開墾臺中廳東螺東堡圳寮庄及東螺西堡溪洲庄業務。

一九〇九年七月奉命擔任彰化廳巡查補，一九一四年辭職。

一九一四年九月被三五公司源成農場僱用，現在就職中。

2. 獎賞

一九〇九年十二月由臺中廳警視市來半次郎頒授考試成績優秀及品行端正獎。

一九一三年一月因品行端正、工作勤勉，而由臺中廳長枝德二頒授精勤證書。

3. 處罰：無。

4. 資產報告

田地：一甲二分，預估價格一千二百元。山林、果樹林：二甲二分，預估價格六百元。建物土地：五分，預估價格三百元。住家一棟：預估價格八百元。店二間：預估價格二百元。

5. 以上雖是譚阿讚父親的財產，但譚阿讚是其繼承人。[43]

以上譚阿讚的陳情書，反映臺灣人為使殖民政府允許其子女就讀小學校，家長不僅要累積若干的家產，還要家人在家庭中使用日本語交談、穿戴日本和服、生活起居日本化。臺中廳廳長對譚阿讚的用心良苦頗為感動，在他呈給安東貞美總督的公文裡，稱讚譚阿讚為人恭謹勤勉，在日商經營的三五公司源成農場裡當口譯，月薪三十五元，有一定的經濟能力。譚阿讚的家人不只全部說日語，日常生活都已日本化，而且譚阿讚從其子女出生後，就不讓他的小孩和本島人接觸，可以說，他的小孩和日本人沒有什麼兩樣。他的女兒譚賽花已屆入學年齡，如果讓她入公學校就讀，將使譚阿讚多年來的希望與努力化為泡影。為不破壞他的家庭生活與社會生活，臺中廳廳長希望總督審核，特許譚賽花就讀小學校，表達極力推薦的意見。

由上譚阿讚與三村廳長的說詞，足以顯現種族差別待遇乃臺灣社會公認的事實。而此由統治階層所設計出來的社會結構，通過學校教育，一代傳給一代，日、臺人縱向序列的價值觀將越來越堅定，應是毋庸置疑的。

一九一九年文官田健治郎就任總督後，宣稱實施「內地延長主義」的統治新政。一九二二年總督修改教育令，規定公學校招收不常使用日語的兒童，小學校招收常用日語的兒童，日本人可以選擇到公學校讀書，日語符合標準的臺灣人可以就讀小學校。又，從中等學校開始，實施日、臺人共學。從表面看來，這個新教育令似乎消除了日、臺人享有教育資源的差別待遇，但在實際上，新教育令不僅讓日本兒童占據了不少臺灣人的升學名額，而且也只有極少數日語好的臺灣兒童進入小學校就讀。臺灣人在學校不增加招生名額，卻開放日本人從日本內地來臺投考，一起競爭升學的結果是，反倒使臺灣人很難考進中等以上的學校，公平地擁有接受高等教育的機會。[44]

其實，近代明治政府自引進西方資本主義的教育制度後，為了打破身分制，相當強調「邑無不學之戶，家無不學之人」、「求知識於世界」的教育政策。又為提升國民素質，培養各項專業與領導人才起見，從一八七二年起就已實施義務教育與大學教育。[45]然而，一九二二年當臺灣人提出一九二八年開始實施國民義務教育的建議時，殖民政府的反應十分冷淡。根據統計，臺灣學齡兒童的就學率，一九一五年不到百分之十，一九二五年約占百分之二十八，一九三五年約占百分之四十一；等到一九四三年實施義務教育時，就學率才快速攀升到百分之七十一。另，成立於一九二八年的臺北帝國大學，該年錄取學生人數中，日本人占四十九人、臺灣人占六人，一九三五年的情形是，日本學生占八十九人、臺灣學生占二十五人，一九四四年日本人占二百七十人、臺灣人占八十五人，顯見臺灣的高等教育政策也是依照日本人的需求而制定的。【46】

附帶一提的是，教育經費的分配，臺灣總督府對於臺灣人的義務教育抱持消極的態度，教育支出主要用於小、公學校以上的高等教育，大部分的受益者是日本人。地方政府負擔小、公學校的教育經費，平均每年每個小學校兒童可以分配五十元至六十元，公學校兒童可以分配二十五元至三十元，原住民的教育經費由國庫負擔，每個兒童才分配六・五元至十八元，初級教育的獲益者仍以日本人居多。【47】

（二）重日輕臺的用官政策

日本統治者以確保日、臺人序列關係所制定的教育政策，其目的在培養有才能的日本領導者，和灌輸臺灣人守法、勤奮、忠實的觀念，使之成為順從統治者的忠臣良民。如此教育方針和身分差別的社會觀，使臺灣人在一九二〇年以前沒有一個人出任正式官吏，都以臨時僱用的方式從事通譯、囑託、雇員、書記等職務。一九二一年臺灣總督府訂定法令，啟用符合一定條件及熟悉臺灣情況的臺灣人出任地方理事官，換言之，可以擔任郡守以上的高等官；但，一九二四年考取行政科高等官資格的劉明朝、劉茂雲，他們要到次年才被派任為行政官。一九二六年第一個被任命郡守的臺灣人是李讚生。臺灣人擔任行政、司法高等官的人數一直很少，到統治末年為止只有十七人。【48】

值得留意的是，在殖民地政治體系中，有一八九六年總督府設置的評議會，係由高級官僚組成的行政諮詢機構。一九〇六年評議會被新設的律令審議會取代，一九二一年廢除律令審議會，恢復評議會，會員由總督府高官與總督遴選的臺灣人構成，其遴選原則是以資產多寡為主，既不代表民意，也無約束總督的權力。一九三〇年評議會會員人數雖由二十五人增至四十人，但仍為臺灣總督酬庸資本家、富豪望族的職位，沒有什麼實質意義。【49】

其實，在日本，各級地方首長的人選是由公民選出，實施地方自治。在臺灣，一九二〇年臺灣總督府順應時代潮流，儘管開始實施「地方自治」，制定臺北、新竹、臺中、臺南、高雄五州，花蓮港、臺東二廳，州、廳之下設四十七郡、三市、五支廳、二百六十三個街庄與十八區的地方分權制度；但，州知事、廳長、市尹、支廳長、郡守、街庄長、區長都是官派，成為殖民政府籠絡資本家的政治工具。各州、市、街庄也各設一個協議會，以為各級政府的諮詢單位，但協議會的會員均由各級行政首長選任，僅僅是名譽職。一九三五年臺灣總督府廢除州、市協議會，改設州會、市會，規定州會議員中的半數由總督任命，半數由市會議員、街庄協議會員選舉。市會議員、街庄協議會員中的半數由州知事選出，半數由民選。至於選舉權與被選舉權的資格，限於年齡須滿二十五歲以上、男性、生計獨立、居住該地六個月以上、年繳稅額五圓以上的人。【50】

根據統計，一九三三年在臺日本人人口約二十餘萬人，一九四〇年增至三十一萬二千餘人。【51】在臺日本人總人口雖只占臺灣人總人口的百分之六左右，但如表1-1所示，擔任總督府行政高官的人數很多，從一九三三年的一百七十二名增至一九四〇年的一百七十六名，出任總督府評議員的人數從十八名增至十九名，擔任地方政府文官的人數也很多，從一百七十名減至一百五十七名，出任州協議會議員的人數從七十六名增為一百零四名，市協議會議員人數從九十一名增至一百五十八名，街庄長人數從一百零一名增為一百一十六名，區長人數從四十四名增至四十六名。在臺日本人擔任文官的總數由一九三三年的四百八十七名增至一九四〇年的四百九十五名，擔任政府顧問的總數由一九三三年的一百八十五名增至一九四〇年的二百八十一名。其中，只有地方政府文官人數減少十三名，其他各級政府的官員和顧問都呈增長趨勢，尤其是街庄長、區長人數的增加，這些官員人數的變化意味著日本人深入臺灣社會的基層勢力越來越大。

與此對照，一九三三年臺灣人人口約四百餘萬人，一九四〇年增至五百五十餘萬人，[52]但如表1-1所見，擔任總督府行政高官的人數極少，只從一九三三年的一名增至二名，出任總督府評議員的人數從十八名減至四名，擔任地方政府文官的人數也很少，只從二名增為四名，出任州協議會議員的人數從五十五名減至五十三名，市協議會議員人數從五十五名增到一百一十名，街庄長人數從一百七十四名降為一百五十七名，區長人數從四十一名減至四十名。臺灣人擔任文官的總數由一九三三年的二百一十八名減至一九四〇年的二百零三名，擔任政府顧問的總數由一九三三年的總數一百二十八名增至一九四〇年的一百六十七名，可以發現增加最多的是沒有實權的榮譽職市會議員人數，減少最多的是擁有實權的街庄長，街庄長的席次則是被日本人填補了名額。

本來，臺灣人對本地風土人情、歷史文化的認識要比日本人深，若干接受新式教育者的能力、素質也不比日本人差，但在統治者制定的結構性權力關係下，卻遭到極不公平的差別待遇。臺灣人參政機會

表 1-1　日、臺人文官、評議員與議員人數比較表

類別	1933 年日人 / 臺人	1940 年日人 / 臺人
總督府文官	172/1	176/2　日人增加 4 人 臺人增加 1 人
總督府評議會員	18/18	19/4　日人增加 1 人 臺人減少 14 人
地方政府文官	170/2	157/4　日人減少 13 人 臺人增加 2 人
州協議會員、州會議員	76/55	104/53　日人增加 28 人 臺人減少 2 人
市協議會員、市會議員	91/55	158/110　日人增加 67 人 臺人增加 55 人
街庄長	101/174	116/157** 日人增加 15 人 臺人減少 17 人
區長	44/41*	46/40　日人增加 2 人 臺人減少 1 人
總計人數	官員 487/218 議員 185/128 共計 672/346	官員 495/20 三日增 8 人臺減 15 人 議員 281/16 七日增 96 人臺增 39 人 共計 776/370 日增 104 人臺增 24 人

備註：總督府評議會員、州協議會員、州會議員、市協議會員、市會議員等類別，不包括具有官員身分的人數。* 為 1938 年統計數字。** 為 1935 年統計數字。

資料來源：作者根據田中一二編，《臺灣年鑑》第 22 冊，昭和 9 年版下（臺北：成文出版社，1985 年據 1933 年複製本），頁 34-42；同上，第 26 冊，昭和 11 年版下（臺北：成文出版社，1985 年據 1935 年複製本），頁 380-385；同上，第 32 冊，昭和 14 年版下（臺北：成文出版社，1985 年據 1938 年複製本），頁 369-370；緒方武歲編，《臺灣年鑑》第 36 冊，昭和 16 年版下（臺北：成文出版社，1940 年複製本），頁 473-487 製成。

不符合其人口比例原則，踏入政壇者的職位與升遷機會也不及日本人的原因，歸根究底，應與殖民者歧視臺灣人的政治意識有關。

（三）保護日本人利益的經濟政策

向來，社會結構是由社會群體裡相互聯繫的個人身分、地位、角色等配置而成。【53】殖民政府在文化上實施種族差別的教育方針，在政治上採取重日輕臺的任官政策，在經濟方面的差別措施如何？也須做一檢討。

日治初期臺灣總督府為求財政獨立和榨取殖民地資源，其經濟策略是：1.為母國提供原料；2.替母國推銷工業產品；3.容納母國過剩的人口和資本。【54】要言之，在「農業臺灣、工業日本」的基本政策下，臺灣成為母國製糖原料的供應地。

臺灣總督府為協助日商來臺投資製糖業，先於一九〇二年頒布「臺灣糖業獎勵規則」，規定開墾種植甘蔗者可以無償借用官有地。依此，日本新式製糖業者到一九二四年為止，總共獲得七千五百七十二甲的官有地。與此同期，製糖會社在收購臺灣人土地時，如果遇到不願出售的情形，就會透過警察的權勢，強迫臺灣農民低價出售。【55】

臺灣總督府又為減輕製糖會社取得原料的困難，而於一九〇五年實施「製糖廠取締規則」規定：1.區劃甘蔗栽培區分屬各個新式製糖廠；2.未經政府許可，不准在原料採集區設置舊式糖廠或新式製糖廠；3.區域內的甘蔗不得越區出售，各個新式製糖廠只能收購各自採集區的甘蔗；4.各個新式製糖廠承諾以相當的價格購買全部甘蔗，並預告收購價格。【56】也就是說，蔗農不論是自耕農或佃農，只要在原料採集區種甘蔗，就必須把甘蔗賣給日商，不能自由處理甘蔗。臺灣蔗農在缺乏市場訊息，沒有能力議價，價格都由日商片面決定下，日商為圖增加自身的經營利益，或以「製糖廠取締規則」做護身符，以偷斤減兩不公正的秤量，或以毀約降價的手段，一再的加重剝削蔗農。【57】

於是，日本新式製糖會社在臺灣總督府無償提供土地，無償供給蔗苗，無償供給或補助肥料，補助修築灌溉工程費等，寬大保護與獎勵措施的優渥環境裡，得以迅速積蓄資本。根據統計，一九〇五年日本新式製糖會社的營業資本額平均不到一百萬元，但到一九二四年時不但增加為二百八十倍，且其資本總額高占全臺灣工業資本總額的百分之九十五。【58】

殖民政府利用公權力保護、援助日本資本家的事例很多。如一九〇八年日本著名的三菱財閥企業向總督府申請投資造紙業及採伐、租用竹林權時，便用官方的力量，威脅、欺騙、強迫臺灣人拋棄竹林的業主權。具體地說，該年九月，斗六廳管區警察召集各竹林業主，宣告要給業主若干補助費，要他們蓋章領款拋棄業主權。臺灣人業主拒領補助款，結果被警察先拳打腳踢一番，再被廳長嚴詞恐嚇，如果不蓋章領款就不許回家，甚至威脅臺籍業主不許居留本地，要滾回支那（中國）去的話。臺灣人受到官員的逼迫，最後不得不含淚蓋章，拋棄竹林的業主權。【59】

又如漁業方面，臺灣四面環海，漁業資源相當豐富。基隆沿岸更以生產石花菜（寒天草）聞名遐邇。石花菜的採收權依照臺灣人習慣，係歸沿海居民所有，不許他村人民入侵。但基隆當局並不正視此一舊慣，為協助日本人來臺謀生或投資，不僅以寬鬆的態度，讓日本漁民前來採集，且其管理法規都以保護日本資本家利益為主。石花菜的市場流通情形是，到一九四三年日本業者在臺開設石花菜工廠以前，一直是將原料石花菜運銷日本，經過加工後，再外銷海外和將其一部分製品回銷到臺灣，賺取其間豐厚的利益。[60]另如日商經營的鳳梨罐頭食品業，也因得到總督府政策上的保護與補助，壓迫臺灣人資本，而取代臺灣人壟斷該項產業的利益。[61]

根據統計，一九二九年日本人資本高占臺灣工業總資本額的百分之七十六，臺灣人資本約占百分之二十二，比率很低，且多屬中小型規模企業。一九三八年至一九四一年間，日、臺人資本額的變化為，超過五百萬元的大公司，日本人高占百分之九十七，多屬居住在日本本土的財閥資本，臺灣人資本家僅占百分之三，比率極低。

此外，日治當初臺灣對日本的出口額只占臺灣總出口額的百分之十四，從日本銷到臺灣的商品價額約占臺灣總進口額的百分之十八，但到一九二九年時，臺灣對日出口額已高居總出口額的百分之八十七，從日本銷售臺灣的物品價額也高占總進口額的百分之六十八。至於從臺灣出口到日本的多為稻米、蔗糖、香蕉、柑橘等種類單純的農產品，由日本銷售臺灣的物品多屬各式各樣的工業品。

總結地說，無論是日、臺兩地之間的商品供需關係，或是資本與利潤的移動方向，在在都證明臺灣總督府的經濟政策是在犧牲臺灣人的利益，為日本資本家創造財富。而日本人正因有政策上的保護和扶助，才能結合商業資本、產業資本、金融資本，累積雄厚的資本力量，汲取殖民地臺灣豐富的經濟利益。[62]

註釋

【1】井出季和太著、郭輝編譯，《日據下之臺政》第一冊（臺中：臺灣省文獻委員會，一九七七），頁二三一～二三二；陳小沖，《日本殖民統治臺灣五十年史》（北京：社會科學文獻出版社，二〇〇五），頁一。

【2】井出季和太著、郭輝編譯，《日據下之臺政》第一冊，頁二四四、二四六、二四九；司馬嘯青，《臺灣日本總督》（臺北：玉山社，二〇〇五），頁二六。

【3】王泰升，《臺灣法律史的建立》（臺北：著者發行，一九九七），頁一〇六～一一六。

【4】外務省編，《外地法制誌》第四卷（東京：文生書院，一九九〇年復刻本），頁七九、八一、一六六、一七五～一七六、一七九～一八〇；王泰升，《臺灣法律史的建立》，頁一二四～一二五。

【5】許介鱗編著，《臺灣史記日本殖民統治篇二》（臺北：文英堂出版社，二〇〇七），頁一九。

【6】遺恨子，〈希望早廢惡法〉，《臺灣民報》第六七號，一九二五年八月二十六日，頁三四。

【7】李崇僖，〈日本時代臺灣警察之研究〉（臺北：臺灣大學法律研究所碩士論文，一九九六），頁一二七～一三四。

【8】許介鱗編著，《臺灣史記日本殖民統治篇二》，頁二六；李崇僖，〈日本時代臺灣警察之研究〉，頁一四一～一四二。

【9】黃昭堂，《臺灣總督府》（東京：教育社，一九九一），頁二一二；同氏著、黃英哲譯，《臺灣總督府》（臺北：前衛出版社，二〇〇四），頁二〇九。

【10】黃昭堂，《臺灣總督府》，頁二一三～二一五；同氏著、黃英哲譯，《臺灣總督府》，頁二一一。

【11】黃昭堂著、黃英哲譯，《臺灣總督府》，頁二一二、二一六。

【12】黃昭堂著、黃英哲譯，《臺灣總督府》，頁二一五～二一七。

【13】黃昭堂著、黃英哲譯，《臺灣總督府》，頁二一六～二一七。

【14】黃秀政，《臺灣史研究》（臺北：臺灣學生書局，一九九二），頁一七六～一七八；周婉窈，《日據時代的臺灣議會設置請願運動》（臺北：自立報系文化出版部，一九八九），頁八～九。

【15】周婉窈，《日據時代的臺灣議會設置請願運動》，頁七二～一七七。

【16】臺灣總督府警務局編，《臺灣總督府警察沿革誌》第二編（東京：綠蔭書房，一九八六年復刻本），頁六九三～六九六。

【17】《臺灣日日新報》，一八九八年六月五日，頁五。

【18】下村宏監修，《臺灣列紳傳》（臺北：臺灣總督府，一九一六），頁一一六。

【19】《臺灣日日新報》，一九〇一年十一月一日，頁三；下村宏監修，《臺灣列紳傳》，頁一〇、一九、二三、二五、一七九、一八七。

【20】《臺灣日日新報》，一九〇二年七月十七日，頁三；下村宏監修，《臺灣列紳傳》，頁二二、二八、四一、六二。

【21】《臺灣日日新報》，一九〇一年一月十九日，頁二；一九〇一年十月二十四日，頁三；一九〇一年十一月五日，頁三；一九二二年四月十七日，頁五。下村宏監修，《臺灣列紳傳》，頁一～三、二二。

【22】《臺灣日日新報》，一九〇三年七月二十五日，頁三；下村宏監修，《臺灣列紳傳》，序文；臺灣總督府警務局編，《臺灣總督府警察沿革誌》第二編，頁六九六。

【23】井出季和太著、郭輝編譯，《日據下之臺政》第一冊，頁三七一。

【24】井出季和太著、郭輝編譯，《日據下之臺政》第一冊，頁三七一。

【25】《臺灣日日新報》，一九一七年十一月二十六日，頁八。

【26】臺灣總督府警察局編，《臺灣總督府警察沿革誌》第二編，頁七〇〇～七〇二。

【27】井出季和太著、郭輝編譯，《日據下之臺政》第一冊，頁三七一～三七二。

【28】臺灣總督府警察局編，《臺灣總督府警察沿革誌》第二編，頁七〇八～七〇九。

【29】臺灣總督府警察局編，《臺灣總督府警察沿革誌》第二編，頁七〇二。

【30】臺灣總督府警察局編，《臺灣總督府警察沿革誌》第二編，頁七〇九～七一一。

【31】藤井志津枝，〈日據時期「理蕃」政策〉，收入李國祈總纂，《臺灣近代史政治篇》（南投：臺灣省文獻委員會，一九九五），頁二九一～二九二、二九九。

【32】關於隘勇，詳參藤井志津枝，〈日據時期「理蕃」政策〉，頁三〇一～三〇七；藤井志津枝，《日本治理臺灣的計策——理蕃》（臺北：文英堂出版社，一九九七），頁一一三～一三〇。

【33】藤井志津枝，〈日據時期「理蕃」政策〉，頁三〇九～三一六。

【34】藤井志津枝，〈日據時期「理蕃」政策〉，頁三一九～三二一。

【35】《臺灣日日新報》，一九一七年十一月二日，頁六。

【36】詳參藤井志津枝，〈日據時期「理蕃」政策〉，頁三二一、三二四～三二八。

【37】笠原一男著，《詳說日本史研究》（東京：山川出版社，一九八三版），頁三一七、三八七、三九四；大阪府教育委員會社會教育課編，《みんなが手をつなぐために》（大阪：大阪府教育委員會社會教育課，一九九五），頁四一～四四。

【38】〈小公學校生徒ヲ混淆スヘカラサルコトニ付內訓ノ件〉〈臺灣總督府公文類纂〉第六五三九號第一八件，明治三十九年（一九〇六）七月十八日內訓第一一號（南投：國史館臺灣文獻館典藏）。

【39】E.Patricia Tsurumi 著、林正芳譯，《日治時期臺灣教育史》（宜蘭：仰山文教基金會，一九九九），頁三三五。

【40】許佩賢，〈殖民地臺灣的近代學校〉，收入若林正丈、吳密察主編，《跨界的臺灣史研究——與東亞史的交錯》（臺北：播種者文化有限公司，二〇〇四），頁一八五。五條誓詞的原文，參見笠原一男著，《詳說日本史研究》（東京：山川出版社，一九八三版），頁三三三。

【41】前引〈小公學校生徒ヲ混淆スヘカラサルコトニ付內訓ノ件〉。

【42】〈本島人子弟ヲ小學校旁聽生トシテ入學セシムルノ件〉〈臺灣總督府公文類纂〉第六五三九號第十八件，大正六年（一九一七）九月二十一日（南投：國史館臺灣文獻館典藏）。

【43】同註42。

【44】E.Patricia Tsurumi著、林正芳譯，《日治時期臺灣教育史》，頁八一～八六、二二六；游鑑明，《日據時期臺灣的女子教育》（臺北：臺灣師範大學歷史研究所，一九八八），頁二八六；林茂生著、林詠梅譯，《日本統治下臺灣的學校教育──其發展及有關文化之歷史分析與探討》（臺北：新自然主義股份有限公司，二〇〇〇），頁二三九～二四〇；許佩賢，〈殖民地臺灣的近代學校〉，頁一八五。

【45】湯重南等編，《日本帝國的興亡》上冊（北京：世界知識出版社，一九九六），頁二一九～二二〇。

【46】林茂生著、林詠梅譯，《日本統治下臺灣的學校教育──其發展及有關文化之歷史分析與探討》，頁一九〇；許佩賢，〈殖民地臺灣的近代學校〉，頁一八六。

【47】E.Patricia Tsurumi著、林正芳譯，《日治時期臺灣教育史》，頁二〇一。

【48】吳文星，《日據時期臺灣社會領導階層之研究》（臺北：正中書局，一九九二），頁一九九～二〇二。

【49】吳文星，《日據時期臺灣社會領導階層之研究》，頁二〇九～二一八。

【50】吳文星，《日據時期臺灣社會領導階層之研究》，頁二二二～二二六。

【51】臺灣省行政長官公署統計室編，《臺灣省五十一年來統計提要》（臺北：臺灣省行政長官公署統計室，一九四六），頁一〇二～一〇三。

【52】臺灣省行政長官公署統計室編，《臺灣省五十一年來統計提要》，頁一〇二～一〇三。

【53】王先明，〈人、人口與社會結構：關於社會史一個基本理論問題之討論〉，收入張國剛主編，《中國社會史評論》第五輯（北京：商務印書館，二〇〇七），頁四九六。

【54】周憲文編著，《臺灣經濟史》（臺北：臺灣開明書局，一九八〇），頁三九五。

【55】何鳳嬌，〈日據時期臺灣農民對製糖會社侵奪之抗爭〉，收入《國史館館刊》復刊第十一期（臺北：國

史館，一九九一年十二月），頁五三～五八。

【56】柯志明，《米糖相剋——日本殖民主義下臺灣的發展與從屬》（臺北：群學出版，二〇〇三），頁一一二。

【57】何鳳嬌，〈日據時期臺灣農民對製糖會社侵奪之抗爭〉，頁六五～七四。

【58】鄧瑋羚，〈糖業剝削：「臺灣糖業帝國」如何剝削〉，收入許介鱗編著，《臺灣史記：日本殖民統治篇二》，頁一五〇～一五三。

【59】梁華璜，〈竹林事件探討：日本帝國掠奪臺灣林地之一例〉，《歷史學報》第五號（臺南：成功大學歷史學系，一九七八年七月），頁二四八～二四九。

【60】辛德蘭，〈基隆社寮島的石花菜與琉球人村落〉（一八九五至一九四五），收入琉球中國關係國際學術會議編集，《第十一回琉中歷史關係國際會議論文集》（那霸：琉球中國關係國際學術會議，二〇〇八），頁二一九～二四七。

【61】高淑媛，《經濟政策與產業發展：以日治時期臺灣鳳梨罐頭業為例》（板橋：稻鄉出版社，二〇〇七），頁二四四～二四六。

【62】矢內原忠雄著、周憲文譯，《日本帝國主義下之臺灣》，收入臺灣研究叢刊第三十九種（臺北：臺灣銀行經濟研究室，一九六四版），頁一五～二一、四四～四五；周憲文編著，《臺灣經濟史》，頁五四五至五四六、六三二至六三三；張宗漢，《光復前臺灣之工業化》（臺北：聯經出版事業公司，一九八〇），頁二一一～二一二。

第二章　警察大人

一八九五年日治臺灣以前，明治政府在求知識於世界，全面模仿西方文明的過程中，相當重視學習列強國家的警察制度。一八七二年鹿兒島武士出身的川路利良赴歐考察警政歸國後，一八七四年日本政府就根據他的「警察國家」方案，在東京設立警視廳，任用川路利良擔任大警視直接掌管首都的警察權，將地方政府的警察權交給府、縣知事管轄。依照川路利良的規劃，平均每二萬三千人的住宅區應設一個派出所，配備數十名警察。一八九〇年，日本設有六百九十二個警察署、七百七十四個警察分署、一千四百個派出所，儼然形成一個全國性的警察網。警察人員多來自沒落的武士，大批武士進入警察系統中，對鞏固國家基礎，平息各地叛亂、鎮壓農民運動、管制國民生活，產生不小的作用，此後增設警察也成為近代日本加強君權政治的要素之一。[1]

反觀臺灣，清治時期雖然已有維護社會治安的機構和官吏，但警察及其相關制度的出現源於日治時代。日治之初，臺灣總督府相當借重本地士紳的力量出面維持治安。設置警察是始於總督府內務部警保課課長千千岩英一的建議。也就是說，一八九五年千千岩英一主張，日軍一旦完成占領全島後，就要從軍政回歸民政，而據日本本土的經驗，維護治安與推行內政的主力是警察。臺灣總督府贊同警政即內政重要部門的見解，便於同年六月派遣千千岩英一到日本內地招募警察。一八九六年臺灣總督府結束軍政，實施民政後不久，就確立以「警察政治」統治臺灣的施政方針。[2]

日治時期臺灣人通稱日本警察為「大人」，有關警察制度的發展過程、警察來源、任用與培訓方式，以及警察官紀與社會觀感等問題，茲探討於後。

一、警察制度的發展

日治時代警察制度的發展，大約分為：一八九五年至一九〇〇年草創期、一九〇一年至一九一八年整備期、一九一九年至一九四五年發達期等三大階段。本節為探討各階段的變化，擬就警察組織與職權、職務範圍、警甲合一與警戶合一制度等特色，分述如下。

（一）警察組織與職權

日治初期臺灣社會治安混亂，基層行政單位的辨務署長可與警察署長互相兼任，軍隊、憲兵、警察都可行使警察權。由於一般行政事務無法正常運作，故臺灣總督府便於一八九八年改革官制，將原先的警察署編入新的辨務署內，辨務署長聽命於知事或廳長，其指揮監督權只限於轄區內的警察事務。一九〇一年總督府廢縣置廳，於民政部下設警察本署，改全島行政區為二十廳，各廳內設總務、警務、稅務三課。警察本署之下設置：庶務掛（祕書處）、高等警察掛（掌管政治性集會結社與新聞出版事項）、警務課（負責警官與隘勇的人事、經費及武器管理事宜）、保安課（掌管司法警察、保甲、蕃人、經濟警察事務）、衛生課（負責傳染病、環境清潔、醫院與藥品及吸食鴉片管理事宜）。警察本署長由警視總長擔任，其政治地位很高，僅次於總督與民政長官，可以直接指揮各廳廳長的地方警務。[3]（見圖2-1、圖2-2）

圖 2-1 歷任警察本署長圖

資料來源：臺灣總督府警務局編，第 1 編（東京：綠蔭書房 1986 年復刻本），未編頁碼。

如就臺灣總督府的初期治臺方針來說，征服山區原住民是其要務之一。一九〇三年警察本署署長室內增設蕃務掛，專門管理原住民事務。一九〇九年總督府為實行平定原住民計畫，廢除警察本署，改設內務局取代警察本署，並於內務局內設置警察課，另設蕃務本

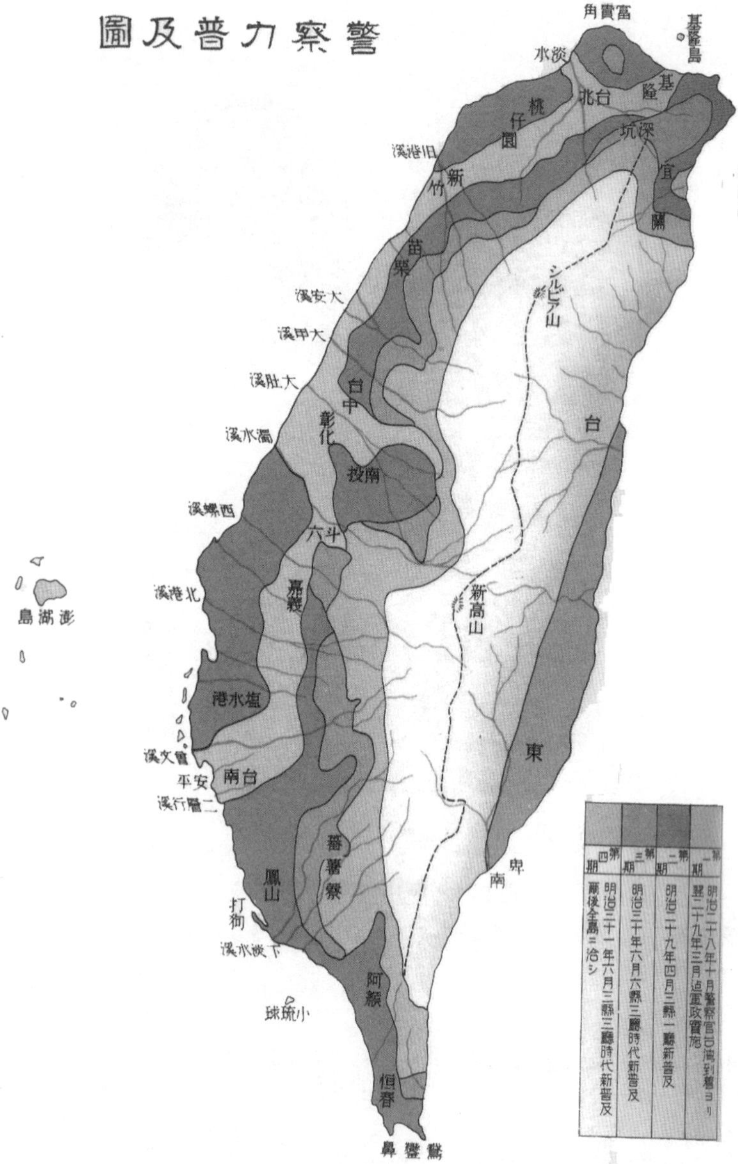

圖 2-2　一八九八年臺灣警力擴展圖

資料來源：臺灣總督府警務局編，第 1 編（東京：綠蔭書房 1986 年復刻本），未編頁碼。

署負責特殊地區的原住民事務。唯，內務局與警察本署的職權差異不大。一九一一年恢復警察本署，自此時起，警察本署與蕃務本署兩種制度並存。等到一九一五年理蕃事業結束，撤除蕃務本署，蕃地事務才再劃歸為警察本署管理。[4]

以上第一、第二階段警察組織的變動，反映全臺灣的武裝抗日運動此起彼落，警察制度因地制宜屢做調整，帶有暫行措施的用意。不過，自一九一九年起到一九四五年止，警察組織隨著殖民政權的穩固，便漸漸地趨於穩定和統一。質言之，第三階段的警察制度特色是，於一九一九年設立警務局取代警察本署。一九二〇年重劃行政區，將西臺灣分為五州、三市、四十七郡，東臺灣分為二廳；於各州分設警務部，各廳各設警務課；州以下於郡役所設警察課、市役所設警察署。警務課與警察課之下各設派出所或駐在所。警察署之下設派出所。州知事、廳長擁有警察權。廳長經總督認可得設支廳，支廳長由警視或警部擔任。州警務部長必須聽命於州知事，有權指揮監督州以下的郡守、警視、警部、警部補、巡查。[5]（見圖2-3）

表2-1所示，一九一二年至一九一九年警察機構與人數的變化為：警務課由二十二個減到十二個、支廳由八十七個略減為八十六個、派出所從九百五十六個減至九百二十九個、駐在所從一百九十六個增到三百十一個、警戒所由四十四個增至四十九個、分遣所從四百二十七個增為四百三十九個、隘寮由七百五十六個減至無。各級警察員額的變化為：警視從十一人增為十七人、警部由二百四十三人增至三百零八人、警部補自四百四十七人降到二百七十九人、巡查部長從零增為六百十二人、巡查由四千八百一十六人增至四千九百九十八人、巡查補自一千三百八十七人降至一千三百三十一人、警手由

圖 2-3　一九〇一年穿著夏季制服的警察官吏及巡查圖

資料來源：臺灣總督府警務局編，第 1 編（東京：綠蔭書房 1986 年復刻本），未編頁碼。

表 2-1　臺灣警察機構與人員數量統計表

年別	警察官署							警察官吏						警手	隘勇
	警務課	支廳	派出所	駐在所	警戒所	分遣所	隘寮	警視	警部	警部補	巡查部長	巡查	巡查補		
1912	22	87	956	196	44	427	756	11	243	447	-	4,816	1,387	3,990	
1913	17	85	958	199	54	454	759	11	212	390	-	5,069	1,346	596	2,919
1914	12	87	963	187	47	44	619	12	160	353	-	3,780	1,279	687	2,935
1915	12	85	973	207	80	419	-	13	212	393	-	5,168	1,335	682	2,300
1916	12	89	931	214	68	521	-	14	213	399	-	5,105	1,340	667	2,299
1917	12	85	933	243	63	525	-	14	211	399	-	5,571	1,293	487	2,545
1918	12	85	928	270	56	498	-	14	209	403	571	5,503	1,331	346	2,860
1919	12	86	929	311	49	439		17	308	279	612	4,998	1,331	243	2,873

資料來源：作者根據臺灣總督府官房調查課編，《臺灣總督府第二十一統計書》（臺北：臺灣總督府官房調查課，1919），頁 270；臺灣總督府官房調查課編，《臺灣總督府第二十三統計書》（臺北：臺灣總督府官房調查課，1921），頁 286 製作。

五百餘人減到二百四十三人、隘勇從三千餘人減至二千八百七十三人。

綜上所述，一九一五年西來庵事件爆發時，派出所的數量增為九百七十三個，以後遞減，到一九四〇年時，再漸增為一千零十九個。而歷年派出所數量增加緩慢，變化不大的事實，也可說明人口密集的地方治安已很安定。至於隘寮數目從七百五十六個減到無，反映蕃地的範圍已被縮小。山區駐在所、分遣所的增加，則顯示警察對於原住民的管理與監督變得越來越強。

一九一九年臺灣改行州制後，總督府內的警務局設警務課、保安課、理蕃課、衛生課等四課，思想控制方面屬於局長管理。州內警務部設高等警察課、警務課、保安課、衛生課、理蕃課等五課，各課執掌範圍約與府內警務局同。東部二廳內的警務課掌管警察、保安、衛生、防範蕃害、蕃地生產與交易事務。市內的警察署直接聽從警務部的指揮。郡內警務課掌管警察人事、武器彈藥、行政警察、司法警察、犯罪即決、保甲、戶口、衛生、蕃人、蕃地等事項。以上各州、廳、市、郡內的警務要點大致相同。[6]

值得留意的是，殖民地的警察權力很大，執勤範圍廣泛，但在事務繁雜，日、臺人語言不同、風俗迥異，財政經費又不足下，相當依賴臺灣既有的保甲制度。換言之，以保甲充當地方警政的輔助組織，以便有效地推展警政事務。

(二)警、甲合一制度

清初臺灣的保甲制度，主要是用於平定治安、清除盜匪及課徵稅捐等事項。其後由於官界弊端日盛，常有無賴之徒充任保甲職員，人民受害匪淺，故漸漸地變得有名無實。[7]等到日治時代，臺灣總督府為求節約經費，廣收統治成效，除了沿襲保甲模式「以臺治臺」之外，還為達到監視、壓制臺灣人的目的，而增強保甲的任務。

保甲制度的實施對象為臺灣漢人，在臺日本人、中國人、外國人均被排除在外。原住民方面，則只將居住臺東平地的阿美族編入保甲，其他族群都以「蕃社頭目」制度維持治安。[8]

如據一八九八年頒布「保甲條例施行規則」規定，保甲制度的組成和其監督方式如下：

第一條　以十戶為一甲，以十甲為一保。

第二條　甲置甲長，保置保長。甲長由甲內選舉，經保正呈請所轄郡守、支廳長、警察署長或警察分署長認可。保正由保內選舉，經所轄郡役所、支廳或警察官署，轉請知事或廳長認可。

第三條　保正承所轄郡守、支廳長、警察署長或警察分署長之指揮監督，以維持保內治安。甲長承保正之指揮監督，維持甲內治安。保正及甲長承市尹、街庄長或區長之指揮監督，協助執行保內或甲內之市尹、街庄長、或區長之職務。

……

第九條　保甲及壯丁團所需費用，由保內人民負擔，職員報酬金額，由地方長官規定。[9]

指出保正要接受轄區郡守、支廳長或警察署長的監督；甲長要接受保正的監督。保正和甲長的任期各二年，任滿後得連選連任。唯，任期中，如經認定不適任或有必要時，官方得命令改選。保正及甲長的出任資格，規定儘量由有聲望者擔任，原則上不支薪。[10]關於保正和甲長的職務，依據一九〇三年發布「保甲條例施行細則標準」規定如下：

保正之職務為：

1. 監督甲長之職務。
2. 告誡保內住民不可非為作歹。
3. 輔助警察官吏搜查及緝獲犯人。

4.處分違反規約者。
5.關於規定上之褒獎救卹事項。
6.關於過怠金之徵收及處理事項。
7.關於經費之收支、預算、決算及賦課之徵收事項。
甲長之職務為：
1.輔助保正之職務。
2.調查甲內之戶口，取締出入者。
3.輔助警察官及保正搜查及緝獲犯人。
4.告誡甲內住民不可非為作歹。
又，規定保甲內各戶家長應加入保甲規約。如有以下事項之一，須報告甲長。
1.撞見犯人及舉動可疑者侵入甲內。
2.留宿異地者，或家人旅行異地預定宿泊一夜以上時，及投宿人離家或旅行人返家時。
3.生產死亡及其他戶口上發生異動時。
甲內住民，如有被處重刑者，甲內各家長應受處罰，繳納罰款。前項情形，若有發覺犯人先檢舉者，則可免除其罪。[11]

說明保正甲長必須承擔保護社會治安的任務、保甲內各戶家長都要加入保甲規約，以及居民如果犯罪，各戶家長都要連帶受罰。但，有人事先發現犯人扭送報官，則可免除連坐罪等要點。

保甲為輔助警察業務和地方行政，還根據「保甲規約」的規定從事下列事項：

1. 戶口調查。
2. 取締出入者。
3. 對風、水、火災及土匪強盜之警戒搜查。
4. 傳染病之預防。
5. 矯正鴉片煙弊害。
6. 道路橋梁之清潔及修補。
7. 驅除蟲害。
8. 預防獸疫。
9. 保甲會議。
10. 保甲職員之過怠處分。
11. 保甲內之褒獎救卹。
12. 經費之收支、預算、決算及賦課之徵收。

13. 除前記各項外，保護地方安寧上之必要事項。[12]

反映保甲分擔事務繁多，其中，屬於地方行政範圍的查戶口、環境衛生、公共建設、社會治安、防災等業務，都須參與承辦。[13]

壯丁團是輔助保甲的組織，是為警戒災難、維持地方安寧而設。團員的年齡介於十七歲至五十歲之間，必須挑選身體強壯、品行端正的人擔任。壯丁團長、副團長由團員互選，團長、副團長、團員均不支薪，所有費用都由保甲民分攤，如有支薪之需時，再呈報上級，經知事核可。[14]

表2-2為一九一一年與一九一九年的保甲、壯丁團數量，其發展變化如下：保數從四千八百零二個增至五千零七十二個、保正由四千八百五十五人增到五千零六十六人、甲長自四萬八千六百零五人增為四萬九千三百九十八人。壯丁團數量從九百三十八個增至九百四十七個、團長由九百三十八人增到九百四十七人、副團長自四千二百三十三人增為四千五百九十六人、壯丁從三萬六千二百四十二人上升到四萬一千五百八十人。

以上保甲數量的增加，顯示全臺灣各地的保甲網已很嚴密。可以說，警察控制保甲，保甲依附警察的警、甲合一制度，是日本統治臺灣漢族的特色。似此警、甲連結，處處干預人民日常生活的惡政，一直施行到一九四五年六月，日本戰敗投降前兩個月才被殖民政府廢除。[15]

表 2-2　臺灣保甲與壯丁團數量統計表

1911 年 / 地方廳別	保甲			壯丁團			
	保數	保正	甲長	團數	團長	副團長	壯丁
臺北	720	720	6,830	146	146	623	5,465
宜蘭	215	215	1,949	49	49	83	881
桃園	283	283	2,695	67	67	282	2,702
新竹	400	400	4,131	94	94	359	4,316
臺中	855	855	8,378	124	125	843	5,552
南投	180	180	1,733	48	48	179	1,679
嘉義	934	930	9,008	165	165	835	4,851
臺南	785	783	8,846	145	145	622	6,737
阿猴	389	388	3,817	86	86	390	3,732
臺東	11	11	56	6	6	9	98
花蓮港	18	18	173	7	7	8	229
澎湖	102	102	989	-	-	-	-
總數	4,802	4,855	48,605	938	938	4,233	36,242
1919 年總數	5,072	5,066	49,398	947	947	4,596	41,580

資料來源：作者根據臺灣總督府統計調查課編，《臺灣總督府第十五統計書》（臺北：臺灣總督府官房調查課，1913），頁 197；臺灣總督府官房調查課編，《臺灣總督府第二十三統計書》（臺北：臺灣總督府官房調查課，1921），頁 286 製作。

（二）警、戶合一制度

近代戶口管理是建立民政的基礎。日治時期臺灣總督府為了掌握全臺灣的戶口狀態，很早就開始制定法規，逐步地規劃戶籍工作，以利推行內政。具體地說，臺灣總督府先於一八九六年以訓令第八十五號公布「臺灣住民戶口調查規則」開辦戶籍。接著，一九〇三年以訓令第一〇四號制定「戶口調查規程」，準備清查戶口。一九〇五年，以敕令第一七五號公布「臨時臺灣戶口調查部之組織章程」、以府令第九十三號頒布「戶口規則」、以訓令第一三三號訂定「戶口事務取扱規程」，於十月一日起展開臺灣史上第一次的戶口普查事務。此後到一九四〇年為止，一共舉行七次戶口普查工作。戶口調查簿分為本籍戶口調查簿和寄留（遷徙）戶口調查簿兩種，其中，登錄人口動態與人力方面的資料成為警察監控人民的重要依據。[16]

在日本，戶籍資料是由市、町、村長來掌管；在臺灣，卻由郡守、警察署長、分署長，或由支廳長負責掌管。戶籍資料除了戶口調查簿、副簿、除戶簿、來泊簿、他行簿以外，還有戶口實查攜帶的實查簿和居民申報時所用的催告簿，以及類似備忘錄性質的須知簿三種。須知簿記載有關戶口方面的資料，包括居民的行動、犯罪行為、特殊榮譽、年齡、殘廢等。每年轄區警員須將戶口調查副簿和戶口調查簿對照一次，警察署長每六個月，巡視區監督警部（補）每三個月，巡查、巡查部長（巡佐）每個月，各要做一次核對戶口調查簿、除戶簿及戶口實查簿的工作。[17]

值得一提的是，臺灣戶口調查任務原由憲兵與警察共管，一九〇三年起則改由巡查（警員）擔任。巡查調查各戶現住人口之身分、職業、異動情形，以及下列生計情況：[18]

1. 居民生活情形，包括：(1)戶主及其家屬的人品、素行、經歷和其家屬之間的感情，以及鄰里的批評；(2)職業種類、勤惰、收入、資產，如無資產或職業者，則記錄其生活手段；(3)生活方式與身分不相符或赤貧的生活狀態；(4)社交狀況及對象。

2. 居民衛生情形，包括：住宅及其附近清潔狀況、居民健康情形、有無傳染病或時疫。

3. 警察認為需要監視者的言行，包括：(1)有聲望、有潛勢力、有政治見解，或涉及地方公共事業、宗教者的言行；(2)外國人的言行；(3)有危害公共秩序者的言行。

4.政令施行情形，包括：(1)遵守新法令的情形；(2)民眾對新法令或施政的反應；(3)執行政令對社會經濟或風俗的影響。

5.居民風俗習慣及其變遷情形，包括：(1)普及日語狀況；(2)警察須注意的風俗習慣；(3)異族之間的相互關係。

6.居民產業情形，包括：(1)地方主要產業的盛衰；(2)農作物的豐歉；(3)商業景氣情況；(4)公司、合作社的新設、解散及其內幕；(5)新事業的成立或舊事業的消滅。【19】

巡查在做戶口實查時，不論是不是他的轄區，所有重要見聞都要以口頭或書面呈報上級機關。其中，若有認為非深入內部，不能明瞭真相時，則得安排「專務視察員」前往偵查。但視察員仍須與巡查保持聯絡，請其協助。

應該指出的是，戶口調查副簿上有一欄「種別欄」，將人的類別分為三種，其劃分標準由監督者依據巡查的報告訂定。也就是說，將官吏、公務員與行為善良且有相當名望者劃歸第一種人；第二種人為第一種與第三種以外的普通人；第三種人指警察要特別注意、監視的人。關於第一種人，規定每六個月要做一次以上的實查；第二種人、第三種人每三個月要做一次以上的實查。監督官員尤須隨時聽取第三種人的實查成績報告，指示必要的監視措施，並呈報警察官。第三種人遷出轄區時，巡查還要將可做為參考的資料報告警察官，轉寄其遷徙地的警察機構，交給該轄區的巡查。巡查如果認為：1.需要編入受監視，或須受行政處分，或撤銷監視與行政處分者；2.第三種人需要以特殊手段深入偵查者；3.孝子、節婦、忠僕和其他需要表揚者；以及在刑事上應監視者，如慣犯、假釋、保釋者，或即將起訴、即將行刑者的動態等，都須隨時簽註意見呈報警官知道。[20]

綜上所述，可知臺灣總督府以近代科學知識為基礎，所建立的一套組織完備的警察系統，因有保甲制度輔助地方行政，及整合大規模的警察網、保甲網，發揮戶籍管理功能，故得控制地方社會，並掌握臺灣豐富的人力與物力資源。

二、警察的任用與培訓

日治時期警察的官職由上而下分為：警視總長—警視—警部—警部補—巡查—巡查補。有關他們的任用辦法與養成方式，茲分述如下。

（一）警察的任用

首先，就警官而言，警視總長是敕任官（簡任），警視是奏任官（薦任），警部、警部補是判任官（委任），都根據日本文官任用令予以任用。具體地說，日本本土的警視總長須有奏任文官的資格，和曾任奏任文官二年以上（高等官三等），或擔任敕任文官一年以上經驗者。如無前項資格，曾任奏任或敕任文官二年以上，經文官高等考試委員銓衡者亦可任用。警視需要文官高等考試合格，若無此一資格，則須有外交官及領事官考試合格，曾任外交官或領事官二年以上，或有從事判事或檢事職務二年以上經驗者。警部與警部補必須符合下列資格之一，方可任用，亦即：1. 中學畢業或文部大臣認定具有同等學歷學校畢業者；2. 一般專門學校入學考試檢定合格者；3. 在教授法律學、政治學、行政學或經濟學的學校選修三年課程畢業者；4. 文官普通考試合格者；5. 文官高等考試合格者；6. 從事文官職務三年以上者；7. 擔任雇員五年以上者。[21]

與此對照，殖民地臺灣警官的任用標準係依據敕令規定：1. 臺灣總督府警視須從事警察事務五年以上，現任判任官三級俸以上者之中，經文官高等考試委員銓衡者方得任用。蕃務警視須從事蕃務警察五年以上，現任判任官三級俸以上者之中，經文官高等考試委員銓衡者才可任用。2. 警部、警部補須依據警部、消防士特別任用令，有考試合格證書者。蕃務警部、警部補須為總督府的判任文官在蕃地從事蕃務者，或曾任巡查、雇員、囑託員三年以上，現在蕃地從事蕃務者。[22]顯示警視的任用條件，臺灣與日本本土相同，警部與警部補的任用資格，臺灣低於日本本土。蕃務警部與警部補，日本本土沒有這兩種職位，臺灣的任用標準則特別重視有從事蕃務經驗者。

巡查和巡查補不適用文官任用令。在日本，係依據內務省訂立「巡查採用規則」制定任用資格。在臺灣，一八九九年啟用臺灣人輔助日本警察時，殖民當局是根據「警吏採用規則」規定：1. 警吏須經考試採用。2. 志願為警吏者，臺灣居民須品行方正、年滿二十歲以上四十歲以下；不牴觸：因犯風化罪處刑及其他犯案服刑後未滿三年者；有和身分不相稱的負債者；嗜酒或有暴行習慣或吸食鴉片者。3. 警吏體格檢查須符合：身體健康、四肢完全；身長五尺一寸以上、胸圍約為身長之半、呼吸縮張相差一寸以上者；能充分發音者；精神完全，無精神病者。4. 警吏技藝考試須符合：有閱讀臺灣府令能力者；

有一般筆談能力者。5.警吏考場設在警察課或轄區警察署，須由二名以上警部在場，和由警察課長或警察署長舉行。6.志願為警吏者，依據規定書式，提出警吏志願書、履歷表、身分證明向警察課或轄區警察署申請等。[23]

一九〇〇年殖民當局因恐以傭員待遇招募巡查補，會影響臺灣人的應徵意願，故准予委任官待遇，將巡查補編入官制，但規定只能輔助巡查出勤，不能單獨作業。一九〇九年確立巡查、巡查補任用制度。一九一一年修訂「巡查看守採用規則並巡查補採用規則」，明訂具備下列條件之一就可予以採用，即：1.屬於警察官及司獄官練習所的練習生；2.在臺任職警察官或司獄官二年以上或退職後二年以內者；3.在臺任職警察官或司獄官有精勤證書，退職後五年以內者，或任職警察官或司獄官有精勤證書，在內地退職後二年以內者；4.現任巡查補有精勤證書，並有甲種通譯兼五等（二圓）以上津貼之優秀者。又，從事特務及蕃界警備的巡查不受前項限制，只要服務滿一年成績優等，通過廳長的學科考試亦可予以採用。關於巡查補的採用，是從巡查教習所的學科及體格考試合格者中採用，但復職或有特殊技能者，可不經學科考試就予以採用。[24]

一九二〇年總督府在改革地方制度時，廢止巡查補名稱，將巡查分為甲、乙兩種。原則上，甲種巡查須自總督府警察官及司獄官練習所乙科畢業，乙種巡查須自州廳巡查教習所畢業。通譯（口譯）或武術等特殊專長者，不受此限，另有採用辦法。乙種巡查欲升任甲種巡查時，須經練習所乙科的訓練，但也有根據個人勤務表現而特別採用者。關於警手的招募，規定年齡在十七歲至五十歲之間，必須身體強健、勤勞，視力、聽力、聲量合格者。[25]

如將日、臺人任職警察的人數做一比較，一九三五年的情形是，臺灣人沒有一人擔任警部以上的高官，在警部補總數二百三十九人中，只占二人。在巡查部長總數七百八十一人中，僅有六人。在甲種巡查總數三千九百三十九人中，臺灣人有一百五十八人，只占總額的百分之四。與此對照，屬於基層職位的乙種巡查，在總數一千九百五十二人中，臺灣人有一千一百五十九人，約占總額的百分之五十九，比率很高；在階級更低的警手方面，總數二千九百四十二人中，臺灣人有二千一百四十四人，高占總額的百分之七十三。原住民所占乙種巡查、警手的比率極低，可以說，根本不被重用。以上從日、臺籍警察人數的配置裡，應可窺知種族差別待遇在警察系統中相當的明顯。[26]（見圖2-4、圖2-5）

（二）警察的培訓

警察的教育機構在總督府設有警察官及司獄官練習所，在地方設有巡查教習所，分別擔任警察教育事業。警察官及司獄官練習所分為甲科、特別乙科和乙科，主要是為培養日籍警官人才而設。其中，甲科訓練警部練習生（現職為表現優異的巡查部長），教育期限一年；特別乙科訓練巡查部長練習生（現職為甲種巡查），教育期限三個月；乙科訓練甲種巡查練習生（現職為乙種巡查），教育期限六個月。

甲科練習生的資格是必須在臺服務二年以上，特別乙科練習生必須在臺服務一年以上，經由地方首長推薦，經體格檢查、學科考試合格才能入所修習；不過，如有地方首長出具證明，也可不受服務年數的限制。乙科練習生必須年滿二十歲以上，三十五歲以下，經體格檢查、學科考試合格，且無素行不

圖 2-4　一九〇八年穿著冬季制服的警察官吏及巡查圖

資料來源：臺灣總督府警務局編，第 1 編（東京：綠蔭書房 1986 年復刻本），未編頁碼。

圖 2-5　低階警察及隘勇圖

資料來源：臺灣總督府警務局編，第 1 編（東京：綠蔭書房 1986 年復刻本），未編頁碼。

良，或曾受罰款以上的刑罰者方可錄取。【27】

巡查教習所負責乙種巡查教習生的訓練，屬於培養低階警官的教育機構。教習生的來源是登報招考。通常主辦單位會鼓勵有學力、勤務績效佳的警手參加應試。考試科目包括：讀書（測驗日語能力）、作文、算術，必須筆試及格，經體格檢查、身家調查合格後，才能成為教習生。教習生接受二個月以上的學科和實務學習，如果修畢成績及格，就可充任乙種巡查。【28】

關於警部、警部補的筆試，殖民當局為了錄用日本人才起見，特別精心設計適合日本人應試的科目，如有：大日本帝國憲法、行政法、刑法、刑事訴訟法、臺灣總督府法院條例、警察法規、作文、算術、語學（日語臺譯、臺語日譯、廣東語日譯）等，【29】這些試題相當著重測驗考生的法律知識和實務能力。

巡查的學科考試很不容易。如以一九〇二年為例，其試題如下：

憲法

第一題　敕令行政官根據命令擁有一定裁量體制及罰金的權力，這是否抵觸憲法第二十三條？

參照　憲法第二十三條　日本臣民非根據憲法，不用逮捕監禁審問的處罰。

第二題　何謂緊急敕令？

行政法

第一題 說明警視總長的職權。

第二題 說明單獨機關與合議機關的意義。

第三題 評論本島警察制度的得失。（使用論文體）

刑法

第一題 強盜與匪徒如何區別？

第二題 何謂犯意？

算術

第一題 某庄人口有配偶者男女各一百二十八人、無配偶者男一百十四人、女一百三十人，以上對於總人口的千分比例男女各多少？

第二題 一年費用，若巡查四百五十圓、巡查補一百八十圓，某廳既定預算，如果巡查補增加二十人的話，巡查要減多少人？

第三題 汽船運費通常貨物一噸四圓，危險物是其五倍，那麼，彈藥五百箱的運費多少？彈藥一箱以六貫七百匁、一噸是以二百六十八貫計算。（作者備註：1貫＝3.75公斤，1匁＝3.75公克）

第四題　五十三里十五町八間二尺、一千九里二十町四十八間四尺、一百里三間四尺的總計多少？
第五題　九百八十九除以八百九十八。求至餘數五位數。[30]

由上巡查應考的學科試題裡，顯而易見，這對沒有平等機會接受母國教育的臺灣人來說，通過錄取標準的門檻很高。總的來說，日本統治者在臺灣警察系統中，是以差別待遇、不公平的考試制度，來建構日主、臺從，日上、臺下，這種等級分明的支配與被支配關係。

三、警察官紀與社會觀感

日治時代臺灣人稱日本警察為「大人」，當時警察佩劍，長輩們只要說一句：「大人來啦！」小孩們就會嚇得不敢哭，害怕得躲起來。臺灣人對警察大人的畏懼還不止於此，民間社會甚至套用日本人的俗諺：「花是櫻花，人是武士」，有「花是苦楝，人是警官」這樣的流行語。

苦楝，又名苦苓、金鈴子。傳說古代屈原投入汨羅江自盡後，楚國人擔心海龍王和蝦兵蟹將會吃完江中的食物，因知蛟龍懼怕五色絲和苦楝葉，所以就包粽子，用五彩絲和苦楝葉包住食物，投河給屈原吃。苦楝是一種含有毒素的植物，可以用來製作中藥治病，和生產高效能的殺蟲劑。臺灣人使用這樣的比喻，其實是嘲諷殖民地警察的兇惡和暴戾。[31]

如前述及，殖民地臺灣的警察職務林林總總，權限很大，那麼，警察的風紀如何？警察經常接觸人民，社會大眾對警察的觀感又如何？頗須做一探討。

（一）警察官紀

根據「臺灣總督府警察賞與規程」、「州廳巡查精勤證書授與規程」、「臺灣總督府州廳巡查懲戒內規」規定，臺灣總督府警務局有權指揮監督警察，可對地方政府的巡查行使懲戒權，地方政府僅有一般獎賞和頒發「精勤證書」的權力。但，總督府警務局礙於人手不足，監督地方警察不力，故警察素質常有參差不齊的情形。[32]有關警察的素質，如從底下官府通知部屬必須改善風紀的訓示裡，即可窺知有不少警察的品德相當低劣。

【事例1】一九〇一年七月三十日民政長官後藤新平以書面布達各廳廳長，有關警察官接觸民眾之事。

向來警察官在與人民應對之際，有不少動不動就生氣且態度高傲、行為粗暴的人。其中，極為失態的情形是，警部補在訊問賭博犯的證人時，常有把證人毆打成傷，或有巡查、巡查補無故毆打人民的事。這些現象歸根究底，是與監督官監督不周、責任感太輕有關。本來，訊問證人應該依照法令問話，如果使用拷問讓證人負傷，其違法行為就會嚴重影響警察的威信。各廳廳長對於違法者應做處分，予以告誡。依此，傳達部屬周知，進行取締。[33]（原文為日文，作者中譯，以下同）

【事例2】一九〇九年一月二十二日民政長官大島久滿次以書面布達各廳廳長，有關警察官與人民應對之事。

關於警察官與人民應對一事，先前雖已有過訓示，但在處理刑事被告人及其他問題時，警察官因為一時衝動，或因語言不通，而有做出粗暴舉動的人。（臺南）鹽水港的警部補及巡查甚至因為些微事件，就有毆打人民致死的情形。最近這些警察官已經受到緩執刑的處罰，但損害警察的威信不小。保護人民的警察官發生這種緩執行的醜事，全因平日不知如何對待人民，或因語言不通之故。為免將來再發生緩執刑之事，應該嚴厲告誡部下，勿與人民在應對之際引起誤解。依此，傳達部屬周知。[34]

【事例3】一九一二年一月十二日總督府警察本署長龜山理平太以書面通知各廳廳長，不要疏忽警察官的品行涵養。

雖然我深信不反覆提醒不要疏忽警察官的品行涵養，各官也會努力自我薰陶，但在一九一二年一月以後，警察官濫用職權，觸犯刑罰的人如附表所示，人數著實不少。其中，犯罪的巡查補因收賄所占人數最多，此外，也有位於監督職位的人濫用公款，因為收賄而被起訴出醜，被罷免官職的人。儘管警察官清廉，忠於職守，是警界倡導同仁耳熟能詳的道德規範，但因不斷地發生言行不一之事，故擔任幹部者應於修養自己的同時，也要思考涵養部下品德的方法。特別是，巡查補比起巡查，品格低劣的人很多，雖說這是民情習俗不同的結果，不過，身為社會大眾模範的人，最需要對教養方面下工夫。本官期待各級警察官於注重修養的同時，要給巡查補提升地位的機會，漸漸給予恩給、津貼，使其陶冶精神，俾使站在輕浮的島民面前，也能毅力堅定，恪遵職守。依此，傳達各廳廳長要求各監督者周知。[35]

【事例4】一九一六年七月二十日民政長官下村宏以書面通知各廳廳長，有關官吏在轉職罷官之際，**接受金錢禮品之事**。

官吏在轉職罷官之際，有關接受在地人贈送金錢、禮品一事，過去已有內部訓示。特別是，警察官經常接觸人民，且為人民的模範，本來就應戒慎留意才是。然而，近年來內地人（日本人）的贈送行為到處都有，因此，似乎有被認可的傾向。由於贈禮的背後，不免糾纏著不可告人的內情弊端，發生令人深感遺憾的事，所以今後雖說是內地人的贈送，但在島內轉任的場合，不准接受。依此，傳達部下警察職員周知，進行取締。[36]

【事例5】一九二八年警務局長本山文平調查並訓斥地方警察官員對兵營裡的小賣部及其他物品欠債，認為有告誡的必要，而於四月二十八日通知各州知事、各廳廳長，要儘快處理警察官的負債問題。

根據這次調查蕃地小賣部積欠物品費的結果，得知欠債人員有二百四十三名，金額多達一萬四千二百圓，這與小賣部一個月銷售額五萬五千多圓相比，高占二成六。由於賒欠不付帳的關係，所以小賣部的經營者就將其利息轉嫁到貨物費上，結果導致蕃地供應物品不足，引起小賣部販賣的貨不僅品質低劣而且售價昂貴的批評。改善小賣部對於安定警備員的生活，以及增進其幸福至為重要，儘管如此，我們也應承認，物品費的停滯主要是確實付帳的人僅占少數，因有許多不確實付帳的人，所以犧牲了付帳的人的福利，這點應該嚴加告誡。

警察除了對蕃地小賣部負債外，在平地執勤的人同樣也有負債的情況。負債很多是源於生活渙散的結果。生活渙散則是官紀鬆弛的原因。官紀的弛緩不只是監督者疏忽監督的原因，且與其身分不相稱的負債，也和其辦事效率低落有密切的關係。以上問題影響警察全體的成績不小，因此在平地、蕃地勤務者之中，現在有與其身分不相稱，或無正當理由的負債者，應該儘快地做出適當的處分，藉以防止他們將來再負債。關於本案處理狀況，希望得到回覆。專此，照會各州知事廳長周知。【37】

綜上所述，殖民當局頻頻強調警界官紀不佳的原因有：1.警察假借官威，執法過當，踐踏臺灣人的人權；2.警察濫用職權，貪贓枉法，隨便浪費公帑；3.警察操守不佳，好收賄賂，接受人民的餽贈；4.警察生活渙散，怠忽職守，欠債不還；5.監督官未盡職責，監督下屬不力等。要言之，在日常生活當中，和民眾接觸頻繁的警察，經常出現作威作福，招致民怨的現象，應與臺灣是殖民地，日本統治者擔心警察如果喪失權威，恐將動搖政局，必須賦予過大的職權有關。

其實，殖民地警察在掌管警察本務之外，也多兼管公共團體事務，唯因管理業務範圍太廣，權限太大，所以頗易滋生種種弊害，予人一種霸道不講理的印象。關於警察執法不當，侵犯臺灣人權益的情形，茲舉例說明於後。

（二）社會觀感

一九三〇年彰化郡和美庄的警察打算用強制募款的方式，重新改建派出所。時值景氣不佳，庄民們正面臨償債之苦，有些人害怕官威，雖然忍耐經濟上的痛苦，勉強因應繳納。但，庄民中仍有數十人沒有理會，於是，警察就伸展權力，先傳喚當地的富豪蔡枸到郡役所，由佐谷警部補在刑事室強迫蔡枸承諾捐款。蔡枸解釋無法應付捐款的原因是，受到米價暴跌，收入劇減的影響。然而，佐谷警部補並不接受他的辯解，再三施以威嚇。蔡枸對佐谷警察官的脅迫頗感不安，想做進一步的解釋時，竟被佐谷警部補侮辱了一番。事情經過一週，在和美庄開業的一個醫生也因沒有認捐，被警察叫去郡役所恐嚇、拘留了一夜，才被釋放回家。[38]

臺灣人討厭維護統治階級的忠臣日本警察，不僅痛恨他們為從事地方建設，如鋪路、造橋、上下水道、建蓋派出所、官廳等工程，經常強制人民捐地、捐款、無償地貢獻勞力，[39]對於欺壓自己人的臺籍警察尤其憎惡。一九〇〇年出生於新竹的吳濁流，是個寫實派的文學家，他在《臺灣連翹》一書中，針對鄉下臺籍警察的行為做了頗為細膩的描述。

吳濁流記載，他的一個朋友名叫鍾日光，以公學校畢業的學歷擔任乙種巡查後不久，很快就升為甲種巡查。鍾日光因為初露頭角，追求功名的野心很高，所以在警界裡專門以欺負臺灣同胞為榮。

有一天，從事農民運動的彭宇棟在湖口火車站候車室裡閱報，一個農民問彭君，近日皇室誕生的嬰兒是男孩還是女孩？彭君未加思索地回答：「是細妹」。正巧鍾日光走進候車室，聽到了他的回話，就立即以「不敬罪」告發彭宇棟。彭宇棟因此被判處四個月的徒刑。鍾日光以類似手段欺侮臺灣人的事例多不勝數，結果在幾年後，就被破例拔擢，成為新竹州第一個升任警部補的臺籍警官。鍾日光當上警部補，掌握司法大權後，更在昭和七年（一九三二）製造了一個「大湖事件」，因破案有功而從警部補的官高升到警部。

所謂「大湖事件」，是起於鍾日光手下有一個名叫陳卓乾的巡查，陳巡查的妻子是大湖人，妻子的妹妹根據有左傾色彩的農民組合員黃阿乾、劉雙昇等人聊天，提到祖國大陸的武力很強，如果軍隊和武器齊集臺灣，日軍恐怕招架不住的談話，信以為真，就將此事告訴姊姊。陳妻聽後很緊張，就勸告丈夫辭職，不要再替日本人做事。陳巡查認為內情可疑，便向鍾日光報告。豈料鍾日光竟把它當作一個重要的情資，向州當局報告。州當局立即派豐田警部前來調查，將此無中生有的事變成內亂關係罪案件，展開了一場大調查。結果在大湖、苗栗、竹南三郡中，除了劉雙昇一人漏網外，其餘和農民組合有關的四百餘人都被檢舉。鍾日光甚至充當前鋒，化妝成樵夫、苦力、車夫祕密地進行偵查。事情經過兩年，因為調查不出什麼結果，州當局就把案件轉送到法院，檢察官調查了一年，仍然真相不明，被檢舉的四百餘人就以未決犯的名義，白白在監獄裡坐了三年牢。

「大湖事件」發生後，鍾日光官拜警部，成為全臺灣僅有四個臺籍警部中的一人。鍾日光的飛黃騰達，反映殖民政府在任用警官的背後，不明是非、不分黑白，只要能鎮壓臺灣人，或出賣臺灣人，為當局效勞者，就予以提拔重用，使臺灣忠僕成為支配者的化身，轉為欺壓臺灣人。【40】

臺籍警察狐假虎威，視同胞如草芥，欺侮臺灣人的事例不少。如一九二五年，臺南州北門郡新營庄有一個姓葉的臺籍巡查，在取締事務時，辱罵婦女。有人批評葉巡查的態度過於惡劣。葉巡查對於自己的失言不但不反省，反倒將全庄的婦女召集起來，不但罰她們久跪在地向他謝罪，還大逞威風地毆打柔弱婦女。【41】

又如一九二八年，竹南郡大埔派出所有一名巡查接到鄉下瓜農報案，說鄰居林某有偷採他家菜瓜的嫌疑。被懷疑的林某素與苦主不合，被巡查搜查了許多次，並沒有發現偷瓜的形跡。事經一個多月後，巡查把林某叫到派出所，命他下跪，先是拳腳交加一番，打得林某叫苦連天，然後再叫林某承認自己是個偷瓜賊。林某抵死不肯蒙受不白之冤，巡查不得已放了他。隔日，又召喚和苦主感情不合的另一人，巡查以同樣的手段，施加暴力拷問，結果還是不得要領。被拷問的兩個人雖然滿肚子委屈，但懼怕巡查的權勢，在無力伸冤下，只好忍氣吞聲，自認倒霉。【42】

從長期觀察，臺灣總督府運用警察、保甲監視網的力量，取締臺灣人的犯罪情形，在刑法犯方面，包括竊盜、強盜、詐欺、恐嚇、貪汙、殺人、傷害、過失致死、妨害公務、瀆職、放火、失火、賭博等犯行，要以賭博、竊盜、詐欺等犯案人數居多。在違反特別法犯方面，包括違反公安及風俗規則、違反鴉片令及衛生規則、違反戶口規則、違反外事及支那（中國）勞動者規則、違反交通及通信規則、違反諸稅規則、違反專賣規則、違反產業規則、違反雜則等項目，要以違反鴉片令的犯罪人數居多。根據統計，一九一八年全臺犯案人數，大部分的刑罰屬於輕型犯，其中，賭博犯占九千四百一十三人、竊盜犯占二千四百一十人、詐欺犯占五百五十一人、違反鴉片令者占三千九百五十四人。一九三八年的犯案人數仍以輕型犯居多，其中，賭博犯有二萬八千一百八十人、竊盜犯有二萬一百九十九人、詐欺犯有一萬一千八百三十七人、違反鴉片令者有一千二百七十九人。又，輕型犯犯案人數的年平均變化為：賭博犯每年增加九百三十八人、竊盜犯每年增加八百八十九人、詐欺犯每年增加五百六十四人、違反鴉片令罪犯每年減少一百三十四人。[43]以上數字反映，日治時代臺灣社會治安良好，犯案人數較少，且多屬於輕型犯的原因，不用說，都應歸功於殖民當局實施「警察政治」，警察大人犧牲眾多臺灣人的錢財、勞力、尊嚴、人權乃至性命，以統治者的利益為本位所換來的成效。

註釋

【1】湯重南等編，《日本帝國的興亡》上冊（北京：世界知識出版社，一九九六），頁二七三～二七四。
【2】李崇僖，〈日本時代臺灣警察制度之研究〉（臺北：國立臺灣大學法律學研究所碩士論文，一九九六），頁四二～四九。
【3】李崇僖，〈日本時代臺灣警察制度之研究〉，頁五五、五八、六三、七一～七六。
【4】李崇僖，〈日本時代臺灣警察制度之研究〉，頁七四～七六。
【5】李崇僖，〈日本時代臺灣警察制度之研究〉，頁七五、八一、八三～八四。
【6】李崇僖，〈日本時代臺灣警察制度之研究〉，頁九三～九四、九七～九八。
【7】蔡易達，〈臺灣總督府基層統治組織之研究——保甲制度與警察〉（臺北：文化大學日文研究所碩士論文，一九八八），頁六一～六三。
【8】蔡易達，〈臺灣總督府基層統治組織之研究——保甲制度與警察〉，頁九五。
【9】臺北市萬華區第一戶政事務所編，《日據時期官制與戶籍綜析》（臺北：萬華區第一戶政事務所，一九九七），頁六四。
【10】蔡易達，〈臺灣總督府基層統治組織之研究——保甲制度與警察〉，頁九七。
【11】臺北市萬華區第一戶政事務所編，《日據時期官制與戶籍綜析》，頁六六～六七。
【12】石川忠一，《臺灣警察要論》（臺北：新高堂書店，一九一五），頁一五六～一五七。
【13】蔡易達，〈臺灣總督府基層統治組織之研究——保甲制度與警察〉，頁一〇二～一〇三。
【14】壯丁團團員的年齡在成立之初為十七歲以上，四十歲以下。參見蔡易達，〈臺灣總督府基層統治組織之研究——保甲制度與警察〉，頁一一二～一一四。
【15】鄭淑屏，〈臺灣在日據時期警察法令與犯罪控制〉（臺北：輔仁大學法律研究所碩士論文，一九八六），

頁七五。

【16】臺北市萬華區第一戶政事務所編，《日據時期官制與戶籍綜析》，頁一二～一六、三一。

【17】臺北市萬華區第一戶政事務所編，《日據時期官制與戶籍綜析》，頁一七、三四～三五。

【18】臺北市萬華區第一戶政事務所編，《日據時期官制與戶籍綜析》，頁四二～四三。

【19】臺北市萬華區第一戶政事務所編，《日據時期官制與戶籍綜析》，頁四四。

【20】臺北市萬華區第一戶政事務所編，《日據時期官制與戶籍綜析》，頁四五～四六。

【21】石川忠一，《臺灣警察要論》，頁一四四～一四六。

【22】石川忠一，《臺灣警察要論》，頁一四六～一四七。

【23】臺灣總督府警務局編，《臺灣總督府警察沿革誌》第一編（東京：綠蔭書房，一九八六年復刻版），頁三七五～三七六。

【24】石川忠一，《臺灣警察要論》，頁一四七～一四八；蔡易達，〈臺灣總督府基層統治組織之研究——保甲制度與警察〉，頁一四一。

【25】劉匯湘，《日據時期臺灣警察之研究》（臺北：臺灣省警務處，一九五二），頁二二。

【26】劉匯湘，《日據時期臺灣警察之研究》，頁一九、二二。另，如一九三一年臺灣警察之任用，其族別比率與一九三五年類似。參見李崇僖，〈日本時代臺灣警察制度之研究〉，頁一一七。

【27】劉匯湘，《日據時期臺灣警察之研究》，頁一四。

【28】《臺灣日日新報》，一九一八年二月六日，頁五；同，一九二六年七月三十日，頁二；同，一九二九年六月十一日，頁二；李崇僖，〈日本時代臺灣警察制度之研究〉，頁一一四～一一五。

【29】臺灣總督府警務局編，《臺灣總督府警察沿革誌》第三編（東京：綠蔭書房，一九八六年復刻版），頁九〇二～九一二。

【30】《臺灣日日新報》，一九〇二年三月二十八日，頁二。

【31】吳濁流，《臺灣連翹》（臺北：前衛出版社，一九九三），頁一九、五〇。有關苦楝的形狀、特性，參見環境資訊中心植物簡介，http://e-info.org.tw/；http://tnl.org.tw/。

【32】李崇僖，〈日本時代臺灣警察制度之研究〉，頁一一八～一二一。

【33】臺灣總督府警察局編，《臺灣總督府警察沿革誌》第三編，頁四六七。

【34】臺灣總督府警察局編，《臺灣總督府警察沿革誌》第三編，頁四七二。

【35】臺灣總督府警察局編，《臺灣總督府警察沿革誌》第三編，頁四七四。

【36】臺灣總督府警察局編，《臺灣總督府警察沿革誌》第三編，頁四七五。

【37】臺灣總督府警察局編，《臺灣總督府警察沿革誌》第三編，頁四七八。

【38】《臺灣民報》，昭和五年（一九三〇）七月二十六日，第三二三號，〈寄附金的強制徵收不應者被侮辱拘留〉。

【39】《臺灣民報》常有殖民當局逼迫人民免費提供財物、勞動力的報導，參見昭和五年（一九三〇）八月十六日，第三二六號；同，八月二十三日，第三二七號；同，八月三十日，第三二八號；同，九月六日，第三二九號；同，九月二十七日，第三三二號。不一一列舉。與此相關的研究，另見蔡龍保，《殖民統治之基礎工程：日治時期臺灣道路事業之研究（一八九五～一九四五）》（臺北：國立臺灣師範大學歷史學系，二〇〇八），頁二〇八～二一三、二一八～二二三。

【40】吳濁流，《臺灣連翹》，頁五〇～五四。

【41】《臺灣民報》，大正十四年（一九二五）五月十一日，第三卷第一四號，〈狐假虎威的臺灣巡查〉。

【42】《臺灣民報》，昭和三年（一九二八）十月七日，第二二九號，〈盜賊豈可擅便認定嗎？〉。

【43】臺灣總督府官房調查課，《臺灣總督府第二十三統計書》，〈犯罪處斷人員〉（臺北：臺灣總督府官房調查課，一九二一），頁二七六～二七七；臺灣總督府警務局編，《臺灣總督府警察沿革誌》第二編（東京：綠蔭書房，一九八六年復刻版），頁八二三～八二四。

第三章　國家認同

十九世紀中葉日本受到西方列強的武力威脅，被迫開國開港後，國內就出現保守派和要求改革的革新派之間的政治鬥爭，經過一場宮廷政變，一八六八年天皇取代德川幕府建立了新政府。以「面聽天下，向明而治」自許的明治政府為了擺脫民族危機，與列強為伍，故決定實行範圍廣泛的維新運動。維新運動的要點有：一、制定近代府縣制度，建立中央集權制的政治體制；二、設立文部省，掌管教育改革事務，頒布《學制》，制定教育法，確立新式的教育體制；三、改革地稅，推行「殖產興業」政策，讓國家資本帶頭實行工業化，並扶植發展私人資本；四、仿照西方國家內閣制，建立責任內閣，內閣由總理大臣和外務、內務、大藏、陸軍、海軍、司法、文部、農商務、遞信等九省大臣、書記長官、法制長官組成，直接向天皇負責；五、實行地方自治制度；六、頒布「大日本帝國是由萬世一系之天皇統治」的《大日本帝國憲法》，確立近代天皇制的國民國家體制；七、實施民法；八、實施商法等項目。要言之，十九世紀末，歷經一系列改革後的日本帝國已經崛起，成為亞洲諸國效法和學習邁向近代化的一個新興強國。[1]

臺灣人與大和民族無論是血緣、語言、習俗、信仰或歷史文化都不相同。一八九五年日本帝國從清廷手中攫取臺、澎群島後，如何通過臺灣總督府之手，在殖民地塑造天皇制國民國家形象？如何使日本天皇和臺灣人產生連結關係？臺灣人對外來政權的國家認同如何？等疑問，茲探討於後。

一、天皇制國民國家形象的塑造

近代「文明開化」是日本帝國實施改革運動中的一項重要政策。一八七一年十一月明治政府任命外務大臣岩倉具視為右大臣兼特命全權大使，率領四十八名高官和五十九名留學生，自十二月起，以一年又十個月的時間，考察訪問了美、英、法、比、荷、德、俄、義、奧、丹麥、瑞典、瑞士等十二個富強進步的國家。結果發現沒有文明化的國家，根本無法適用國際法（萬國公法），從而也不被國際社會承認為一個主權獨立的國民國家，因此，就決定改革日本的政治體制，效法西方，複製屬於近代國民國家的重要元素。[2]

後進國在塑造國民國家之際，通常直接模仿先進國的發展模式是較易達成目的的改革方式。具體地說，執政者在建構國民國家意識時，主要措施如下：

（一）在經濟方面，建立四通八達的交通系統網、確立土地所有權與租稅制度、建立統一的貨幣制度與度量衡器、有效的管理商品流通市場；

（二）在政治方面，制定憲法、國民議會、建立中央集權的政府與地方自治體、創建警察與監獄制度、設置法院與軍隊（國民軍、徵兵制）；

（三）在社會方面，建立戶籍制度、推行學校教育、設立教會、寺廟、新聞媒體、社團；

（四）在文化方面，建蓋博物館、劇場、電影院，塑造象徵國民國家的符號、目標、誓約、國旗、國歌、曆法、國語、文學、藝術、建築物、修史、編纂地志、創造新宗教——祭典、創造新傳統等。

與此對應的國民國家成員包括：

（一）統治階層，有元首、政治人物、官僚、軍人、警察；

（二）傳播國家意識型態的知識分子，有教育人士、科學家、媒體工作者、藝術家、宗教家；

（三）參與生產、流通、消費活動的生產者、資本家、勞工、消費者等。

國民國家為控制國民，還須留意：

（一）利用戶籍制度，以身分登記來管理人口移動，並改善公共衛生與公共景觀的生活環境，以塑造井然有序、統一規格的空間（共相）國民；

（二）規定國民的作息時間、例假日與國慶節日，建立有時間觀念的國民；

（三）通過交流用的語言、公眾領域的禮儀、服裝（制服或禮服）規範，重建習俗相同的國民；

（四）利用適應軍隊、學校、工場等作息的規定，塑造身體感官劃一的國民。

整體來論，十九世紀末期日本經過上述一系列的改革後，隨著形構國民國家前置作業的完成，以天皇為中心，統合民族的國民國家已然形成。[3]

與此對照，臺灣總督府移植日本天皇制主權意識的途徑如何，茲論述於後。

一八九五年，臺灣總督府取代清朝掌握臺灣的行政、立法、司法、軍事大權後，為使臺灣成為日本發展工業的原料供給地、加工製品的消費地、過剩人口和多餘資本的容納地，故在平定抗日運動的同時，發行公債籌集鉅資，陸續展開：興建鐵路、港埠、橋梁、水利、自來水、機場、電力、電話、通訊設備等近代化的公共基礎建設（infrastructure）。臺灣總督府深知帝國勢力的強盛，也有賴剝削殖民地的豐富利源，因此，便啟動大規模的土地、戶籍和林野調查，著手進行幣制改革，建立金融與度量衡制度，並發展四通八達的交通網事業。【4】

向來，交通建設有主導經濟發展的意義。如以縱貫鐵路的開工而言，臺灣總督府起初為鎮壓抗日分子，依據運輸軍隊、武器、米糧的需求，延續興建劉銘傳時代尚未完成的鐵路，並延長線路、興建支線，以便促進產業發展。其間一九一八年西部縱貫鐵路的全線通車，和道路交通網的逐步完成，對國民國家意識的滲透發揮了莫大的作用。【5】

土地所有權與租稅制度的確立，是臺灣總督府為日本人創造投資與出口製品、擴大生產及吸資的要件。一八九八年臺灣總督府成立臨時土地調查局，實施地籍調查、三角測量及地形測量三大事業。【6】土地調查的結果，不僅使殖民者可以有效地控制地方治安，整理出大量的隱田，且因增加土地面積、地價、增徵地租，而增加財政收入及明確土地權利。臺灣總督府的清查措施因使土地交易趨於安全，吸引日本資本家輸出資本，故工商人士多接踵來臺，投資土地和設置企業。【7】

與土地相關的林野調查始於一九一〇年。臺灣總督府經過長期的勘查，確定大部分林野都歸官有後，就將林野地出售，或撥給官營，或交給日本資本家經營，結果這些利益都歸屬政府和支持政府政策的日本財團所有。【8】

關於幣制改革，清代臺灣的通貨存在著各國銀元和自鑄銀兩，貨幣市場複雜混亂，消耗不少社會成本的情形。一八九九年臺灣總督府出資一百萬圓設立臺灣銀行（創業資本額共五百萬圓）。臺灣銀行的營業目的是：1. 發行貨幣與承擔政府的事業公債；2. 為工商業及公共事業提供融資，協助日商奪取外國商權；3.擴展營業範圍至華南和東南亞地區，以便為日系資本向南方擴展事業提供融資。[9]

政治建設也為總督府建立國民國家形象的一項重要措施。其要項有一八九六年頒布六三法，一九〇六年公布三一法，一九二二年實施法三號，賦予臺灣總督至高無上的權力。臺灣總督府下轄民政局與軍務局，分別掌管民政和軍政；另，設立法院和監獄，用以壓制臺灣人的反日、抗日與社會運動。又，在全臺重要地區除了設置警察署、警察分署以外，還配合警政上的需要，於一八九八年公告「匪徒刑罰令」，同年制定「保甲條例」，一九〇〇年發布「臺灣保安規則」，一九〇四年公布「罰金及笞刑處分例」，一九二五年施行「治安維持法」，徹底實施「警察政治」。[10]

社會建設是臺灣總督府塑造國民國家形象的另一項重要措施。向來，都市改造對於國民國家的形成，其表面與潛在的作用頗大。圖書館、博物館、劇場、電影院等建築物是其重要的裝置。有關這些設施，如一八九八年興建臺灣神社；一九〇二年設置第一所圖書館（臺北臺灣文庫）；一九〇八年興建劍潭警察招魂碑；一九一三年建蓋北投公共浴場與公園，以為療養與休閒旅遊的溫泉勝地；一九一四年開闢臺北圓山動物園；一九一五年興建博物館（今國立臺灣博物館）；一九一九年全臺最高建築物臺灣總督府竣工，強烈傳達「威權統治」的視覺；一九二四年臺北永樂座（娛樂劇場）落成。[11]以上兼具政治功能、經濟功能、教育功能的公共空間，幾乎都配置在日本人密集的區域。這些外型高大、雄偉氣派的建築物不僅對外清楚地展示殖民政府的國家形象，帶有權威統治的政治象徵，而且通過這些認知圖像，還可以產生攝服與影響被治者對母國產生敬畏的心理作用。[12]

應該指出的是，鼓吹與評論國民國家象徵和意識型態的媒體與菁英分子，扮演了重要的中介角色。

關於媒體，報紙的刊行可以擴大鐵路沿線和連結鐵路的交通網讀者，其結果除了縮小區域與區域之間的文化水準落差外，隨著資本主義經濟活動的興盛，也往大眾社會的方向發展，加速教化國民政策的滲透。舉例言之，一八九六年《臺灣新報》、一八九七年《臺灣日報》的創刊，一八九八年《臺灣新報》與《臺灣日報》合併，改名《臺灣日日新報》，這份報紙直到一九四四年為止，是全臺灣發行量最大，代表殖民政府言論宣導政策的重要工具。還應指出的是，一九〇四年臺灣總督府頒布「公學校規則」，對臺灣漢人推行國民學校教育；一九〇五年建立戶籍制度；一九一九年公告「臺灣教育令」，制定臺灣人的初等、中等、高等教育。[13]這些近代化軟、硬體建設工程完成的同時，其實也意味著國民國家要素的齊備。

值得一提的是，日本本土的文明開化事業，一方面確立絕對主義的天皇制政治，和崇拜天皇的造神運動；另一方面也著重政治透明、司法獨立、言論自由、人民有參政權、政府重視教育投資、自由經濟市場開放等新政。[14]與此對照，殖民地臺灣雖然呈現不少引人注目的文明景觀，但在視覺化的背後，近代化公共空間裡隱藏著總督獨攬大權，實施日、臺人種族不平等的法律暴力，和由此而衍生的國民對非國民的政治壓迫、經濟剝削，卻是不容辯解的事實。[15]

二、國民教化事業的推展

根據中日簽訂馬關條約第五條規定，一八九五年五月八日到一八九七年五月八日的二年間，臺灣居民有選擇國籍的自由，如果不離開臺灣，就要被視為日本帝國的臣民（國民）。儘管如此，日本人在臺灣始終以「內地人」或「邦人」自稱，對世世代代定居臺灣的土著稱為「生蕃」，一九三五年起改稱「高砂族」；對臺灣漢族則稱為「土人」或「本島人」。[16]

（一）日本人視線裡的「土人」

所謂「土人」，根據《日本語大辭典》解釋，指的是最早出生、居住在本地，沒有遷移他處的原住民，或指尚未文明開化的野蠻人。[17]依此定義，日本人對臺灣人在什麼場合使用「土人」一詞呢？茲舉例說明於後。

【事例1】

屬於天然足會的本島婦人往往被其他野蠻土人輕蔑，且在馬路上因被視為苦力婦人而感到煩擾的不少，該會對不能改變此蠻習的無知之徒拒絕入會。有人提議若天然足會員佩帶徽章與其他蠻習者做一區別會比較好，該會已向當局請求徽章佩用認可，但有沒有這個必要還需要考慮，目前當局認為此法不當，不予許可。[18]（原文為日文，作者中譯，標點符號為作者添加，以下同）

【事例2】

臺灣土人吃肉吃得遠比內地人多，因此牛羊豬的屠宰也非常的多，臺北一個城市每天屠宰約三百頭。然而，沒有固定（的）屠宰場，每個人各自屠宰，沒有屠宰場（會）汙染都市，傷害居民（的）健康。[19]

【事例3】

（一九一五年）東京高砂寮長後藤朝太郎訪問臺灣人上中下不同階級的家庭，發現臺灣土人與內地人不同，很滿足過低級的生活，他們為何會甘於過清貧的生活呢？原因是非常重視紅白事和每年的民俗節慶活動，儘管有人對喪禮付出多年的積蓄變成乞丐，卻一點也不感到不滿，反倒覺得有與自己身分不相稱的支出是件很榮幸的事。臺灣十二、三歲的貧童去當佣工，會懂得把每個月的薪水存起來，目的是要做將來娶媳婦的婚姻基金。金錢勢力與婚姻關係如此密切，連小孩都有攢錢的觀念。臺灣土人除了紅白事外，每年的民俗活動規模也大得讓內地人不能想像，非常的熱鬧。他們每戶都分攤祭典、遊行的開銷，特地重酬邀請遠從二、三十里或五十里來的藝旦，藝旦的服飾華麗得令人驚訝。臺灣土人對社會習俗有很強烈的興趣，不吝惜花錢。臺灣土人對於官廳要求捐獻的時候，也大方得不輸給內地人，或因他們重視名譽，所以多會在別人看不見的地方（埋藏在臺灣式房屋的地板下）積蓄錢財。嘉義地方官在嘉義廳召集學生家長時，有一個農夫身穿帶泥的工作服出席，因為他的穿著太髒，校長勸他回家換件衣服再來，他竟然說：「我是農夫，穿這樣就好。」直接踏入華美壯觀的建築物裡，這個農夫其實是有幾十萬圓積蓄的人。[20]

【事例4】

臺北各市街之門前，皆備有塵芥箱（垃圾箱），蓋為衛生上所不可少，且最宜注意也，乃有一種撈取塵芥箱之土人，拾其不潔之物以去，晝夜為之，已狼藉不堪，況其拾去者尤易傳播病菌，不可不慎也，觀其每夜箱蓋洞開，土人既撈之，群犬復挖之，苟不設法，何以善其後。[21]（原文為漢文，標點符號為筆者添加）

【事例5】

（一九四二年）有關陸（軍）密電第六十三號南方總軍要求儘量派出到婆羅洲的慰安土人五十名一案，根據陸（軍）密電第六二三號，由憲兵選定以下三名經營者，同意其申請渡航……。[22]

以上事例1、2、3，顯然可知日本人眼裡的臺灣「土人」，是指與其文明社會價值觀不符，風俗鄙陋的野蠻人。事例四日本人所指的「土人」，帶有歧視臺灣窮人的意思。事例5所謂的「慰安土人」，則是暗喻慰勞日軍身心，對臺籍慰安婦的蔑稱。[23]（詳見第八章）

其實，十九世紀中葉，初到橫濱旅遊的西方人看到像非洲黑奴般裸體袒裎的日本人時頗感驚訝。西方人對日本社會中有人刺青、男女混浴、男人隨地小便、路人亂丟垃圾、貨車與人力車霸占道路、街市有人兜售春畫和喧嘩吵架等陋習相當反感，他們強烈批評日本是個沒有文明化的野蠻國家。[24]不過，日本人在完成維新運動後，已經忘記他們過去也很落後、很不文明，反倒以文明人自居，趾高氣昂地嘲諷臺灣人的野蠻、未開化。

（二）官尊民卑的禮治秩序

日本殖民者要彰顯帝國的統治能力，除了在臺灣從事文明化的公共基礎建設，形成日、臺劃一的國民國家形象外，還為教化臺灣人變成符合母國要求的文明人，而推展一些屬於國家意識的教化事業。

殖民地統治者在教化措施上，首先是選用適任的臺灣人擔任：隘丁、偵探、巡查補、翻譯、街長、庄長、甲長、保正、辨務署參事、縣參事和某事項的委員等公職，藉以重整地方權力。[25]充當政令傳達的中間人與國家意識的傳播者，則為統一日本國民化的生活規範，而對臺灣人實行：斷髮（剪辮子）、解纏足、重視公德心、普及「國語」（日語）教育、改善風俗習慣等教化項目。[26]

其次，在官民關係方面，樹立禮治秩序，確定官尊民卑的上下關係，使被治者知道效忠天皇，接受新的國家認同，也為臺灣總督府極為重視的禮儀規範。關於禮治，殖民者除了發行日文與漢文對照的「普通禮法書」，教授賓主在會面、迎接、宴會、節慶典禮時應有的日本禮節知識外，[27]並複製天皇神話，讓臺灣人明白天皇是萬世一系神的後裔，既為日本人的最高統治者，也為臺灣人應該崇拜的對象。依此，官方媒體對臺灣總督府在臺灣實施國訂節日的意義，解說如下：

1. 一月一日「四方拜」。這是指一年之始的節日，由天皇在皇宮正殿舉行祭拜儀式，先拜伊勢神宮和天神地祇四方諸神，次拜神武天皇御陵及孝明天皇御陵，再拜賢所（奉祀天皇三種神器之處）、皇靈殿、神殿，最後再接受百官群臣的拜賀。

2. 一月三日「元始祭」。這是向祖先表達感恩庇佑的日子，由天皇在賢所、皇靈殿、神殿親自祭拜，官幣大社、府縣鄉等各級神社也要一齊舉行祭祀儀式。

3. 一月三十日「孝明天皇祭」。這是指祭祀明治天皇父親駕崩的祭日。

4. 二月十一日「紀元節」。這是指紀念神武天皇平定天下即位的日子。天皇是皇室的始祖，當天也為日本的建國紀念日。

5. 三月二十一日「春季皇靈祭」。這是天皇率領百官到神宮親祭天地神祇以及歷朝皇靈之日。

6. 四月三日「神武天皇祭」。這是指紀念神武天皇駕崩的祭日。

7. 九月二十四日左右「秋季皇靈祭」。這是指天皇率領百官到神宮親祭天地神明以及歷朝皇靈的日子。

8.十月十七日「神嘗祭」。這是向伊勢神宮奉獻新穀的日子。天皇要在宮中舉行遙拜式，另差遣官員舉行祭拜活動。

9.十一月三日「天長節」。這是指天皇的誕辰。當天天皇在賢所、皇靈殿、神殿舉行祭典，並親赴青山練兵場舉行閱兵典禮，外國使臣到場觀禮。天皇在接受皇族與大臣的拜賀後，賞賜官僚宴飲。另於東京灣施放一百發禮砲，全國國民要懸掛國旗，慶祝天皇華誕。

10.十一月二十三日「新嘗祭」。這是指天皇在神嘉殿向天地神祇奉獻新穀的日子。天皇親食新穀後，再下賜給群臣。[28]

以上十個國訂節日因都有延伸天皇主權意識，產生政治統合的效果，所以臺灣總督府與各級地方政府在舉行儀式之際，會由官員、警察主導，勸告地方知名士紳參加，或安排街長、庄長、甲長、保正或小、公學校的教職員、學生、學生家長、親戚及居民出席。各地地方政府依照節日性質的不同，有的祭拜神道，有的合唱皇室千秋萬世的「君之代」國歌，有的恭讀教育敕語，有的敬拜御真影（天皇圖像），有的手持國旗遊行。各級官員等待儀式完畢，有的還會舉辦運動大會或展覽圖片活動，聚集民眾高呼「天皇陛下萬歲」，祝福國家太平。[29]

值得留意的是，臺灣總督府在國家慶典的儀禮表演、尊皇敬神道活動之餘，也不忘生產一些屬於國民性的符號和儀式，這些表徵常見於學校現場的頒獎儀式、運動會及官員視察地方之中。國旗、國歌尤其是國民不可欠缺的共同體，在官方的儀式裡，這些政治符號都被裝置得相當氾濫。[30]

三、裕仁皇太子視察臺灣

根據不完全資料統計，日治期間日本皇室的訪臺次數至少有五十一次。關於皇室來臺的目的，主要有：1.軍事目的，即指慰問討伐抗日活動的日本官兵、視察駐軍和特種演習；2.祭祀目的，此指奉祀臺灣神社物品及參拜神社活動；3.社會教化目的，如有：頒賜天皇圖像以供官民敬拜、傳遞天皇的慰問信、贊助慈善與教化團體、表揚有功者、捐助醫療事業、捐贈學術獎勵金等活動；4.考察政績目的，包括視察災區重建、訪問政府相關機構，以及公、私營工廠等業務績效。以上軍事性的視察活動多集中於一九一一年以前，和一九三一年九一八滿州事變之後，一般性的訪問活動則多安排在一九一二至一九三〇年間。[31]

殖民政府在皇室視察臺灣時，不僅使用莊嚴、盛大的迎送儀式，建立禮治秩序，而且也通過媒體代言，頻繁地傳播統治者的尊皇價值觀。舉例言之，一九一七年《臺灣日日新報》上刊登了一則日語與閩南語對照，教授讀者「國語」的短文。在這篇簡短的會話內容裡，可以發現天皇制國民國家意識的宣傳已經相當生活化。

> 北白川宮同妃殿下ニハ本日御歸京遊バサレマス
> 北白川宮同妃殿下今仔日王駕要返去東京

御來臺相成ツテカラ十日餘ニナリマス
駕臨臺灣已經十外日了
其間全島ノ御遺跡地ヲ隈ナク御巡視ニナリマシタ
彼的中間全島的御遺跡地攏有駕臨
各地ノ島民ハ熱誠ナル奉迎ノ意ヲ表シマシタ
各處的百姓都熱心奉迎
謹ンデ御奉送申上ゲマセウ
要恭敬來去奉送[32]（文中畫線處是用閩南語發音的白話文）

值得一提的是，一九二三年裕仁皇太子（昭和天皇）的視察臺灣活動。關於皇太子的來臺契機，源起於一九二二年東京府在上野公園舉辦平和紀念博覽會時，臺灣館的展覽吸引了皇太子到場參觀。親自為皇太子導覽，擔任解說員的田健治郎總督趕緊抓住機會，主動恭請皇太子撥冗訪問臺灣。[33]田總督表示，皇太子如果移駕臺灣，不但可以讓臺灣官民感到光榮，而且也因聖德普照臺灣，可以使島民直接感受皇恩的浩大。田總督為了促成此事，數度出入宮廷拜訪政要大老，懇請官員們出面聲援。[34]

一九二三年一月田總督獲得皇太子預定於四月訪臺的佳音後，立即在官邸召見各部會首長、州知事，指示他們務必要做好以下諸奉迎事項：

（一）官民須以誠意奉迎，切莫浮華輕佻，要以肅靜確實的態度表達真誠。

（二）根據皇太子訪問北海道及四國等地的經驗，殿下對於各項事物經常研究，興趣濃厚，每每無暇休憩，為恐產生過勞，故在訂定日程時，要留下若干餘裕，以免有負擔過重之憾。

（三）關於警備要注意周密，避免顯現外表上的威嚴，要對奉迎官民態度溫和，切莫對官民有不敬的態度。【35】

田總督基於安全上的考慮，特別挑選自己信賴的竹內友治郎擔任警務局長。為此，竹內友治郎辭去朝鮮遞信局長一職，迅即奉命接任新職，負責保護皇太子的治安事務。此外，臺灣總務長官賀來佐賀太郎也親至各州巡視，再三指示部署要做好奉迎籌備計畫，尤其要注意衛生、消除惡疫和清潔市街等問題。【36】

一九二三年四月十六日至二十六日皇太子訪臺期間，有來自日本全國各地的記者團隨行報導。當時臺灣各地官民的歡迎盛況，如首都臺北市政府是在火車站前搭建一座「奉迎門」，由車站開始經過博物館到植物園一帶，官員規定各公、民營機構、商號、住戶都要懸掛斜角七十五度的國旗，道路兩旁每隔三棵樹要安裝一個燈泡，電線桿上要掛「萬歲」文字和國旗圖樣的花環裝飾。皇太子抵臺當晚的七點鐘，臺灣總督府動員了二萬五千名官民、團體參加提燈遊行，他們分批輪唱「奉迎歌」。總督府周邊燈火通明，圍觀的市民歡聲如雷，場面顯得十分壯觀。【37】

如表3-1所見，皇太子的十天日程，視察地由北而南，遍及西臺灣各大城市和離島澎湖。裕仁訪臺的第一站是參拜臺灣神社，其他依序是：臺灣總督府、總督府下轄各機構、軍事單位、大型工場、孔廟、博物館、武德殿等地。關於政府單位接待皇太子的實況，專賣局安平鹽田場的安排如下：

（一）皇太子蒞臨安平鹽田時，由賀來佐太郎總務長官向皇太子說明巡視路線。

（二）皇太子蒞臨專賣局後，由池田幸甚專賣局長向皇太子報告業務概況、說明便殿（休憩所）、陳列室、製腦（樟腦）場、阿片（鴉片）場等生產狀況。

（三）專賣局所屬職員、工人發表恭迎感想。

（四）皇太子參觀專賣局產品。

（五）專賣局呈獻皇太子、伏見宮殿下禮物、奉送品、寄贈皇室香水、樟腦、煙草等。

專賣局為了表達恭迎盛情，除了舉辦員工提燈遊行外，還宴請來自日本國內各地的採訪記者，並致贈禮物。根據專賣局統計，不包括該局製造的贈品、臺灣製糖株式會社、臺灣製鹽株式會社提供的補助費和交通工具在內，單單是接待皇太子的費用就已支出三萬八千圓，遠遠超過內務省限制接待皇室費用二千五百至三千圓的規定。[38]

表3-2顯示，臺灣總督府為皇太子安排的餘興節目頗富殖民地色彩，這些藝文表演內容如：

表 3-1 1923 年 4 月裕仁皇太子的訪臺日程

日期	時間	目的地	住宿地
16 日	14：30-15：25	在居所接受官員拜謁	臺北
17 日	9：20-9：30	臺灣神社	
	11：05-13：00	臺灣總督府	
	13：20-15：15	臺灣產品展覽會第一、二、三號館	
	15：20-16：35	中央研究所農業部 臺灣產品展覽會第四號館	
18 日	9：05-10：15	中央研究所	臺北
	10：20-10：55	臺北師範學校 臺北師範學校附屬小學校	
	11：10-11：30	臺北市太平公學校	
	11；15-13：00	軍司令部	
	13：05-13：15	高等法院	
	13：20-14：30	教育展覽會（臺北第一中學校）	
	14：37-15：02	醫學專門學校	
19 日	10：40-11：00	在新竹州廳接受官員拜謁	臺中
	11：05-11：25	新竹尋常高等小學校	
	14：50-15：10	臺中州、廳，接受官員拜謁	
	15：15-15：35	臺中第一尋常高等小學校	
	15：45-16：00	臺中大屯大隊	
	16：05-16：10	臺中水道水源地	
	16：15-16：25	臺中第一中學校	
20 日	13：20-13：40	在臺南州、廳接受官員拜謁	臺南
	13：47-14：05	北白川宮御遺跡所	
	14：08-14：23	臺南市南門尋常小學校	
	14：30-14：50	孔子廟	
	14：55-15：23	臺南師範學校	
	15：38-15：53	臺南第一中學校	

（續下頁）

21 日	9：35-10：05	臺灣製鹽會社鹽田	高雄
	10：50-11：15	鹹水養殖試驗場	
	11：35-12：15	步兵第二聯隊	
	14：05-14：25	高雄州廳	
	14：30-14：45	高雄第一尋常高等小學校	
	14：50-15：50	高雄港內	
22 日	10：40-12：00	臺灣製糖會社阿緱工場	屏東
23 日	15：00	馬公要港部	馬公
24 日	9：25-10：00	基隆港	臺北
	10：10-10：40	基隆重砲兵大隊	
	13：05-14：00	博物館	
	14：15-16：05	全島學校聯合運動會	
26 日	9：05-9：50	步兵第一聯隊	
	9：55-11：20	專賣局	
	13：03-1：18	臺北第一高等女學校	
	13：22-14：17	武德殿	
	14：30-14：50	臺北第三高等女學校	
	15：10-16：10	臺灣體育協會陸上競技大會	
		抵達車站	
		離開車站賦歸	

備註：小學校指日本人讀的小學，公學校指臺灣人讀的小學。空白欄為資料缺載。

資料來源：作者根據〈臺灣總督府專賣局公文類纂〉第 2453 號，〈皇太子殿下奉迎委員會規程〉（1923 年），頁 199-236 製作。

表 3-2　1923 年 4 月臺灣官民安排裕仁皇太子的觀賞節目

日期	時間	表演項目	表演地點	參加者、表演者
16 日	19：30	提燈遊行	臺北皇太子居所附近	市民、男學生共計 21,600 名
17 日	12：40	舉旗遊行	各學校	女學生、小公學校兒童共計 8,600 名

（續下頁）

	16：50-17：15	演奏清樂（福建地方樂曲）	臺北皇太子居所	臺灣人士紳 10 名
18 日	16：00-16：20	蕃人（原住民）舞蹈	臺北皇太子居所	阿美族男、女 50 名
	19：30-21：00	放映活動寫真（介紹臺灣影片）	臺北皇太子居所	
19 日	10：54	壯丁團分列式	新竹州、廳庭院	新竹州最優良壯丁團員 408 名
	11：18	國語演習會		臺灣人 4 名（國語演習會會員）
	19：15	提燈遊行、舞龍	臺中市街	市民、男學童 10,000 名
	19：30	施放煙火	臺中皇太子居所	
20 日	15：40-16：00	臺灣武技宋江陣	臺南皇太子居所庭院	
	17：30-20：20	臺灣民俗表演（七爺八爺、北管、詩意閣、南管、雅樂十三腔、舞龍）	臺南市街	
	19：30-21：00	提燈遊行	臺南市街	市民、男學童約 9,700 名
21 日	14：50	撒網實況	高雄港	
		划龍舟競賽	高雄港	36 名
	19：00	提燈遊行及火炬遊行		提燈遊行：學生、兒童 650 名；火炬遊行：9,300 餘名
	19：00	施放煙火	高雄縣南部空地	
22 日	10：00-13：00	奉迎翳旗集團	屏東（車內參觀）	附近街民、小公學校兒童 6,300 餘名
		牛車通行（表演）		
		龍骨車汲水（表演）		

（續下頁）

		使用水車實況		
	19：00	舢舨、竹筏點火排列	高雄港	
		恭迎（萬歲）船		
		施放煙火		
24日	19：30-21：00	放映活動寫真（影片）	臺北皇太子居所	
25日	9：00	臺灣民俗遊行（神龍獻瑞、北管、南管、十音、神將列隊、詩意閣）	臺北州、廳附近	
	上午	放養鴨群實況	臺北州士林庄（車內參觀）	
26日	19：30	施放煙火	臺北皇太子居所、臺北公園、臺北州、廳後方	

備註：空白欄為資料缺載。

資料來源：作者根據〈臺灣總督府專賣局公文類纂〉第2453號，〈皇太子殿下奉迎委員會規程〉（1923年），頁402-449製作。

1. 清樂（四月十七日午後四時五十分起表演二十五分鐘）

清樂是指清代福建文人為自娛娛人，以拍板、琵琶、洞簫、笛、二弦、三弦、胡琴、大鼓、小鼓、片鼓等樂器，合奏「三國志」、「水滸傳」、「茉莉花」、「九連環」等民間通俗的樂曲。[39]移民社會臺灣受到福建地方習俗的影響，也流行此風。四月十七日為皇太子表演清樂的臺灣人有：阮順水、李啟芳、王增元、白一愚、陳朝駿、林子修、黃送來、黃韞山、陳品記等十名士紳。他們合奏的曲目「百鳥歸巢」源於泉州，樂曲的意思是，歌頌聖德澤被領地，陛下的仁政令臣民心滿意足，官民誠服愉悅之情如同百鳥歸巢般的歡喜。[40]

2.「蕃人」舞蹈（四月十八日下午四時起表演二十分鐘）

這是指阿美族男子二十九名、女子二十一名在皇太子居所表演的團體舞。男舞的意思是，向守護五穀的神明表達感謝和祈禱明年豐收，女舞方面則是感激皇太子慈悲，使其能安享平靜的生活。[41]

3.臺灣人武技「宋江陣」（四月二十日下午三時四十分起表演二十分鐘）

宋江陣乃出自宋徽宗時代「水滸傳」的故事，為民間人士歌頌宋江反抗腐敗朝廷，聚集一百零七名豪傑在梁山泊（今山東省壽張縣東南）仗義行俠的事蹟，其後此一武技演變成地方寺廟活動中的助興節目。宋江陣在皇太子居所表演。當晚官民還另於臺南舉辦五十分鐘的遊行活動，其中，屬於臺灣本土文化的表演節目有：

(1)專門向城隍爺揭發人間壞事，懲惡揚善，導正風俗的七爺、八爺遊行。

(2)北管奏樂助興。演奏者以鼓、鈸、拍板、琴、笛等臺灣樂器，演奏中國歷代名人故事譜寫的樂曲。（見圖3-1）

(3)出列十臺座車詩意閣。詩意閣源起於泉州、漳州，是讓美貌少女坐在以綢帛、人造花草裝飾，木板製成的花車上，遊行助興。[42]其他還有施放煙火、舞龍舞獅、龍舟競渡、提燈遊行等歡迎節目。

其實，在皇太子蒞臨之前，田總督曾以臺灣土皇帝的一君萬民之尊，數度視察過全臺灣各地。在他的漢文日記裡，他對臺灣土著的感言，描寫如下：

> 大正九年（一九二〇）四月二十一日……，接見蕃人百數十人，內四十餘人蕃婦也。訓諭數言，下與

圖 3-1　奏樂助興的臺灣藝人（作者繪圖）

惠與品，頭目一人述謝辭。此地蕃人，分內外垂子（太魯閣）蕃，屬鯛遺族（泰雅族），通男女黥前額，與角板山所見相同，性頗勇猛，其服裝姿體甚粗野，未免為原始人也。【43】

大正九年四月二十六日，紅頭嶼（今蘭嶼）……其蠻族稱彌美族（雅美族），屬馬來種，臺灣諸蕃中屬最蒙昧未開。裸跣穴居，全如原始人，僅作水芋，為漁業，維持性命耳。人口約千五百，漸有減滅之狀云。男作土燒人形等，又造船如西洋形，作槍及蠻刀，刀兩刃而不與本島蕃刀同，出入必帶之。其頭目冠銀兜如笠，其下流冠藤製又木製物，其無知蒙昧之狀，在人、猿之間。【44】

大正九年五月二十日，……臺南市民為表歡迎之意，演奏樂及演技于官邸前庭。始于九時前，終于十時過，其要如左：

1.清樂北管：用各種樂器吹奏，北音也。
2.南管又南詞：同用種種樂器，南音也。
3.藝棚：嫦娥奔月、工師求木、舊式糖廍、黛玉葬玉（花）、鵲橋會等也。
4.雅樂十三音：聖廟祭典等用之。
5.弄龍：所謂龍燈跳舞也。

此催（活動）多係當地紳士等躬自演之者，而從事之者實數百人。蓋當地臺灣最舊都，恰如於內

地京都，故昔時之禮樂尚存而可觀者，概在於此地也，亦不失為一偉觀也。【45】

以上田總督的漢文日記，反映他的漢學造詣相當深厚。唯，田總督視域裡的「蕃人」，其實都是粗陋蒙昧、沒有開化的野蠻人；至於對擁有中華文化學養的漢人士紳和古都臺南，則有不少讚嘆之處。

皇太子對於田總督的安排訪臺甚感滿意，為此，特別在二十四日中午賜宴，讓奉迎他的高官們一起享用臺灣料理。當天承辦高官們酒席的是名聞遐邇的江山樓、東薈芳酒樓，為皇太子掌廚的則是江山樓大廚。江山樓廚師精選食材，呈給皇太子的美味菜色和點心如下：

雪白官燕（燕窩）、金錢火腿（蜜汁火腿）、水旭鴿蛋、紅燒火翅（魚翅）、八寶焗螃、雪白木耳（銀耳湯）、半點炸春餅（炸春捲）、紅燒水魚（甲魚）、海參竹茹（竹笙）、如意鯿魚、火腿冬瓜、八寶飯、杏仁茶。【46】

皇太子對江山樓製作的臺灣料理讚不絕口。宴畢，傳旨嘉獎江山樓店主吳江山。皇太子離臺後，臺灣總督府為延續皇太子與殖民地之間空間與時間的連帶感，留下日、臺人共同的歷史記憶，特別訂定四月十六日為「行啟紀念日」。此後每年一到這一天，臺灣總督就會贈送東宮喜愛的臺灣土產。例如，一九二四年內田嘉吉總督派遣總督府農務課平川技手專程進宮，獻上西瓜六十個、木瓜一百二十個。皇太子與太子妃對臺灣木瓜的美味稱讚不已。【47】

臺灣各級地方政府為對官民建立新傳統，每逢「行啟紀念日」這天就會捧讀皇太子的慰問信、舉行祝賀儀式、舉辦各種紀念活動，號召官民共襄盛舉，以表現臣民應有的尊皇之道。臺灣地方官在皇太子到訪之處，還有建蓋「行啟紀念館」、興建「行啟紀念碑」，或植樹紀念，以種種型態加強連結殖民地與皇室關係的行為。關於官方報紙，編輯也頻頻向臺灣人喚起歷史記憶，他們鼓勵讀者投稿，要臺灣人對皇太子賞賜物品、點心費給有功者、老人、孝子孝孫、節婦義僕、傷患官兵、蕃界警員等一萬餘人的慈愛，由衷表達皇恩浩大、德澤無量，和感激不盡的心情告白。[48]

四、臺灣人的認同

近代日本天皇制國民國家的成立在日、臺兩地明顯存在：言論自由的解放與壓抑、參政權的平等與差別、國民與非國民的統合與排除等矛盾現象。[49]那麼，臺灣人對官員以行政手段灌輸國民國家意識的反應如何？茲舉例說明如下。

【事例1】

一八九九年日本記者報導萬華居民的行為：

艋舺的土人昨日聽說侍從武官要來視察同街就主動打掃清潔，在門前懸掛國旗，那不是出於政府的提醒或注意，而是他們自己主動做的，真是感人。不過，這應是他們平時受到辦務支署的指導或是街長的薰陶吧。[50]

【事例2】

一九〇二年臺北漢人對日本國家節日的反應：

國家有大祭日……各戶於是日揭（掛）國旗於所居門首以表敬意禮也，乃本島人於此一端往往忽之，日前臺北廳長經諭各街庄長等，飭該管內眾人共知留意……本報恐本島人或仍忽略……爰於祭日之前預為眾人通知之也。[51]

【事例3】

一九〇四年基隆漢人對國訂節日的態度：

據明治三十五年（一九〇二）九月，基隆廳令第十四號規定在該廳管內書房義塾，凡值大祭日及祝日須與內地人一體休業，揭（掛）國旗以表祝意，然近來有漸付等閒之弊，該廳此次更訓示以務要勵行，且於臺灣神社及始政紀念兩祭日亦當休業以表祝意。[52]

【事例4】

一九〇六年，日本記者對缺乏國家意識的臺北市民批評：

國民最該祝福的是大節日，每到這天在臺北市內散步，看到（日本人街）到處懸掛著國旗就會感到很愉快，然而，走到本島人的居住區，發現還有不少不掛國旗的紳士、紳商，你們想，會不會很丟臺北市民的面子呢？反之，到很偏僻的地方卻還可以看到破房子裡掛著國旗。其實，有身分地位的本島人應該知道，在每個節日必須要掛國旗是一種愛國心的表現，但是，我常常看到不肯實踐的本島人，真是失態！政府官員應該去說服他們掛國旗，如果在大節日，外國在市中看到有不掛國旗的怪現象，該會認為臺北市民還沒有被皇化。本島人每年在城隍廟會時，都不吝惜地捐獻數百圓舉辦歌舞宴遊，他們在家裡準備一面國旗應無準備上的問題，這事可不是件小事，是個國家教化的問題，政府官員與市民都要注意。[53]

【事例5】

一九一八年南投臺灣漢人對日本國家節日的反應：

於大祭祝日（節日）等一般國民祝賀時應要懸掛國旗的事，係由警察在每次的保甲會議或活動上予以指導，結果該習慣已普及到偏僻的地區，但，其他舊慣，從新年儀式到祭祀神佛都保留著，並沒有改正。最近在各地，有人倡議將過農曆年的習俗改成太陽曆，且已有人已經實行過陽曆年。另，將婚禮改成神前式或將喪禮的一部分改成內地式的人也有，不過，人數非常少。[54]

以上臺灣各地漢人對於象徵日本國家意識的節日反應不一，這意味著宣傳國家意識的警察、保正、甲長、街長、庄長等行政中間人，在解構舊傳統及建構新傳統之間頗具彈性。值得留意的是，於中日戰爭以前，長久以來在傳承臺灣固有文化中扮演重要角色的菁英分子，他們在本土意識與國家意識的雙重奏裡，並未忘記自己的聲音。換言之，他們在日、臺兩種文化碰撞中，是以巧妙的手法，調出適合抒發自己的音調，用以界定屬於自己認同的漢族文化。有關此，《臺灣日日新報》上的報導多不勝數，譬如：

【事例1】

來（十月）二十八日臺灣神社大祭，內地人本島人依例有各種餘興，大稻埕皆不落人後，例年由各保出藝棚、樂隊等等，本年除各保所出者外，更加團體及個人之藝棚，當有如火如荼之觀，現時既定者有二十餘組，茶商則裝蜈蚣閣，故事係勾踐進西施於吳，林本源家則裝范蠡載西施遊五湖，金融業者則裝蜈蚣閣，藥種商則裝一藝閣，故事為烏日白蛇取還魂草……，太平街保則出集賢堂御前清曲，其他米商、酒商、阿片商、菸草商及各保皆極力準備，欲較去年為盛。[55]

【事例2】

臺北市內萬華方面關於來十日聖上兩陛下銀婚式當日奉祝方法，去一日下午二時起，各重要人士一同聚集在俱樂部樓上會議，終決定居日各戶樹國旗懸燈，並於祖師廟、龍山寺口及綠町萬華戲園前三處，開演本島梨園及藝姐唱（藝旦唱曲），表示奉祝誠意，其費用則由各保甲攤分醵出。【56】

由上可知臺灣商民在日本帝國的國家強權下，於被迫接受天皇制國民國家意識型態之際，仍在慶祝節日活動中技巧地置入臺灣本地的傳統習俗，呈現出屬於漢族自己的文化意識。

反觀殖民者對此現象的反應，則基於：1.臺灣本土文化對其維持地方治安無礙；2.臺灣漢人的娛樂方式很符合庶民愛趕集、看熱鬧的心理，可以聚集慶祝活動的人氣；3.充滿地方色彩、內容豐富的臺灣娛樂文化，可以帶動觀光旅遊業的人潮，尤其是，通過人流、物流、財流與百貨業、交通運輸業的互動，可以刺激景氣、繁榮經濟，彰顯殖民者的統治成績等，諸現實利益的考慮，故在一九三七年殖民政府強化推行皇民化運動前，其同化政策比較消極。（見圖3-2）要言之，殖民政府利用行政權力建立天皇制政治意識的目的，其實只是想讓臺灣人遵循天皇至上，以及日主、臺從，日尊、臺卑的禮治秩序而已，並非真的想要讓臺灣人同化成日本人，提高臺灣人身分，讓臺灣人平等地分享屬於日本帝國「國民」應有的種種權益。【57】

圖 3-2　身穿旗袍遊湖的臺灣美女（作者繪圖）

註釋

【1】湯重南等編，《日本帝國的興亡》上冊（北京：世界知識出版社，一九九六），頁六～一七。明治年號取自中國《易經》裡「聖人南面聽天下，向明而治」中的「向明而治」。參見《日本帝國的興亡》上冊，頁七。

【2】湯重南等編，《日本帝國的興亡》上冊，頁八。

【3】西川長夫，〈日本型國民國家の形成〉，收入西川長夫、松宮秀治編，《幕末・明治期の國民國家形成と文化變容》（東京：新曜社，一九九五），頁七、一一、一七、三七。

【4】周憲文編著，《臺灣經濟史》（臺北：臺灣開明書局，一九八〇），頁四〇六～四〇七、四五一；陳正茂編著，《臺灣經濟發展史》（臺北：新文京開發有限公司，二〇〇三），頁一一六。

【5】周憲文編著，《臺灣經濟史》，頁八二八、八三〇、八三九、八四八～八四九；林淑華，〈日治前期臺灣縱貫鐵路之研究（一八九五～一九二〇）〉（臺北：國立臺灣師範大學歷史研究所碩士論文，一九九九），頁四〇～五〇。有關殖民政府的交通事業，蔡龍保的著作有相當深入的分析。詳參蔡龍保，《殖民統治之基礎工程：日治時期臺灣道路事業之研究（一八九五～一九四五）》（臺北：臺灣師範大學歷史學系，二〇〇八）。

【6】東嘉生著、周憲文譯，《臺灣經濟史概說》（臺北：帕米爾書店，一九八五），頁五六。

【7】東嘉生著、周憲文譯，《臺灣經濟史概說》，頁五七。

【8】東嘉生著、周憲文譯，《臺灣經濟史概說》，頁五七～五八。

【9】東嘉生著、周憲文譯，《臺灣經濟史概說》，頁七二；賴英照，《臺灣金融版圖之回顧與前瞻》（臺北：聯經出版事業公司，一九九七），頁六～七、一二。

【10】陳錦榮等編譯，《日據初期司法制度檔案》（臺中：臺灣省文獻委員會，一九八二），頁三～四；

劉鳳翰，《日軍在臺灣：一八九五年至一九四五年的軍事措施與主要活動》上冊（新店：國史館，一九九七），頁二四；黃靜嘉，《春帆樓下晚濤急——日本對臺灣殖民統治及其影響》（臺北：臺灣商務印書館，二〇〇二），頁九二、二〇一、二三一。

【11】黃俊銘，《總督府物語——臺灣總督府暨官邸的故事》（新店：遠足文化事業股份有限公司，二〇〇四），頁一一六、一七三。

【12】葉肅科，《日落臺北城：日治時代臺北都市發展與臺人日常生活（一八九五～一九四五）》（臺北：自立晚報社文化出版部，一九九三），頁一八八～一八九、一九四、二〇二。

【13】臺灣經世新報社編，《復刻版臺灣大年表》（東京：綠蔭書房複製本，一九九二），頁一九、二四、三〇、五四、五八、一一四。

【14】西川長夫，〈日本型國民國家の形成〉，頁七、三七。關於崇拜天皇的造神運動，參見南博著、邱琡雯譯，《日本人論：從明治維新到現代》（新店：立緒文化出版社，二〇〇三），頁九。

【15】黃靜嘉，《春帆樓下晚濤急——日本對臺灣殖民統治及其影響》，頁一九五～一九八；王泰升，〈日本殖民統治下臺灣的「法律暴力」及其歷史評價〉，收入《國立政治大學歷史學報》第二十五期，二〇〇六年，頁七～一四。

【16】伊能嘉矩，《領臺十年史》（臺北：成文出版社複製本，一九八五），頁七一～七二；傅琪貽，〈論近代日本的「國家認同」：以臺灣「高砂族」的認同為例〉，收入黃自進編，《東亞世界中的日本政治社會特徵》（臺北：中央研究院人文社會科學研究中心亞太區域專題研究中心，二〇〇八），頁七四～七五。有關臺灣「土人」的名稱，在〈臺灣總督府公文類纂〉中共有二百二十個文件，例如：第四五三四號第八件〈屈尺蕃人土人ヲ毆打致死ニ付處分方ニ付臺北縣知事回答〉（一八九七）；第四六〇六號第二件〈土人夫制服著用方ニ付臺中局へ回答〉（一九〇〇）；第九八二〇號第二件〈本島土人在監者處遇方ノ件〉（一八九八）。〈臺灣總督府專賣局公文類纂〉電子資料庫。http://sotokufu.sinica.edu.

tw/sotokufu/（原件典藏於南投縣國史館臺灣文獻館，以下同）。

【17】梅棹忠夫等監修，《日本語大辭典》（東京：講談社，一九八九），頁一四〇一。日本人對其征服下的北海道愛奴人稱為「土人」，意指被文明人征服的非文明人，帶有貶意，見《臺灣日日新報》，一九〇四年一月十七日，頁二。

【18】《臺灣日日新報》，一九〇一年九月七日，頁二。

【19】《臺灣日日新報》，一九〇一年十一月二十七日，頁二。

【20】《臺灣日日新報》，一九一五年十二月十二日，頁四；同，一九一五年十二月十六日，頁四。

【21】《臺灣日日新報》，一九〇七年七月六日，頁五。有關記者對「土人」撿垃圾的批評，另見《臺灣日日新報》，一九一二年六月十九日，頁七。

【22】《陸亞密大日記》一九四二～五八（東京：防衛廳研究所圖書館典藏），頁八六。

【23】日本人慣稱臺灣人為土人的情形，另見《臺灣日日新報》，一九〇七年九月七日，頁二；同，一九二九年九月十二日，頁二。又，寄居臺灣的日本人也有稱臺灣人為「清國奴」的，見《新臺灣》，一九一七年七月號，頁五一。

【24】牧原憲夫，〈文明開化論〉。收入《岩波講座日本通史第十六巻近代一》（東京：岩波書店，一九九四），頁二五四～二五五。

【25】《臺灣日日新報》，一九〇一年五月二十八日，頁一。

【26】吳文星，《日據時期臺灣社會領導階層之研究》（臺北：正中書局，一九九二），頁二四七～三七七。

【27】《臺灣日日新報》，一八九八年十月二十八日，頁二。

【28】《臺灣日日新報》，一九〇〇年一月一日，頁八。

【29】《臺灣日日新報》，一九〇〇年一月一日，頁八；同，一九〇七年十一月三日，頁三；同，一九一六年十月十七日，頁五；《臺南新報》，一九二二年二月十六日，頁六。

【30】《臺灣日日新報》，一九〇〇年四月二十四日，頁二；同，一九〇一年一月五日，頁二；同，一九一二年八月十五日，頁一；同，一九一五年十一月二十一日，頁六。

【31】辛德蘭，〈近代日本皇室的視察活動：沖繩與臺灣的比較研究（一八九一～一九四一）〉，收入辛德蘭主編，《第十屆中琉歷史關係國際學術會議論文集》（臺北：中琉文化經濟協會，二〇〇七），頁二五一。

【32】《臺灣日日新報》，一九一七年十一月二日，頁六。

【33】田健治郎傳記編纂會著（代表者內田嘉吉），《田健治郎傳記》（東京：大空社，一九八八），頁四八五。

【34】《田健治郎傳記》，頁四九四～四九五。

【35】《田健治郎傳記》，頁四九五～四九六。

【36】《田健治郎傳記》，頁四九六。

【37】《臺灣日日新報》，一九二三年二月二十五日，頁一一；同，一九二三年四月十八日，頁六。

【38】《臺灣日日新報》，一九〇九年七月十日，頁一；〈臺灣總督府專賣局公文類纂〉第二五一九號，〈大正十三年皇太子殿下奉迎一件書類〉（一九二四），頁一～五一七。〈臺灣總督府專賣局公文類纂〉電子資料庫。**http://dbl.sinica.edu.tw/-textd.b/dore/list.php**（原件典藏於南投縣國史館臺灣文獻館，以下同）。

【39】王耀華，《福建傳統音樂》（福州：福建人民出版社，二〇〇〇），頁七二～七三、七八、八一。

【40】〈臺灣總督府專賣局公文類纂〉第二四五三號，〈皇太子殿下奉迎委員會規程〉（一九二三），頁四〇六～四〇八。

【41】〈皇太子殿下奉迎委員會規程〉，頁四〇八～四〇九。

【42】〈皇太子殿下奉迎委員會規程〉，頁四一五～四一七。

【43】吳文星、廣瀨順皓、黃紹恆、鍾淑敏、邱純惠等主編，《臺灣總督田健治郎日記》上冊（臺北：中央研究院臺灣史研究所籌備處，二〇〇一），頁二六九。

【44】《臺灣總督田健治郎日記》上冊，頁二七九。

【45】《臺灣總督田健治郎日記》上冊，頁三一二～三一三。

【46】《臺灣日日新報》，一九二三年四月二十七日，頁八。根據中華美食交流協會常務理事梁幼祥先生指教，鯇魚產於臺南、澎湖沿海一帶，鯇魚為粵語發音，閩南語發音 hui-diao。紅燒水魚的水魚同樣也是粵語發音。由款待皇太子的菜單中，料理名稱為粵語發音裡，應可推知江山樓的掌廚者是廣東籍廚師。換言之，江山樓提供皇太子享用的料理是正宗粵菜，不是《臺灣日日新報》所報導的臺灣菜。

【47】《臺灣日日新報》，一九二四年五月五日，頁六。

【48】《臺灣日日新報》，一九二三年四月二十四日，頁七；同，一九二三年四月二十六日，頁六；同，一九二三年四月二十八日，頁二；同，一九二五年四月三日，頁九；同，一九二五年四月十一日，頁六；同，一九二五年四月十七日，頁六；同，一九二五年四月二十三日，頁九；同，一九二六年二月十二日，頁二。

【49】西川長夫，〈日本型國民國家の形成〉，頁七、三七。

【50】《臺灣日日新報》，一八九八年十月十三日，頁二。

【51】《臺灣日日新報》，一九〇二年十一月二十二日，頁三。

【52】《臺灣日日新報》，一九〇四年十月二十六日，頁四。

【53】《臺灣日日新報》，一九〇六年四月六日，頁二。

【54】南投廳編，《南投廳行政事務並管內概況報告書》。收入《中國方志叢書臺灣地區二五五號》（一九一八初版，臺北：成文出版社複製本，一九八五），頁一四〇。

【55】《臺灣日日新報》，一九二〇年十月二十五日，頁四。

【56】《臺灣日日新報》，一九二五年五月二日，頁四。《臺灣日日新報》裡類似的事例繁多，不一一列舉。

【57】辛德蘭，〈近代日本皇室的視察活動：沖繩與臺灣的比較研究（一八九一～一九四一）〉，頁二五五。

第四章　扶助皇運

一九三一年日本製造「九一八事變」，從中國掠奪廣大的東北領土與資源開始，就積極地為其日後的侵略戰爭續做準備。一九三六年日本少壯派軍人發動政變（二・二六事件），政黨沒落，軍部抬頭，在建立軍國主義的政治體制後，便於一九三七年七月七日策動「蘆溝橋事變」，展開全面性的侵華戰爭。起初，日軍估計速戰速決可以達到征服中國的目的，但萬萬沒有想到中國軍民不惜犧牲一切抗戰到底。中國採取持久戰、消耗戰的戰略，使中日戰場由北而南綿延數千里，其頑強的抗日行動也使日軍一波又一波的攻勢陷入了膠著狀態。[1]

一九三九年第二次世界大戰爆發，德國以閃電戰戰術席捲歐洲大陸的結果，給日本帶來柳暗花明的天佑良機。日本政府認為利用歐戰之際揮軍南下，一方面可以取代英、法等國在亞洲的地位，獲得作戰資源；另一方面還可切斷列強的援華路線，打開中日戰爭僵局。於是，一九四〇年九月二十三日便入侵法屬印度支那北部（今北越），二十七日和德國、義大利簽訂「三國同盟條約」，三國互相承認各自在大東亞和歐洲的勢力範圍。一九四一年，美國為了阻止由德、義、日組成的法西斯集團強盛的侵略野心，開始對中國提供租借貸款，對日本限制輸出廢鋼鐵物資，並與日本開啟有關中國問題的外交談判；但，日本政府不願放棄在對外戰爭中所攫取的既得利益，談判失敗。為了反制美國的經濟制裁，故於十二月八日偷襲珍珠港，正式揭開了太平洋戰爭的序幕。[2]

日本在開戰期間，有關帝國政府制定戰時體制，向日本本土、殖民地鼓吹，要全體人民團結一致，不遺餘力地扶助皇運之情形，本章將以臺灣總督府的動員系統為例，分別就殖民者推展精神振興、滅私奉公、實踐報國等運動內容，論述於後。

一、精神振興運動

一九三六年海軍大將小林躋造就任臺灣總督後，鑑於：1.臺灣是日本帝國南進，擴展國力的第一個出發點，海上交通位置十分重要；2.日本殖民臺灣經驗用於後進地區，可以幫助日本帝國建立大東亞共榮圈；3.提高臺灣人的素質，徵用臺灣人，可以使臺灣人充當南進政策的尖兵等，多元利用價值，故提出「皇民化、工業化、南進基地化」三大口號以為其施政方針。[3]

（一）堅定「神國」信仰

中日戰爭與太平洋戰爭是日本一國面對諸國的資源戰戰爭。日本帝國為了強化國民的忠勇信念，在日本本土，除了向民眾宣傳天皇是神的子孫，神的後裔應該統治世界的神話故事外，還編製許多教條、詩歌、軍歌、標語、新聞片等宣傳品，要人民時時朗讀、歌頌、觀看，欲以集體催眠的方式，塑造情境，以使國人支持其為所欲為的軍事行動。具體地說，日本政府在傳單「皇國民之信念」裡，這樣寫著：

大日本是神國
天皇陛下是活著的神
我是日本臣民
我們是為翼贊天業而生
我們是為翼贊天業而動
我們是為翼贊天業而死【4】（作者中譯）

反觀臺灣，臺灣總督府在七七事變爆發後不久，因恐臺灣人與大陸人同族之間互相對立，發生忠誠度問題，頗須向臺灣人灌輸中日戰爭是「神國」揮刀降魔的「正義之戰」，故展開一系列的精神振興活動。舉例言之，一九三七年的精神教育要項有：

1. 七月十七日通告地方首長「有關因應時局貫徹精神動員事項」，要求全臺灣各地分設教化組織，由指導者提出振興國民精神之道。【5】

2. 八月十三日傳達地方首長在全島各大市鎮舉辦時局演講會，使臺灣人認識時局。

3. 九月十日制定「國民精神總動員實施綱要」及「國民精神總動員本部規程」。

4. 九月二十四日召開「國民精神總動員本部參與會議」，決定：(1)舉辦振興國民精神演講會；(2)實行愛國報恩事項；(3)獎勵武術、運動、吟詩、學唱軍歌，振奮志氣；(4)發行宣傳教化資料等。

5.九月三十日在州廳設置支部，在市郡設置支會，在街庄設置分會，分別樹立方案，並與中央做密切的聯繫，全面推展國民精神總動員運動。

6.十月十三日起到十九日止，配合東京「國民精神總動員強調週」，展開：(1)宣導更新生活；(2)分發「實施國民精神總動員」宣傳手冊；(3)分送時事教化與來自「後方的感謝」宣傳手冊；(4)分發宣導海報；(5)安排演講會講師，每日播放與此活動相關的節目，讓臺灣人認識時局，涵養日本精神。

7.十一月三日明治節，訂定慶祝時間，要臺灣人一齊遙拜皇居。

8.十一月十日實施「國家興隆之本在國民精神之強健」宣傳週，並實施「國民精神振興週」。[6]

又如一九三八年臺灣總督府以發揚日本精神為主，其重要宣傳項目有：

1.四月三日祭拜神武天皇，闡明八紘一宇（世界一家）之聖旨，動員青年團到神社植樹。

2.五月十七日實施「健康週」，宣傳國民健康的重要，保護國防。

3.六月二十一日起實施「強調儲蓄報國週」，呼籲臺灣人要儲蓄報國，要購買國債，要擴充生產力資金。

4.七月七日事變一週年紀念，規定全民一同默禱，祈求武運長久。祭拜忠魂，感謝前線軍人的辛勞。實行一菜主義及一戶捐獻一物運動。勤勞奉公，並於各個市、街、庄舉辦演講會，解說「聖戰」的意義與時局的重要性。[7]

以上政治性的宣導事項，反映時事教化與尊神敬皇備受重視。關於時事教化，臺灣總督府解釋，爆發七七事變的原因，應歸咎支那（中國）長久以來把排日、抗日當成國策，侵害日本帝國的權益。日本政府為了解除民生疾苦，不使禍亂擴大，才以武力膺懲暴虐的支那，讓忘卻邦交友誼、失去信義的支那能夠徹底反省悔悟。臺灣總督府還進一步辯稱，日本自古以來揮軍征戰都是出於正義，這次出兵是因不忍坐視國際上的禍源＝支那破壞東亞和平，為圖萬邦協和共存共榮，所以不得不打倒國民政府，和新政權建交，以日（本）、滿（州）、支那（新中國）三國聯盟的方式，確保亞洲和平，實現日本皇道之宏大理想。[8]

關於尊神敬皇，臺灣總督府指示各級地方政府，要普遍張貼海報，分送傳單，積極勸導臺灣人捨棄舊習俗，改信日本神道。一九三八年花蓮港廳印製二萬張傳單，向臺灣漢族灌輸這樣的神道信仰和愛國文化：

1. 各戶正廳要擺設大麻，每早祭拜。
2. 要努力常用日語。
3. 不要為流言所惑。
4. 要幫助出征軍人的家族做事。
5. （前略）要努力存款購買國債。（原文為日文，筆者中譯，以下同）

另，花蓮港廳官員向阿美族宣傳：

1. 每天早上要遙拜宮城（皇居），為皇室祈禱。
2. 每月初一、十五要參拜神社。
3. 國慶假日要掛國旗。
4. 無論何時都要說日語。（中略）
5. 要幫助出征軍人的家族做事。
6. 要勵行禁酒或節約用酒。
7. 要努力存款購買國債。[9]

以上官製傳單中的祭拜大麻、遙拜皇宮、參拜神社等行為，都與日本皇室、日本神道有關。具體地說，日本國民一生當中，最大的心願就是到伊勢神宮去參拜一次，但此願望因為不是人人都能實現，所以必須由神宮向全國頒布大麻（形似草繩，一種神符的象徵），以便國民可以藉由禮拜神宮大麻的方式，代替參拜伊勢神宮。臺灣總督府認為虔誠敬神的表現，就是敬愛天皇，敬愛天皇的行為就是祭拜神符、參拜神社。依此邏輯，崇敬天皇的臺灣人就應該廢除舊慣信仰、廣建神社、參拜神社，並在家中擺設神龕，安置天照大神的神位，天天奉祀。[10]

戰時日本國內各地敬神尊皇的運動如火如荼。一九三九年二月五日至十一日，日本本土規定全國

圖 4-1 臺灣人全家參拜神宮圖

資料來源：引自臺北市文獻委員會主辦、臺北市婦女救援基金會策劃「女性與殖民地臺灣慰安婦關懷展」圖片。展覽期間 2002 年 10 月 24 日至 10 月 28 日（作者拍攝）。

性的「國民奉祝時間」，要求全民要在家裡、神社、學校、公會堂等適當的場所，一同於十一日上午九點遙拜皇居，各單位也要舉行演講會、座談會、展覽會，藉以闡明國體、認識時局、發揚日本文化、實踐敬神崇祖，和涵養剛毅不屈的國民精神。[11]

臺灣總督府為強化殖民地的動員力量，也如法炮製，規定臺灣人要時時遙拜宮城、遙拜伊勢神宮，官員們要在各自任職的單位舉行：升旗、拜宮城、唱國歌、祈福、高呼天皇陛下萬歲等，屬於敬神尊皇的國家儀式。[12]（見圖4-1）

（二）發揚日本精神

婦女大部分是前往戰場作戰和從事軍務者（軍屬、軍伕）的妻子或母親。

婦女的愛國意識與道德修養不僅是男性的精神支柱，也是後方女性與兒童的典範。臺灣總督府為了改造臺灣婦女的國民精神，除了透過學校和婦女團體，宣傳要做「良妻賢母」以外，還指導婦女參加生產勞動、做慰問袋、寫慰問信、歡送軍人出征、訪問軍人眷屬等活動。臺灣地方政府另也成立「奉公班」，通過奉公班呼籲婦女：善用空地與荒地增加糧食生產、養成愛惜物資、節約消費、回收與利用廢物、蒐集金子和金飾、勵行儲蓄等，響應由政府發起的新生活運動。[13]

一九三七年十一月臺北第三高等女學校為使社會大眾破除舊慣陋習，徹底體認與發揚日本精神，率先舉辦一個因應時局之需的同學會，會中決議：1.建設敬神尊皇的家庭；2.建設常用國語的家庭；3.涵養日本國民的趣味；4.參加後方的奉公行動等要項，藉以報答皇恩。[14]

表4-1所示，戰時日本政府為了實施經濟統制政策，達到有效運用一切資源的目的，從一九三八年四月一日以法律五十五號頒布「國家總動員法」起，就連續公告許多與此相關徵用民力與物力的法令。這些法令連同募集戰爭國債法、外貨債處理法、軍事特別措置法、軍用自動車檢查法等，都很快地陸續施行於臺灣。[15]

首都臺北為配合臺灣總督府的精神總動員政策，於一九三八年八月首倡「經濟戰強調週」，以婦女團體、女學生為對象，主張勵行：1.防止囤積物品，宣傳節約能源、使用代替品、減少消費；2.捐獻或賣掉不用的金子，有效利用廢棄品，延長使用被服、家庭用品；3.要隨時或定期捐獻，一家一物；4.分送宣導手冊、傳單，並利用町會、保甲會議、部落振興會、婦人團體講習會，普遍宣傳國民儲蓄的意

表 4-1　戰時主要動員法令：日本與臺灣比較表

法令名稱	日本施行法令年月	臺灣施行法令年月
國家總動員法	1938 年 4 月 1 日法律第 55 號	1938 年 5 月 4 日敕令第 316 號
國民職業能力申告令	1939 年 1 月 7 日敕令第 5 號＊	1939 年 6 月 1 日施行
從業者雇入限制令	1939 年 3 月 31 日 敕令 126 號	1939 年 8 月 1 日施行
國民徵用令	1939 年 7 月 8 日 敕令 451 號	1939 年 10 月 1 日施行
價格等統制令	1939 年 10 月 18 日敕令 703 號	1939 年 10 月 27 日 施行
總動員物資使用收用令	1939 年 12 月 16 日敕令 836 號	1939 年 12 月 20 日 施行
工場事業場使用收用令	1939 年 12 月 29 日敕令 901 號	1940 年 2 月 1 日施行
皇民奉公運動規約	無	1941 年 4 月 19 日施行
國民勤勞報國協力令	1941 年 11 月 11 日官報	1941 年 12 月 1 日施行
陸軍特別志願兵令	無	1941 年 12 月 1 日施行
海軍特別志願兵令	無	1943 年 3 月 1 日施行
女子挺身勤勞令	1944 年 8 月 23 日	1944 年 10 月 1 日施行
護國勤勞團令	無	1945 年 2 月 1 日施行

備註：＊ 指公告後為擴大動員對象續做修改的法令。

資料來源：作者根據末川博等著，《總動員法體制》（東京：有斐閣，1940），頁 31、32、37、45、62、66、116、118、129、134、173、205、213、274；《臺灣日日新報》製作。

義；5.暫停添購生活物品，廢除贈禮答禮習慣，冠婚葬祭要力求簡單樸素等，適應戰時生活。[16]

值得一提的是，臺灣特種行業人員為了博得社會大眾的好感，也積極參加敬軍捐款、參拜神社、舉行義演等活動，表現出她們愛國不落人後的日本國民精神。[17]

二、滅私奉公運動

一九三七年九月日本本土在「國民精神總動員實施綱要」裡，提出「舉國一致、盡忠報國、堅忍持久」三大口號，十月成立國民精神總動員中央聯盟。一九四〇年四月日本政府將中央聯盟改組為國民精神總動員本部；但，近衛文麿首相為成立一個強而有力的一元化體制，使之更有效地發揮國家、國民的全部力量，故於同年十月解散國民精神總動員本部，把它融入一個名稱叫「大政翼贊會」的國民組織中。[18]

所謂大政翼贊會，簡要地說，就是整合全國力量，讓國策徹底滲入民間，讓萬民完成翼贊大政之道的政治組織。大政翼贊會總裁由首相兼任，分部長由道、府、縣知事的地方首長兼任，重要幹部由貴族、官僚、軍閥、舊政黨黨員、法西斯組織領導人擔任。大政翼贊會傘下成立許多團體，較具代表性的有：大日本翼贊壯年團、大日本婦人會、大日本產業報國會、大日本勞務報國會、農業報國會、商業報國會、日本海運報國會、大日本青少年團等組織。[19]

應該指出的是，在臺灣，與大政翼贊會異曲同工的全民組織，是由臺灣總督府參照近衛新體制模式所設立的「皇民奉公會」。

（一）皇民奉公會

「皇民奉公會」成立於一九四一年四月，為臺灣總督府根據天皇制國體之本義，以貫徹皇國精神，使臣民各盡職守，一致實踐臣道，確立國防國家體制，建設大東亞新秩序為目的的國民組織。[20]有關它的內部構造，如圖4-2所示，中央方面由臺灣總督擔任中央本部總裁，總裁委囑諮詢顧問及參與若干名。參與另組織參與會負責審議重要事項，議長由中央本部長擔任。中央本部長由臺灣總督府總務長官擔任，受總裁之命，總管全會。中央本部遵照總裁委囑另設奉公委員若干名。奉公委員組織奉公委員會，由中央本部長擔任召集人，協議實踐皇民奉公運動的相關問題。

皇民奉公會在地區方面，係由各州廳設置支部，由地方首長出任支部長。各支部參照中央本部，分別設立參與、奉公委員，組織參與會及奉公委員會。郡、市設置支會，由郡守、市長分任支會長。郡、市支會下設區會，區會長由各地推展奉公運動者擔任。街、庄各設分會，各設分會長。分會下設部落會，由保甲民組成，部落會長的職務與區會長相同。又，在區會、部落會之下，網羅甲民（一甲十戶）組成奉公班或奉公班聯合組織，各班各設世話役（相當於鄰長），負責聯絡、斡旋皇民奉公運動。區會之下，也可在適當的區域設置奉公班聯合組織。[21]

如前述及，中央本部負責指導與監督皇民奉公運動，內設一個事務機構，由事務總長統轄：總

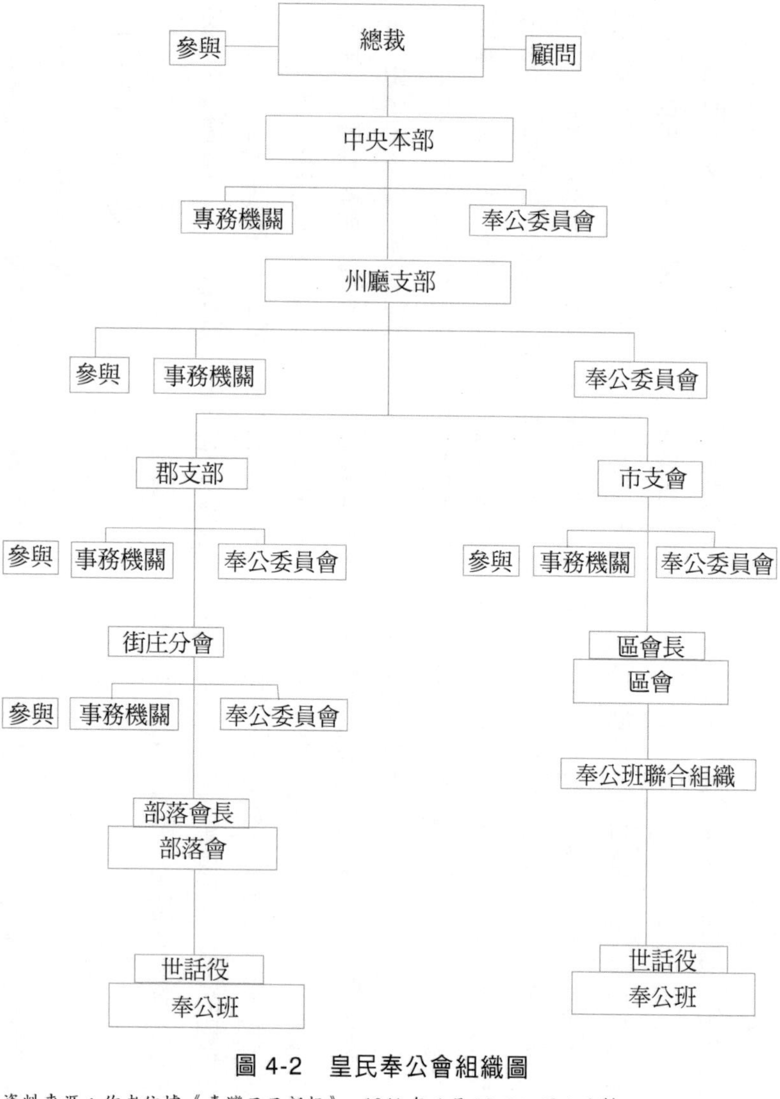

圖 4-2　皇民奉公會組織圖

資料來源：作者依據《臺灣日日新報》，1941 年 4 月 19 日，頁 1 重製。

務、訓練、生活、文化、宣傳、經濟等六部，六部各設部長，部長承受事務總長之命，負責掌管部務。一九四三年十二月中央本部為強化皇民奉公運動，改編六部為：總務、訓練、國民動員、戰時生活等四部。[22]

皇民奉公會規定奉公班每月至少要開一次常會，檢討奉公活動及建設事項，並規定中央與地方的參與會、奉公委員會每年約開二次會，以便上意下達，下情上通，進而檢討如何增強臺灣人的戰鬥力。[23]根據不完全資料統計，一九四三年一月全臺皇民奉公班總數共六萬七千零十八班，每班約有五到十戶；其中，組織績效最佳的嘉義、彰化兩市，全區都已組成了奉公班。[24]

皇民奉公會的傘下團體繁多，其擴充情形如：1.奉公壯年團，一九四三年十月團數二百七十二團，團員一萬六千名。2.臺灣青少年團，由十四歲到二十歲的青少年組成。一九四三年十月的規模為，本部一個、州廳青少年團數八個、郡市青少年團數五十一個、街庄青少年團數二百六十六個、單位青少年團數一千零五十八個，儼然成為施行徵兵制儲備兵源的一個組織。3.產業奉公團，由會社、工廠各自組成，旨在振奮團員的勤勞奉公精神，提升專業技能，增進工作效率。到一九四三年十月為止，該團總數共有六百零二個。4.商業奉公團，係為政府實施配給制度而設，成立於一九四二年三月，到一九四三年十月為止，已有支會六十四個、單位團數五百個，團員人數十萬零一百九十四名。5.大日本婦人會臺灣本部，到一九四三年十月為止，會員人數已經突破一百萬人。6.桔梗俱樂部，成立於一九四一年七月，是由長谷川總督命名而設的女性團員組織。迄一九四三年十月為止，該團總數共有六十三團，三千餘名團員。7.臺灣從軍紀念會，成立於一九四二年十月，是由參加七七事變與太平洋戰爭有戰場經驗的人組成。該會為促進會員連絡，鼓勵會員奉公起見，除了定期聚會外，還發行錬成會、勤勞訓練、表彰會報等，屬於軍事性的宣傳刊物。[25]

（二）皇民奉公生活

常會是各級奉公組織向民眾傳播皇民奉公會教條的重要媒介。一九四一年十二月太平洋戰爭爆發後，皇民奉公會中央本部制定「決戰生活五訓」，先向全臺各個奉公班頒布：1.要以必勝的信念，守護職場；2.無論家庭或戰場，都要忠誠奉公；3.勿懼空襲，所有奉公班都要固守崗位；4.勿被流言迷惑，要服從當局的指示與行動；5.要以沉著、明朗的態度，努力適應長期戰等信條，進而規定一九四二年一月八日晚上八點全臺奉公班要一起召開新春常會。[26]

一月十三日皇民奉公會臺北市支會參照上述「決戰生活五訓」，印製了「戰時市民生活五則」手冊，發給市民。有關「戰時市民生活五則」要求市民實行新生活信條，其內容如下：

一、敬神尊皇

1.勵行遙拜宮城、遙拜皇大神宮（伊勢神宮）、參拜神社。

2.勵行設立神棚、敬拜大麻、朝夕禮拜。

3.祝祭日舉辦演講、懸掛國旗。

二、勵行感恩的生活

1.奉公感謝皇恩。

2.為建設大東亞要努力生活。

3.為感謝英靈，在後方支援。

4.為感謝皇軍，要慰問皇軍。

三、家國融合的生活

1.實踐臣道，確立家庭生活，包括：(1)以皇國為根基，確立夫婦生活；(2)教養陛下（臣民）的子女，指導規律的生活、真誠的生活、自立的生活。

2.分擔聖業。

四、臺灣一致團結的生活

1.日、臺人融合一體的生活。

2.鄰人團結、互相協助。

3.上意下達、下情上通。

4.徹底發揮公德心。

五、聖戰必勝的生活

1.強化總力戰意識。

2. 絕對信任當局。
3. 滅絕流言蜚語。
4. 防諜務必完備。
5. 發揚防空精神。
6. 實行適應長期戰：(1)最低限度的預算生活；(2)生活自律，包括：改善婚喪喜慶、廢止虛禮、祝賀節制化、家庭用具簡易化、生活合理化、遵守時間；(3)國民皆勞；(4)增高效率，擴充生產力；(5)購買國債，勵行儲蓄；(6)支持物價與配給政策，包括：滅絕黑市交易和買斷惜售、勵行節米及供米、支援生活物資配給措施。
7. 愛護及確保資源，包括：(1)協助回收金屬製品；(2)回收廢棄品；(3)暫緩添置日用品；(4)重新利用藏而不用的物品；(5)廢物利用；(6)協助增產糧食。
8. 提升體力，包括：(1)鍛鍊身體；(2)實行保健；(3)貫徹衛生思想。[27]

反映敬神尊皇、感謝皇恩、實踐臣道、分擔聖業、信任當局、聖戰必勝、節約資源等項目，為戰時臺灣社會的主流價值觀。一九四三年皇民奉公會鑑於美國對日本展開反攻，臺灣處境日益險峻，因有淪為戰場之虞，需要加強防護，故有全民總躍起的新生活運動。新生活運動要點，包括：全民挺身而出，勞動報國；全民排除所有虛偽禮節，家庭生活與社交生活力求簡單化、樸素化；全民要有儲蓄存款的認識；全民除了提供勞力、物資外，還應依照個人的愛國赤誠，量力而為捐獻若干金錢等。[28]

一九四四年臺灣隨著戰情的緊張，演變成國防要塞後，大日本婦人會臺灣本部迅即發動全臺一百二十萬會員，向全民呼籲：一、要對增強航空作戰及海上運輸貢獻一點力量；二、要增產糧食、節約生活消費；三、要警覺空襲必至，要有萬全的防衛準備，並要交出金屬品、硬貨。[29]

綜上所述，可知戰時臺灣總督府的動員系統在臺灣人口密集的地方，傳播去個人化、人人滅私奉公的口號、招牌、海報、傳單，幾乎處處可聞，處處可見。

（三）皇民奉公訓練

戰時臺灣總督府向臺灣人一面宣傳要堅定「神國」信仰，要發揚日本精神，要有「聖戰」必勝的信念，要養成節約儲蓄、勤勞奉公的生活習慣；一面還將這些信仰、信念，通過官方所控制的皇民化系統，施以各種不同的訓練。其中，將精神勞動化與勞動精神化合而為一，剛柔並濟的訓練，是培養臺灣人體認奉公精神，涵養皇民資質的最佳方式。依此，皇民奉公會中央本部針對青年與各級指導幹部[30]，實施以下三種訓練，藉以培養皇民奉公運動的推進者。

第一種訓練，主要目的是對青年實施軍事教練，鍛鍊身心，企圖於提升皇民素質的同時，一旦有事可以指派任務。其訓練方法為：1.在各都市的某一處或幾處，由各本部主辦青年奉公鍊成會；2.鍊成期間約三個月，每晚訓練兩小時，原則上從七點開始到九點為止，另也利用星期天及國訂節日進行操練，訓練總時數一百五十小時至二百小時，一年預定舉辦二次到三次。

第二種訓練，主要目的是養成青年的皇國精神及職業指導，使其在職場實踐臣道，挺身奉公。主辦單位為中央本部與各地方支部。其訓練方法是：1.聯絡總督府關係課，按照生產力擴充方針，舉辦不同職業類別的鍊成會，予以技術指導與訓練。例如，對農村青年舉辦農業鍊成會，對漁村舉辦水產鍊成會，對礦山青年、工廠青年、會社從業青年舉行各種鍊成會，以使青年瞭解產業對國家的使命，促進其自覺。2.訓練期間七到十天。

第三種訓練，主要目的是培養女子青年的婦德和勞動就業能力，使之更新家庭生活，及推進本島的勞動制度。主辦單位為中央本部與各地方支部。其訓練方法為：1.以女校、實業補習學校與其他青年鍊成所做會場，舉行講習會；2.訓練期間兩個月一次，每次二至三小時；3.訓練課程包括：學科、修身、裁縫、禮儀做法、育兒、栽培花和蔬菜、急救法、家庭防空法等。[31]

唯應指出的是，以中堅青年為對象的鍊成組織，還有由臺灣總督府特別設立的「勤行報國青年隊」。具體地說，一九四〇年勤行報國青年隊在臺灣總督府設中央本部本隊，於地方設訓練所。入隊者由地方長官推薦二十歲左右可以擔任青年團員或幹部，以及二十歲到三十歲成績優良可以擔任軍伕者。入隊者要向訓練所呈交入隊宣誓書、健康檢查書。入隊後如有違背本隊之規則、命令或訓練宗旨，或有失隊員本分者，或因疾病、受傷，不適合本隊生活者，都將依約退出本隊。訓練期間教官將考察隊員的勤怠、身心鍛鍊良否、學習技能優劣，以為晉級的依據。學習完後，教官同意結業者予以頒發結業證書。隊員在結業後則被稱為勤行報國在鄉青年隊員。殖民當局對在鄉青年隊員，則規定每年必須進行兩次以上的訓練召集令。[32]

勤行報國青年隊的訓練課程包括：1.精神訓話（修身、公民科）；2.學科課程：國語、歷史、地理、理科及職業科；3.營舍訓練德目：敬神、尊皇、勤勞、順從、規律、禮儀、敏捷、協同、友愛、公德、清潔、忍耐、誠實；4.早晚活動：在神前祝禱、朗誦明治天皇的敕語、嚴肅祭拜，朝會升掛國旗、遙拜皇宮、唱國歌、唱隊訓、合唱〈海行かば〉、做體操；5.教練項目：基本軍事教練、傷患急救法、槍劍術、體操競技（軍隊基本操練、建國體操、國民體操、投擲手榴彈、團體競技）；6.軍事常識教育：艦船種類性能、主要兵器種類性能、瓦斯、航空、機械、防空、家庭防護、防諜、兵營生活；7.生活規範的隊訓，其內容為：「我們是皇國的臣民，要經常崇敬神祇感戴皇恩；盡忠報國是我們的使命，要以親善合作來扶助皇運；明朗快活是我們的生命，要以堅忍不拔來克服艱難」。[33]

勤行報國青年隊除了接受課程訓練以外，每天還要勞動六個半小時。如表4-2所示，一九四〇年十二月以霧社原住民青年為對象的臺中訓練所，一共訓練二百名隊員。隊員在三個月受訓期間，其勞動作業成績為，挖土七千五百立方公尺、盛土六千一百立方公尺。一九四一年一月以臺灣漢族青年為對象的臺北訓練所大直地區，一共訓練二百八十八名隊員。隊員在三個月受訓期間，參與臺灣神社外苑工程的勞動成績是，挖土六千一百四十立方公尺、盛土四千二百六十立方公尺、整地九千五百六十八立方公尺。[34]

綜上所述，可知殖民當局涵養皇民奉公的講習科目繁多，訓練工夫紮實。那麼，受過嚴格訓練的臺籍青年與指導者為了感戴皇恩，而樂於充當奉公運動的尖兵，和擔任建設興亞的礎石，應是毋庸置疑的。[35]

表 4-2 勤行報國青年隊訓練成績（1940 年 3 月至 1941 年 4 月）

結業次數	1	2	3	4
訓練所別	高雄訓練所 1 次	高雄訓練所 2 次	臺中訓練所 霧社	臺北訓練所 大直
入隊日期	1940.3.28	1940.8.20	1940.12.12	1941.1.14
退隊日期	1940.5.26	1940.10.19	1941.3.12	1941.4.13
訓練人員	198 人	201 人	200 人	288 人
訓練期間	2 個月	2 個月	3 個月	3 個月
勞動服務類別	○○重要工程挖鑿排水路	○○重要工程新設道路	開鑿產業道路	臺灣神社外苑工事挖鑿排水路
勞動服務成績	挖土 3,712.5 立方公尺 盛土 3,712.5 立方公尺	挖土 6,574.4 立方公尺 盛土 6,000 立方公尺	挖土 7,500 立方公尺 盛土 6,100 立方公尺	挖土 6,140 立方公尺 盛土 4,260 立方公尺 整地 9,568 立方公尺

資料來源：作者根據〈臺灣拓殖株式會社文書〉，第 1467 號，〈資料綴〉，昭和 18 年（1943），頁 66 製作。

三、實踐報國運動

戰時臺灣總督府為使臺灣人共赴國難，共體時艱，相當重視利用行政資源，舉辦展覽會、歌舞戲劇表演、募集標語、張貼海報、分贈傳單、製作電影與廣播節目，強化皇民精神與實踐運動。[36]其中，代表官方立場的報紙，尤其會用人們的思考慣性，一面痛斥敵人的萬惡不赦，一面製造有利於己的社會輿論，讓人們相信日本帝國所進行的「聖戰」是合乎情理的「正義之戰」。臺灣人在媒體被政府操弄，輿論呈現善惡對立的情境系統裡，不用說，頗易由被鼓舞、誘惑與催眠，產生認同與從眾，進一步再實現其身為皇民身分的生命意義。

（一）宣傳皇民佳話

大體而言，從九一八事變、一二八上海事變、七七事變到大東亞戰爭期間，臺灣官方報紙隨著戰局的擴大，戰況的激烈，其報導特色是，不斷宣傳前線皇軍的勇敢善戰，以及後方奉公運動的奮起高昂。（見圖4-3）有關媒體塑造社會情境的情形，茲舉例說明如下。

【事例1】赤誠捐款的新聞報導

自中日戰爭爆發以來，臺灣人在保甲、皇民奉公會的動員系統，和在媒體宣傳的作用下，掀起了全民捐款報國的熱潮。根據新聞報導，一九三七年八月臺北大稻埕的臺籍藝旦踴躍捐出國防獻金一百圓，臺北人力車組合捐獻一百三十圓。[37]

一九三九年九月臺北市民陳春金等七人，各自捐出葬儀費、祭拜費，充當國防費；新竹第二公學校的臺灣人兒童利用暑假拾穗，集體捐出工錢十圓；竹東「蕃地」泰雅族部落コーミンナイバン（Komingnaiban，人名）捐獻六十四圓六十九錢、青年團團員捐獻七圓四十二錢；屏東萬丹聯合保甲團捐贈一百圓。[38]

一九四一年由萬華娼妓組成的「愛國女子奉公隊」率先提議，自一月一日開始，每名隊員每日儲

圖 4-3　有關中日戰爭的新聞報導

資料來源：引自《臺灣日日新報》，1938 年 7 月 7 日，頁 6。

蓄一錢，等到每月一日的興亞奉公日，再將存款匯集起來捐給軍方。統計同年四月一日的捐款，累積了一百三十三圓三十六錢。[39]

一九四二年二月二十日中壢郡由臺灣人組成的「婦人保甲團郡聯合會」，倡導郡內婦女節省支出冠婚葬祭、年節費用，鼓吹上流家庭節約百分之十、中流家庭節約百分之五、一般家庭節約百分之二，以供捐獻軍用飛機之用。該會自創辦開始的二天內，就已聚集了一百二十圓。[40]

一九四四年二月八日羅東地區為迎接大詔奉戴日（每月八日），感激出征皇軍的顯赫戰果，一早就有獻金團擠進郡役所兵事股感謝軍人，這些團體包括：臺灣興業社宅奉公班捐獻三十九圓六十錢、臺灣興業社宅第十三奉公班代表中山アヤ子（Ayako）捐獻十圓七十錢、臺灣興業社宅第四奉公班捐獻七圓五十錢、臺灣自動車運輸會社蘭陽營業所從業員捐獻三十三圓五十一錢、羅東國民學校全體兒童捐獻二百圓。[41]

【事例2】寄贈慰問品的新聞報導

戰時和捐款運動類似的社會風氣是，民眾大量製作千人針、慰問袋寄贈給前線戰士。根據調查，日本士兵最喜歡收到慰問袋中的禮物是：慰問信、慰問畫、少男少女的手工藝品、明信片、美麗的圖片、娛樂性雜誌、兜襠布、手帕、毛巾、奉公袋、信紙、信封、衛生紙、鉛筆、筆記本、小刀、仁丹、各種膏藥等。[42]（見圖4-4）

圖 4-4　縫製慰問袋的臺灣阿婆

資料來源：引自臺北市文獻委員會主辦、臺北市婦女救援基金會策劃「女性與殖民地臺灣慰安婦關懷展」圖片。展覽期間 2002 年 10 月 24 日至 10 月 28 日（作者拍攝）。

根據新聞報導，一九三七年八月臺北市榮町青年團募集了五百箱慰問袋，準備寄給在華中作戰的皇軍。九月嘉義高校女學生五百名，每人各自縫製二件千人針，慰勞嘉義的憲兵分遣隊員。[43]十一月嘉義東石郡內有一萬餘名日、臺籍兒童，受到學校老師的鼓勵，掀起寫慰問信、繪慰問畫的熱潮，他們將三千餘份的成品送交郡當局轉贈前線的戰士。[44]

一九四三年十月在臺北就讀淡水國民學校三年級的學生上田武司，寫了一封慰問信，連同捐款三圓交給校長。上田的慰問信寫著：

> 戰士們依然精神抖擻地在打可恨的敵人吧？我也在拼命地用功讀書呢！我

長大了，要不輸您們，參加攻打美、英敵人。我的父親目前在南方勤務。戰士們萬歲！拜託您們一定要堅強作戰。【45】

【事例3】血書志願的新聞報導

一九四一年臺灣自實施志願兵制度以來，全島各地出現了大量熱血沸騰的年輕人，他們有的志願入營，有的志願當看護婦（護士）助手，以死報國報答皇恩。根據新聞報導，嘉義市西螺街役場的土木工蕭忠本（十九歲），從收音機廣播、報紙得知實施志願兵制度的消息後，就把一張用血寫成的志願書送交嘉義憲兵分遣隊，表明志願當兵的決心。嘉義市儲蓄銀行的工友蔡朝慶（十九歲），在一塊一尺四寸大的白布上，滴血寫下這樣的志願：

我捨一死一命忠君愛國。我是強健的日本青年，決心不顧一死一命忠愛國家。我是生於本島的青年，很想到戰地一次，深盼惠予採用。【46】

臺南地區同樣也有令人驚嘆的志願壯舉。新化郡青年團員蔡方傳（十七歲）、曾福祖（十九歲），於同年七月二日參拜新化神社後，就在神社前滴血繪製日章旗，旗面上寫著「盡忠報國」四個大字，把它連同志願書一起交給古川郡守，期待被採用入營。【47】（見圖4-5）

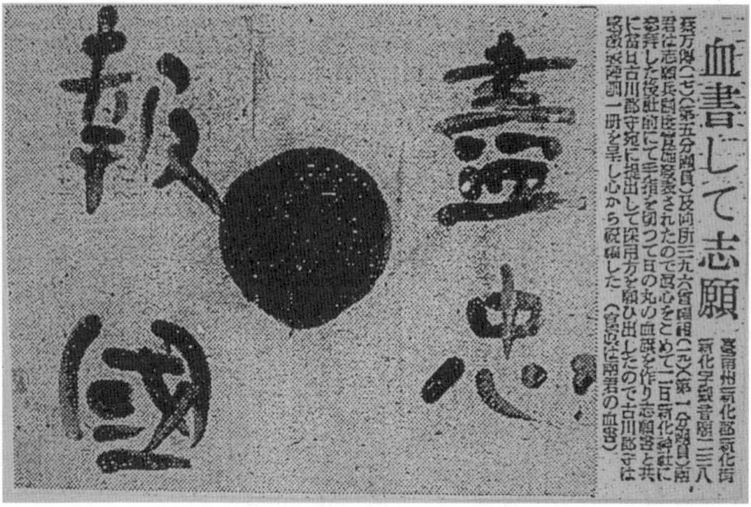

圖 4-5 「盡忠報國」血書志願

資料來源：引自《臺灣日日新報》，1941 年 7 月 6 日，頁 8。

一九四二年一月新竹市一個名叫林成的臨時工，要第五個女兒林定（女子青年團員、十八歲）志願去當看護助手。林定本來要和木材店的店員徐炎輝在四月中旬訂婚，徐家父母得知此事後，不但同意女方取消婚約，延後婚期，而且還讓兒子志願去當志願兵。[48]

臺北市民陳阿美的丈夫以軍屬身分出征，但不幸死於一九四二年一月的華北戰役裡。陳阿美接到丈夫的骨灰後，不久就向臺北市社會教育課請求，志願要替亡夫報國，前往戰區當看護助手。[49]

新竹州新埔庄民范李富氏的長子范德青，是從許多少年中被選出來的陸軍少年航空兵，一九四二年預定以優秀的成績畢業於東京陸軍飛行學校。但，范君的母親從該年一月初起就臥病在床，逐漸地陷入病危狀態。校長勸告范君最好回家探望一下，即將畢業的范君，認為受到家庭因素而離開軍務，是件不好的事，結果決定不回家。二月初他從學校畢業後，被編入某某部隊，在準備赴任前順道返家探親，他只停留兩小時就離家出發了。范君在臨行前告訴庄民：

我雖沒能看到母親的最後一眼，但我相信母親對我平安畢業，前往前線這件事一定很高興。我一直接受飛行勤務的訓練，今後將在轟炸、空中射擊上盡情地工作，賭上本島出身者的名譽，奉獻我的靈魂。【50】

充分表達了他要為國而戰，要堅定戰死的愛國赤誠。范君盡忠報國的事被記者報導後，成為庄民讚揚、崇拜的偶像。

在臺灣眾多血書志願的男女青年中，值得一提的是，淡水郡巡查岩里龍男（本名李金龍）的次子政男（本名李登輝，二十三歲），在京都帝國大學農學部經濟科就讀，一九四四年二月也以滿腔的熱忱，血書志願入營（見圖4-6）。一直擔任指導郡民，增強戰鬥力的岩里龍男，在二月十七日向高野郡守捐獻海軍恤兵金二百圓時，很高興地說：

去年我的長子武則入營海軍，這回我的次子入營陸軍，兄弟一起成為無敵皇軍的一員，是件無比光榮的事。孩子們為了廣大無邊的皇恩粉身碎骨殉國，為擊潰美、英敵人向前邁進出發，身為父親的我認為再也沒有比這更受鼓舞的事了。【51】（見圖4-6）

血書志願の熱誠結實
嚴父歡喜して恤兵獻金

思想指導講習

パイロット
萬年筆

圖 4-6　血書志願的臺灣青年岩里政男

資料來源：引自《臺灣日日新報》，1944 年 2 月 25 日，頁 4。

根據統計，臺灣在一九四二年實施「陸軍特別志願兵」制度，一九四三年實施「海軍特別志願兵」制度，一九四四年實施「徵兵制」期間，一共徵召臺籍軍伕、軍屬、兵卒人數二十萬七千一百八十三人。一九四二年到一九四三年，以「高砂義勇隊」名目，徵召原住民為前線戰鬥員的人數約有三千六百餘人。[52] 臺灣出現大量的軍伕、志願兵、高砂義勇隊投入戰爭，其求死的意志之所以超過求生的意志，不用說，他們不是受到皇民報國系統的鼓舞、慫恿和誘導，就是受到社會情境的力量支配，或是受到從眾情境的氣氛感染所致。

【事例4】供出物資的新聞報導

相對於捐款、寄贈戰士慰問信、慰問品，供出物資的官方報導不僅很少，而且也很簡短。究其原因，這與戰時臺灣物資日趨匱乏，殖民政府強迫獻納，但為防止民心動搖，刻意掩飾實情有關。

關於供出物資的新聞報導，如一九四〇年臺北州原住民供出精米一石一斗七升、褌（褲衩）四十九件，新竹州原住民供出落花生七斗二升、芋頭四十斤，臺中州原住民供出慰問袋十三個，花蓮港廳原住民供出馬糧乾草一千斤，表現了全臺灣各地原住民的愛國赤誠。【53】

一九四三年六月臺中州第一期稻作收穫期，州當局以行政系統，在州內實施全民供出米運動。【54】

一九四三年十月花蓮港廳的山胞供出以叢林戰聞名於世，高砂義勇隊使用的山刀，包括：鳳林郡支會交出三百把、花蓮郡支會交出二百把、市支會交出三十四把、玉里郡支會交出十六把，以上共計五百五十把。【55】

一九四四年二月屏東市展開軍用雞蛋供出運動，通知市民凡是配合供出的人，要在二月二十九日以前向區會事務所申報，此後每月選定五日、十日、二十日、二十五日、三十日為雞蛋供出日。市民所供出的雞蛋要交到阿久澤商會旁邊的雞蛋配給所，依照公定價格領取貨款。又規定供出雞蛋要挑選產卵五日內的新鮮雞蛋，並註明產卵日期。當局對於配合供出的市民，根據其供出量的多寡，增減其養雞飼料的配給量，對於養雞產卵做為自家使用者，則要降低其飼料配給量。【56】

由上所述，可知殖民者以軟硬兼施的手段，強迫臺灣人順從母國的戰爭意志，傾力供出物資應戰的結果，造成大部分臺灣人陷入生活的困境。有關大眾生活艱苦的情形，文學家吳濁流以其自身的實際經驗，這樣描述：

（日本）軍隊大批開來，每一口池塘都給占去，魚兒都被抓光了。蔬菜得依各保、各甲、各戶分擔供出，其他軍隊的徵用物資多得不可勝數，米、豬、鴨、雞、蛋、馬草、相思樹皮、塞麻頭皮、月桃、供仔樹子等有食用的，有非食用的，多達二十數種。這些供出物資之中有些是國策會社利用軍部制徵收的。村民為了蒐集這些供出物，都得從早工作到晚。……由於肥料不足，稻米普遍歉收，可是供出量一點也沒減，強迫大家供出，所以全村都不夠吃。每個農家都給逼到飢餓線上，只好找些豆和能吃的野生植物來補。有的農家供不出定量的菜，只好夜裡摸黑到十五、六公里遠的新社去搜購。不為什麼，只為害怕供不出足量的東西，而被郡役所的警察課傳去。[57]

反映太平洋戰爭末期日本軍隊進駐新竹後（見十一章），地方政府不顧農民困苦，只顧因應戰爭，為滿足軍人需求，而命令保、甲人員和透過國策會社，強迫農民供糧和徵用物資，使農民陷入生活饑饉的狀態。

（二）取締「非國民」（國賊）

戰時臺灣由於年輕力壯的男子相繼被徵召入伍，勞動力減少，發展工業化的必需品，如肥料、農具、木材、鋼鐵、橡膠等，也都相當缺乏，以至於各種生產活動都發生極大的困難。生活無著的臺灣人，在物價上漲，金融資金阻塞，經濟統制強化，配給制度不公的大環境下，違反法令的經濟犯越來越多。[58]

如據統計，一九四〇年一月到六月間，臺灣共有三萬七千零二十五件經濟犯罪案件，其中，屬於司法處分的案件占四千八百十三件，這個數字要比一九三九年一月到六月間增加一倍。關於犯案物品，主要是砂糖、蔬菜、米等食品類，其他為纖維製品、煤炭、木炭、柴火等燃料品。[59]

根據臺北州經濟警察課調查，一九四一年五月警察交附司法處分的案件，僅僅一個月就有九百四十三件，犯案人數多達一千零三十一人，其中犯案類別，要以違反暴利行為取締規則居首，統計有五百五十五人。其他犯罪類別及其數量分別為：違反價格取締規則二百九十名、違反皮革配給統制規則一百零二名、違反甘藷及樹薯配給統制令二十二名、違反地租房租統制令九名、違反國外匯款管理法八名、違反奢侈品禁令七名、違反鋼鐵工作物建築許可規則五名、違反砂糖配給統制四名、違反舊鋼及廢鐵配給統制令三名、違反藥及藥工品配給統制令二名、違反豬肉配給統制令十三名、違反單寧含有樹皮革使用限制令一名、違反揮發油及柴油販賣取締令一名、違反稻穀收穫量調查規則二名、違反臺灣違警例七名。同樣是一九四一年五月份一個月的行政處分，屬於警告、訓誡的案件很多，計有二千九百二十九件。[60]

其實，臺灣經濟警察在殖民政府頒行多如牛毛的經濟統制法規下，其勤務越來越多。警察大人對鑽法律漏洞不懂得自律的人，強烈地批評這些投機分子都是「非國民」（賣國賊）。

一九四三年二月臺南州經濟警察課揭發了一個黑市交易活動。有關這個案情的真相是，經濟警察探聽到臺南市內的料理屋、咖啡館、飲食店都盛行黑市買賣魚類的消息。警察祕密偵查經營養殖場的莊某，經過嚴加偵訊後，才知道莊某與七、八名業者把自己養殖場生產的鰻魚、鯉魚、蝦子等鮮魚，總共十萬斤，經由仲介之手，賣給市內的招仙閣、松竹咖啡館、曙樓、東樓、北閣樓等十幾家料理店，獲得巨額的利益。這些一流料亭因為貨源充足，可以接受客人的要求，或者對客人主動提供高級豪華的料理，能讓顧客持續享用美食，所以生意欣欣向榮。為偵查本案，經濟警察檢舉了一百餘人，臺南州經濟警察課長因而沉痛地表示：

以一億國民的總力量在邁向完成聖戰的過程中，本應配合戰時統制，共體時艱，但竟有堅持營利，鑽法網漏洞，從事黑市交易的行為者，真是令人心寒之至。這次因養殖業與料理屋、咖啡館等進行不法交易，故阻礙配給各戶適當的魚類，影響市民生活甚大，對此我們一定會採取徹底的取締措施。至於經常出入料理屋、咖啡館、飲食店的顧客，因為有錢，能點高級料理的奢侈行為，也應嚴加自律。倘若顧客反覆有此奢華的行為，就將被視為引誘違反統制令的責任者，予以嚴厲的處分。當下我們的急務是，平時生活已經轉為戰時生活，業者應與消費者團結，肅清黑市交易及囤積居奇，建立明朗的生活，和將前線士兵的心當作我們的心，共同克服物資不足的困境才是。【61】

反映戰時儘管當局要全民節衣縮食，共體時艱，但仍有一些供應精緻料理的生產者、營業者，和有經濟能力的消費者互相唱和，暗地裡追逐他們各自想要的商業利益和味覺快樂。

綜上所述，可知日本帝國為了滿足其稱霸大東亞的野心，根本不惜犧牲人民的生命與財產，對外擴大戰爭。日本政府所成立的「大政翼贊會」，旨在強化戰時總動員體制，使官民團結一致，共同扶助其天壤無窮的皇運。

相對於「大政翼贊會」的國民組織，臺灣也有功能相似的「皇民奉公會」組織。這個皇民奉公系統通過政治部門、社會部門、文化部門、生活部門，分別由日本官員示範，指導臺灣人涵養皇民精神。日本統治者為使皇民化運動落實在臺灣人生活中，除了培訓臺籍青年幹部外，也動員臺籍仕紳、商人、醫師、律師、教師等有社會名望者出面擁護國策，慫恿臺灣人出錢出力為日本人效力。[62]

皇民奉公運動的情境效應很大，臺灣人受到情境系統的影響，從小孩打零工，節省零用錢，農民供出生活物資，到各行各業、學校、社會團體聚集存款，踴躍捐獻，以及全民掀起寫慰問信、寄慰問品、血書志願入營、血書志願當看護助手的奉公運動裡，可以發現臺灣人的日常生活已經趨於軍國化，中日戰爭、太平洋戰爭也已成為全臺灣人的總蹶起戰爭。

註釋

【1】笠原一男，《詳說日本史研究》，頁四一〇～四一一；徐勇，〈太平洋戰爭與侵華戰爭〉，收入李玉、駱靜山主編，《太平洋戰爭新論》（北京：中國社會科學出版社，二〇〇〇），頁一三七～一四三。

【2】徐勇，〈太平洋戰爭與侵華戰爭〉，頁一五四～一六四；劉巍，〈太平洋戰爭爆發前夕的國際政治格局（一九一九～一九四一）〉，收入《太平洋戰爭新論》（同前註），頁二一一。

【3】楠井隆三，〈總論──南進據點性より基地性へ〉《臺灣經濟年報》昭和十七（一九四二）年版（東京：國際日本協會，一九四二年八月二十五日），頁三二～五二；《臺灣日日新報》，一九四二年九月七日，頁三。

【4】赤木須留喜，《翼贊、翼壯、翼政》（東京：岩波書店，一九九〇），頁一七七～一七八。

【5】島田昌勢，〈臺灣國精運動の新展開〉，刊載於《臺灣時報》，昭和十四年九月號，頁三～四。

【6】臺灣在中日戰爭爆發後，就開始實施精神總動員運動，此一精神運動一直持續到戰爭末期。參見《臺灣日日新報》，一九三七年十月十日，頁七；同，一九四一年四月三日，頁三；島田昌勢，〈臺灣國精運動の新展開〉，頁四～五。

【7】島田昌勢，〈臺灣國精運動の新展開〉，頁五～一五。

【8】《臺灣日日新報》，一九三八年七月十二日，頁六；同，一九三八年七月十九日，頁四。

【9】《臺灣日日新報》，一九三八年三月二十六日，頁九。

【10】鷲巢敦哉，《臺灣保甲皇民化讀本》（臺北：臺灣總督府警察協會，一九四一），頁二五八～二六八。

【11】陸軍省昭和十四年一月六日陸普第一一號，〈日本精神發揚週間實施要綱ニ關スル件陸軍一般へ通牒〉。アジア歷史資料センター──資料庫。http://www.jacar.go.jp/

【12】《臺灣日日新報》，一九三九年五月一日，頁五；同一九四二年四月二十五日，頁三。

【13】相對於中國詞彙的「賢妻良母」，日本人認為理想的婦女典範應該是「良妻賢母」。島田昌勢，〈臺灣國精運動の新展開〉，《臺灣時報》昭和十四（一九三九）年九月號，頁三～四、七、一五。
【14】《臺灣日日新報》，一九三七年十一月二十二日，頁七。
【15】外務省編，《外地法制誌》，第三卷《臺灣の委任立法制度》（東京：文生書院，一九九〇年據一九五九年復刻本），頁一一六～一一七、一一九～一二〇。
【16】昭和十三年度〈社外雜書類〉，收入〈臺灣拓殖株式會社文書〉第一六五號，未編頁數。
【17】朱德蘭，《臺灣總督府と慰安婦》（東京：明石書店，二〇〇五），頁六二～六六。
【18】湯重南等編，《日本帝國的興亡》下冊（北京：世界知識出版社，一九九六），頁一〇〇八～一〇一四。
【19】湯重南等編，《日本帝國的興亡》下冊，頁一〇一四～一〇一五；赤木須留喜，《翼贊、翼壯、翼政》，頁二〇一～二三七。
【20】臺灣總督府官房情報課編，《臺灣事情》（臺北：成文出版社，一九八五年據一九四四年復刻本），頁一二三。
【21】臺灣總督府官房情報課編，《臺灣事情》，頁一二三～一二四。
【22】臺灣總督府官房情報課編，《臺灣事情》，頁一二四～一二五。
【23】臺灣總督府官房情報課編，《臺灣事情》，頁一二五。
【24】《新建設》，第二卷第一號（臺北：皇民奉公會中央本部，一九四三年一月），頁四三。
【25】臺灣總督府官房情報課編，《臺灣事情》，頁一二八～一二九。
【26】《臺灣日日新報》，一九四一年十二月二十六日，頁四。
【27】《臺灣日日新報》，一九四二年一月十五日，頁三。
【28】《新建設》，第三卷第六號（一九四四年六月），頁四八～五〇。
【29】《新建設》，第三卷第八號（一九四四年八月），頁四三。

【30】指導幹部包括：奉公委員、委囑指導者、街庄長、郡市青年團長、青年團幹部、支部支會專任職員、奉公會推進員、文化人等。參見臺灣總督府官房情報課編，《臺灣事情》，頁一二五。

【31】五味田忠編，《臺灣年鑑》第四〇冊，昭和十八（一九四三）年版下（臺北：成文出版社，一九八五年據昭和十七年複製本），頁四三六～四三七。

【32】〈臺灣拓殖株式會社文書〉，第一四六七號，〈資料綴〉，昭和十八年（一九四三）。

【33】前引〈資料綴〉。有關〈海行かば〉歌詞內容，參見本書第五章。

【34】前引〈資料綴〉。

【35】另見《新建設》，第三卷第八號，頁三七，一九四四年臺灣北部海岸臨時訓練海洋訓練隊的事例。

【36】《新建設》，第二卷第一號，頁四三；同，第三卷第六號，頁五一；同，第三卷第八號，頁四二。

【37】《臺灣日日新報》，一九三七年八月十六日，頁七。

【38】《臺灣日日新報》，一九三九年十月十一日，頁二。

【39】《臺灣日日新報》，一九四一年三月二日，頁二；同，一九四一年四月二日，頁三。

【40】《臺灣日日新報》，一九四二年二月二十二日，頁五。

【41】《臺灣日日新報》，一九四四年二月十二日，頁四。

【42】黑羽清隆，《昭和史（上）戰爭と民眾》（大阪：飛鳥株式會社，一九八九），頁五七～六〇。

【43】《臺灣日日新報》，一九三七年九月五日，頁五。

【44】《臺灣日日新報》，一九三七年十一月二十八日，頁五。

【45】《臺灣日日新報》，一九四三年十月十九日，頁四。

【46】《臺灣日日新報》，一九四一年七月六日，頁八。

【47】《臺灣日日新報》，一九四一年七月六日，頁八。

【48】《臺灣日日新報》，一九四二年二月一日，頁七。

【49】《臺灣日日新報》，一九四二年一月二十九日，頁二。

【50】《臺灣日日新報》，一九四二年二月七日，頁四。

【51】《臺灣日日新報》，一九四四年二月二十五日，頁四。

【52】劉鳳翰，《日軍在臺灣：一八九五年至一九四五年的軍事措施與主要活動》上冊（新店：國史館，一九九七），頁二九五、三一五。

【53】竹內清，《事變と臺灣人》（臺北：臺灣新民報社，一九四〇），頁二七九。

【54】《臺灣日日新報》一九四三年六月十二日，頁四。

【55】《臺灣日日新報》一九四三年十一月十七日，頁四。

【56】《臺灣日日新報》一九四四年二月二十五日，頁四。

【57】吳濁流，《無花果：臺灣七十年的回想》（臺北：前衛出版社，一九八九），頁一五四～一五五。

【58】有關皇民奉公班在實施配給時，依照日本人、臺灣人種族不同，和會不會說日語，是不是「國語家庭」，做差別待遇的配給品與份量問題，見《新建設》，第二卷第二號（一九四三年二月），頁四六～四七；林惠玉編，《宜蘭耆老談日治下軍事與教育》（宜蘭：宜蘭縣立文化中心，一九九六），頁一〇～一一。

【59】《臺灣日日新報》，一九四〇年八月二十二日，頁七。

【60】《臺灣日日新報》，一九四一年七月三日，頁二。

【61】《臺灣日日新報》，一九四三年二月二十八日，頁四。

【62】辜振甫、顏欽賢、林熊次等人，都是勸導臺灣青年投入日本對外戰爭的鼓吹者。參見辜振甫，〈戰爭、社會、學校〉，《臺灣時報》，昭和十八（一九四三）年四月號，頁三四～三五；同氏，〈海軍と本島青年の前進〉，《臺灣時報》，昭和十八年六月號，頁一～一〇；同氏，〈兵への道〉，《臺灣時報》，昭和十八年十月號，頁一～一〇；顏欽賢，〈皇民錬成の推進へ〉，《臺灣時報》，昭和十八年四月號，

頁三二～三四；林熊次、辜振甫，〈護國挺身隊の體驗〉，《臺灣時報》，昭和十九年八月號，頁七一～七六。又，臺籍菁英當中，也有出於無奈，被迫消極參與皇民化運動者，如林獻堂即是一例。詳見許雪姬，〈皇民奉公會的研究——以林獻堂的參與為例〉，《中央研究院近代史研究所集刊》第三十一期（臺北：中央研究院近代史研究所，一九九九），頁一七一～二一一。

第二篇　慰安所篇

第五章 戰爭與日軍慰安所

日本在建立明治政府以前，各地雄藩擁兵自重，藩兵主要來自以征戰為業的武士，由於選才範圍狹窄，軍隊素質不佳，作戰能力頗差，因此明治政府在推翻德川政權後，就於一八七三年頒布徵兵令，規定年滿二十歲的男子，無論士族、平民都要入伍服兵役。但，嗣子（戶長繼承人）、養子、官吏、學生等，可以免除兵役。此後三度修改徵兵令，結果縮小了免役規定，兵源的擴充意味著國民皆兵的常備軍制已然形成。[1]

近代日本兵役制的實施，使軍隊的實力發展迅速。根據統計，一八七九年日本陸軍的編制共有十六個聯隊（團）、騎兵一個大隊（營）、一個中隊（連）、砲兵十個大隊、工兵三個大隊一個中隊、輜重兵一個中隊二個小隊（排）。一八八二年明治政府頒布「軍人敕諭」，明確規定天皇的統帥權，並訓誡軍人必須「克盡忠節」，要以為「神」的天皇盡忠為榮。[2]日本政府通過天皇的權威，要求軍人在行動上、在思考意志上效忠天皇的軍隊教育，對其爭霸亞洲成為軍事帝國有何影響？中日戰爭、太平洋戰爭期間，「臺灣軍」（駐臺日軍）發揮了什麼作用？講求忠勇精神的日軍，為何一到戰場就發生強姦事件？殖民政府為何要在南進基地臺灣興建慰安所？等問題，頗須做一探討。

一、天皇的軍隊

一八六八年日本改元明治後，新政府為了與歐美列強爭雄，達成富國強兵的目標，非常重視學校教育與軍隊教育，冀望涵養盡忠盡孝的臣民義勇奉公，以輔佐其天壤無窮的皇運。不過，軍隊教育的時間很短，由於無法進行基礎教育，所以必須在學校裡打好根柢，然後再到軍隊裡接受軍事教育。小學是軍隊教育的準備階段，明治政府為了使學生明瞭徵兵制的必要性與奠定軍事基礎，並培養軍事教育上應有的文字讀解能力，因此不僅在學校裡實施「教育敕語」的國民精神教育，還對學童灌輸這樣的「愛國」觀念：

上有萬世一系的天皇，下有千古不易的臣民，天皇慈愛臣民有如子女，臣民敬愛天皇有如尊親，上下相和，君臣相睦，風俗淳美，人人注重節義，此即我國自古以來稱為君子國，世界萬國無與倫比之處。[3]（作者中譯，以下同）

關於中學以上的學校教育，有由陸軍省負責派遣武官指導的兵式體操課，訓練學生日後應召入伍，具備勇敢服從、忠君愛國、忍耐艱苦的素質。對於未受中等學校教育的人，組織青年團與壯年團，以為地方上的鄉勇，教練則委託陸軍駐在官每週做一、二次的操練。一八八八年日本各地遍設青年團、在鄉軍人會、青年訓練所，為其發展軍國主義提供了強而有力的軍事條件。[4]

（一）軍隊教育

有關培養師資的師範教育，養成學生順良、信愛、威重是師範教育的目標。師範生從一八八八年開始，除了要上兵式體操課外，還要修行集團生活，鍛鍊身心。[5]師範畢業生經過六週的現役兵訓練，被編入國民兵後，就可專心於小學教學的職業。一九二五年師範學校根據文部省與陸軍省規定，增加學生的執銃教練時數，並將畢業生的現役兵訓練由六週延長為一年。一九二七年修改兵役法，對師範畢業生制定短期現役法，也就是說，不論師範畢業生是甲種，或是第一、第二乙種合格者都要入營五個月，依此，師範生在入學時必須要做嚴格的體格檢查。師範畢業生在體驗五個月的兵卒生活後，於期滿除隊時被任命為陸軍伍長；其中，少數成績優秀者可以獲頒國民軍將校適任證，於除隊當天編入第二國民兵役。得到兵役優渥待遇的伍長訓導、低階軍官，在進入社會後，擔任小學老師的人會向小孩鼓吹要敬愛軍人，說些：「謝謝，士兵先生」，或「我長大後也要當兵」之類的話；擔任青年訓練所（後改為青年學校）指導員的，也會指導入營前的青少年，涵養軍國主義意識。[6]

值得留意的是，日本政府在推展近代化改革運動的同時，也改變了包括軍人在內的社會大眾的傳統價值觀。一九〇八年陸軍中央為防止西方自由主義思想影響軍人，修改了規定軍隊勤務、起居行動的〈軍隊內務書〉，藉以振興軍紀。[7]根據新的內務管理規定，內務班將二十人左右的士兵編在一個大房間裡共同生活，把軍營當作「軍人的家庭」。班長平時透過兵營生活，教育士兵的軍紀和培養軍人精神，戰時則改編成分隊，班長成為分隊長（下士官）。內務班的家族主義雖可緩和軍隊之中僵硬的階級秩序和嚴肅的軍紀，但家族主義裡班長的權限和命令服從的關係曖昧，不免使取締軍紀變得鬆弛，加上內務班裡也無個人的私生活空間，種種束縛只要稍一過度，就會有滋養容忍士兵逾越行為的土壤。[8]

天皇的軍隊在第一次世界大戰後，受到全球各地反帝國主義風潮興起，日本國內勞工運動、農民運動、婦女運動盛行，以及日本共產黨運動萌芽的影響，權利意識高漲。因此，陸軍中央面臨此一巨變，甚感不安，便於一九二一年修改〈軍隊內務書〉，將士兵原先基於「自覺」實現服從的精神，變為嚴密的監視體制。換言之，為能獲得士兵的忠誠，採用了嚴厲的統制方式加強管理，完全漠視士兵的基本人權。[9]

如就士兵的訓練來論，內務班只講絕對的服從，不講道理。內務班的老兵和下士官經常使用懲罰、虐待的方式操練新兵，他們認為新兵必須經過被侮辱、欺負、打罵不生氣、受罰不反抗的體驗，培養出吃苦耐勞的柔性，表現出絕對的服從，才能成為有所作為的正規兵。[10]

軍官常對士兵們說：「現役軍人戰死了，就會成為靖國神社裡的神。」使用有利於己的口號，鼓舞士兵狂熱地參與對外戰爭。軍隊訓練等到結束的前夜，新兵們會先忙著整理行李和兵器，然後就像後備部隊準備出發的前夕一樣，各自剪好手腳的指甲，裝入指定的紙袋內，寫明部隊的番號和兵階、姓名，交給人事官。指甲是在萬一不幸陣亡，在無法收拾骨灰時，被當作骨灰交還給遺族，或送到東京靖國神社裡奉祀用的。當新兵們在做剪指甲的動作時，其實，已經對「死」有了覺悟和心理準備，這也是軍隊教育士兵集體「不怕死」的一種情境表現。[11]

天皇的軍隊鼓勵並強迫士兵在戰場中要為天皇殉身，還可由〈海行かば〉這首軍歌的歌詞窺知大概。

海行かば　水漬くかばね　　征海不畏水淹漬
山行かば　草むすかばね　　征山不畏草蒸屍
大君の辺にこそ死なめ　　為天皇殉身乃心所願
かえりみはせじ　　死而不悔[12]（作者中譯）

〈海行かば〉是日軍在舉行海葬儀式中合唱的軍歌，以上歌詞反映，軍部讚揚「敢死」是一種崇高無比的精神行為。

（二）臺灣軍

臺灣是日本帝國在南方的第一道防線，臺灣軍肩負重大的防衛任務，編制分為平時與戰時兩種。關於平時編制，臺灣在一八九五至一九一八年武官總督時期，設有三個混成旅團、二個要塞砲兵大隊負責駐守、防衛治安。一九一九年改行文官總督制後，開始在臺北設立「臺灣軍司令部」，軍司令官由天皇任命，直接聽命於天皇，臺灣軍的指揮權也由臺灣總督手中交給臺灣軍司令官，形成軍務與行政分離的情形。[13]

一九二五年日本帝國實行外交妥協政策，在國際輿論的壓力下，同意裁減軍備。臺灣軍也隨之縮小守備規模，該年臺灣軍司令部統領臺灣守備隊，指揮臺灣守備隊司令部（臺北）、臺灣步兵第一聯隊（臺北）、第二聯隊（臺南）、臺灣山砲兵聯隊（臺北）、基隆重砲兵聯隊、馬公重砲兵聯隊、臺灣高射砲隊（屏東）。[14]

關於戰時編制，一九三七年臺灣軍司令部鑑於臺灣進可為對中國與南方作戰的橋梁，退可為日本的海岸防禦基地，為做攻防兩面的準備，故於臺北增設臺灣山砲兵聯隊，於基隆增設要塞司令部，在臺南增設臺灣步兵第二聯隊，在高雄和馬公分別增設一個要塞司令部，並於屏東添設第八飛行聯隊。一九三八年屏東飛行第八聯隊脫離臺灣軍司令部管轄，編入日本航空兵團，名稱為第三飛行團，下設兩個飛行聯隊。一九三九年日本第四飛行團司令部移駐屏東，增設第三航空教育隊。一九四一年臺灣軍司令部設於馬公，改稱「馬公港部警備府」，加強其軍事防衛力量。[15]

言及臺灣軍在前線的作戰，一九三七年八月十三日上海事變爆發，翌日，日本飛機就從臺灣出發，空襲杭州筧橋，展開首度的空中作戰。九月十二日臺灣軍重藤支隊由臺灣啟程，十四日登陸上海的貴陽灣，進入川沙鎮，協助第十一師團在羅店鎮作戰，次年二月重藤（千秋）支隊改稱波田（重一）支隊，參加武漢攻擊戰。臺灣軍加入中國戰場的積極行動，可說是中日戰爭中一股很重要的戰鬥力量。[16]

一九三八年九月臺灣軍司令官古莊幹郎（任期一九三七年八月至一九三八年九月）擔任第二十一軍司令官（十一月改由安藤利吉中將接替），指揮廣東作戰，古莊幹郎把馬公當作各部隊的集結地，整編七萬五千名兵力，於十月十一日登陸大亞灣，十五日攻陷惠陽，二十一日占領廣州。與此同時，日本陸軍航空部隊也通過臺灣機場，協助第二十一軍攻占廣東。[17]

一九三九年一月日軍為建立南進據點，企圖在海南島設置航空基地，故將臺灣軍編成的飯田支隊編入第二十一軍，以為攻略海南島的主力部隊。三十一日由臺灣混成旅團長飯田祥二郎率領臺灣步兵第一聯隊、臺灣山砲兵聯隊為基幹部隊，於二月八日參加海南島登陸作戰，十日成功地占領海口、瓊山。[18]

同年十一月臺灣混成旅團與第五師團在海南三亞港集結，進攻廣西，臺灣步兵第一聯隊、第二聯隊也投入戰場。一九四〇年二月日軍為確保欽縣、邕寧占領區，臺灣混成旅團編入第二十二軍，防衛廣西省欽縣、邕寧公路。十月臺灣混成旅團擴編成第四十八師團，於海南島集結。等到一九四一年三月，第四十八師團的一部分部隊與近衛師團前往廣東西岸作戰，並與臺灣第四飛行團共同封鎖福州，四月二十一日在占領福州後，第四十八師團就轉入高雄，等待參加菲律賓作戰。[19]（見表5-1）

一九四一年十二月日本發動太平洋戰爭的目的是，消滅美、英、荷等列強在東亞海域的主要根據地。日軍計畫占領：菲律賓群島（Philippines）、關島（Guam）、香港（Hong Kong）、英領馬來（Malay）、緬甸（Myanmar）、爪哇（Java）、蘇門答臘（Sumatra）、婆羅洲（Borneo）、西里伯斯（Celebes）、俾斯麥群島（Bismarck Islands）、荷屬帝汶（Timor）等地。然而，日本陸軍的各項訓練直到一九三九年為止，僅著重於北方作戰，其戰地教令、戰鬥綱要、軍事操典等教材，也都只為對蘇作戰而寫。[20]一九四〇年夏，日本基於作戰需要，祕密蒐集有關南方各地的軍事情報與兵要地理資料，但對南方作戰的具體研究、調查和訓練，卻是從同年十二月在臺灣軍司令部內設立「臺灣軍研究部」，充作研究南方作戰的中心後，才正式展開各項研究、調查與試驗的工作。[21]

臺灣軍研究部為方便執行業務起見，另與日本大本營及各官廳、學校、華南方面軍進行緊密的聯繫。一九四一年六月臺灣軍以一個步兵營和一個砲兵連為基幹，在海南島進行敵前登陸戰訓練，與環島一周的熱帶軍事演習。辻政信中佐（中校）根據這次演習經驗和研究心得，編纂了一本七十頁的《一

表 5-1　臺灣軍參加中國大陸戰役表（1937 ～ 1945 年）

作戰年月	部隊名稱	作戰地區	出典
1937.9-12	重藤支隊	戰區：上海、羅店鎮、中州、支塘鎮、常熟等。	頁 61
1938.3-11	波田支隊	進攻武漢三鎮。 戰區：餘杭、雙溪鎮、臨安、區里、考豐、港口、廣德、溧陽、安慶、葛店、湖口、九江、瑞昌、馬頭鎮、富池口、田家鎮、富水、彭澤、武昌、漢陽。	頁 63-68
1938.10 1938.11	第二十一軍 第四飛行團	登陸廣東大亞灣（バイヤス灣）。 戰區：惠陽、廣州、虎門、三水、佛山。	頁 69
1939.2	飯田支隊（臺灣混成旅團）	進攻海南島。 戰區：海口、瓊山、安定、清瀾港、三亞、榆林、崖縣等地	頁 70-71
1939.11 至 1940.2	臺灣混成旅團	進攻廣西。 戰區：欽縣、邕寧、崑崙關、五塘、六塘、七塘、八塘、九塘、賓陽等地	頁 72-74
1941.3-4	第四十八師團 第四飛行團	廣東西方沿岸、福州作戰。 戰區：自廣海寨經雷州半島至北海海岸、福州。	頁 77-79
1944	第八飛行師團 第十二飛行團	協助中國派遣軍作戰，駐防華中、華南等地區機場。	頁 98

資料來源：作者根據劉鳳翰，《日軍在臺灣：1895 年至 1945 年的軍事措施與主要活動》上冊（臺北：國史館，1997）製成。

讀必勝》手冊，分發給南方作戰部隊的全體將士研讀。這本書人手一本，成為日軍進行熱帶作戰的參考指南，對日後的南方作戰貢獻很大。[22]

一九四一年九月六日，日本御前會議決定對美、英、荷開戰後，就將有關南方作戰所需要的兵力、資材及軍需品，向佛印（越南）、海南島、臺灣、奄美大島、帛琉（Palau）、小笠原群島（Ogasawara-gunto）移動。翌日大本營陸軍部下達南方作戰部隊戰鬥編制，將主要戰場的兵力配置如下：

1.南方軍總司令官寺內壽一上將。

2.第十四軍司令官本間雅晴中將。

作戰目標：攻占菲律賓群島。

兵力包括：第十六師團、第四十八師團、第六十五旅團和第五飛行集團。

3.第十五軍司令官飯田祥二郎中將。

作戰目標：確保泰國和緬甸方面的安定。

兵力包括：第三十三師團、第五十五師團。

4.第十六軍司令官今村均中將。

作戰目標：攻擊荷屬印度（今印尼）。

兵力包括：第二師團、第三十八師團、第四十八師團、第五十六混成旅團。

5.第二十五軍司令官山下奉文中將。

作戰目標：占領馬來諸島。

兵力包括：近衛師團、第五師團、第十八師團（其後編入第五十六師團）、第三飛行集團。

以上日本將領中，寺內壽一曾於一九三四至一九三五年擔任臺灣軍司令官，飯田祥二郎於一九三八至一九三九年擔任臺灣混成旅團長，本間雅晴於一九四〇至一九四一年間出任臺灣軍司令官。[23]

一九四一年十一月六日，大本營陸軍部參謀總長杉山元對南方軍、南海支隊、中國派遣軍，頒布作戰準備令，其中規定中國派遣軍總司令、防衛總司令及臺灣軍司令，須對攻略南方要地之作戰準備予以援助。[24]據此，臺灣軍與太平洋戰爭直接產生了連結關係。（見表5-2）臺灣軍在進攻馬來、菲律賓、婆羅洲等地前，因已受過熱帶作戰的演習訓練，故取得了下述令人矚目的輝煌戰果。

二、戰爭暴行

一九三七年中日戰爭、太平洋戰爭的爆發，隨著戰情的演變，戰場空間的擴大，使日本政府不得不急速地膨脹徵兵人數。由於軍部徵召習慣社會生活的預備兵、後備兵、補充兵，他們不適應現役軍人的軍隊規律，大量的幹部候補生補充將校的空缺，也降低了原來將校的素質，因此很難維持良好的軍紀。[25]

（一）戰績

如就日軍在戰場的行為而言，蔑視中國人，缺乏正當理由的戰爭目的，以及補給不足亟需採取徵糧於敵的「以戰養戰」策略，使「燒光、殺光、搶光」三光政策成為日軍戰地生活裡的主要內容。然而，這些殘暴行為因激起中國人面臨亡國滅種的民族危機，故越發強化了他們抗日到底的堅定意志。中國人前所未有的團結抗戰精神，使戰爭的進程與日軍預期的速戰速決戰略背道而馳。一九三八年十一月

表 5-2　臺灣軍參加大東亞地區戰役表（1941 ～ 1945 年）

出發年月日	臺灣軍部隊名稱	出發地區	日軍編成集結地區	作戰地區	出典
1941.12-1942.1	第十四軍第四十八師團 第二十五軍第十八師團 第三飛行集團	福州 法屬 Vietnam 北部	高雄 臺北、高雄 臺灣 屏東	Manila Malay Malay	＊＊頁 79-80、82-84 ＊＊＊頁 206
1941.12	第六十五旅團	高雄	高雄	Manila	** 頁 85
1942.1.5	自動車第二八連隊	南京	高雄	Java	* 頁 55
1943.11.20	第四十八師團第一移動製材班	大阪	高雄	Manila	* 頁 67
1943.11.30	第四十八師團第二移動製材班	大阪	高雄	Manila	* 頁 70
1943.11.30	第四十八師團第三移動製材班	大阪	高雄	Manila	* 頁 72
1944.4.12	海上機動第二旅團機動第一大隊	大連	高雄	Manila	* 頁 86
1944 年初	第九師團	長春、吉林、琿春	臺灣	Okinawa	** 頁 91
1945.3.26-1945.6.20	第五一二特設警備工兵隊	臺灣	臺灣	臺灣、南西諸島天號航空作戰	* 頁 273

資料來源：* 厚生省援護局編，《南方・支那・臺灣方面陸上部隊略歷第二回追錄》（東京：厚生省，1963）；** 前引劉鳳翰，《日軍在臺灣：1895 年至 1945 年的軍事措施與主要活動》上冊；*** 服部卓四郎著、軍事譯粹社編輯室（譯）《大東亞戰爭全史》第 1 冊（臺北：軍事譯粹社，1978）。作者根據以上資料製成。

日本政府為打開僵局，提出「大東亞新秩序」口號，企圖在日、滿、支（日本、滿州、中國）三國聯盟的基礎上，建立由日本統治東亞的國際新體制。與此同時，日軍也加強進攻大陸交通要地，以期實現長期占領中國的目的。[26]

關於日軍在中國的戰績，根據日本新聞報導，直到一九三九年十二月為止，包括死傷、逃亡、歸順的人數多達三百萬人。如下所列，日軍僅僅在一九三八年一年的戰役中，就已展現相當強大的武力攻勢，獲致顯赫的戰果。

1. 山西省路安作戰

交戰敵方（指中國，以下簡稱交戰國）兵力約十三萬六千名。日方戰果：敵方遺棄屍體一萬二千七百名、俘虜人員九百九十名。戰利品：山砲二座、迫擊砲四座、重機槍七支、輕機槍三十四支、小銃一千五百三十四支。

2. 湖北省北部襄東作戰

交戰國兵力二十九個師（一個師編制一萬人）。日方戰果：敵方遺棄屍體一萬七千五百名、俘虜人員一千六百零六名。戰利品：山砲一座、迫擊砲十五座、重機槍十八支、輕機槍一百二十九支、小銃二千六百四十四支。

3. 湖北省安陸作戰

交戰國兵力約十個師。日方戰果：敵方遺棄屍體一千七百五十名、俘虜人員八十五名。

4.江蘇省海州作戰

交戰國兵力約七個師。日方戰果：敵方遺棄屍體六千一百十七名。戰利品：小銃一千六百三十支、輕機槍三十支、野砲六座、迫擊砲三座、平射砲三座、馬一百零五匹、自動車十八輛。

5.贛湘作戰（含江西、湖南兩省）

交戰國兵力約四十萬名。日方戰果：敵方遺棄屍體三萬八千四百名、俘虜人員三千七百名。戰利品：小銃四千三百一十支、山砲六座、速射砲一座、迫擊砲十三座、重機槍五十支、輕機槍二百四十支。

6.南昌攻略戰

交戰國兵力二十個師。日方戰果：敵方遺棄屍體一萬二千三百名、俘虜人員二千八百七十名。戰利品：小銃二千一百五十支、野山砲四十七座、迫擊砲三十七座、輕機槍一百八十一支、馬八百匹、自動車十三輛。

7.汕頭作戰

交戰國兵力約二千名。日方戰果：敵方遺棄屍體六百六十名、俘虜人員一百零七名。戰利品：小銃三百六十三支、輕機槍三支、迫擊砲一座、貨車十五輛、自動車一輛。

8.廣東省中山縣城掃蕩戰

交戰國兵力二千八百名。日方戰果：敵方遺棄屍體二百五十九名、俘虜人員十名。戰利品：自動車七輛、洋砲十二座、輕機槍一支、小銃二百三十二支。

9.海南島攻陷戰

交戰國兵力約一千名。日方戰果：敵方遺棄屍體二百三十名、俘虜人員三百名。戰利品：小銃五十六支、重機關槍二支、輕機槍二支、自動車四輛。

10.切斷香港援蔣路線作戰

交戰國兵力約一千名。日方戰果：敵方遺棄屍體一百名、俘虜人員十五名。戰利品：貨車八輛。[27]

一九三九年四月、七月、九月蔣介石陣營發動三次攻勢，兵力共計一百一十一萬四千三百名，日軍迎戰的結果：敵方遺棄屍體九萬四千三百五十八名、俘虜人員六千七百零四名。戰利品：山砲七座、洋砲五百五十三座、日砲六十一座、平射砲一座、速射砲一座、迫擊砲三十七座、重機槍一百二十支、輕機槍三百二十二支、小銃一萬二千一百四十八支。[28]

一九四一年日本爆發太平洋戰爭，欲以「自給自足」的經濟體制解決大陸作戰的困境。根據大本營發表，日軍自十二月八日開戰以來，迄一九四二年三月為止，在短短的三個月裡，就已獲得下述輝煌的戰果。

1.英屬馬來半島

飛機：擊墜一百七十二架、擊破二百零四架、擄獲十架。

戰利品：戰車四百七十六輛、火砲九百九十六座、機關槍二千八百二十一支、銃器六萬二千二百六十四支、自動車一萬二千九百四十輛、鐵道車輛一千八百五十九輛、船舶舟艇二百九十五艘、擊沉船舶舟艇八十八艘。

人員：俘虜九萬七千八百名、敵方遺棄屍體八千二百一十名。

2.美屬菲律賓

飛機：擊墜二十七架、擊破一百五十二架。

戰利品：戰車二十六輛、火砲一百五十六座、機關槍七十七支、銃器一萬五千六百五十支、自動車四百六十二輛、鐵道車輛一百七十六輛、船舶舟艇九十一艘、擊沉船舶舟艇十五艘。

人員：俘虜一千一百名、敵方遺棄屍體二千一百八十七名。

3.英屬緬甸

飛機：擊墜一百七十八架、擊破一百一十二架、擄獲一架。

戰利品：戰車十九輛、火砲九十四座、機關槍七十六支、銃器三千三百三十三支、自動車七百三十七輛、鐵道車輛二百二十五輛、船舶舟艇二百一十七艘、擊沉船舶舟艇十七艘。

人員：俘虜一千七百零六名、敵方遺棄屍體五萬七千零六十二名。

4.荷屬印尼

飛機：擊墜八十八架、擊破一百九十六架。

戰利品：戰車五十三輛、火砲一百零六座、機關槍五百三十八支、銃器四千二百七十四支、自動車五百七十四輛、鐵道車輛五百四十一輛、船舶舟艇二艘、擊沉船舶舟艇九艘。

人員：俘虜五千九百四十七名、敵方遺棄屍體六百八十五名。

5.英屬新幾內亞

飛機：擊墜三架、擄獲五架。

戰利品：戰車八輛、火砲二十八座、機關槍七十七支、銃器三百八十五支、自動車二百二十輛、船舶舟艇十艘。

人員：俘虜五百九十一名、敵方遺棄屍體三百名。

6.英屬香港

飛機：擊墜十二架、擊破十七架、擄獲五架。

戰利品：戰車十輛、火砲一百二十二座、機關槍一千零二十支、銃器九百八十八支、自動車一千四百七十輛、鐵道車輛三百零九輛、船舶舟艇一百四十一艘、擊沉船舶舟艇五艘。

人員：俘虜一萬一千二百四十一名、敵方遺棄屍體一千五百五十五名。

7.美屬關島

飛機：無。

戰利品：火砲二座、機關槍二十四支、銃器八百十三支、自動車一百四十輛、船舶舟艇十一艘。

人員：俘虜六百四十三名

綜上所述，日軍在發動太平洋戰爭後不久，總共擊墜敵方飛機四百八十架、擊破飛機六百八十一架、擄獲飛機二十一架，擄獲戰車五百九十二輛、火砲一千四百零四座、機關槍四千六百三十三支、銃器八萬七千七百零七支、自動車一萬六千五百四十三輛、鐵道車輛三千一百一十輛、船舶舟

艇七百六十七艘，擊沉船舶舟艇一百三十四艘，俘虜敵人十一萬九千零二十八名、殺害敵人七萬九千九百九十九名。【29】

（二）強姦與性欲

戰爭是殺敵和被敵人所殺，異於常態的殘酷行為。戰時被徵召到不熟悉戰場的日軍，因為不知道何時會遇上抗日軍，眼前所看到的敵人，人人都像抗日分子，所以見人就殺，變得殺人成性。持久性的消耗戰還需要不斷動員大規模的兵員，在將官無法確實掌管士兵，又需要「以戰養戰」，實行就地徵糧的掠奪行為下，軍隊裡就不免出現厭惡軍隊生活，反抗軍隊秩序的士兵。而士兵們若將各種被壓抑的情緒轉向戰地的居民發洩，各地就很容易爆發殘虐的屠殺和強姦事件。

戰時日軍首腦不對士兵發出明確的命令，指示他們應該如何對待俘虜、婦女、兒童和平民，這種微妙製造「為所欲為」的氣氛，和部隊中的軍官也有下達野蠻命令的情形，也使防止大屠殺的行為變得頗不可能。如就日軍濫殺無辜的情況來說，一九三七年擔任第十六師團步兵第三十旅團長佐佐木到一少將在其自傳裡記述：

> 今天（一九三七年十二月十三日）在我支隊作戰地區（南京）內，敵（方）遺（棄）屍（體）已達一萬數千具，加上裝甲車擊斃在江上的敵軍和各部隊的俘虜，僅我這個支隊就解決了二萬以上的敵人。午後二時，掃蕩作戰基本結束，已無後顧之憂。部隊邊集中邊向和平門前進。其後陸續來降的俘虜

達數千人。激動的士兵不聽軍官的制止，把他們一個個全部殺光。想到很多戰友流血和十天來作戰的辛酸，即使不是軍人也都想「幹掉算了」。[30]

此外，一九三七年十一月日軍在登陸杭州灣時，戰地記者河野公輝報導，軍方立即發出這樣的命令：

絕不容許共產主義的暴虐，為粉碎共匪跳梁，必須對農夫、工人一直到婦女、兒童全部予以殺戮！[31]

關於姦殺婦女的情形，如一九四〇年日軍在湖北襄東地區發動殲滅戰時，部隊軍官為了替下次的戰鬥預做準備，下令休息一週。軍官認為使用自暴自棄和「快樂」結合的特效藥——酒和女人，可以讓精疲力盡的士兵們振作精神，因此，就縱容士兵為所欲為地進行強姦和掠奪行為。盧家灣附近的每個村莊每戶人家，都傳出女人的呼救聲和臨死前的慘叫聲，以及日軍手持著槍追趕著亂跑的豬。其中，大澤聯隊第五中隊在地窖裡發現了一名藏起來的十四歲少女，將她強拉出來，讓七名日軍輪姦後，再將奄奄一息的少女扔進酒缸裡溺斃。神崎聯隊第一中隊從農民的家裡拉出一名二十二、三歲的婦女，讓三名日軍輪姦後，再把她的一隻腳用繮繩綁在院子裡的大樹上，另一隻腳用繮繩套在牛身上，用鞭子打牛，將她從大腿處撕成兩半。[32]

一九四三年五月一日，日軍三十六師團鹿野大隊第四中隊四百餘人在山西省霍登村逮捕男女二百餘人。日軍將九十九名婦女集中在一處，挑選年輕的婦女就地姦汙，並活埋男女村民二十九人。[33]

一九四五年日軍占領湖北洪湖縣的新提、峰口後，將鄰村搶劫的婦女送入慰安所提供日軍享樂。王家洲的婦女因為不堪凌辱，憤恨咬死一名日軍，結果被日軍用汽油活活燒死。在戴家場的日軍把一名孕婦輪奸過後，再用刺刀剖出她腹中的胎兒，挑在刺刀上玩弄。在小港的日軍將一名幼女推進碉堡裡輪奸後，把她拋入水中淹死。女孩的父親請人打撈屍體，結果這些人都被誣陷為「反日共軍」，全部被趕入湖中，被機關槍掃死。另有日軍闖進三汊河村，他們挨家挨戶地抓了八名少女，拉到橋邊，先讓三十名日軍輪姦，再用刺刀戳穿她們的陰戶致死。[34]

日軍在華北層出不窮的強姦行為，其實，北支那（華北）方面軍參謀長岡部直三郎早在一九三八年時，就向軍部做了以下的報告：

> 日本軍人在各地強姦事件的全面傳播實釀成預想不到的嚴重反日感情。……各地頻發的強姦事件不只是止於刑法上的犯罪而已，還因危害地方治安，阻礙軍隊全面的作戰行動而連累國家，似此實可說是重大的叛逆行為……如上所述，在嚴厲取締軍人的個人行為以外，還要儘速設置性的慰安設備，以免因為沒有這項設備而發生非故意犯禁的事情，此為當前緊要之事。[35]

指出日軍在追求功績的同時，殺伐氣盛的士兵在各地發生強姦事件的情形相當普遍。唯，令人不解的是，一向講求軍紀的日軍，為何一到戰場就違反紀律，有急需設置慰安所的提案？一九三七至一九三九年日本金澤醫科大學教授，專攻精神病理學的早尾虎雄，他以陸軍軍醫中尉身分在上海從軍時，對日軍戰場生活中的特殊現象，性欲與強姦的異常行為，曾經分析於後：

對於出征者而言，長期的抑制性欲，自然會想對中國婦女施暴，因此在後方華中，儘速開設慰安所的主要目的，是藉由性欲的滿足來緩和官兵的情緒，以防強姦傷及皇軍的威嚴。慰安所的急設雖然確實可以達到一部分的目的，但對多數官兵來說，女人供給量不足的地方，如上海、南京等地除了有慰安所以外，還有其他選擇途徑予以解決，但在缺乏慰安所的地方，或被派到前線之處，仍有相當多的強姦案，前線也常見此事。當然女人供不應求是其原因，但皇軍對中國女人抱持著好奇心，原本在日本國內不允許做的事，在中國反倒可以自由地使用，因為持有這種想法的人很普遍，所以一見到中國女子就身不由己地採取行動，被檢舉者只不過是不幸被抓到而已，背後究竟還有多少人幹這種事則不易明瞭。[36]

說明應召征戰的日軍，基於長久抑制性欲、對異國女子充滿好奇心、戰場生活的無趣、戰爭使人性情暴戾等因素，而將敵方的婦女視為慰勞自己的戰利品。日軍在婦女很多的中國，所到之處，常見強姦行為；在婦女人數稀少的太平洋島嶼，譬如一九四二年三月日軍在攻破荷屬殖民地帝汶島時，部隊為了安撫士兵，讓餓狼似的士兵們發洩淫欲，就公然派遣士兵到處去獵捕女人。[37]

日本老兵在女人供給量不足的帝汶島，為了解放性欲，常常五、六個人排成一排，坐在浴池邊，各自玩弄自己的性器官。他們比賽誰能玩到最後射出精液，如果耐久又射得遠的人就可以獲得菸和酒的獎品。部隊中有的兵長甚至會剝去軍階的外殼，和下屬肌膚相親。他們在發生愛撫行為時，兩個大漢不分階級關係，只有共通的欲望，彼此以溫柔的動作，吸吮對方帶有異質的體臭，藉以溶化自己內心的鬱悶或憤怒。【38】

應該指出的是，在敵區，日軍進行：掠奪、姦淫、殺人放火、強虜民夫、拷問和虐殺俘虜、實施毒瓦斯戰、細菌戰等行為，要以強姦的負面作用最大。【39】探究其因，約有：一、戰場上頻繁的強姦案件被全面傳開後，將激起居民非常強烈的反日感情；二、各地的強姦事件也危害治安，阻礙日軍的作戰行動；三、為緩和士兵們的殺伐氣氛，調節其肉體與精神上的壓力；四、為維護軍紀，使士兵絕對服從命令；五、為預防軍隊蔓延性病；六、為防止軍情外洩等。因此，軍部除了嚴加取締士兵們的個人行為以外，也迅速在各地展開設置日軍慰安所的設備。【40】

三、日軍慰安所

言及日軍慰安所的建立，最早出現於上海。有關這個歷史背景源於十九世紀後半期起，上海已為日本賣淫業的據點。具體地說，日本妓院原先開設在北蘇州路、熙華德路一帶，等到甲午戰爭結束後，就隨著日軍陸戰隊司令部的設置，以及日僑的聚居處而遷入虹口以北的街區。上海日本總領事顧及國家形象，雖然表面上限定藝妓從業人數為二十名，但實際上卻允許她們賣淫。儘管如此，在外國人眼前公開承認她們賣淫畢竟是件醜事，遂與上海居留民團（日僑團體）商議，改用比較好聽的名字，也就是說，技巧性地將一般料理屋和藝妓分成「普通」、「甲種」、「第一種」等不同等級，這些級別其實等同於日本本土不同營業規模的貸座敷（妓院）和「特種」、「乙種」、「第二種」等不同等級的娼妓。一九二九年上海特別市政府實施廢娼措施，日本總領事館受到日本婦人矯風會呼籲廢娼的壓力，和國際聲譽的考慮，便於一九三一年指示業者要將先前低級藝妓的名稱改為「酌婦」，中華街的「三好館」、「小松」、「大一」等妓院改稱沙龍（salon）。[41]

一九三二年一月二十八日日軍對華發動第一次上海事變後不久，日本海軍就指示上述三間沙龍改成海軍慰安所，此即日軍慰安所的前身。同年三月上海派遣軍參謀副長岡村寧次在上海增加駐軍人數，為了防止強姦事件發生，就參考海軍慰安所的模式，開設了最初的陸軍慰安所。賣淫業者也為滿足軍方的需求，漸漸地擴充從業人數，直到一九三六年底為止，上海總共設有十間慰安所。一九三七年中日戰爭爆發後，日軍即伴隨戰局的擴大，動員軍人、軍屬人數的增加，而在各地開始普遍設置海軍、陸軍慰安所。[42]（見圖5-1）

（一）臺灣後勤設施

臺灣日軍慰安所的設置，與臺灣成為日軍前進作戰的兵站，以及軍需補給地有關。具體地說，一九三七年日本帝國將日本本土的一部分資材、設備運往臺灣，企圖增建一些軍事設施，以為執行南進政策之需。自此時起，臺灣的軍需工業建設主要有：

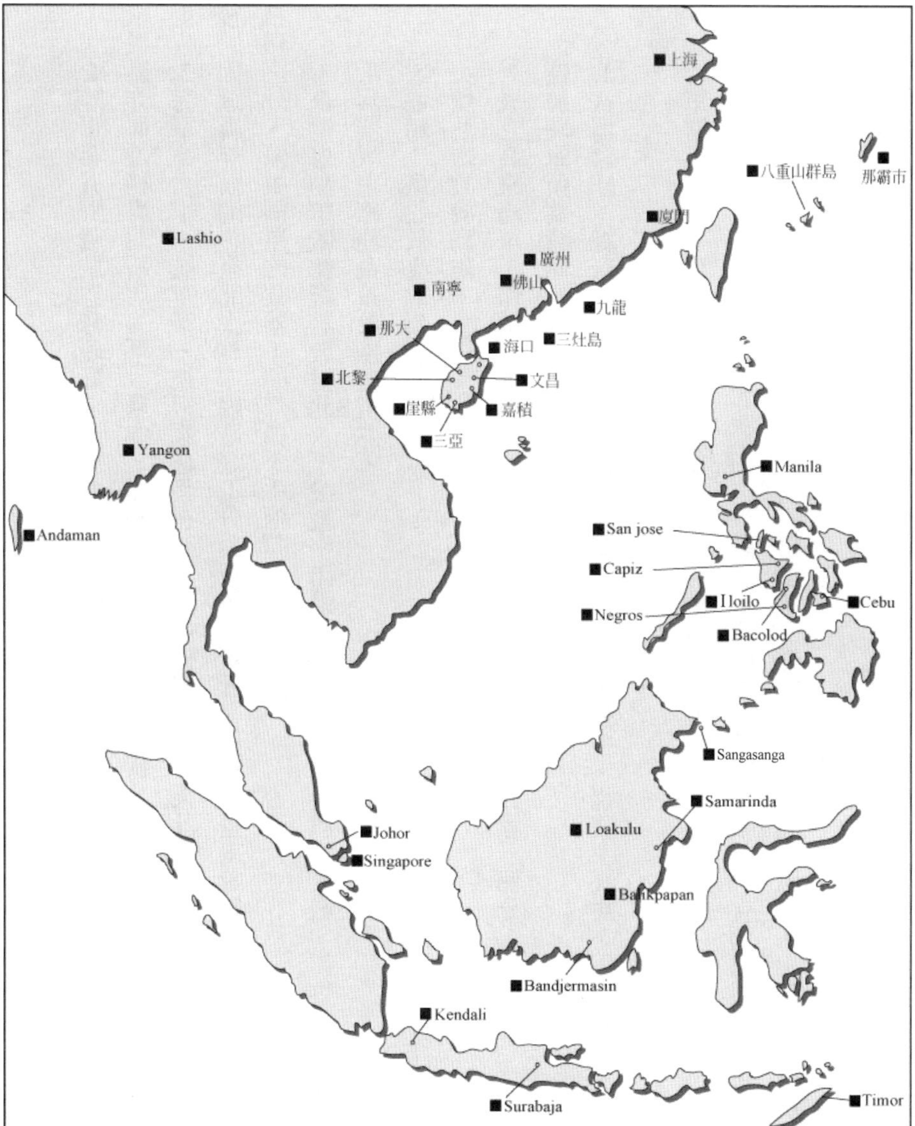

圖 5-1　臺灣慰安婦關係資料中的亞洲日軍慰安所分布圖（作者繪圖）

1.陸軍第五野戰航空修理廠，屬於航空第八飛行師團部隊。總廠原設於屏東，一九四四年因被美國飛機轟炸而遷移臺北新店，下設臺中、嘉義、花蓮、屏東等四個分廠。

2.海軍第六十一航空廠，總廠原址設在岡山，規模宏大。本來計畫製造小型飛機，太平洋戰爭爆發後，因遭轟炸而遷移臺北士林。總廠之下分設新竹、新社、員林、臺南等四個分廠。該廠除了修理海軍飛機之外，兼製簡單的兵器，如炸彈、手榴彈等。

3.臺灣自動車廠總廠設於臺北，下設臺中出張所、嘉義分廠、旗山支廠、新竹出張所等四個分廠。

4.兵器汽車修理廠設於臺南玉井。

5.酒精工廠設於臺北新店。

6.煉油廠設於高雄。

7.成立高雄海軍工作部，下設基隆出張所、臺北出張所、馬公等三個分工廠。

關於陸軍所屬倉庫設施，主要項目有：

1.武器倉庫：總廠設於臺北，分廠設於基隆、新竹、臺中、嘉義、高雄，用於儲藏步砲兵彈藥及武器。

2.軍需品倉庫：分別於臺北、高雄、鳳山等地各設一個倉庫。

3.陸軍貨物廠：總廠設於臺北松山，下設安坑連絡所、基隆出張所、宜蘭出張所、新竹出張所、三峽連絡所、臺南出張所、屏東出張所、嘉義出張所、臺中出張所、高雄出張所、臺東出張所、花蓮港支廠等十二個分廠。

4.燃料倉庫：分設於基隆、臺北、新竹、臺中、大屯郡、嘉義、臺南、彰化、玉井、旗山、高雄、鳳山及花蓮等地，用於儲存汽車及戰車用各種油料。

在空軍所屬倉庫方面，主要設施有：陸軍第五野戰航空修理廠（後屬航空第八師團部隊），總廠設於屏東（後遷至臺北），分廠設於嘉義、臺中、花蓮港、屏東等設施。[43]

綜上所述，軍事設施的增建意味著進出日本、臺灣甚至於中國、南方之間，產業技術、勞務、管理人員的增加，以及流動人次的頻繁。唯，值得留意的是，兵站是前線與後備部隊之間，為進行士兵的補充、交替、轉調，便於停留進退的轉運站。士兵們在待命期間，心情最輕鬆、最安靜、最無聊，但也對即將面臨的戰爭與死亡，有了心理上的準備。[44]臺灣總督府鑑於性欲的處理是肉體與精神的調和劑，是戰爭的潤滑油，為使沒有玩過女人出征就戰死的士兵，不要留下人生的一大遺憾，所以，在臺灣各地就有適應上述兵員所需要的日軍慰安所設備。

（二）臺灣慰安所設施

根據臺灣官方報紙報導，一九三六年至一九四三年間，臺灣地方政府公開發表的慰安所興建計畫，如表5-3所示，至少有十五件。有關這些名稱不同功能相同的慰安所（見圖5-2報紙新聞），茲將其興建概要，舉例說明於後。

表 5-3　臺灣日軍慰安所建築計畫（1936 ～ 1943 年）

單位：日圓

年 / 月	地點	用地來源	執行計畫機構	建築經費來源	建物形狀與工程預算	建物名稱
1940/7	基隆市	基隆臺灣興業信託會社提供400 坪	基隆市役所		木造二樓	陸海軍人之娛樂慰安所
1943/12	基隆市吾妻樓	市役所收購	基隆市役所			軍人會館
1943/10	臺北市臺北州會館	臺北州提供	臺北州			軍人會館
1943/6	臺中市		臺中市役所	臺中市籌款100,000 圓		軍人慰安所
1939/9	嘉義市公會堂		嘉義市役所	嘉義市民捐款 200,000 圓		軍人慰安所
1940/11	嘉義市民館	嘉南大圳管理處出售	嘉義市役所		85,000 圓	軍人會館
1941/6	嘉義市		嘉義市役所	專賣品業者捐款 10,000 圓		軍人會館
1936/8	臺南市		臺南市役所			
1943/9	臺南市料亭	軍人援護會收購	臺南州	軍人援護會		軍人會館
1936/5	高雄市		高雄市役所	高雄市民捐款 4,500 圓	50,000 圓	海軍慰安所

（續下頁）

1939/3	高雄市中央公園		高雄市役所		300,000 圓	市民遊樂・慰安所
1940/7	高雄市		高雄市役所	60 個產業組合捐款 60,000 圓 高雄市聯合會捐款 40,000 圓	100,000 圓	軍人會館
1941/5	高雄市愛國婦人會館附近	愛國婦人會高雄州支部提供	愛國婦人會高雄州支部	愛國婦人會高雄州支部	木造二樓 100 坪	軍人會館
1938/7	屏東市		屏東市	高雄州國防義會籌款	和洋混合式二樓 24,000 圓	軍人慰安所
1939/3	馬公	臺灣銀行提供	馬公支廳			陸海軍慰安所

備註：本表按照地區由北而南、自島內到島外排列。空白欄為資料缺載。名稱為「軍人會館」實際上是軍人慰安所的具體事例，詳見附圖 2-5-2 新聞報導。

資料來源：作者根據《臺灣日日新報》，1936 年 5 月 22 日，頁 9；同，8 月 7 日，頁 5；同，12 月 7 日，頁 7；同，1938 年 7 月 26 日，頁 5；同，1939 年 3 月 29 日，頁 5；同，9 月 16 日，頁 5；同，1940 年 6 月 10 日，頁 4；同，7 月 4 日，頁 9；同，7 月 27 日，頁 11；同，11 月 22 日，頁 8；同，1941 年 4 月 6 日，頁 3；同，5 月 15 日，頁 4；同，6 月 5 日，頁 4；同，1942 年 7 月 2 日，頁 2；同，9 月 11 日，頁 4；同，1943 年 6 月 12 日，頁 4；同，9 月 14 日，頁 4；同，10 月 19 日，頁 3；同，12 月 23 日，頁 4 製作。

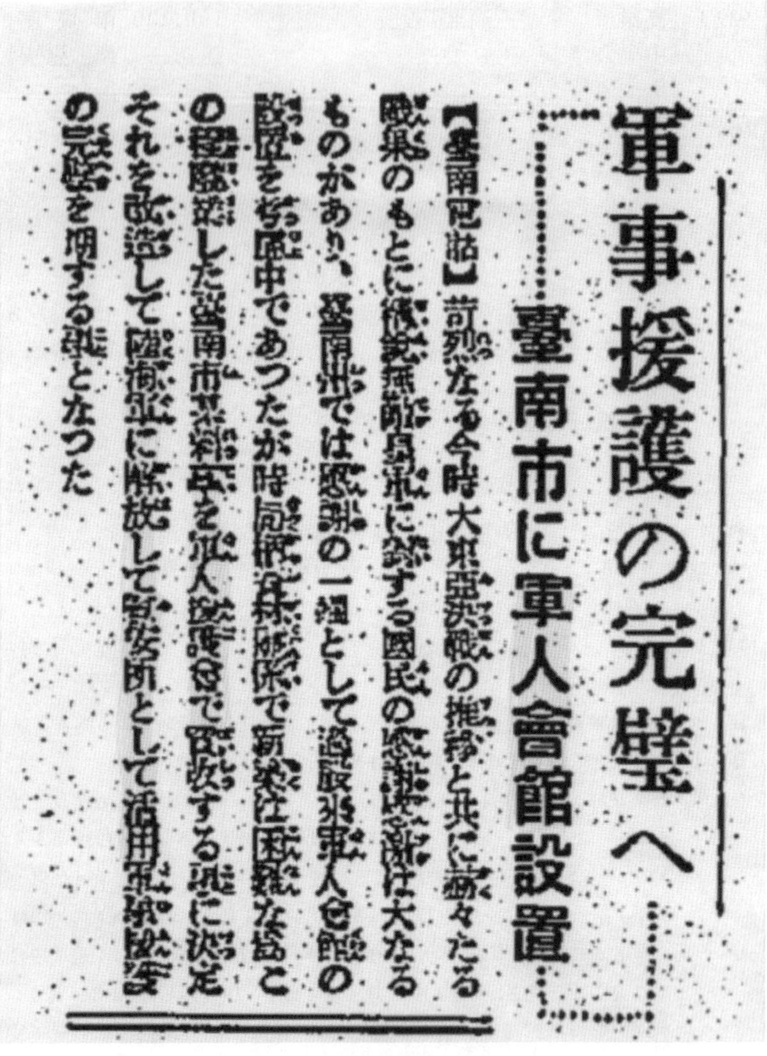

軍事援護の完璧へ

臺南市に軍人會館設置

【臺南電話】苛烈なる今時大東亞決戰の推移と共に益々たる戰局のもとに徵兵制度實施に對する國民の感謝感激は大なるものがあり、臺南州では感謝の一端として適當な軍人會館の建設を考慮中であつたが時局柄資材關係で新築は困難な[illegible]の經營難した臺南市某料亭を軍人援護會で買收する事に決定それを改造して陸海軍に解放して慰安所として活用軍事援護の完璧を期する事となつた

圖 5-2　臺南興建軍人會館新聞

資料來源：引自《臺灣日日新報》，1943 年 9 月 14 日，頁 4。

【基隆日軍慰安所事例】

基隆位於臺灣北部，為日本統治臺灣最早建設的軍事要塞。基隆港要塞司令部管轄基隆、淡水、新竹等地，分別由獨立步兵第七十六旅團（後改名獨立混成第七十六旅團）、獨立混成第一百零三旅團、第九師團負責。戰時日軍在基隆設有陸軍兵器補給廠基隆分廠（一個倉庫）、海軍兵器及軍需補給廠（三個倉庫）、燃料供應倉庫一個、陸軍貨物廠基隆出張所（三處）。[45]

基隆市政府認為，基隆是連結日本與華南、東南亞、太平洋群島的重要門戶，因進出基隆港的日軍、軍務人員增多，故提出以下興建日軍慰安所的方案。

1. 基隆陸海軍娛樂慰安所

根據研究指出，日治時期，具有航運、煤礦、漁撈三種產業功能，以及軍港特色的基隆，是色情行業的重鎮。[46]不過，戰時基隆因為軍需建設的加強，進出日軍、軍務人員的增多，以致使軍人專用的慰安所設施供不應求。一九四〇年七月基隆市政府為適應軍方需要，計畫興建軍人會館，以為陸海軍下士官的娛樂場所。經過討論，打算建在日新町海軍士官浴場附近，也就是臺灣興業信託會社所有大約四百坪的空地。然而，興建軍人會館受到物資缺乏，徵用材料困難的影響，所以，只好建蓋以住宿用途為主的木造二層樓慰安所。[47]（見圖5-3報紙新聞）

2. 基隆軍人會館

戰時基隆市政府受到建築用地、原物料和舊房屋改建數量上的限制，無法順利地興建日軍慰安所。

基隆に陸海軍人の娯樂慰安所を建設

浴室、理髮室などを設備

圖 5-3　基隆興建陸海軍娛樂慰安所新聞

資料來源：引自《臺灣日日新報》，1940 年 7 月 27 日，頁 11。

但在軍方要求及地方有力人士的推動下，一九四三年十月基隆官員收購了市政府對面一間名稱為「吾妻樓」的日本料亭，將它改建成陸海軍與軍屬使用的慰安設備。此一收購、改建房屋費用（包括維持費），約計四十五萬圓，全部依賴（半鼓勵半強迫性的）捐款。[48]關於軍人會館的管理，鑑於該港要塞位置的特殊，故由基隆當局負責經營。同年十二月基隆市政府追加預算，在收購「吾妻樓」三百八十坪大的大廳、十六間客廳，供給軍人、軍屬住宿與休息用途之外，還因有接待下士官的需要，而於市政府後面另建一間七十五坪大的新館。[49]

【嘉義日軍慰安所事例】

嘉義位於臺灣西南部，是日軍補給軍需品的一個據點。戰時臺灣總督府在嘉義設置陸軍第五野戰航空修理廠一個分廠（員工三三四人）、第一一三獨立整備隊（兵工一五九人）、第一九三獨立整備隊（兵工四〇六人）、陸軍兵器補給廠嘉義分廠（人數不詳）、燃料供應倉庫（人數不詳）、陸軍貨物廠嘉義出張所（人數不詳）。[50]因為增加不少軍事人員，故也有設置「慰安所」的需要。

1. 嘉義軍人慰安所

一九三九年九月嘉義市政府為記念支那事變（中日戰爭），感謝皇軍將士的辛勞，而有建設日軍慰安所的計畫。依此，嘉義當局就在民間有力人士的贊助下，募集到二萬元工程費，開始順利地動工。日軍慰安所建在公會堂內，有關其經營方針，則基於維持經營上的考慮，而以娛樂官兵為主；另，有會員

組織的市民俱樂部會員也可付費使用。【51】（見圖5-4報紙新聞）

2. 嘉義軍人會館

一九四〇年六月嘉義市政府為慰勞軍人，認為稅務出張所後邊的空地是建蓋慰安所的最佳地點。起初官方預定投入總工程費八萬五千圓興建，但因顧慮工程費時，緩不濟急，故改向嘉南大圳管理處收購其所有地「市民館」，使之充當為慰安所。嘉義市政府又因有維持經營之需，而規定週末免費供給官兵專用，平日收費，開放給有會費制度的嘉義市俱樂部會員使用。【52】

3. 嘉義軍人會館

一九四一年六月專賣局嘉義分局轄區內的專賣品業者，將皇紀二千六百年（一九四〇年）紀念事業費中的一萬圓，捐給嘉義市政府當作建設嘉義軍人會館的費用。六月五日上午專賣局嘉義分局長代表專賣品業者拜訪市政府，開始辦理捐款手續。【53】

4. 嘉義軍人會館

一九四二年九月嘉義市政府得到當地居民的協助，完成嘉義軍人會館的興建工程。九月十八日上午十點半，市政府在軍人會館招待地方官民，舉行盛大的開館儀式。有關其經營方針，嘉義當局規定除了免費提供日軍使用之外，另還以收費的方式，開放給民眾使用。嘉義市政府因仍有維持經營之需，而以會員會費一年十圓的方式組織一個維持會，推薦有力人士擔任維持會會員。【54】

軍人慰安所建設

嘉義有志が市と協力し

【嘉義電話】嘉義市が支那事變を記念し且つ皇軍將兵に感謝の一端として計畫中の軍人慰安所建設は最近民間有志者の積極的動きにより市と協力の下に工事費二万円程度の豫算で愈よ具體的進行を見ることゝなつたが建設敷地は今の所位置その他各種の條件より大體公會堂構内を最適當と見られ完成の上は將兵の慰安娛樂を原則とするが維持經營の都合上會員組織の市民のクラブにも兼用する事を考慮されてゐるが近日中世話人會を開き種々打合をなし實行に移す事となつた

にて市民全般に亘り蒐集し慰問品は市當局にて選定の上愛婦會員の

公會堂の午後

圖 5-4　嘉義興建軍人慰安所新聞

資料來源：引自《臺灣日日新報》，1939 年 9 月 16 日，頁 5。

【高雄日軍慰安所事例】

高雄位於臺灣南部，土地平坦寬闊。一九三七年日軍為防禦敵軍登陸，在壽山成立要塞司令部，此後直到一九四五年為止，高雄總共設置：一、參謀部，管轄：作戰、情報、整備、通信、機動等五班；二、管理部，管轄：庶務、經理、衛生等三班；三、施設部，管轄：總務、會計、土木水道、建築電氣機械、醫務、教導兵工等設施。另，又在左營建設軍港，並設置陸軍兵器補給廠高雄分廠（共計十二個倉庫）、海軍兵器及軍需補給廠（共計九個倉庫）、海軍工作部倉庫一個、燃料供應倉庫四個、陸軍貨物廠高雄出張所（共計二十三處）。[55]

有關高雄駐防部隊與軍務人員的數量，資料缺載，不詳。但，如從高雄擁有軍港兼具工商業港的多元功能，及其周邊岡山郡、鳳山郡、東港郡、恆春郡等，都有配置守備部隊和作戰設施裡，則可推知高雄約有為數不少的慰安所設施。

1.高雄海軍慰安所

一九三六年高雄市政府鑑於高雄港的戰略地位重要，以該年一個社會事件為契機，提出了興建慰安所的計畫。這個社會事件的原委是，高雄市有兩名日本兵曹（士兵）因被無賴漢襲擊，臺籍有力人士為慰問負傷的士兵，而主動捐獻了一千五百圓，結果這兩名兵曹將此捐款轉贈給高雄市政府。時任代理市長的小野田快雄就和官員們商議如何處理捐款，經過充分的討論，並得到高雄州知事內海忠司的同意，便於同年五月二十七日海軍紀念日當天，發表了興建「海員之家」的計畫。高雄市政府除保留這筆捐款外，另也鼓勵市民們繼續踴躍捐款，打算以總金額五萬圓的工程費，模仿馬公要港部的「海軍集會所」，興建一處海軍慰安所。【56】

2. 高雄軍人會館

一九四〇年七月高雄市政府認為陸海軍慰安休養設施不足，為建設軍人會館，而要高雄州下轄的六十個產業組合負責籌款六萬圓，海軍高雄市聯合分曾籌款四萬圓，以總金額十萬圓工程費，借用高雄州政府裡的一塊地來建蓋一個軍人會館。【57】

3. 高雄軍人會館

一九四一年五月愛國婦人會高雄州支部將二樓婦人會館改成海軍慰安所，借給海軍使用。唯，利用人數增加迅速，由於空間狹隘，所以決定在靠近會館之處興建一棟木造二樓，建築物一百坪，約可容納一百人的新館，以供日軍使用。新館工程自同年五月起開始動工，預定於八月一日完工。【58】

綜上所述，可知臺灣各地地方政府在籌畫興建慰安所時，普遍面臨：(1)建築費用是否充裕？(2)土地徵收有無問題？(3)取得建築材料有無困難？(4)如何維持永續經營？(5)戰時人力、物力日漸匱乏，興建房屋費時，不能應急等問題。故由地方政府執行建蓋樓房的數量，其實所占慰安所總數的比率很低。換言之，殖民當局的變通方式為：在都市，採取半鼓勵、半強迫或收購舊屋的方式，讓特種行業業者負責經營慰安所事業。在郊區，借用公共設施，將學校教室改建，或把軍營宿舍改為慰安所。在山區，直接將軍需倉庫（山洞），或「工寮」（工人臨時休習處）充當慰安所用途。【59】

根據學者研究，沖繩群島面積二千餘平方公里，戰時駐軍人數八萬九千人，設有慰安所一百三十四個。[60]海南島面積三萬三千九百二十平方公里，日本占領軍一萬六千餘人，設有慰安所六十二個。[61]這兩個島嶼慰安所數量的差異，說明其設置標準並非按照土地面積的大小，而是依據軍事價值的高低以為開設慰安所的前提。那麼，位處日本帝國最南端的臺灣，不僅是日本本土運輸部隊、物資到南方的中繼站，也是日軍向中國大陸、東南亞、太平洋群島補給兵力和勞務的南進基地，臺灣各地慰安所數量遠超過沖繩和海南島的數量，理應是合理的推論。（見圖5-5）

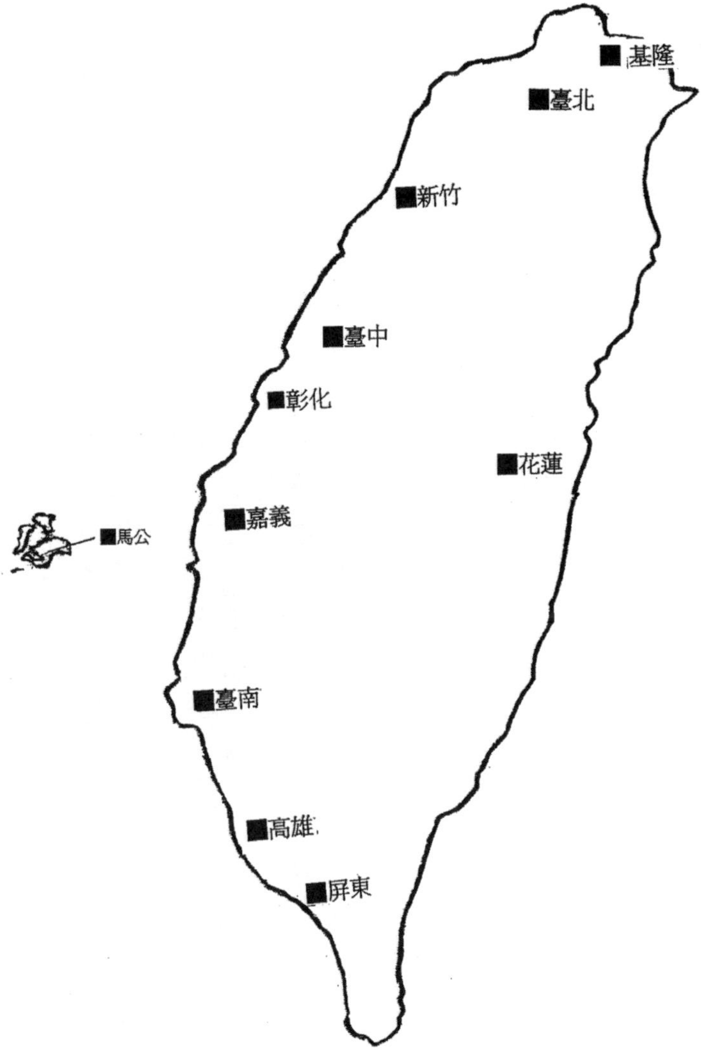

圖 5-5 臺灣慰安婦關係資料中的臺澎群島日軍慰安所分布圖（作者繪圖）

註釋

【1】笠原一男，《詳說日本史研究》（東京：山川出版社，一九八三），頁三二五～三二七；湯重南等編，《日本帝國的興亡》上冊（北京：世界知識出版社，一九九六），頁二六七。

【2】湯重南等編，《日本帝國的興亡》上冊，頁二六八、二七二；戶部良一，《逆說の軍隊》（東京：中央公論社，一九九八），頁五九。

【3】福地重孝，《軍國日本の形成：士族意識の展開とその終末》（東京：春秋社，一九五九），頁二三六。有關「教育敕語」的內容，參見《尋常小學修身書》卷四（東京：文部省，一九二〇），小學四年級讀本。

【4】福地重孝，《軍國日本の形成──士族意識の展開とその終末》，頁二一三。

【5】福地重孝，《軍國日本の形成──士族意識の展開とその終末》，頁二一二、二二五。

【6】福地重孝，《軍國日本の形成──士族意識の展開とその終末》，頁二一八～二一九。

【7】戶部良一，《逆說の軍隊》，頁一八五～一八六。

【8】戶部良一，《逆說の軍隊》，頁一八九～一九二。

【9】吉見義明，《從軍慰安婦》（東京：岩波書店，一九九五年），頁二〇八～二〇九；笠原一男，《詳說日本史研究》（東京：山川出版社，一九八三），頁三九〇～三九三。

【10】陳千武，《活著回來：日治時期臺灣特別志願兵的回憶》（臺中：晨星出版社，一九九九），頁七六～七七。

【11】東京音樂學校，〈海行かば〉（東京：戰前唱片編號一三三三六，錄製年不詳）。感謝劉元孝老師提供資料。歌詞譯文是參考陳千武，《活著回來：日治時期臺灣特別志願兵的回憶》，頁八〇潤飾而成。

【12】陳千武，《活著回來：日治時期臺灣特別志願兵的回憶》，頁七二。

【13】劉鳳翰，《日軍在臺灣：一八九五年～一九四五年的軍事措施與主要活動》上冊（臺北：國史館，一九九七），頁二三～五五。

【14】太平洋戰爭研究會編著，《圖說帝國陸軍：舊日本陸軍完全ガイド》（東京：翔泳社，一九九五），頁二六六。

【15】太平洋戰爭研究會編著，《圖說帝國陸軍：舊日本陸軍完全ガイド》，頁二六七。

【16】劉鳳翰，《日軍在臺灣：一八九五年至一九四五年的軍事措施與主要活動》上冊，頁六一～六八。

【17】劉鳳翰，《日軍在臺灣：一八九五年至一九四五年的軍事措施與主要活動》上冊，頁六九。

【18】劉鳳翰，《日軍在臺灣：一八九五年至一九四五年的軍事措施與主要活動》上冊，頁七〇～七一。飯田祥二郎歷任兵務局長、第一軍參謀長、臺灣混成旅團長、近衛師團長、第二十五軍與第十五軍及第三十軍司令官。參見福川秀樹編，《日本陸海軍人名辭典》（東京：芙蓉書房，二〇〇〇），頁三一。

【19】劉鳳翰，《日軍在臺灣：一八九五年至一九四五年的軍事措施與主要活動》上冊，頁七二～七八。

【20】伊藤正德著，《帝國陸軍の最後──進攻篇》（東京：文藝春秋新社，一九五九），頁三九。

【21】防衛廳防衛研修所戰史室，《戰史叢書南方進攻陸軍航空作戰》（東京：朝雲新聞社，一九七〇），頁三六。「臺灣軍研究部」主要負責人是林義秀大佐（上校）、辻政信中佐（中校）。參見李恩涵，《日本軍戰爭暴行之研究》（臺北：臺灣商務印書館，一九九四），頁一七四。

【22】伊藤正德著，《帝國陸軍の最後──進攻篇》，頁三九～四〇。辻政信歷任關東軍參謀、第二十五軍與第三十三軍作戰主任參謀、第十八方面軍作戰課長，參見前引福川秀樹編，《日本陸海軍人名辭典》，頁三一四～三一五。

【23】防衛廳防衛研修所戰史室，《戰史叢書南方進攻陸軍航空作戰》，頁一二二、一二三～一三五；伊藤正德，《帝國陸軍の最後──進攻篇》，頁三七。有關寺內壽一、飯田祥二郎、本間雅晴、今村均、山下奉文履歷，參見秦郁彥編，《日本陸海軍總合事典》（東京：東京大學出版會，一九九一），頁九六；福川

秀樹編，《日本陸海軍人名辭典》，頁三一、六七～六八、四三七～四三八、五〇五。

【24】防衛廳防衛研修所戰史室，《戰史叢書南方進攻陸軍航空作戰》，頁一一三。杉山元，歷任航空本部補給部長、陸軍大臣、參謀總長、教育總監、第一總軍司令官等職位。參見前引福川秀樹編，《日本陸海軍人名辭典》，頁二六〇～二六一。

【25】戶部良一，《逆說の軍隊》，頁三二八。

【26】江口圭一，《日本帝國主義史研究》（東京：青木書店，一九九八），頁三四三；若槻泰雄著、趙自瑞等譯，《日本的戰爭責任》（北京：社會科學文獻出版社，一九九九），頁一八三～一八五。

【27】入江德郎等編，《新聞集成昭和史の證言》，昭和十四年第十三卷（東京：本邦書籍株式會社，一九八五），頁五三二。

【28】前引入江德郎等編，《新聞集成昭和史の證言》，頁五三二。

【29】《臺灣日日新報》，一九四二年三月十一日，頁二。

【30】森山康平著、天津市政協編譯委員會譯，《南京大屠殺與三光作戰：記取歷史教訓》（四川：教育出版社，一九八四），頁一二一～一二三。

【31】森山康平著、天津市政協編譯委員會譯，《南京大屠殺與三光作戰：記取歷史教訓》，頁一六。

【32】公安部檔案館編，《史證——日本戰犯侵華罪行懺悔實錄》（北京：中國人民公安大學出版社，二〇〇五），頁六～一〇。

【33】中國史學會、中國社會科學院近代史研究所編，《血證——侵華日軍暴行紀實日誌》（四川：成都出版社，一九九五），頁一〇三。

【34】中國史學會、中國社會科學院近代史研究所編，《血證——侵華日軍暴行紀實日誌》，頁三六五。

【35】昭和十三年七月一日至同年七月三十一日步兵第九旅團，〈陣中日誌〉，收入後藤乾一、高崎宗司、和田春樹等編，《政府調查「從軍慰安婦」關係資料集成》，第二卷（東京：龍溪書舍，一九九七），頁二四

～二六。

【36】昭和十二年十一月至同十四年十一月早尾虎雄，〈戰場生活ニ於ケル特異事項〉，收入前引《政府調查「從軍慰安婦」關係資料集成》，第二卷，頁六六。

【37】陳千武，《活著回來：日治時期臺灣特別志願兵的回憶》，頁一一七、一六一。

【38】陳千武，《活著回來：日治時期臺灣特別志願兵的回憶》，頁一六〇。

【39】中央檔案館、中國第二歷史檔案館、吉林省社會科學院合編，《日本帝國主義侵華檔案資料選編：華北歷次大慘案》（北京：中華書局，一九九五），頁六二七～六三八。關於日軍殺人放火、強制帶走戰地勞工、掠奪財物、強暴婦女、實施細菌戰、化學戰等種種暴行，詳參李恩涵，《日本軍戰爭暴行之研究》，頁三三二～三八八。

【40】昭和十三年七月一日至同年七月三十一日步兵第九旅團，〈陣中日誌〉，收入前引《政府調查「從軍慰安婦」關係資料集成》，第二卷，頁二四～二六；吉見義明，《從軍慰安婦》，頁二一〇～二一一。

【41】**Christian Henriot** 著、袁燮銘、夏俊霞譯，《上海妓女——一九至二〇世紀中國的賣淫與性》（上海：古籍出版社，二〇〇四），頁二三五、二四二；蘇智良，《慰安婦研究》（上海：上海書店，一九九九），頁二二三～二二五；唐權，《海を越えた艶ごと日中文化交流秘史》（東京：新曜社，二〇〇五），頁二四八～二四九。

【42】吉見義明，《從軍慰安婦》，頁一四～一七；藤永壯，〈上海の日本軍慰安所と朝鮮人〉《國際都市上海》（大阪：大阪產業大學產業研究所，一九九五），頁一〇八～一二八；朱德蘭，《臺灣總督府と慰安婦》（東京：明石書店，二〇〇五），頁九二。

【43】臺灣警備總司令部編，《日軍占領臺灣期間之軍事設施史實》（臺北：臺灣警備總司令部，一九四八），頁一一五～一一六。

【44】陳千武，《活著回來：日治時期臺灣特別志願兵的回憶》，頁五五。

【45】劉鳳翰，《日軍在臺灣》，頁一六七～一六九、二三五～二三八、二四三。

【46】朱德蘭，〈日治時期臺灣花柳業問題〉，收入《人文學報》第二十七期（中壢：中央大學文學院，二〇〇三年六月），頁一〇七～一〇九。

【47】《臺灣日日新報》，一九四〇年七月二十七日，頁一一。又，臺灣興業信託會社的重要幹部、顧問與日本政界的交往關係十分密切。見《臺灣日日新報》，一九二〇年五月四日，頁二、同，六月二十一日，頁二。

【48】《臺灣日日新報》，一九四三年十月十九日，頁三。

【49】《臺灣日日新報》，一九四三年十二月二十三日，頁四。

【50】劉鳳翰，《日軍在臺灣：一八九五年至一九四五年的軍事措施與主要活動》上冊，頁二三一～二三六。

【51】《臺灣日日新報》，一九三九年九月十六日，頁五。

【52】《臺灣日日新報》，一九四〇年六月十日，頁四；同，十一月二十二日，頁八。嘉南大圳為一九二〇年至一九三〇年臺灣總督府與日本糖業商人、臺灣大地主合資建蓋的水利灌溉工程，一九三一年起由臺南州知事（州長）負責管理。參見《臺灣日日新報》，一九二〇年四月十六日，頁四；同，七月七日，頁四。

【53】《臺灣日日新報》，一九四一年六月五日，頁四。

【54】《臺灣日日新報》，一九四二年九月十一日，頁四。

【55】劉鳳翰，《日軍在臺灣：一八九五年至一九四五年的軍事措施與主要活動》上冊，頁一九二～一九五、二〇八～二一〇、二三五～二三八、二四五。

【56】《臺灣日日新報》，一九三六年五月二十二日，頁九。

【57】《臺灣日日新報》，一九四〇年七月四日，頁九。

【58】《臺灣日日新報》，一九四一年五月十五日，頁四。

【59】有關臺灣民間料理屋改成為慰安所的事例很多，參見韓國挺身隊問題對策協議會、韓國挺身隊研究會編，金鎮烈、黃一兵（譯），〈十二歲的時候我走進了「彰化慰安所」〉、〈在臺灣洞穴裡做了海軍慰安婦〉、〈我下船的那個港口是臺灣彰化〉，收入《被掠往侵略戰場的慰安婦》（北京：中國文史出版社，二〇〇一），頁九七、二四九、二六一；陳盈珊，〈韓女悲泣聲迴盪朝鮮亭〉，《中國時報》，一九九八年八月二十三日，頁五。另參見本書第十一章個案分析。

【60】沖繩群島位於日本九州與臺灣之間，共有一百四十六個島嶼，最大的島是沖繩島，面積一四三四・四九平方公里，其次是八重山群島五八四・六七平方公里、宮古島一五八・三七平方公里。參見沖繩大百科事典刊行事務局編，《沖繩大百科事典》（沖繩：タイムス社，一九八三）上卷，頁五三一、下卷，頁五九〇至五九一、七〇〇。關於沖繩群島的「慰安所」數量，參見ナヌムの家歷史館後援會編，《ナヌムの家歷史館ハンドブック》（東京：柏書房，二〇〇二），頁二七、二八。關於沖繩群島的兵力，參閱 **Frank O.Hough** 著、鈕先鍾（譯），《太平洋戰爭島嶼爭奪戰》（臺北：軍事譯粹社，一九七八版），頁二九一。

【61】藤原彰，〈海南島における日本海軍の「三光作戰」〉《季刊戰爭責任研究》第二十四號（東京：日本の戰爭責任資料センター——，一九九九夏季號），頁五三；朱德蘭，〈一九三九至一九四五日占海南下的皇軍「慰安婦」〉《人文學報》第二十五期（中壢：國立中央大學文學院，二〇〇二），頁一八二。

第六章　慰安所承包會社

戰時日本政府為擴充生產力，急速開發及增產軍需資源，國策會社（公司）有如雨後春筍般地林立。一般而言，國策會社的特徵是：政府出資比率增加，多占百分之五十左右，企業肩負特別重要的使命；同時接受政府的支援與支配；政府以國有財產出資；在一定的地區獨占一定的產業；國策會社與國策會社之間互相投資；大規模的國策會社也對其相關企業進行投資與融資。[1]

關於臺灣的國策會社，一九三六年創設於臺北的臺灣拓殖株式會社（以下簡稱臺拓會社），是臺灣總督府為配合日本政府實施軍事南進，以開發、補給軍需資源為目的，代替總督府推行南進政策而設立的跨國企業。本章為探討臺拓會社領導階層的出身背景，和其人脈關係對經營事業的作用，以及臺拓會社受命執行軍需產業和承辦海南慰安所業的實況，將針對：一、臺拓會社的領導幹部；二、臺拓會社的軍需產業；三、臺拓會社的慰安所事業等項目，做一實證性的分析。

一、臺拓會社的領導幹部

昭和十一（一九三六）年十一月設立於臺北的臺灣拓殖株式會社，是由臺灣總督府以國有地出資二分之一，大日本製糖株式會社、明治製糖株式會社、臺灣製糖株式會社、鹽水港製糖株式會社、三井物產會社、三菱合資會社、東洋拓殖株式會社等日系財閥企業共同認股三分之一，餘六分之一為日、臺籍個人股東，如有：辜顯榮（一千股）、林熊徵（一千股）、顏國年（一千股）、顏欽賢（二百三十股）等臺籍富商持股，以資本額三千萬圓（六十萬股，每股五十圓）創業的一間日本國策公司。臺拓會社事業包括：租售土地、經營農業、林業、水產、畜產、工業、商業、礦產、製冰、建築、交通運輸、金融與移民等，範圍相當廣泛。[2]

（一）菁英聚集

戰時臺拓會社從事大規模的投資活動，是組成臺灣經濟發展史中一個重要部分。有關它的人事組織，如據「臺灣拓殖株式會社法施行令」可知，社長總理公司業務，副社長輔佐社長職務，經由臺灣總督任命，拓務大臣（一九四二年起改為內務大臣，以下同）認可，任期各五年，連選得連任。理事分為兩種，亦即常務理事分掌各部門業務，參與理事協助社長但不擔任職務，任期都是四年；監事監查業務，任期二年；理事從股東大會中選出二倍人數，經由臺灣總督任命，拓務大臣認可，連選得連任，但規定社長、副社長、常務理事不得從事其他職業或商業活動，除非取得臺灣總督的同意則可不受限制。臺拓會社歷任社長、副社長、理監事名單見於表6-1，其中，獲准兼任臺拓會社關係企業要職者有七名，這些菁英分子一人身兼數職，總共參與十七間持股公司的核心業務。[3]

一般而言，擅長運用人脈資源是企業邁向成功的重要元素。關於臺拓會社掌握競爭優勢，擁有廣大人際關係的原因，若由底下領導幹部的履歷裡，應可窺知大概。

1. 第一任社長加藤恭平（初任自一九三六年十一月始，連任一次，一九四四年十一月任期未滿提

表 6-1 臺拓歷任正副社長、理監事名單（1936-1945 年）

職稱 / 任期	第 I 任	第 II 任	第 III 任
社長 /5 年 人數 1 名	1936-1941 加藤恭平	1941-1944 加藤恭平（辭職）	1944- 河田烈
副社長 /5 年 人數 1 名	1936-1941 久宗董	1941-1944 久宗董（辭職）	1944- 大西一三
理事 /4 年 人數 5-7 名	1936-1940 日下辰太 高山三平 大西一三 松木幹一郎（去世） 赤司初太郎 原邦造 井坂孝	1940-1944 日下辰太 高山三平 大西一三 越藤恒吉 赤司初太郎（去世） 原邦造 井坂孝（卸任） 山口勝（1942 新任） 石井龍豬（1942 新任）	1944- 宮本廣大 堤汀 越藤恒吉 原邦造 山口勝
監事 /2 年 人數 2 名	第 I 、II 、III 任 1936-1942 藤山愛一郎、 第 I 任 1936-1938 寶來龜四郎（卸任） 第 II 任 1938-1940 米村佐一郎（卸任）	第 III 、IV 任 1940-1942 吉田秀穗 第 IV 任 1942-1944 藤山愛一郎（卸任）	第 IV、 V 任 1942-1944- 吉田秀穗 第 V 任 1944- 山田貞雄

資料來源：作者根據昭和 14 年 7 月 1 日〈役員及職員名簿〉，收入臺拓文書第 371 號，〈高雄往復書類、他課往復書類諸通〉；臺拓會社，〈第一至第九回營業報告書〉，依序分別收入臺拓文書第 2435 號，〈營業報告書〉；同第 2433 號，〈計算證明書類》；同第 358 號，〈社債關係書類〉；同第 2454 號，〈認可申請關係綴〉；同第 815 號，〈報告事項目錄〉；同第 2570 號，〈雜文書〉；同第 1484 號，〈第七回定時株主總會書類〉；同第 1643 號，〈計算證明書〉；同第 1997 號，〈許可申請營業報告損益預算書〉製作。

前辭職）

加藤恭平，一八八三年出生於神戶，是德川幕府將軍部屬加藤祖一的次男。一九〇五年加藤恭平自東京帝國大學法學部英法科畢業後，就進入日本著名企業三菱合資會社擔任香港支店長，一九一八年轉任三菱商社大阪支店長、神戶支店長、總社金屬部與機械部部長，一九二一年當選常務取締役（常務董事），一九三五年調任三菱合資會社理事。一九三六年（五十三歲）被臺灣總督選任臺拓國策會社社長，一九三七年兼任臺拓會社投資企業福大公司社長、臺灣總督府評議員。一九三九年兼任臺灣電力株式會社社長、三菱集團臺灣化成工業株式會社取締役。加藤恭平曾經獲得佛領印度支那（簡稱佛印，今越南）、比利時、法國等國頒贈榮譽勳章，是享譽國際的企業名人。

加藤恭平出身東大，具備專業知識與為人進取、講求效率、做事負責的領袖素質，和他任職的三菱會社與日本中央、臺灣總督府的經濟合作關係良久，是他高人一籌，被選為臺拓社長的原因。加藤恭平的閱歷豐富，擅長利用舊關係伸展新關係，因與小林躋造總督（任期自一九三六至四〇年）、長谷川清總督（任期自一九四〇至四四年）交情匪淺，故受聘為臺灣總督府評議員，活躍於政界和產業界中。唯，在軍部掌權的戰爭末期（一九四四至四五年），加藤恭平鑑於臺灣軍兵事部陸續徵召臺拓會社中堅幹部入伍補充兵源，在既不能表示反對，國策事業的營運又受到人才斷層的掣肘下，只有選擇提前辭職一途。[4]

2.第二任社長河田烈（新任，任期自一九四四年十一月始五年）

河田烈，一八八三年出生於東京，一九〇八年畢業於東京帝國大學政治科。河田烈在就學期間，取得文官高等考試及格的資格，一畢業即進入大藏省服務，歷任稅務監督官、大藏大臣祕書官、大藏書記官、主計局預算決算課長、主計局長等要職。一九二九年河田烈擔任大藏省次官，一九三二年調任拓務省次官，一九三四年升任岡田啟介內閣書記官長，獲選貴族院敕選議員。一九三八年河田烈兼任臺拓會社顧問，一九三九年任職東亞海運株式會社取締役社長。一九四〇年出任近衛文麿內閣大藏大臣，一九四一年再任東亞海運株式會社社長，一九四四年（六十一歲）接任臺拓會社社長。河田烈曾任中央高官的經歷和為人處事縝密周到、擅長協調的特性，是他受到政府器重先後就任國策會社東亞海運、臺拓社長的原因。河田烈在戰爭末期局勢危急之際，不但排除萬難為政府調集軍需品，增加臺拓會社的營業利益，且在一九五二年日本與中華民國簽訂戰後「日華和平條約」時，受命出任日方簽約代表，為其個人政治史寫下嶄新的一頁。[5]

3. 第一任副社長久宗董（初任自一九三六年十一月始，連任一次，一九四四年十一月任期未滿提前辭職）

久宗董，一八七九年出生於和歌山，一九〇六年自東京帝國大學政治科畢業後，不久就進入臺灣銀行任職。一九二〇年久宗董升任臺灣銀行理事，一九三三年就任昭和製糖株式會社專務取締役，一九三六年（五十七歲）轉任臺拓會社副社長。一九四四年久宗董以年屆六十五歲的高齡，不堪負荷過多的重任，故提前辭去副社長職務，僅專任臺拓子公司臺拓化學工業會社社長一職。久宗董任職臺灣銀行二十餘年，待人溫和誠懇，擅長溝通協調，曾在一九二七年日本爆發昭和金融恐慌時，奮力挽救臺灣銀行面臨破產的命運，而備受政界、商界人士的矚目。臺灣總督鑑於臺拓會社的投資事業繁多，分布區域廣泛，資金流動迅速，由於相當仰賴金融界提供巨額的信用融資，所以選派熟悉銀行業務，和享有金融界聲譽的久宗董出任副社長，以助臺拓會社周轉資金。【6】

4.第二任副社長大西一三（理事任期自一九三六年十一月始，連任一次至一九四四年十一月任滿、副社長任期自一九四四年十一月始五年）

大西一三，一八九〇年出生於大阪，一九〇六年大阪府立北野中學畢業，一九〇七年任職於臺灣銀行大阪支店行員，一九一六年就任聯合國經濟會議委員附書記，周遊歐美諸國。一九一七至一九二〇年大西一三擔任臺灣銀行倫敦支店幹事。一九二六年出任日本製粉株式會社取締役，一九二八年擔任三菱系鹽水港製糖株式會社常務取締役。其後兼任花蓮港木材株式會社取締役、臺灣生藥株式會社監查役、安部幸商店監查役。一九三六年大西一三時年四十六歲，出任臺拓會社第一任常務理事兼總務部部長，另兼任臺拓會社投資臺灣國產自動車、臺灣棉花、印度支那產業、開洋燐礦等關係企業的常務取締役。大西一三歷任臺灣銀行、大型商社重要職務，擁有產業界豐沛的人脈關係，及兼具臺拓會社總務部部長的經驗，是他受到臺灣總督器重，被選為接任臺拓會社第二任副社長人選的要素。【7】

5.理事日下辰太（任期自一九三六年十一月始，連任一次至一九四四年十一月任滿）

日下辰太，一八九〇年出生於日本岡山，一九一六年東京帝國大學法學部獨（德）法科畢業，同年就任中央政府的農商務屬，於文官高等考試合格後，轉任臨時產業調查局事務官、水產局書記官、農商務省參事官、法制局參事官、商工省書記官等要職。一九三〇年日下辰太調任關東廳內務局殖產課長，一九三二年升任關東廳內務局長，一九三四年再升關東局司政部長，一九三五年轉任臺中州知事。

一九三六年日下辰太時年四十六歲，出任臺拓會社常務理事兼拓務部部長，一九三八年兼任臺拓子會社星規那產業會社社長，一九三九年兼任臺拓會社投資南日本化學工業株式會社取締役，一九四〇年兼任臺拓子會社臺灣單寧興業會社社長。一九四四年日下辰太理事期限任滿，改任臺拓子會社臺灣棉花會社取締役。日下辰太歷任日本中央及滿州、臺灣高官，熟悉政界生態的經歷，和他正值壯年有為的年紀，是他連任臺拓常務理事兼拓務部部長要職的原因。[8]

6. 理事高山三平（任期自一九三六年十一月始，連任一次至一九四四年十一月任滿）

高山三平，一八九二年出生於靜岡，一九一七年自東京帝國大學德法科畢業後，歷任農商務省事務官、山林局勤務商工事務官、保險課勤務特許局登錄課長、拓務省殖產局第一、第三課長、拓務大臣祕書官、大臣官房祕書課長、拓務省拓務局長等要職。一九三六年高山三平時年四十四歲退休，出任臺拓會社常務理事兼業務部部長。一九四一年兼任臺拓子會社開南航運會社社長，及鉻礦（chrome）株式會社、福大公司、飯塚鐵礦株式會社等關係企業取締役，並兼任南洋栽培協會理事。如前述及，拓務省是監督臺拓會社的最高主管機構，高山三平曾任拓務省長官的背景，對臺拓會社向中央政府尋求資源，拓展多角化產業活動頗具推力作用。[9]

7. 理事石井龍豬（新任，任期自一九四二年十月始四年）

石井龍豬，一八九七年出生於佐賀，一九二一年畢業於東京帝國大學法學部政治科，文官高等考試合格，曾任臺灣總督府州理事官、高雄州勸業課長、臺中州教育課長。一九二九年起，石井龍豬升任臺灣總督府事務官、警務局衛生課長、臺南州內務部長、臺北市尹（市長）、臺南州知事、臺灣總督府拓殖局長、總督府內務局長等要職。一九四一年五月轉任臺灣總督府殖產局長兼臺拓會社監理官。一九四二年十月石井龍豬時年四十五歲辭官，出任臺拓會社常務理事。臺拓事業的直接監督機構是臺灣總督府，石井龍豬歷任總督府拓殖局長、內務局長、殖產局長等政務官經歷，對臺拓會社爭取臺灣官方資源，推展島內產業活動極有助益。【10】

以上日本菁英分子分別由政界、商界轉任臺拓會社的原因，與臺拓會社肩負國策任務有關，自不待言。至於臺拓會社幹部大多來自高學歷，有專業訓練，有豐富的行政主管經歷，和正值積極進取的中壯年，則意味著東京中央政府、臺灣總督府為了達到監督與增加其信用的目的，以及為迅速與有效地推展其事業，而給予臺拓會社許多人事上的援助。

（二）人際關係

成功的企業通常都把對外接觸的每一個人視為其客戶，或為獲致資源的可能對象。有關臺拓會社的人際關係如何？茲就其社交活動內容，概述於後。

首先，臺拓會社的例行性社交活動有，每月安排第一週星期一中午，假臺北市鐵道飯店舉行「臺拓技術懇話會（交談會）」，廣邀臺灣總督府所轄殖產局、內務局、財務局、專賣局、中央研究所等，各單位主管和技術官僚、臺北帝國大學的敕任級教授出席。臺拓會社在這定期舉辦的聯誼活動裡，大多討論推展事業的方法和機會，和增進官、商之間的互動關係。其次，臺拓會社的不定期活動也相當頻繁，譬如說，在臺北「公會堂」（今中山堂）經常舉辦「協議會」、「座談會」、「交流會」，邀請臺灣總督府和地方官廳的主管、技術官出席，擔任指導或講師。[11]

關於臺拓會社與東京中央、軍界的關係，除聘請外務省使節木村鋭市、大藏大臣河田烈，以及和軍部關係密切的濱田吉次郎擔任會社顧問外，還利用社慶和年節的機會，讓全體社員到臺灣神社祈禱聖壽無疆、武運長久、社務興隆，讓領導幹部代表公司前往軍醫院慰問病患，致贈慰問金。一九四三年臺拓本店在慶祝七週年社慶時，除了依例舉行上述活動外，另還捐贈臺灣陸軍、海軍各三千圓；於八週年社慶時，捐獻國防基金六千圓。[12]

臺拓會社幹部到外地出差時，也主動進行一些交際活動。例如，一九三七年三月十一日，高山三平常務理事在訪問香港時，就專程拜會日本領事官水澤孝策，及臺灣銀行、橫濱正金銀行、三井、三菱、日本棉花、東洋棉花等大型企業的駐港支店代表。三月十五日高山三平視察曼谷時，特別拜訪日本領事官森喬、拓務省駐泰大使大山周三、三井物產及山口洋行。三月二十六日抵達雅加達後，則專程拜會石澤豐總領事、印尼總督和一些官員。又如一九四〇年十月二十二日，加藤恭平社長以「南支派遣軍慰問團」的身分，親赴廣州慰問日軍時，除了贈送軍部及日、華政府官員、報社記者日本香菸、臺灣文旦外，另設宴慰勞他們，代表臺拓會社表達敬意。[13]

臺拓會社頻頻舉辦討論會、演講會、座談會，頻繁地進行捐贈、慰問、送往迎來等活動，所產生的附加價值是，不僅可以達到尋覓幹練人才、吸收專業意見、知識技術、厚植競爭優勢等多元目的；且可利用官界、軍界關係提升臺拓會社本身的聲望和信用，從而積聚更多有助於擴展其事業張力的人脈資源。

臺拓會社龐大的經營規模和其綿密的人際網絡關係相互表裡。由於軍部、政界、金融界、產業界、商界都是它擴展事業、開創商機，需要交往的對象，故自一九三八年起迄一九四四年為止，在臺拓本店記載一千餘筆的捐贈名單裡，可以發現其主要贈與對象是：1.官方機構及其相關團體和政要人物；2.軍事機構及其相關團體和軍界將官；3.新聞媒體及媒體名人。[14]

圖6-1所示，以臺拓會社為中心所形成的政商網絡相當綿密，這種利益共生關係的存在，無疑的，對臺拓會社投資大規模的跨國事業頗具效益。值得一提的是，臺拓會社為維持和延伸以軍領政的人脈關係，從一九四三年起，每年按照前年度營業利益千分之三的固定比率，以繳納會費的名義，慷慨地捐贈「軍人援護後援會」。如一九四三年第一期捐款四千零二圓，一九四四年第二期捐款四千九百九十五圓。不僅如此，臺拓會社每年還定額捐贈日本外交協會一千圓，以為政府傘下團體一筆可靠的財政來源。與此對照，臺拓會社每年捐給公益慈善團體的金額根本微不足道，幾乎不到其捐款總額的千分之三。[15]

應該指出的是，臺拓會社在華南、東南亞地區的支店和辦事處，其捐贈金額也相當可觀。舉例來說，一九三九年至四〇年臺拓廣東支店的「捐款與接待費」金額，高占其廣東營業總額的百分之二十，其捐贈對象網羅了當地日、中兩國的軍政機構及其領導幹部。一九四四年五月，臺拓曼谷支店以編列臨時費名目，捐贈日本人會館建設資金一萬圓、軍用機資金三千圓、山田長政紀念碑建設資金五百圓、空襲罹難救濟金五百圓，共計一萬四千圓。與此同期，三井物產、石原產業、日本窒素產業、糖業聯合會、臺灣銀行、臺灣電力及臺拓投資會社等日系大型企業，也都和臺拓會社一樣，對日本政

拓務省（1936-1941 年）────────►
內務省（1942-1945 年）────────► 臺拓東京支店
大東亞省（1942-1945 年）────────► ⦚
⦚
⦚ 臺灣軍←← 島外日本軍隊
⦚ ↓
陸軍省（1942-1944 年）→→→→→ 臺拓臺北本店 ＜＝＝＝＝臺灣總督府
海軍省（1942-1944 年）→→→→→ ‖ ＜＝＝＝＝臺灣地方官廳
政府關係統制團體（1942-1945 年）＝＝＞ ‖ ‖
大藏省（1936-1945 年）××××××＞ ‖＝＝＝＝＝＝＝＝‖
日本金融機構（1936-1945 年）××××＞ ‖ ‖ ‖
▽ ▽ ▽
島外日本軍隊（1937-1945 年）→→ 臺拓島外支店 ＝＝ 臺拓關係會社
南方開發金庫（1942-1945 年）××××＞
島外日系銀行（1936-1945 年）××××＞

圖 6-1　臺拓會社政商網絡關係簡圖（1936-1945 年）

備註：1 命令機構：→；2 委託兼補助機構：---；3 補助金錢兼支援人力、物力機構：＝；4 融資機構：×；5 連絡機構：⦚。

資料來源：引自朱德蘭，〈臺灣拓殖株式會社的政商網絡關係（1936-1945）〉，頁 117。

府進行次數頻繁、金額巨大的捐贈行動。臺拓會社和財閥企業、特殊企業的捐贈行為所得到的益處是：1.因和政府建立了綿長、穩定的互信關係，故得獲致政府人事、知識技術上的援助；2.透過國家權力，獲得國庫補貼和經營敵產的特權，以及由此得以便捷地實現輸出資本↓增加營業利益↓積聚雄厚資本↓再輸出資本等本利重複循環的目的。[16]

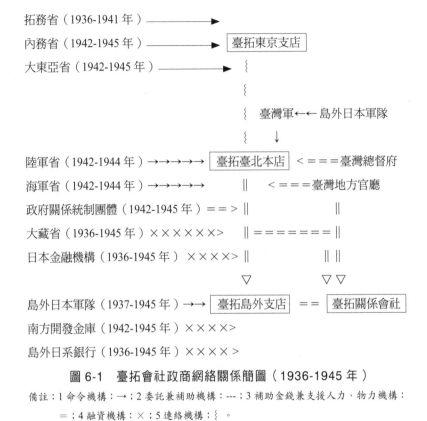

二、臺拓會社的軍需產業

日本政府自一九三七年發動全面性侵華戰爭開始，就由準戰時體制進入了真正的戰時體制，由於實現龐大的軍備計畫需要對重化學工業進行重編，故在強制整頓中小型企業和強行發展軍事工業下，不只促進了官營工廠擴充生產軍需品，且因滿足了獨占資本的利潤欲而得到民間企業的協助。獨占資本和財閥企業則在不斷接受軍事性的訂單，增加資本，擴大生產規模中，使其經營支配網伸展到金融、產業各個領域，進而形成更有力、更加集中的獨占資本。

戰時日本政府實施經濟統制和產業動員的結果，顯而易見的，加強了國家對獨占資本的依存度和對企業的支配力。換言之，主導戰爭政策的軍部、官僚勢力和獨占資本緊密的結合，除制定各種法令，優先讓大企業取得由國家統制的原料、勞務配給、融資等權益外，並以官商合資的方式，設立「國策會社」，使企業肩負支援國家的軍政任務。與此相應的，大型企業也利用國家權力的運作，來實現其獨占利益、積聚資本的目標。唯，獨占資本在國家主導、壟斷資本主義經濟期間，為了避免因原料價格高漲，和賣給軍方的製品價格被壓低造成利潤上的損失，故紛紛地向政府要求補貼。根據統計，一九三七年日本政府對獨占資本的補助款共計三億一千萬圓，一九四〇年迅速增加一倍餘，金額高達六億七千萬圓。[17]有關日本政府支援與支配獨占資本的情形，茲以臺拓會社為例，詳述如下：

（一）政府授命事業

如從投資區域與類別來看，臺拓會社的事業分為：1.在島內，以臺灣總督府出資的國有地為事業基礎，出租土地給農民，協助農民從事土地改良，提高農產品質量，並進行填海（海埔新生地）和開拓事業，以此穩固的地租收入投資其他事業。2.在華南與東南亞地區，協助日軍從事復員、建設與開發軍需資源事業。三、在島內外兼營融資事業，亦即對日本移民、拓殖事業、關係企業，提供長期貸款與定期性的融資。【18】

臺拓會社大規模的經濟事業頗賴東京中央政府與臺灣總督府的支援。根據資料顯示，在其歷年營業收益額裡，國庫補助額比率甚高。然而，值得留意的是，中央政府在進行補貼時，都以下達「命令條項」或「命令事項」（命令條款）的方式，要求臺拓會社承諾為政府的政策服務。根據統計，日本政府基於政治利益，採取利誘和控制手段，援助臺拓會社到東南亞從事農作物栽培、購買農地、調查和開發林業、礦業的案例至少有九件。【19】

臺灣總督府方面，從一九三八年起到一九四五年為止，利用其行政、財政上的權力，協助與支配臺拓會社到東南亞從事移民、礦產調查、農業開發等案例多達十四件。臺灣總督府在補貼臺拓會社的申請案時，同樣的，也訂立命令條款要求臺拓會社遵守。按理說，臺拓會社事業每年都有盈餘，本不應再向它的大股東臺灣總督府請求補助，但臺拓會社卻一再要求補貼。究其原因，係源於臺灣總督府的補助並非只用於彌補它個別事業的損失，而是因為新開發事業或須長期經營的事業，在短期內很難回收獲利；加上投資、增設事業加重借貸利息以及周轉資金的速度，臺拓會社受到新增設備費、人事費、營業費孔急的影響，故亟需仰賴政府給予補助。要言之，臺拓會社的事業擴張得越大，其依附政府支援的程度就越深，受到政府監督、干預、控制的情形也就越加的明顯。[20]

（二）軍部授命事業

日本拓務省、臺灣總督府基於政治利益，透過國庫補貼方式，支援和支配臺拓會社集中、擴張資本的情形頗為頻繁。軍部是否也以相同的模式，以協助臺拓會社壟斷海外軍管區的軍需產業為誘餌，命令臺拓會社為軍部服務？有關此，如從臺拓會社資料裡，可以確認在二次大戰期間，軍部除了經由中央、地方政府間接授命企業，指定企業參與軍需產業外，也直接下令、指示企業從事軍需事業。關於陸軍實施直接授命的原因，主要是：1.要突破西方國家對日本的經濟制裁，以便培養、充實國力；2.要使各個占領區的日軍都能自給自足，進而以戰養戰；3.要迅速地復原、重建被日軍沒收、管理的敵產；4.為防止日本企業惡性競爭，阻礙占領區的社會治安等。至於軍部在選擇授命對象時，也多審慎挑選有實力的企業分擔各地的軍需產業活動，以便掌握全部的資源。[21]

戰時臺拓、東洋拓殖等國策會社；大倉商事、三菱商事、三井物產、鐘淵紡績等財閥企業，都被陸軍省選定承擔：菲律賓、馬來半島、婆羅洲、印尼、越南、泰國、緬甸等，屬於陸軍管轄範圍的敵產事業。執行軍令的日本企業也都依照陸軍省的指示，遵守命令條款完成任務。[22]

根據不完全資料統計，一九四二至一九四四年間，陸軍以提供敵產為誘餌，兼用命令條款方式，補助臺拓會社提出的企劃案，使其完成軍需產業職務的個案至少有十六件。海軍直接授命企業的情形如何？也須做一對照。太平洋戰爭時期，相較於陸軍占領人多地廣的東南亞，海軍的管轄區大多分布在南婆羅洲（South Borneo）、新幾內亞（New Guinea）、俾斯麥群島（Bismarck Islands）等人口稀疏的島嶼，為此，臺拓會社接受海軍命令擔任開發產業的個案只有七件，遠不及陸軍發出通牒的二分之一。海軍對企業的補助同樣也有命令條件的規定，亦即對臺拓會社的人事權、經營方式、利潤分配權等握有極大的支配力。[23]

戰時陸、海軍省歷年授命大、中、小型日系企業分別擔當產業開發的全部數量，陸軍至少針對二百八十間店，發出「命令事項」通牒一千二百零四件，其中，臺拓會社約占總數的百分之一點三；海軍針對一百零二間店，發出「命令事項」通牒二百六十八件，臺拓會社約占總數的百分之二點六。而和政界關係密切、實力雄厚的三井、三菱、住友、安田、日產、淺野、古河、大倉、野村等財閥企業最受青睞，所得通牒數量多達總數的一半，由此亦可知歷史悠久的老財閥相較於創業較晚的臺拓會社，因更能符合日本帝國主義的特殊要求，在日占區達成軍需產業的目的，故成為壟斷經濟利益的最大受益者。至於中、小型日系企業之所以也能獲得軍方的關照，則源於它們多在太平洋戰爭爆發前，已經在現地從事多年的經濟活動之故。[24]

值得留意的是，自一九四三年四月起，陸軍在其管制區首創彌補企業風險的措施，亦即對授命企業的經營收益規定，在扣除營業支出以外，要將淨利的百分之七十交給現地軍會計管理，剩餘百分之三十才歸企業自由處分；海軍方面也比照實施。而由日軍為籌措戰地軍費來源，對授命企業實施抽稅的角度來看，軍方之所以採行命令條款嚴厲監督、干預企業的經營活動，以及控制企業分配利益等措施，都是為了維持並擴大占領，而不得不餵牛擠奶，努力開闢財源。[25]

三、海南慰安所特殊事業

「慰安婦」(comfort women) 一詞是戰時日本政府的新造語，意指由日本政府、軍部策劃，在日本統治地、占領區，為官兵、軍屬提供性服務的女子，[26]其從業場所一般稱之為「慰安所」。戰時慰安婦搭乘的運輸船如果被擊沉，軍方是按「軍需品沉沒」處理，即使是死於戰場，也不能獲得什麼勳章或撫恤。[27]慰安婦既然被日本政府視為軍需品，慰安所自應屬於軍需產業的一種，那麼，直接參與此一行業的人，與當局擁有不同程度的往來關係，自不待言。

(一) 海口慰安所承包商

一九三九年二月日軍攻占海南島後不久，臺拓會社就遵照總督府的指示，派員前往海南島，解決皇軍、官民的建築物問題。[28]（見圖6-2）臺拓會社為儘速展開建築事業起見，於海口成立了一間「海南建物公司」，以此名目先獨占建築業的承包權，然後再將各項工程向下發包給：清水組、大倉土木株式會社、田村組合資會社、桂商會、寺田商會、平峰林之助等日系商社、商人承攬施工。戰時由第一級大商社出面包工興建建築物，再將工程交給次級承包，從工程預算中賺取材料費、勞務費利益的「下請負制度」（再發包制度），是日本企業在海外從事軍需產業的一大特色。[29]

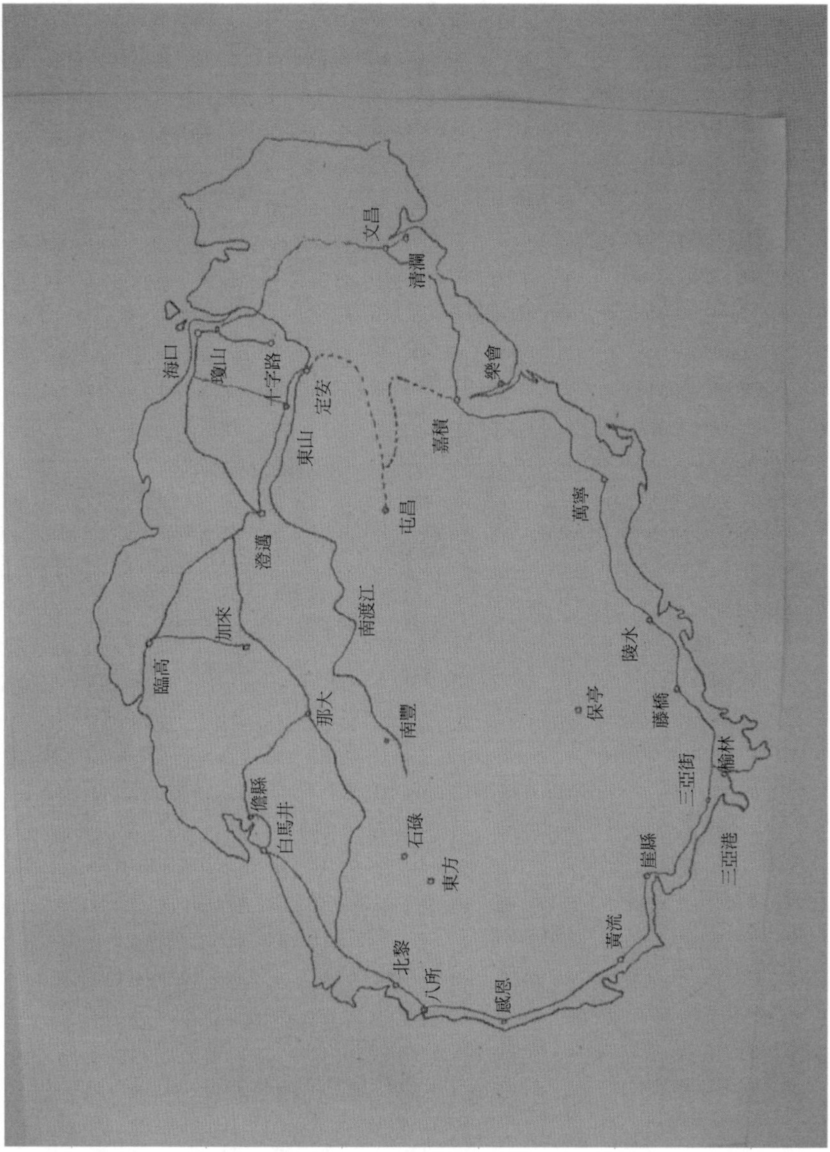

圖 6-2　海南島簡圖（作者重繪）

臺拓會社利用轉發包制度，一年間完成的建築事業有：新建工程十九件、修繕工程五十九件，工程費共六十一萬三百六十四圓四十八錢。其中，交給田村組承包十九件，工程費（含新建與修繕工事，以下同）四十萬一千四百七十三圓八十一錢；桂商會承包十五件，工程費八萬七千六百四十四圓九十五錢；清水組承包六件，工程費十萬七百七十六圓三十四錢；平峰林之助承包修繕與裝潢工事三十件，工程費二萬四百六十九圓三十八錢。另還有寺田商會承包挖井工程二十六件，工程費三萬四千七百四十六圓一十七錢。綜上工程費中，要以日本海軍調查隊的新建工程（含慰安所）費三十五萬二千八百五十三圓所占總額的一半以上，比率最高，其他依次為臺拓關係事業的建築物、一般會社與官廳使用的建築物。[30]

臺拓會社在海口承包的「海軍慰安所」是發包給田村組建造的，面積共有三百零七點五坪，工程費三萬九千八百三十圓九十二錢。關於這項工程，日占軍不但在港口強制徵收價值一萬餘圓的建築材料，先賣給田村組獲取厚利，在工程完工後，也不付臺拓會社承辦費，要臺拓會社免費捐贈；並指示臺灣總督府命令臺拓會社融資民間業者，讓臺北的日籍商人儘早到海口去開設慰安所。[31]

（二）開辦者奧田甚三郎

向來，國策會社的經營方針是順從國策。一九三九年四月一日臺拓會社依照軍方的要求，對北投花月料理店店主奧田甚三郎及其合夥人福井米三郎貸款一萬圓。四月四日臺拓理事高山三平接獲總督府官房調查課長木原圓次的命令，要他在臺北儘速募集藝妓十人、藝妓兼娼妓三十人、娼妓五十人，共計九十人前往海南島。[32]（見圖6-3）但臺拓會社因為在短期內無法募集到足額的人數，故於翌日

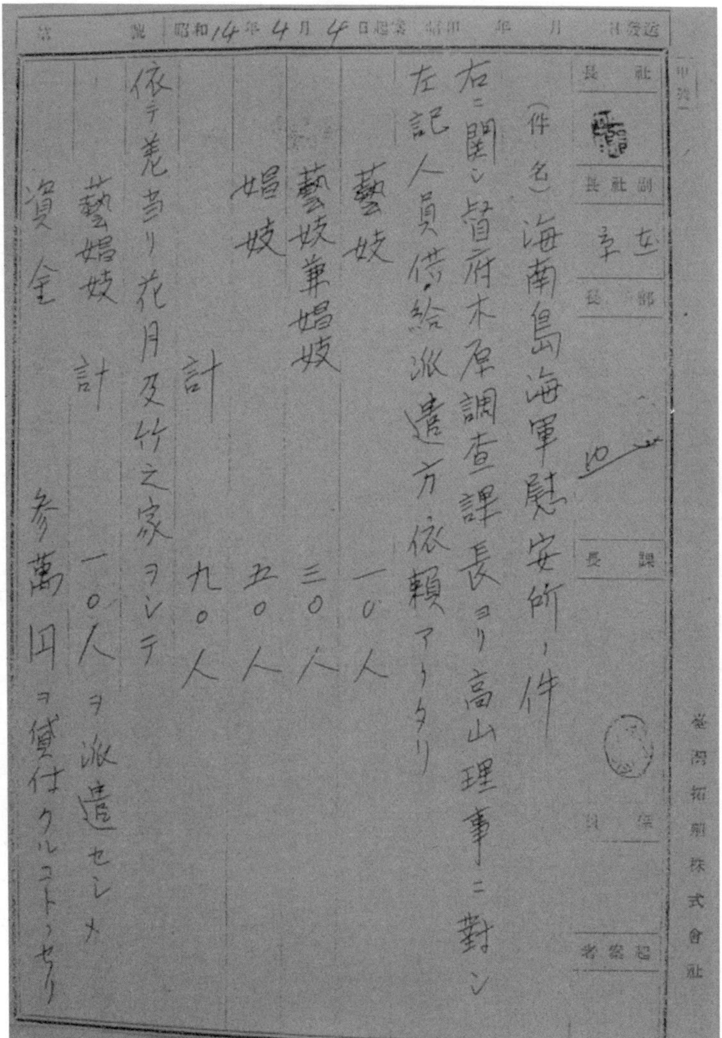

第　號　昭和14年4月4日起案

(件名) 海南島海軍慰安所ノ件

右ニ関シ督府木原調査課長ヨリ高山理事ニ對シ
左記人員供給派遣方依頼アリタリ

藝妓	一〇人
藝妓兼娼妓	三〇人
娼妓	五〇人
計	九〇人

依テ差当リ花月及竹之家ヲシテ
藝娼妓　計　一〇人ヲ派遣セシメ
資金　参萬円ヲ貸付クルコトヽセリ

臺灣拓殖株式會社

圖 6-3　海南島海軍慰安所需求慰安婦文件

資料來源：引自朱德蘭編集、解說，《臺灣慰安婦關係資料集》第 1 卷，頁 217。

（五日）再貸出二萬圓給奥田甚三郎、福井米三郎，約定上回融資期限六個月，這回貸借期限延長為一年。關於他們的償債方式，是由債務人開具遠期支票，年息按照百分之六計算，屆期本利一併還清。[33]

如探究臺拓會社與奧田甚三郎、福井米三郎之間的關係，雖然資料裡沒有記載，不過，從他們兩人曾經在臺北著名的料理店「竹之家」任職；臺拓會社人員經常光顧「竹之家」，是其熟客。臺拓會社每逢中元節、年底，都贈送「竹之家」紅包，答謝「竹之家」的熱情服務等線索裡，[34]應可窺知他們之間擁有很深厚的商業往來關係。

到海南發展事業的奧田甚三郎，一八八五年出生於大阪。一九二三年三月臺北「竹之家」店主館野小捨僱用他當伙計，同年五月奧田甚三郎返鄉，六月來臺寄居臺北市壽町。一九二四年轉寄留大和町擔任日本人藝妓組合檢番，充當藝妓工會組織幹事。同年八月回鄉，一九二七年再度來臺，寄留臺北市日本人居留區（今城中區）。一九三二年十二月遷居北投，開設花月料理店，營業項目為旅館兼料理店業。一九三六年被選任北投區長，一九三八年出任北投消防組組長。以上履歷說明，奧田甚三郎有豐富的花柳業實務經驗，和有地方公職的背景，是他贏得臺拓會社信賴，成為其融資對象的理由。[35]至於奧田甚三郎旗下的慰安婦來自何方？則須從其店內人員結構裡做一分析。

根據奧田甚三郎寄留戶籍資料記載，花月料理店除了奧田甚三郎和其家族成員六人以外，如表6-2所示，一共僱用六十九名從業員，[36]其中，女性占五十八人、男性占十一人。關於婦女年齡十四歲至二十五歲的未婚女子，約占女性總人數的百分之五十二。婦女籍貫分別為，大阪人十四名，約占女性總人數的百分之二十四；九州人十名，約占百分之十七；沖繩人七名，約占百分之十二。以

表 6-2　奧田甚三郎戶籍內登錄的雇人資料

年齡別	性別	人數	本籍地
14-20	女	15	北海道 2、東京 1、大阪 4、德島 2、廣島 3、和歌山 1、山口 1、沖繩 1
21-25	女	15	北海道 1、大阪 2、兵庫 1、高知 1、山口 1、福岡 2、熊本 1、宮崎 1、鹿兒島 1、沖繩 4
18-25	男	4	大阪 2、熊本 1、臺北 1
26-35	女	14	北海道 1、埼玉 1、名古屋 1、神戶 1、大阪 3、奈良 1、廣島 1、愛媛 1、福岡 1、長崎 1、沖繩 2
26-35	男	5	神戶 1、福岡 2、臺北 1、臺中 1
36-50	女	12	東京 1、橫濱 1、靜岡 1、石川 1、大阪 4、山口 1、長崎 1、大分 1、熊本 1
36-50	男	1	岩手
50 以上	女	2	大阪 1、島根 1
50 以上	男	1	大阪 1
小計人數	女	58	
小計人數	男	11	
共計人數	男＋女	69	

資料來源：作者根據〈日據時期臺灣戶籍資料〉（臺灣地區戶政事務所收藏）製作。

上從業婦多屬店主的同鄉，而且距離臺灣較近的九州、沖繩女子人數也不少，此一背景說明，地緣關係在事求人、人求事之際，具有一定的作用。關於婦女的出生別，長女二十八人，約占女性總人數的百分之四十八；次女十四人，占百分之二十四；庶女六人，占百分之十；私生女四人，占百分之七。長女、庶女、私生女所占比率較高，反映從業婦之所以離鄉背井，出外掙錢，主要是出於經濟貧困的因素。

「娼妓」、「醜業婦」、「賣淫婦」是一般日本人對性交易從業婦的賤稱。但，以皇軍為性服務對象的女人，軍方較少使用這些帶有貶意的名詞，以免自取其辱，貶低日軍自己的人格。慰安婦募集者顧及消費者和供應者的體面，以曖昧、好聽的語彙「慰安婦」或「特要員」形容軍妓為「安慰人的女子」，如此也比較容易引誘不明實情的婦女應徵就業，使此性產業市場的「貨源」綿綿不斷。

一九三九年，奧田甚三郎組織的慰安婦團員，在臺拓會社的文件中，記載為「慰安隊」與「特要員」。這支隊伍除了奧田甚三郎和其妻，以及營業代理人福井米三郎（詳後述）三名、料理人（廚師）一名、雜工二名外，另招募藝妓五人、酌婦七人、仲居（端酒菜兼招呼客人的年長女性）一人等，一共十三名。同年四月十八日，這些人在基隆搭乘臺拓會社的公司船「金令丸」，直接航往海口。[37]（見圖6-4）值得留意的是，在這十三名慰安婦中，奧田甚三郎從臺中、彰化、嘉義、高雄、屏東徵來的三名藝妓、四名酌婦，她們七人都湊巧在四月十日同一天，分別從六家特種行業店申報遷移，寄留在奧田甚三郎的戶籍資料裡。舉例言之，藝妓×林×ル×來自嘉義的餘佳樓（店主佐藤初代），藝妓×枝×ツ×來自高雄的嬉野料亭（店主一ノ瀨トモエ），藝妓×井×子來自奧田甚三郎的老東家「竹之家」料理店，仲居×松×梅×由臺北藤本××的戶籍中遷出，其餘婦女則在奧田甚三郎戶籍裡沒有登錄，屬於來路不明的慰安婦。（見表6-3、表6-4）

表6-2所示，奧田甚三郎在北投的花月料理店既已僱用五十餘名婦女，且多屬於二十餘歲的年輕未婚女子，為何他不挑選店內婦女到海口當慰安婦，而要大費周章地徵集店外女子？推測其中的奧妙，可能是：一、在前線經營慰安所風險較大，但身兼公職的奧田甚三郎為了配合國策，只好利用同業關係，委託同業提供身價較差，或志願奉公的女子充當慰安婦。二、根據日本政府頒行「娼妓取締規

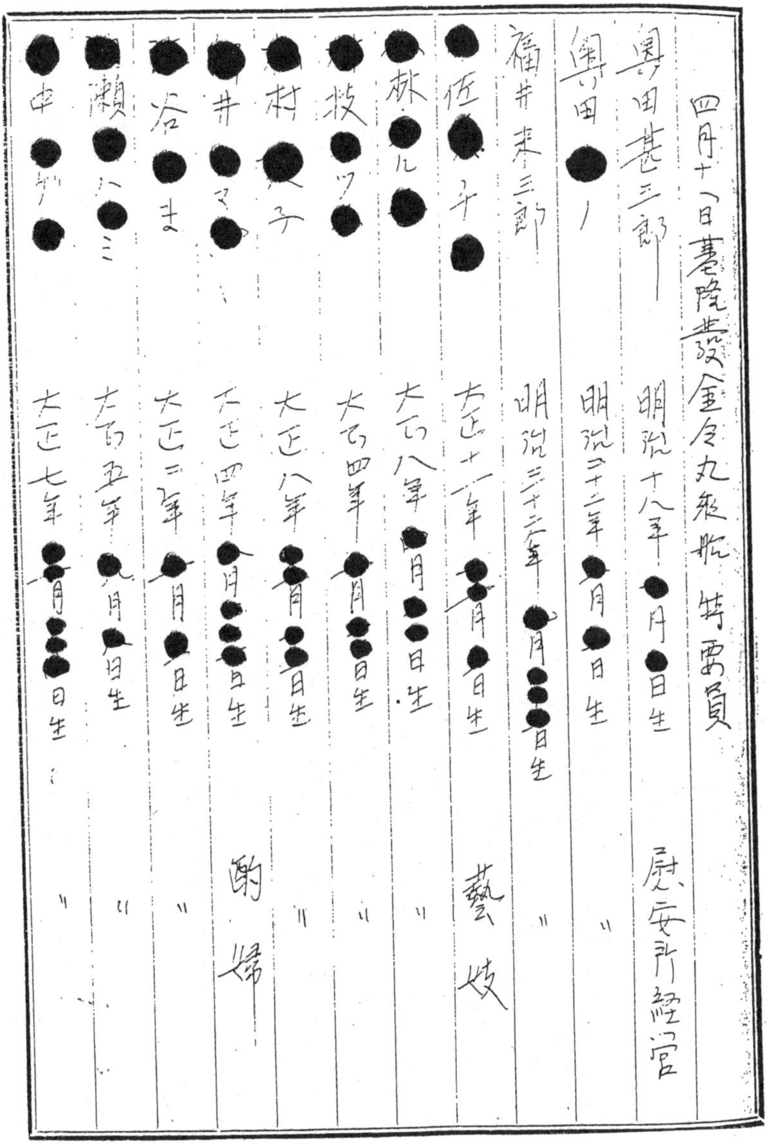
四月十八日基隆出發金令丸乘船 特要員
奧田甚三郎 明治十八年[redacted]月[redacted]日生 慰安所經営
奧田[redacted]ノ 明治二十二年[redacted]月[redacted]日生 〃
福井米三郎 明治三十二年[redacted]月[redacted]日生 〃
[redacted]佐[redacted]千[redacted] 大正十一年[redacted]月[redacted]日生 藝妓
[redacted]林[redacted]ル[redacted] 大正八年[redacted]月[redacted]日生 〃
[redacted]枝[redacted]ツ[redacted] 大正四年[redacted]月[redacted]日生 〃
[redacted]村[redacted]子 大正八年[redacted]月[redacted]日生 〃
[redacted]井[redacted]マ[redacted] 大正四年[redacted]月[redacted]日生 酌婦
[redacted]谷[redacted]ま 大正二年[redacted]月[redacted]日生 〃
[redacted]瀨[redacted]ハ[redacted]ミ 大正五年[redacted]月[redacted]日生 〃
[redacted]中[redacted]ヅ[redacted] 大正七年[redacted]月[redacted]日生 〃

圖 6-4　奧田甚三郎募集慰安婦文件

資料來源：引自朱德蘭編集、解說，《臺灣慰安婦關係資料集》第 1 卷，頁 228。

表 6-3　奧田甚三郎戶籍內登錄的慰安婦資料

姓名	出生年出生別	本籍地	寄留日期 / 地區 (1)	寄留日期 / 地區 (2)	寄留地 / 雇主	1939 赴海南年齡 / 婚姻 / 職業	備註
奧田甚三郎	1885 長男	大阪府		1923.03.25 臺北大和町	竹之家料理店 / 館野小捨	54 歲 / 已婚 / 經營者	1944.07.18 死亡
奧田 ××	1889 五女	神戶市		1923.02.25 臺北大和町	館野小捨	50 歲 / 已婚 / 經營者	
×中 ×ゲ×	1918 長女	大阪市		1939.04.10 彰化字西門	熊田 ××	21 歲 / 未婚 / 酌婦	1941.08.20 返回本籍
×谷 ×づ	1913 長女	埼玉縣		1939.04.10 高雄旗後町	田村 ××	26 歲 / 未婚 / 酌婦	1941.08.20 返回本籍
×林 ×ル×	1919 私生女	大阪市		1939.04.10 嘉義西門町	餘佳樓 / 佐藤初代	20 歲 / 未婚 / 藝妓	1941.08.20 返回本籍
×瀨 ×ハ×ミ	1916 長女	宮崎縣		1939.04.10 彰化字西門	熊田 ××	23 歲 / 未婚 / 酌婦	1941.08.20 返回本籍
×枝 ×ツ×	1915 長女	山口縣		1939.04.10 高雄榮町	嬉野料亭 / 一ノ瀨トモエ	24 歲 / 未婚 / 藝妓	1941.08.20 返回本籍
×村 ×子	1919 長女	德島縣		1939.04.10 屏東 123 番	吉野 ××	20 歲 / 未婚 / 藝妓	1941.08.20 返回本籍

（續下頁）

×井 ×マ×	1915 長女	廣島縣		1939.04.10 臺中若松町	中川× ××	24歲/ 未婚/ 酌婦	1939.11.29 轉寄留南投

備註：空白欄為資料缺載。

資料來源：作者根據〈日據時期臺灣戶籍資料〉；朱德蘭編集、解說，《臺灣慰安婦關係資料集》第1卷，頁228-229、263-264；第2卷，頁495-535；兼島兼福，《新興の嘉義市》，（嘉義：臺灣出版協會，1932），頁108；中山馨、片山清夫，《躍進高雄の全貌》（臺北：成文出版社，1985年據1940年複刻本），頁337製作。

表6-4 福井、藤本、館野戶籍內登錄的慰安婦資料

姓名	出生年 出生別	本籍地	寄留日期/ 地區(1)	寄留日期 /地區(2)	寄留地 /雇主	1939赴海南年齡/婚 姻/職業	備註
福井 米三 郎	1903 六男	京都市	1929.10.01 臺北北投	1930.01.20 臺北大和町	竹之家料理店/館野小捨	36歲/ 已婚/料料理店 帳場(會計)	
×松 ×梅 ×	1888 長女	長崎縣	1929.08.16 臺北老松町		藤本××	51歲/已婚/仲居	1943.03.28 轉寄留基隆
×井 ×子	1902 三女	大阪市	1934.12.12 臺北大和町	1937.05.01 臺北西門町	(1)館野小捨 (2)坂田××	37歲/未婚/藝妓	

備註：空白欄為資料缺載。

資料來源：作者根據〈日據時期臺灣戶籍資料〉；朱德蘭編集、解說，《臺灣慰安婦關係資料集》第1卷，頁263-264；第2卷，頁495-535、571製作。

則」，規定公娼必須申請從業執照，從業年齡要滿二十一歲。但奧田甚三郎經營的料理店不是娼寮，因為都以「雇人」名目僱用她們，「雇人」的工作包括各式各樣的雜工、女傭，範圍很廣，所以不能強迫旗下沒有牌照，職稱不是娼妓的「雇人」去賣淫。三、店外女子可能從業期限屆滿，可以自由轉換另一個就業場所。四、來路不明的女子可能是私娼，為免犯法被抓，而想到海外去賣淫掙錢。

唯應指出的是，臺灣的戶政管理者警察在戰時體制下，有的忙於取締經濟犯，有的活躍於推行皇民化運動，由於事務繁多，人手不足，所以查核戶籍的工作越來越馬虎，更何況政府也有動員業者募集慰安婦之需。也就是說，警察為了協助仲介業者順利地募集婦女出國，在戶籍資料裡，登錄的內容不但變得簡略，而且還有不少刻意掩飾真相、記載不實的情形。

舉例言之，一九三九年四月，由各地抵達臺北，寄留在奧田甚三郎的戶籍內的婦女，警察在戶籍資料上註明她們寄居臺北後，一直到一九三九年十一月、一九四一年八月才陸續離臺，返回日本本籍地。但，在〈臺灣拓殖株式會社文書〉裡，卻清清楚楚地記載這些婦女的姓名、出生年月日、寄留奧田甚三郎的戶籍地址，以及離開臺灣搭乘金令丸前往海口的日期。同樣一批人，為何會出現不同的登錄內容？

其實，長久以來在臺日本警察為了控制殖民地的治安，掌握各地的人力與物力資源，以及確實地徵收特種行業的營業稅，相當認真地勤查戶口。等到進入戰爭時期，為了防止軍情外洩，和確保海防安全，更是嚴密地管制海上運輸與進出入臺灣的人口動態。那麼，警察在戶籍資料上偽造文書，故意不記載事實的原因是什麼？頗值得深思。

（三）協辦者福井米三郎

一九三九年四月十八日，福井米三郎與奧田甚三郎同行，在抵達海口後，就以奧田甚三郎代理人的身分，代理經營店名為「花月料理店」的「海軍慰安所」事業。奧田甚三郎本人則因北投花月料理店的業務纏身，而經常往返於臺北、海口之間。不過，海口「海軍慰安所」的建築工程到六月才完工，所以福井米三郎在海口閒待了一陣子，一直等到六月三日房子蓋好後，才開張營業。[38]

根據資料記載，福井米三郎在六、七月營業初期，已向臺拓會社借貸三萬圓，但收益卻只有一千六百二十五圓，償債壓力頗大。而若探究其經營不振的原因，則源於日軍占領海南後不久，各地治安狀況惡劣；同年中國共產黨又在島內成立「華南敵後解放區瓊崖區」，建立了抗日根據地游擊隊，日軍因為進行九次討伐作戰，所以不能常常光顧他的慰安所。[39]

福井米三郎代理經營慰安所半年後，鑑於一九四〇年寄居海口的日本官員、會社職員、商人、工程人員增加到二萬人，民間出現希望增設料理店的需求，故經日占軍允許，決定與奧田甚三郎拆夥，另開一間店名叫做「笹乃家」的料理店。自此開始，奧田甚三郎、福井米三郎本來以花月料理店名義，共同向臺拓會社借貸的三萬圓債務，就依照三方協議，重新訂立借貸契約。契約中註明：福井米三郎借貸一萬圓、奧田甚三郎借貸二萬圓，各自於一九四二年六月底以前，負責將欠債連本帶利的償還給臺拓會社。[40]

關於一九四〇年後，奧田甚三郎經營的慰安所發展如何？資料缺載，不詳。關於福井米三郎，一九四〇年一月福井米三郎與臺拓會社簽訂工程合約，約定修繕建物竣工日期為二月二十五日，工程費共一萬一千二百五十圓，包括：材料費五千二百七十四圓七十錢、臺拓會社轉包給桂商會的費用四千八百六十七圓九十五錢、臺拓會社的仲介利益一千一百零七圓三十五錢。同年七月，再度請臺拓會社進行料理店裝修工程，這次臺拓會社改讓平峰林之助建築商承包，工程費有資材費七百九十八圓、發包費八百零二圓，共計一千六百圓。工程自七月三十日開工，八月二十日竣工。福井米三郎花錢裝潢門面二次，反映他想廣招顧客，繁榮笹乃家的商業活動。[41]

唯，福井米三郎借貸一萬圓創業資金，積欠修繕工程費一萬二千餘圓，這二筆欠債受到營業狀態不如預期理想的影響，只能按月分期償還。等到一九四一年三月底時，福井米三郎仍拖欠臺拓會社債務七千圓。[42]

出身料理屋帳場（會計）的福井米三郎，一九〇三年出生於京都，一九二六年二月被京都料理業者福井×××收為養子繼承戶主。一九二九年十月寄留臺北北投，一九三〇年寄籍臺北館野小捨經營的竹之家料理店。其後數度轉寄留臺北市大和町、末廣町、壽町（今城中區一帶），一九三八年十月才將新起町做為他最後的寄居地。

表6-5所示，在福井米三郎的寄留戶籍資料裡，共有五名同居寄留人。一九三九年，這年除了有一對母女寄留外，並無女子適合到海口當慰安婦。換言之，海口笹乃家所僱用的女子極可能是他直接從日本本土招募去的。

表 6-5 福井米三郎戶籍內登錄的同居寄留人資料

年齡別	出生別	人數	本籍地
9	私生女＊	1	長崎 1（1937 年 11 月與母親共同寄留）
19	女	1	臺灣新竹 1（1942 年 7 月寄留）
24	庶男	1	久米 1
25	二女	1	金澤 1（1945 年 1 月寄留）
34	三女＊	1	長崎 1（1937 年 11 月寄留）
小計人數	女	4	
小計人數	男	1	
共計人數	男＋女	5	

備註：＊為母女關係。日本本土的未成年是指年齡未滿 21 歲的人，依此，本表以 21 歲做為寄留人口年齡別的區隔線。（下表同）

資料來源：作者根據〈日據時期臺灣戶籍資料〉；《臺灣慰安婦關係資料集》第 2 卷，頁 571-576 製作。

（四）經營者葉玉友七

一九三九年四月十七日，臺北海軍武官室通知臺灣總督府南支調查局，海南島情報部希望臺灣在五月上旬迅速派遣「特要員」（慰安婦）前往海口。慰安婦要分三種等級，亦即是：A 級五名、B 級五名、C 級十名，共計二十名；另，緊急渡航三亞的需要 C 級十名，傳達了日占軍依照軍階高低，急需臺灣運送不同等級慰安婦的指示。[43]（見圖 6-5、6-6、6-7）

臺拓會社一接到臺灣總督府的命令，就積極著手準備，但為恐這次貸款給業者，會重蹈奧田甚三郎、福井米三郎拖延償債的狀況，或發生什麼意外，損害會社聲譽，甚至帶來難以預料的後果。因此，為能符合國策會社的經營目的，並保護會社的名譽和利益，就決定將本案交給其投資會社福大公司承辦。[44]（詳見第七章）

於是，五月十八日，臺拓會社透過福大公司貸款一萬八千圓給葉玉友七，讓葉玉友七招募十名酌婦，

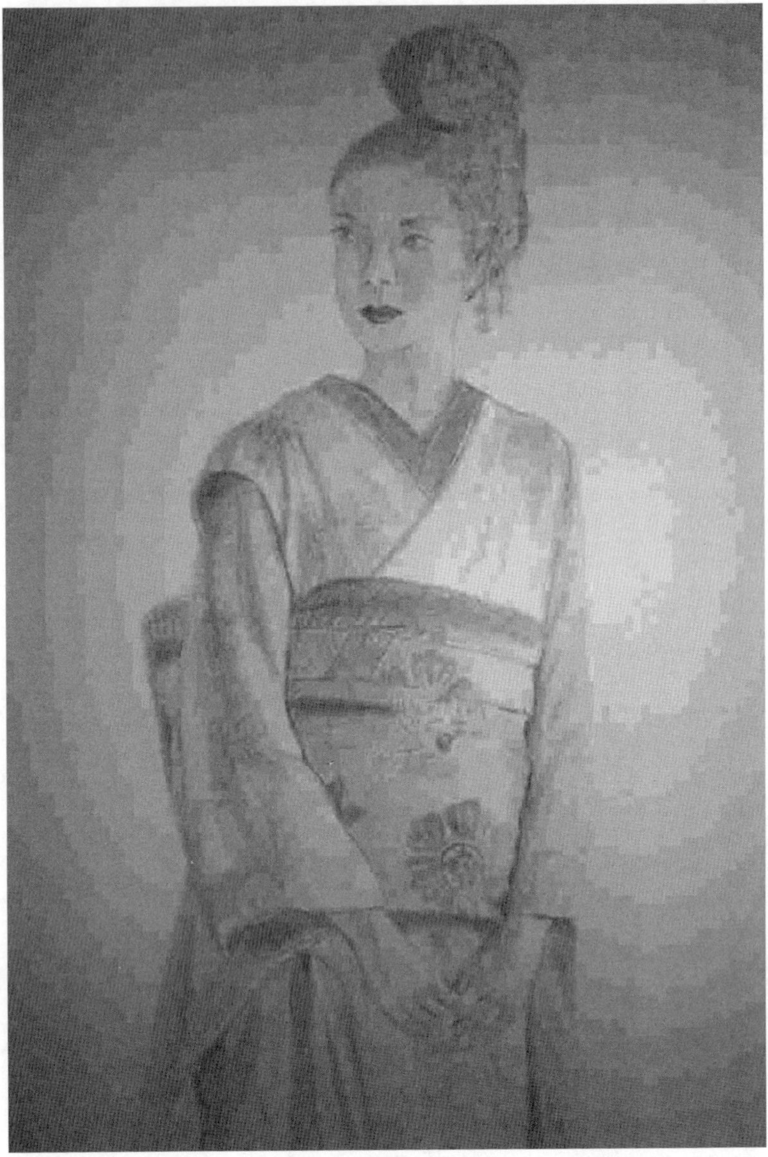

圖 6-5　充當慰安婦的日本藝妓（作者繪圖）

圖 6-6　充當慰安婦的日本酌婦（作者繪圖）

圖 6-7　充當慰安婦的日本藝・娼妓（作者繪圖）

以為開設慰安所的創業資金。與此同時，臺拓會社社長另特別指示海口分支機構對外發言必須謹慎，要對人解釋本案完全是福大公司與葉玉友七雙方之間的借貸關係，與臺拓公司無關，以免被人認為臺拓公司參與經營慰安所一事。[45]

葉玉友七得到臺拓會社的融資後，第一批徵集一組十人的特要員，預定於五月二十三日搭乘臺拓會社船「金令丸」由基隆航往三亞，但這艘船在出航前，突然發生故障，因而延到二十四日啟程。第二批一組十五人的特要員，則改在六月十日搭乘美那多丸（Menadomaru）出發。[46]

一九三九年二月，日軍擴大占領崖縣轄區三亞、楡林、崖城後，就開始實施建立軍事基地戰略。七月三日攻占黃流，展開航空基地建設作業。[47]葉玉友七為迎合日占軍需要，分別在三亞、黃流各設立一間慰安所，開辦費來自福大公司融資的一萬圓。這筆貸款其實是臺拓會社先按年利百分之五借給福大公司，福大公司再按日息二錢二厘借給葉玉友七。關於葉玉友七的經營情況，在營業初期，他的慰安所受到日軍討伐中國游擊隊，頻頻調動軍隊，攻占新據點，無暇光顧的影響，生意面臨停業的困境。由於無力償債，所以到一九四〇年四月為止，仍然積欠臺拓會社一萬一千十一圓五十四錢（含利息）。臺拓會社擔心他背信，就於一九四〇年五月十六日和他在臺北地方法院簽訂延期貸借契約公正證書，契約中約定葉玉友七承諾在同年六月底以前，償還二千零十一圓五十四錢，餘款再從同年七月起至十二月底止，以分期付款的方式，每月月底支付一千五百圓及利息。[48]

一九四〇年九月，臺拓會社得到葉玉友七遷移北黎營業的消息。北黎位於海南島西部，是日本駐屯軍的一個重要據點，這裡共有三間慰安所。[49]由於交通不便，連絡困難，所以臺拓本社就指示三亞事務所通知葉玉友七，要他指定債務責任代理人，以臺北做為償債付款地，確實履行先前協議的償債約定。儘管如此，葉玉友七的慰安所事業仍因日軍作戰，客源不穩定，而到一九四一年十月為止，還欠下臺拓會社九千圓債務。【50】

言及在臺北料理店業小有名氣的葉玉友七，一八九一年出生於熊本。一九一八年來臺擔任米店送貨員時，是以同居寄留人的身分寄籍在臺北市萬華鐵道部傭員小川×的戶籍內。同年，他與妻子Taka（一八九五年生，大阪人）在臺北開設一間「友鶴」咖啡屋。一九三六年，葉玉友七和妻子、同父異母弟遷居北投，改營旅館兼料理屋業。

表6-6所示，葉玉友七店內先後僱用女性（含藝妓、酌婦、娼妓、仲居）共五十七名、男性五名。婦女年齡，十六歲到二十五歲的未婚女子有四十三人，約占女性總數的百分之七十五。婦女籍貫，九州人十五名，約占總數的百分之二十六；沖繩人八名，約占百分之十四；南朝鮮人二名。同樣顯示從業婦的來源與店主有一定的地緣關係。關於婦女的出生別為，長女十九名，約占女性總人數的百分之三十三；三女十六人，約占百分之二十八；庶女四人，約占百分之七；私生女九人，約占百分之十六。長女、庶女、私生女人數的突出，說明特種行業的從業婦大部分源於經濟貧困的因素。此外，還有三組家族成員，亦即曾與葉玉友七一同寄籍在小川戶籍內的×西×カ的姊姊×西×キ（四十四歲）和其私生子×西×（二十歲）；×中×枝（十九歲）和其私生女×中×子（一歲）；×下×二×（十九歲）和妹妹×下×三×（十六歲）。

一九三五年五月葉玉友七到三亞以前，第一批招募的員工，計有：帳場（會計）一人、料理人

表 6-6　葉玉友七戶籍內登錄的雇人資料

年齡別	性別	人數	本籍地
16-20	女	19	北海道 1、栃木 1、石川 1、岐阜 1、大阪 1、兵庫 2、愛媛 1、福岡 1、佐賀 1、長崎 1、熊本 1、宮崎 2、鹿兒島 1、沖繩 3、慶尚南道 1
21-25	女	24	北海道 1、秋田 1、茨城 1、東京 2、山梨 1、大阪 1、奈良 1、兵庫 1、島根 1、廣島 1、德島 1、愛媛 1、佐賀 2、長崎 3、熊本 1、鹿兒島 1、沖繩 3、慶尚北道 1
18-25	男	1	大阪 1
26-35	女	8	愛知 1、京都 1、大阪 2、山口 1、長崎 1、大分 1、沖繩 1
36-50	女	5	大阪 2、長崎 2、沖繩 1
36-50	男	2	福島 1、岡山 1
53	女	1	大阪 1
50 以上	男	2	名古屋 1、熊本 1
小計人數	女	57	
小計人數	男	5	
共計人數	男、女	62	

資料來源：作者根據〈日據時期臺灣戶籍資料〉;《臺灣慰安婦關係資料集》第 2 卷，頁 536-570 製作。

（廚師）二人、仲居二人、酌婦（酒女）十人。葉玉友七組織的慰安隊員，令人感到好奇的是：一、料理人和酌婦×田×メ為何不在葉玉友七的寄留戶籍內？[51]二、表6-7顯示，十名酌婦中，包括有已婚酌婦二人。但，根據日、臺兩地娼妓取締法規定，有夫之婦不得從娼。葉玉友七募集有丈夫在臺北的酒女去當慰安婦的理由何在？酌婦的丈夫為何同意妻子去做慰安婦？三、根據日本政府規定，合法娼妓必須有從業執照，且從業年齡要年滿二十一歲，但表6-7裡為何有十九歲、二十歲的慰安婦？

表 6-7　葉玉友七戶籍內登錄的慰安婦資料

姓名	出生年/出生別	本籍地	寄留日期/地區（1）	寄留日期/地區（2）	寄留地雇主	1939赴海南年齡/婚姻/職業	備註
葉玉友七	1891 三男	熊本縣	1918.05.05 臺北萬華		小川×	48歲/已婚/經營者	1940.06.10 返回北投
×藤×ル×	1912 長女	長崎市	1939.05.09			27歲/未婚/酌婦	1940.06.21 返回本籍
×本×ル×	1918 三女	長崎縣	1939.05.14			21歲/未婚/酌婦	
×尾×メ	1898 私生女	長崎市	1939.05.14			41歲/已婚/仲居	
×城×ク×	1918 私生女	沖繩縣	1939.05.15			21歲/未婚/酌婦	1940.06.20 返回本籍
×見×子	1905 三女	愛知縣		1939.05.17 臺北老松町	1940.09.18 臺北×見×	34歲/已婚/酌婦	
×江×ワ×	1897 私生女	那霸市		1939.05.15 臺北老松町	1940.03.15 臺北老松町 ×江×安×（妻）	42歲/已婚/酌婦	
×井×ズ×	1920 長女	熊本縣	1939.05.16			19歲/未婚/酌婦	1940.03.09 轉寄留臺北
×林×マ	1904 三女	大阪市		1939.05.15 臺北末廣町		35歲/未婚/酌婦	1940.07.22 轉寄留臺北末廣町
×野×メ×	1919 三女	北海道		1939.05.14 基隆田寮町 仁木××		20歲/未婚/酌婦	1939.10.16 轉寄留基隆日新町 五木江
×化×	1917 長女	慶尚南道		1939.05.14 臺北老松町		22歲/未婚/酌婦	

（續下頁）

× 西×キ	1892 庶女	大阪市		1936.09.15 臺北入船町	森××	47 歲 / 有私生子 / 仲居	1940.07.17 轉寄留臺北兒玉町
× 津× 教道	1886 二男	熊本縣	1939.05.24 同行去海南			53 歲 / 不詳帳場	1940.11.09 轉寄留北投
× 田×メ	1917 不詳	佐賀縣	1939.05.24 同行去海南			22 歲 / 不詳 酌婦	

備註：空白欄為資料缺載。

資料來源：作者根據〈日據時期臺灣戶籍資料〉;《臺灣慰安婦關係資料集》第 2 卷，頁 536-570 製作。

四、表6-7裡，有來自長崎、熊本、沖繩的五名女子都在一週內遷入葉玉友七的戶籍內，有六名女子於五月十四日至十七日短短四天間，從基隆、臺北的特種行業店遷進葉玉友七的戶口內。葉玉友七自己的料理店既已僱有五十餘名從業婦，為何他不選用店內現成的女子，而要匆忙徵集店外的女子到海南島去當慰安婦？五、來自各地的酌婦經由什麼途徑得到訊息，知道要和葉玉友七會合，一同前往海南島？六、葉玉友七帶去海南島的婦女，明明已經離開了臺灣，但為何在葉玉友七的戶籍資料裡，警察要登錄她們一直留在臺灣的不實內容？七、葉玉友七在三亞、黃流經營二間慰安所，第一批在臺北徵召十名酌婦，第二批有十五人是在何時、何地、徵召了什麼樣的女子？她們有無賣淫經驗？等疑點，都有待日後挖掘資料，再做專題討論。

註釋

【1】野田經濟研究所，《戰時下の國策會社》（東京：野田經濟研究所，一九四〇），頁五～一八。

【2】昭和十一（一九三六）年〈臺拓株式募集ニ關スル事項〉，收入臺拓文書第一九號，〈會社設立關係書類株式係〉；昭和十六年七月一日〈會社經理狀況報告書〉，收入臺拓文書第二五二三號，〈會社經理統制令〉；朱德蘭編集、解說，《臺灣慰安婦關係資料集》（東京：不二出版社，二〇〇一），第一卷，頁一六五、一七〇、一八五。

【3】昭和十一年〈臺灣拓殖株式會社法施行令〉，收入臺拓文書二六號，〈臺拓設立委員會關係書類〉；昭和十八年八月〈臺灣拓殖株式會社關係法令及定款〉，收入臺拓文書一四七二號，〈帝國議會說明資料議事錄〉；朱德蘭，〈臺灣拓殖株式會社的政商網絡關係（一九三六～一九四五）〉，《臺灣史研究》，第十二卷第二期（臺北：中央研究院臺灣史研究所，二〇〇五年十二月），頁一〇七。

【4】朱德蘭，〈臺灣拓殖株式會社的政商網絡關係（一九三六～一九四五）〉，頁七八～七九。

【5】朱德蘭，〈臺灣拓殖株式會社的政商網絡關係（一九三六～一九四五）〉，頁七九～八〇。

【6】朱德蘭，〈臺灣拓殖株式會社的政商網絡關係（一九三六～一九四五）〉，頁八〇。

【7】朱德蘭，〈臺灣拓殖株式會社的政商網絡關係（一九三六～一九四五）〉，頁八〇～八一。

【8】朱德蘭，〈臺灣拓殖株式會社的政商網絡關係（一九三六～一九四五）〉，頁八一。

【9】朱德蘭，〈臺灣拓殖株式會社的政商網絡關係（一九三六～一九四五）〉，頁八一～八二。

【10】朱德蘭，〈臺灣拓殖株式會社的政商網絡關係（一九三六～一九四五）〉，頁八二。

【11】《臺拓社報》，第一二號，昭和十二年五月二十一日；同第一五號，昭和十二年八月九日；同第一六號，昭和十二年八月三十一日。

【12】朱德蘭，〈臺灣拓殖株式會社的政商網絡關係（一九三六～一九四五）〉，頁八三～八四。

【13】《臺拓社報》，第七號，昭和十二年一月二十八日；同第三一號，昭和十四年一月三十一日；〈社長土產品贈呈ノ件外〉，臺拓文書第五二七號，《雜書》，昭和十五年；〈高山業務部長南洋視察旅行日程〉，臺拓文書第八七號，《參考執務》，昭和十二年；三日月直之，《臺灣拓殖株式會社とその時代》，頁三三。

【14】朱德蘭，〈臺灣拓殖株式會社的政商網絡關係（一九三六～一九四五）〉，頁八七～九二。

【15】朱德蘭，〈臺灣拓殖株式會社的政商網絡關係（一九三六～一九四五）〉，頁九二、一〇九。

【16】朱德蘭，〈臺灣拓殖株式會社的政商網絡關係（一九三六～一九四五）〉，頁九二～九三；朱德蘭，〈一九三九～一九四五日占海南下的皇軍「慰安婦」〉，收入《人文學報》第二十五期（中壢：國立中央大學文學院，二〇〇二），頁二〇〇；坂本雅子，《財閥と帝國主義——三井物產と中國》（京都：ミネルヴァ書房，二〇〇三），頁三三～二二四。

【17】小山弘健、淺田光輝著，《日本帝國主義史》，下卷（昭和期一九二六～一九四五）（東京：新泉社，一九八五），頁二一九～二三四。

【18】臺拓文書第一四七二號，〈帝國議會說明資料議事錄〉，頁三一一～三二三。

【19】朱德蘭，〈臺灣拓殖株式會社的政商網絡關係（一九三六～一九四五）〉，頁九三～九四、一〇八、一一二。

【20】朱德蘭，〈臺灣拓殖株式會社的政商網絡關係（一九三六～一九四五）〉，頁九五～九七、一一三。昭和十九年二月四日〈海南島及佛印事業補助金ニ關スル件〉，臺拓文書第一七二〇號，〈南支南洋補助事業關係〉，昭和十八年度。

【21】朱德蘭，〈臺灣拓殖株式會社的政商網絡關係（一九三六～一九四五）〉，頁九七～九八。

【22】朱德蘭，〈臺灣拓殖株式會社的政商網絡關係（一九三六～一九四五）〉，頁九七～一〇〇、一一四～一一六。

【23】朱德蘭，〈臺灣拓殖株式會社的政商網絡關係（一九三六～一九四五）〉，頁九九～一〇〇、一一四～一一六。

【24】朱德蘭，〈臺灣拓殖株式會社的政商網絡關係（一九三六～一九四五）〉，頁一〇〇～一〇一。

【25】朱德蘭，〈臺灣拓殖株式會社的政商網絡關係（一九三六～一九四五）〉，頁一〇一。

【26】'Japanese Prisoner of War Information Report' No.49，收入後藤乾一、高崎宗司、和田春樹共編，《政府調查「從軍慰安婦」關係資料集成》第五卷（東京：龍溪書舍，一九九八），頁二〇三。

【27】入江德郎等編，《新聞集成昭和史の證言》，昭和十九年第一八卷（東京：本邦書籍株式會社，一九八三），頁一七七。

【28】昭和十四年三月二十九日官南第三三號〈海南島調查隊用並ニ軍用資材供給ニ關スル件〉，收入臺拓文書第四四一號，〈廣東事業全般〉；同年四月一日〈海南島料理屋營業資金貸付ノ件〉，收入臺拓文書第二四九六號，〈建築事業〉。

【29】昭和十四年四月二十九日第九五號〈長瀨囑託トノ打合セ事項ノ件〉，收入臺拓文書第四三五號，〈建築事業〉；昭和十五年三月〈建築事業状況〉，收入臺拓文書第二五八五號，〈海口建築事業綴〉。

【30】前引昭和十五年三月〈建築事業状況〉。

【31】昭和十四年四月十五日調第三六七號〈海南島料理屋營業資金貸付ノ件〉，臺拓文書第二四九六號，〈建築事業〉。

【32】臺灣總督府官房調查課長木原圓次，參照臺灣經世新報社編，《臺灣大年表》（東京：綠蔭書房，一九九二年據一九三八年復刻版），頁二七七。

【33】前引昭和十四年四月十五日調第三六七號〈海南島料理屋營業資金貸付ノ件〉。

【34】昭和十三至十九年〈寄附名簿〉，收入臺拓文書第二四四九號，〈寄附廣告連絡簿〉。

【35】〈北投消防組長奧田甚三郎氏〉收入前引大塚清賢編，《躍進臺灣大觀》第四編（臺北：成文出版社，一九

八五年據一九三九年複製本），頁六二七～六二八。日治時代臺灣花柳業一詞的定義，包括：料理店業（店內僱用藝妓）、貸座敷業（店內僱用娼妓）、飲食店業（店內僱用酌婦＝酒女）、咖啡屋業（店內僱用女給＝女招待、侍應生），範圍較廣，並非指狹義的娼妓業。參見朱德蘭，〈日治時期臺灣花柳業問題〉，收入《人文學報》第二十七期（中壢：中央大學文學院，二〇〇三年六月），頁九九～一七四。

【36】前引《躍進臺灣大觀》第四編，頁六二七；前引朱德蘭編集、解說，《臺灣慰安婦關係資料集》第二卷，頁四九五～五三五。文中人名，除了公共人物以外，其他人名基於隱私權的關係，都以隱匿方式表示。

【37】昭和十四年四月二十一日調第四三四號〈海南島調查隊用並ニ軍用資材供給ノ件〉，收入臺拓文書第一三〇號，〈業務概況〉。

【38】昭和十四年八月二十五日海第三八〇號〈海南島料理屋營業資金貸付ノ件〉，收入前引臺拓文書第二四九六號，〈建築事業〉。

【39】前引昭和十四年八月二十五日海第三八〇號〈海南島料理屋營業資金貸付ノ件〉；藤原彰，〈海南島における日本海軍の「三光作戦」〉，《季刊戰爭責任研究》第二四號（東京：日本の戰爭責任資料センタ—，一九九九夏季號），頁四八～五三。

【40】昭和十五年二月十七日海第八五號〈奧田甚三郎貸付金ノ件〉，收入臺拓文書第二四九六號，〈建築事業〉；昭和十五年五月二十一日〈海口花月料理店工事代金支払ノ件〉，臺拓文書第五四七號，〈重建用資材ノ件〉；朱德蘭編集・解說，《臺灣慰安婦關係資料集》第二卷，頁三五八～三六一、三七四。

【41】昭和十六年九月二十四日海第一二六六號〈事業進捗狀況報告ノ件〉，收入前引臺拓文書第二五八五號。

【42】昭和十五年六月十九日、同六月二十六日、同七月五日、同八月二十日，〈笹ノ家料理店工事請負金額支拂ノ件〉、〈月賦拂契約書〉，臺拓文書第五四七號，〈重建用資材ノ件〉；朱德蘭編集、解說，《臺灣慰

安婦關係資料集》第二卷，頁三七八～三八八、三九一。

【43】昭和十四年四月十七日〈特要員〉、同年五月九日調第五六七號〈人員並ニ物資輸送ノ件〉，收入前引臺拓文書第四四一號，〈廣東事業全般〉。

【44】昭和十四年四月十五日第三六七號，〈海南島料理屋營業資金貸付ノ件〉，收入前引臺拓文書第二四九六號，〈建築事業〉；同年四月二十一日〈海南島經濟工作ニ關スル取扱ノ件〉，臺拓文書第二四七四號，〈物資輸送綴〉。

【45】昭和十四年五月十八日，〈海南島慰安所營業資金貸付ノ件〉，收入前引臺拓文書第二四九六號。

【46】昭和十四年五月九日調第五六七號〈人員並ニ物資輸送ノ件〉、同年五月二十六日支第三二號〈人員並ニ物資輸送ノ件〉，收入前引臺拓文書第四四一號。

【47】羊杰臣，〈日軍侵占崖縣及其暴行紀實〉，收入符和積主編，《鐵蹄下的腥風血雨——日軍侵瓊暴行實錄》（海口：海南出版社，一九九五），頁四〇二～四〇三、四〇八。

【48】昭和十四年十月二十四日支第五〇五號〈葉玉友七貸付金回收方ノ件〉、昭和十五年四月十日〈葉玉友七慰安所設置貸付金ノ件〉、同年九月十九日支第一四九七號〈葉玉友七貸付金ノ件〉，收入前引臺拓文書第二四九六號；昭和十六年十月十日主第一九二號〈雜假拂金ノ內容ニ關スル件〉，收入臺拓文書第二六五四號，〈會計檢查關係昭和十六年六月—昭和十七年十二月〉；朱德蘭編集、解說，《臺灣慰安婦關係資料集》第二卷，頁三九二～三九三。

【49】牛泊，〈北黎日軍慰安所情況調查錄〉，收入前引《鐵蹄下的腥風血雨——日軍侵瓊暴行實錄》，頁七一一。

【50】昭和十五年九月十九日支第一四九七號〈葉玉友七貸付金ノ件〉，收入臺拓文書第二四九六號，〈建築事業〉；前引昭和十六年十月十日主第一九二號〈雜假拂金ノ內容ニ關スル件〉；朱德蘭編集、解說，《臺灣慰安婦關係資料集》第二卷，頁三九七。

【51】朱德蘭編集、解說，《臺灣慰安婦關係資料集》第一卷，頁二三八～二四四；同第二卷，頁五三六～五七〇。

第七章　慰安所融資公司

日本自一八九八年與清朝協定，清朝對外不割讓福建，擁有福建省的特殊權益以來，一直獨占福建省的對外貿易利益。一九三七年五月，中國福建省物產貿易公司在福州舉行創立大會，宣稱自六月一日起開始營業，日本政府深恐物產貿易公司的成立，將加速中國統制福建貿易的力量，對日本不利。因此，福州總領事內田五郎就與軍部代表、臺灣官員協商，計畫在福建設立一間以臺拓會社、興中公司為核心的特殊會社，加強經濟工作，以便維護日本在華南地區的經濟權益。同年十一月一日就以此為契機，成立了一間名稱為「福大公司」的日資企業。[1]

福大公司的創業資本額為三百萬圓（每股五十圓，計六萬股），主要股東有：臺拓會社社長一萬九千股、臺灣製糖株式會社社長四千一百股、明治製糖株式會社社長四千一百股、大日本製糖株式會社社長三千九百股、日本礦業株式會社社長二千股、臺灣銀行頭取（董事長）二千股、鹽水港製糖株式會社社長二千股、臺灣電力株式會社一千八百股、帝國製糖株式會社社長一千股。可以說，該公司的股東幾乎全是日本人，臺籍股東只有：臺北實業家林熊徵持股一千股、大有物產株式會社代表林熊祥持股一千股、臺陽礦業株式會社取締役社長顏欽賢持股一千股、辜顯榮持股二百股、新興製糖株式會社取締役社長陳啟峰持股一百股等五名而已。[2]

戰時代表日本帝國主義利益的福大公司是前進華南地區的經濟戰士。有關其人事組織如何？領導幹部的出身背景為何？營業方針如何？融資日商經營慰安所的實況又如何？等疑問，頗須進行深入的分析。

一、福大公司的組織與領導幹部

一九三七年十一月福大公司在臺北召開創立大會，根據該公司章程總則第二條記載，福大公司的營運目的是以增進臺灣與華南及其鄰近區域之間的福祉為目標，其經營項目有：1.調查與介紹華南與其鄰近地區的產業及資源；2.建設、承辦華南與其鄰近地區的文化事業及交通、產業上之設備；3.經營華南與其鄰近地區的礦業及電力事業；4.經營華南與其鄰近地區的工業、農林水產，以及其他拓殖事業；5.經營華南與其鄰近地區的商業；6.仲介、斡旋上述第二至第五號事業；7.經辦上述第二至第五號事業相關之融資、投資、共同經營、承受委任經營，及其他相關事業等七項。[3]反映福大公司欲以臺拓會社分身的姿勢，展開綜合型的跨境經濟活動，以助日本帝國掌握華南地區的經濟權益。依此，左右福大公司發展命運的領導階層背景及其專業能力，必須做一探討。

（一）組織規模

根據福大公司組織章程第四章第二十一條至第三十條規定，取締役（董事）任期三年，監查役（監事）任期二年，都由持股一百股以上的股東在股東大會中選出，連選得連任。取締役互選社長、專務取締役各一名，並選出常務取締役若干名。關於領導幹部的職務，社長代表公司總理公司一切事務，專務取締役代表公司輔佐社長總理業務；如果社長從缺，或發生事故，則代理社長總理公司事務。常務取締役遵從社長、專務取締役指示，處理公司業務。[4]

福大公司本店位於臺北，本店設有主事取締役、總務課長與庶務係長（股長）、經理係長、營業係長。東京支店設有總務課長、經理課長。華南地區支店設有取締役支配人、庶務係長、受渡係長（交貨股長）、經理係長、運輸係長、整備係長。本支店首長都由取締役出任。

論及福大公司的組織變化，在創業初期規模不大，例如，一九三八年的領導階層僅設專務取締役一人（代行社長職務）、取締役一人、取締役支配人一人、監查役二人。員工部門僱用社員一百零二人、傭員一百七十一人，共計二百七十三人。同年，廈門、廣東（指廣州）各設一個出張所（事務處）。一九三九年廈門、廣東出張所升格為支店，另增設汕頭出張所。一九四〇年，福大公司資本額增至六百萬圓，於東京開設一間支店。

一九四〇年，福大公司在領導部門設置取締役社長一人、專務取締役一人、取締役五人、監查役二人。在員工方面，社員增至一百十七人、傭員增至二百五十九人，共計三百七十六人。

一九四二年福大公司資本額增加一倍，成為一千二百萬圓（二十四萬股）。該年共有東京、福州、廈門、廣東、香港、上海等六間支店，另有汕頭、海口二間出張所。關於領導部門，一共設有取締役社長一人、專務取締役一人、常務取締役一人、取締役六人、監查役三人等，總計十二人。員工方面，社員增至二百零八人、傭員增至一千三百五十六人，共計一千五百六十四人。[5]

（二）菁英領導

值得留意的是，福大公司以三百萬圓創業資金起家，到一九四二年時，營業規模已達穩定成長的狀態。福大公司在短短幾年間事業呈現蓬勃發展的原因，歸根究底應與下述核心人物的專業能力密不可分。

1.取締役社長藤山愛一郎（任期自一九三九年一月起至二次大戰結束止，監查役任期自一九三八年一月起至同年十二月止）

藤山愛一郎，一八九七年出生於東京，是日本貴族院敕選議員藤山雷太[6]的長男。一九一八年畢業於慶應義塾大學政治科。歷任大日本製糖會社取締役社長、兼任集成社社長、武藏中央電氣鐵道株式會社代表取締役、南進公司取締役、共同信託株式會社取締役、日華生命保險株式會社取締役、國華徵兵保險株式會社取締役、朝鮮農事株式會社取締役、ナニハビルチング（NANIHA BUILDING）株式會社監查役、東京商工會議所議員、日本糖業聯合會理事長，為企業界頭角崢嶸的青年才俊。一九三八年，他以大日本製糖會社取締役社長名義持有福大公司三千九百股，個人名義擁有二百股，出任福大公司的監查役，同年十二月辭任，一九三九年被選任取締役社長。一九四〇年，以藤山愛一郎為代表的大日本製糖會社增加持股六萬三千七百股，一九四三年再增加持股十六萬四千一百九十股，藤山愛一郎個人持股也由起初的二百股增至一千四百股，成為福大公司的最大股東。藤山愛一郎位居福大公司的首席寶座，直到二次大戰結束前始終穩若泰山。[7]

2.專務取締役竹藤峰治（任期自一九三七年十一月起至一九三八年十二月止）

竹藤峰治，一八八二年生，岡山縣人。一九〇六年自東京高等商業學校畢業後，就進入臺灣銀行臺北本社就職。歷任臺灣銀行分設汕頭、香港、福州、廣東各支店（分行）店長、華南銀行常務取締役。竹藤峰治精通華南、東南亞商務，是業界聞名的金融專家。一九三七年十一月，竹藤峰治得到臺拓社長加藤恭平的推薦，出任福大公司專務取締役（代行社長職務），其個人持股二百股。一九三八年十月，日軍攻占廣東後，臺拓會社受命在廣州開設南興公司，加藤社長為借重他的金融專長，推薦他擔任南興公司的取締役。同年十二月，竹藤峰治便辭去福大公司職務，一九四一年再辭去南興公司職務，於香港創設竹籐商會，專心發展竹藤商會的事業。【8】

3.取締役立木貞藏（任期自一九三八年一月起至同年十二月止）

立木貞藏，一八九一年生，烏取市人。一九一二年畢業於東京高等商業學校。立木貞藏歷任三菱合資會社社員、三菱商事會社上海支店次長、大連商工會議所囑託。立木貞藏與臺拓社長加藤恭平都來自三菱會社，基於同事情誼，故被加藤恭平推薦，擔任福大公司的取締役，其個人持股二百股。【9】

4.取締役金澤冬三郎（任期自一九三九年一月起至二次大戰結束止）

金澤冬三郎，一八七八年出生於埼玉縣。一九〇三年畢業於慶應義塾大學政治科。金澤冬三郎歷任時事新報社通信員、大日本製糖株式會社祕書役庶務課長、東京工場主事、大阪工場長兼主事、大日本製糖株式會社常務取締役兼總務部長、朝鮮農事株式會社監查役、大成化學工業株式會社監查役、東北糖業株式會社監查役、玉川電氣鐵道株式會社監查役，另兼任南洋商事會社、新高製糖會社的重要職位。金澤冬三郎在業界因有豐富的實務經驗，故自一九三九年起到一九四五年止，擔任福大公司的取締

役，其個人持股由一百股增至二百股。【10】

5.取締役堀透（任期自一九三九年一月起至一九四三年三月止）

堀透，一八九三年生，新潟縣人。一九一五年畢業於上海東亞同文書院。堀透歷任大日本製糖株式會社斗六製糖所長、大日本製糖株式會社大連出張所長、大日本製糖株式會社京城出張所長、大日本製糖株式會社名古屋、大阪、上海各出張所主任、大日本製糖株式會社朝鮮支店事務長、朝鮮工廠廠長。堀透乃糖業界的幹練人才，一九三九年到一九四三年間被選任福大公司取締役，其個人持股也由一百股增至二百股。【11】

6.取締役小出三郎（任期自一九三九年一月起至一九四一年三月止，監查役任期自一九四一年四月起至二次大戰結束止）

小出三郎，一八八七年生，佐賀縣人。一九〇九年畢業於大阪高工學校機械科。小出三郎歷任臺灣總督府鐵道部技師、大日本製糖株式會社虎尾製糖所鐵道主任、鐵道課長。一九三七年，他以機械專長和曾任總督府技術官僚的背景，被選任福大公司的取締役，其個人持股由一百股增至二百股。【12】

7.取締役古澤勝之（任期自一九三九年一月起至二次大戰結束止）

古澤勝之，一八九四年生，富山縣人。一九一二年臺灣總督府文官普通考試及格，同年任職於總督府官房祕書課。一九二三年通過辯護士（律師）資格考試，出任總督府官房審議室官吏。其後歷任總督府地方理事官、臺中州彰化郡守、臺中市尹（市長）、臺南市尹等官職。古澤勝之自一九三九起到一九四五年止擔任福大公司取締役，其個人持股二百股。【13】

8.監查役田端幸三郎（任期自一九四〇年一月起至一九四三年三月止）

田端幸三郎，一八八六年生，和歌山縣人，一九一一年文官高等考試及格。一九一二年自東京帝國大學英法科畢業後，歷任高知縣安藝郡長、高知縣內務部地方課長、新竹州警務部長、警務局衛生課長、臺北州內務部長、臺北市尹、新竹州知事（州長）、專賣局長、殖產局長等官職。田端幸三郎一九四〇年出任福大公司的監查役，其個人持股一百股。[14]

綜上所述，可以發現福大公司的領導幹部，在一九四〇年二月福大公司增資三百萬圓以前，臺拓會社社長加藤恭平約有三分之一的股金，因為持股最多，所以強而有力地掌握了人事主導權。譬如，高山三平（臺拓會社理事，詳見第六章）、竹藤峰治、立木貞藏都來自加藤恭平的推薦，而擔任福大公司的取締役。

一九三九年，日本興亞院、日軍占領機構與臺灣總督府一致認為，要想發揮福大公司的南進功能，必須在福大公司進行人事改組時，讓大日本製糖株式會社取締役社長藤山愛一郎出任取締役社長，使之以新的人事陣容，拓展新事業。依此共識，藤山愛一郎就辭去福大公司監查役一職，被選任為社長。一九四〇年二月、一九四二年十一月，福大公司進行二次增資活動時，藤山愛一郎因以大日本製糖株式會社的名義承受了全部增資的股金，取得了公司的人事權，所以改選後的取締役，如金澤冬三郎、堀透、小出三郎等人，都來自大日本製糖株式會社的重要幹部。此外，藤山愛一郎還為讓福大公司扮演民間營利企業與國策會社之間「準國策會社」的角色，故吸收有官僚背景的古澤勝之（前臺南市長）出任取締役、田端幸三郎（前專賣局長）擔任監查役。[15]

二、福大公司的經營事業

（一）投資事業

大體而言，福大公司的業務發展分為兩階段，即第一階段：一九三七至一九三九年加藤恭平主導的創業期，及第二階段：一九三九至一九四五年藤山愛一郎主導的穩定發展期。

首先，就第一階段來說，一九三八年華南地區的戰局變化為，一月日軍攻占金門、三月攻陷三灶島（屬於中山縣，位於澳門西南方）、五月攻破廈門、十月占領廣州。一九三九年二月再攻占海口、五月占領汕頭。本期加藤恭平把福大公司視為臺拓會社的子公司，也就是說，為因應日占軍的需求，而指示專務取締役竹藤峰治經營下列事業，即：一、提供慰安所業者融資款項，慫恿業者儘速開辦慰安所；二、恢復自來水、電力事業，並從事交通運輸業；三、供應日占區軍、民生活物資；四、投資公共建設及軍需產業。唯，創業初期福大公司因為財力不足，所以在投資方面，只能做若干小資本、大收益的投資，例如投資南興公司、廈門製冰股份有限公司、廈門水產組合等都是。統計一九三八年的經營結果，虧損十二萬一千八百零六圓二十四錢，呈現財務赤字狀況。【16】

其次，以第二階段來論，本期福大公司為協助日占軍安撫民心，維持治安，並推進戰爭起見，其經營方針如下：1.透過政界關係，連續五年向臺灣總督府申請補助上年度的營業損失額（見表7-1）。2.利用人脈關係掌握獨占性的事業。譬如，廈門市的電燈、自來水原本是屬於中國民間商社的投資事業，但被日占軍沒收後，經由日本總領事館、臺灣總督府協議，組織一個「復興委員會」，這個委員

表 7-1　福大公司營業損益額與獲得補助額（1937-1943 年）

單位：日圓

年別	A 營業損益額	臺灣總督府補助名目	B 補助額	B÷A%
1937 ／ 11 ～ 12 月	虧損 2,518.57		無	
1938	虧損 121,806.24	事業損失補助金	80,000 圓	65.7%
1939	虧損 521,704.09	事業損失補助金	80,000 圓	15.3%
1940	盈利 216,207.91	廣東巴士事業補助金	50,000 圓	21.1%
1941 ／ 1 ～ 3 月	盈利 155,573.20			
1941 ／ 4 月～	盈利 768,019.91	廣東巴士事業補助金	50,000 圓	6.5%
1942	盈利 723,791.98	海南島拓殖事業補助金	30,000 圓	4.1%
1943	盈利 1,303,976.50		無	

備註：福大公司 1938 年至 1940 年的會計年度為 1 月 1 日迄 12 月 31 日。1941 年起改為每年 4 月 1 日起至翌年 3 月底止。1944 年、1945 年的營業損益資料從缺。

資料來源：作者根據〈第三至七回營業報告書〉製作。

會與傀儡政權「治安維持會」進行協調，結果由福大公司以出資一半以上的現金方式擁有經營權。而福大公司的資金來源，則仰賴增股及臺拓會社與臺灣銀行的融資。3. 以臺灣做為運銷日占區宣撫物資的供貨基地。[17]

在福大公司的營業項目裡，供應日占區物資是其重要經濟活動之一。福大公司為推展臺灣與上海、福州（一九四一年占領）、廈門、金門、廣州、汕頭、香港（一九四一年占領）、海口等日占區的商業，不僅租船輸運商品，還購置龍丸（八十六噸）、春日丸（一四九噸）、快通丸（噸數不詳），及建造福大丸（一三四噸）、聯勝丸（十九噸）等五艘機動船，將臺灣土產蓬萊米賣到廈門、廣東；木材、高砂啤酒賣到上海；運銷：食鹽、砂糖、食品、白絞油、穀類、甜點、毛巾、手帕、牙籤、牙刷、香皂、肥皂、小刀、安全刀、菸草、菸草盒、零用錢袋、仁丹、Mentholatum（皮膚藥，商標小護士）、鞋油、信封、信紙、明信片、自來水筆、墨汁、紙張、筆記本、綿製襯衫、手套、綿織襪、毛織襪、木炭、石油等日臺製品，供給日占區的皇軍與居民使用。另，福大公司也從三灶島輸出花崗石、茶粕到臺灣，和以廈門為中心，進行廈門與福州、金門、廣州，廈門及汕頭、海口等地，區域與區域之間土產品的交易活動。福大公司又為方便輸送物資起見，也經營廣州、汕頭當地的巴士運輸業，和廣州、新塘、佛山、九江、順德、三水之間的內河航運業。[18]

值得一提的是，福大公司不只接受各地的機具訂單，經營軍方委託的協同和機械廠，還鑑於石油漸趨匱乏，木造船供不應求，而於一九四二年初開始在河南（位於廣州市）經營木造船修理業；年底於海口開設鐵工廠，從事農具機械製造業，以為海南島開發農林產業之需。[19]

（二）營業成績

表7-2說明，一九三九至一九四〇年，福大公司的主要投資領域為：商業、拓殖事業、公共事業、金融業等四項；其中，持股金額以廈門自來水股份有限公司、廈門電力股份有限公司、廈門製冰股份有限公司、全閩水產股份有限公司所占比率較高。換言之，福大公司對此四家公司掌握了實質的經營權。

小額投資事業從表面上來看，似乎微不足道，但背後卻暗藏著不少玄機。舉例言之，一九四〇年

表 7-2　福大公司的投資事業（1939-1940 年）

事業別	投資會社名稱	本店地點	設立年月日	資本額／日圓	福大投資 %
商業	株式會社南興公司	臺北	1938.06.13	450,000	3.3%
拓殖事業	廈門水產組合	廈門	1939.01.10	50,000	22.0%
拓殖事業	廈門製冰股份有限公司	廈門	1939.04.11	100,000	50.0%
公共事業	廈門自來水股份有限公司	廈門	1939.07.04	1,800,000	54.8%
公共事業	廈門電力股份有限公司	廈門	1939.07.04	800,000	51.0%
金融事業	廈門勸業銀行	廈門	1940.02.05	2,500,000	4.0%
拓殖事業	全閩水產股份有限公司	廈門	1940.07.09	1,000,000	45.6%
商業	福裕公司	廈門	1940.09.15	500,000	6.0%
公共事業	廈門電氣通信股份有限公司	廈門	1940.11.08	800,000	12.5%
拓殖事業	金門開發股份有限公司	金門	1940.12.21	400,000	25.0%

資料來源：作者根據福經拓第 11 號，昭和 14 年 8 月 19 日〈弊社第二回拂込ニ關スル御願ノ件——株式投資及ビ組合出資一覽表〉，收入臺拓文書第 2478 號，〈株式會社福大公司〉，昭和 13-14 年；〈第三回第四回營業報告書〉製作。

日軍指示南興公司代表奧村文市，與臺灣人江重槐、陳長福等十人合資開設一間「福裕公司」。福大公司除了持有南興公司總股額百分之三的股金外，也對南興公司的子會社福裕公司進行投資，持股比率占其總股額的百分之六。福裕公司的生意十分特別，具體地說，福裕公司將其營業資本額的五分之一（十萬圓）交給日本海軍特務部，委請特務部向上海購買鴉片，特務部在收到鴉片後，再將鴉片交給福裕公司製造煙膏出售。關於福裕公司的售貨利益，日本領事館規定福裕公司只能將營業收益額的百分之三十五當作公司的利益，剩餘百分之六十五必須交給日本海軍與領事館保管。[20]福大公司投資福裕公司經營鴉片買賣，福裕公司依賴日軍居間幫忙購貨，然後製成煙膏向中國人販毒的行徑，說明日本帝國主義高舉「正義」旗幟，宣稱「膺懲暴支（暴虐支那）」的「聖戰」行動，其實骨子裡包藏了反文明、反人道的經濟行為。

福大公司的投資活動一方面配合日占軍意向，另一方面也伺機擴張事業範圍。也就是說，福大公司為供應安撫民心的商品，先從買賣物品業出發，然後伸展到交通運輸業，再從船舶業連結到機械、修船業，並進一步參與製造業及蔗糖加工業。言及蔗作加工業，來自大日本製糖會社的社長藤山愛一郎，素有「糖界之王者」的美稱。一九四二年，藤山愛一郎為支援日軍攻打東南亞、西南太平洋群島，而關閉臺中州沙鹿製糖所，及在臺一部分酒精製造廠，將此製造蔗糖與酒精的機械設備遷移到海南島，傾力投入海南島的砂糖與酒精生產事業。為此，臺灣總督府特別撥給福大公司三萬圓事業補助費，以示獎勵。[21]

綜上所述，可以發現福大公司創業初期雖然營業費支出巨大，呈現營業虧損入不敷出的狀態，但因有臺灣總督府的補貼，而得填補一部分財政赤字。福大公司的營業成績由虧轉盈始於一九四〇年，此後隨著事業收益的增加，來自臺灣總督府的補助款就漸減且轉趨於無。福大公司的獲利項目包括：商品交易收入、投資事業收入、船舶收入、運輸收入、製造品收入、利息收入、雜項收入等；其中，要以商品交易與製造品二項為其利益的主要來源。[22]

三、福大公司的慰安所事業

一九三八年五月日軍占領廈門後，為使逃到外地避禍的中國人返回廈門，和使廈門做為日本人進出華南的新基地，故一面指示日本國策會社參與復原市容的建設事業，一面慫恿日系商社、商人到廈門，進行繁榮港市的商業活動。[23]

戰時日本特種行業的商業活動相當突出。如據不完全資料統計，一九三八年十月到廈門經營特種營業的日本人（含臺灣人、朝鮮人）人數，料理屋、咖啡店、飲食店業者共三十三人，藝妓、仲居、女給、酌婦共四十七人，海軍慰安所業者四人，慰安婦十三人。一九四一年七月、八月、十月、十二月的四個月間，料理屋、咖啡店、飲食店業者增加十人，藝妓、仲居、女給、酌婦增加二十三人，海軍慰安所營業增加六人，但沒有慰安婦人數。一九四二年三月、四月、九月的三個月間，料理屋、咖啡店、飲食店業者增加四人，藝妓、仲居、女給、酌婦增加十人，海軍慰安所營業增加七人，同樣也沒有慰安婦人數。（見表7-3）

表7-4顯示，臺拓國策會社、福大公司與民間業者勾結，聽從日占軍指示，共同參與慰安所業一事。也就是說，一九三八至一九三九年間，福大公司將臺拓會社借給它的一百餘萬圓貸給八名日本商人，讓他們分別到廈門、廣州、三灶島、海南島開設慰安所。[24]關於福大公司的客戶背景為何？他們與福大公司之間有何商業往來關係？茲探討如下。

表 7-3　日本人在廈門經營特種行業人數統計表（1938-1942 年）

年 / 月	業別 性別	料理屋 咖啡店 飲食店	藝妓 仲居 女給 酌婦	海軍 慰安所	慰安所 從業婦	業別 人數 小計	日本人居 留民 合計
1938/10	男	20	--	--	--	20	3,484
	女	13	47	4	13	77	2,104
	小計	33	47	4	13	97	5,588
1941/7		10	--	2	--	12	--
1941/8		--	14	2	--	20	--
1941/10		--	5	1	--	6	--
1941/12		--	4	1	--	5	--
1942/3		3	4	2	--	11	--
1942/4		--	6	3	--	9	--
1942/9		1	--	2	--	3	--
1941 年 4 個月	小計	10	23	6	--	43	--
1942 年 3 個月	小計	4	10	7	--	23	--

備註：由於資料不全，故有若干年、月的數字未被列入。日本人居留民包括日本本土、朝鮮及臺灣人。仲居指為顧客端酒菜、招呼客人的年長婦女。女給指女侍、酌婦指酒女。

資料來源：作者根據後藤乾一、高崎宗司、和田春樹共編，《政府調查「從軍慰安婦」關係資料集成》第 1 卷（東京：龍溪書舍，1997），頁 533-548、566-567 製成。

表 7-4　福大公司對慰安所經營者融資金額明細表（1938-1939 年）

慰安所 開辦者姓名	慰安所 地點	融資用途	融資金額 日圓	營業者 前職
大間知林藏	廈門	慰安所事業	5,000.00	經營福州「廣貫堂支店」賣藥、雜貨生意
有田 Kichi	廈門	慰安所事業	3,000.00	經營福州「常盤」料理店業

（續下頁）

曾根茂夫 南波三郎	廣東 （廣州）	南支派遣軍慰安所設置資金 酒保資金	63,000.00 30,000.00	代理商品之委託買賣業
小林 Yone	廣東 （廣州）	廣東海軍慰安所設置資金	30,057.90	經營香港「清風樓」料理店業、「東京 hotel」業
中根一太郎	廣東 （廣州）	南支派遣軍慰安所 設置資金	2,600.00	經營基隆「吾妻」樓料理店業
森 Katzu	三灶島	三灶島慰安所設置資金	17,288.96	
葉玉友七	海南島	海南島慰安所設置資金	18,001.56	在臺北北投經營料理店業
共計金額			168,948.42	

備註：空白欄為資料缺載。百位數以下的金額數字為借款利息。酒保指軍營中的福利社。

資料來源：作者根據昭和 14 年 5 月 20 日〈福大公司貸出金ノ件〉，臺拓文書第 2467 號，〈福大公司ニ係ル件〉；昭和 14 年 8 月 19 日〈弊社第二回拂込ニ關スル御願ノ件〉，臺拓文書第 2478 號，〈株式會社福大公司〉；鈴木辰三編，《臺灣官民職員錄》（臺北：臺灣官民職員錄發行所，1920），頁 136；清水留吉編，《臺灣總職員錄》（臺北：臺灣實業新報社，1933 版），頁 64、74-75 製作。

（一）經營者大間知林藏

在臺拓會社文書資料裡，記錄臺拓會社融資福大公司，福大公司再融資日商，協助業者到廈門開設慰安所的有大間知林藏和有田 Kichi 二人。[25]

根據資料記載，大間知林藏在一八九六年出生於日本富山市。一九三〇年代在福州「廣貫堂支店」經營賣藥、雜貨生意。[26]一九三七年九月第一次來臺，寄居臺北市大正町，職業不詳。一九三九年三月一日，他的寄留戶籍上註明「退去本籍」。其妻（三十二歲）、

表 7-5　大間知林藏的寄留戶籍資料

年齡別	性別	人數	本籍地/人數	寄留一次人數	寄留二次以上人數	寄留一年未滿人數	寄留一年以上人數
5、11	女	2	富山 2		2		2
10	男	1	富山 1		1		1
32	女	1	富山 1		1		1
41	男	1	富山 1		1		1
59	女	1	富山 1		1		1
小計	男	2			2		2
小計	女	4			4		4
共計	男、女	6			6		6

資料來源：作者根據〈日據時期臺灣戶籍資料〉（臺灣戶政事務所典藏）製作。

長女（十一歲）、長男（十歲）、次女（五歲）則都從日本渡臺，寄留在他的戶籍內。一九四二年八月二十九日，大間知林藏由富山市來臺，寄留臺北市大正町，同年十二月十六日轉寄留臺北市東門町。一九四二年，大間知林藏的戶籍裡寄留一個姓宮崎的婦女（一八八三年生，時年五十九歲），推測這個阿婆大概是照顧小孩，和料理家務的幫傭。（見表7-5）

言及大間知林藏與福大公司的關係，應和大間知林藏在福州經營賣藥、雜貨業，藥品、雜貨屬於福大公司購運日占區的物資有關。福大公司融資大間知林藏五千圓後，大間知林藏離臺返日的目的，也與他返鄉募集從業婦前往廈門有關。大間知林藏的子女年齡很小，因為還要妻子照顧，所以他隻身赴任，沒有攜帶家眷。大間知林藏在廈門經營三餘年後，先將契約期滿的從業婦送回日本，再去招募待業婦，然後路經臺北與家人團聚，再離臺赴廈。

（二）經營者有田Kichi

關於有田Kichi的父親姓諸岡，出生於一八七七年，佐賀縣人。丈夫姓有田，出生於一八七三年，和歌山縣人，長男出生於一九〇六年。有田Kichi在七七事變爆發前，曾在福州經營「常盤」料理店業。一九三七年九月一日有田Kichi渡臺，寄留臺北市北投區，戶籍職業欄空白。同年十月、十二月，丈夫、長男來臺寄留在她的戶籍內。同年九月，另有來自香川（時年二十三歲）、京都（十五歲）、大阪（一名十五歲、一名十八歲）的四名女子，十月有來自和歌山（二十歲）、廣島（二十一歲）的二名女子，全都以「雇人」的名義寄留在有田Kichi的戶籍內。一九三八年二月至六月間，還有大畑家族三人以同居寄留人身分，寄留在有田Kichi的戶籍裡。（見表7-6）

有田Kichi的侄子諸岡××郎，生於一九一一年，一九三七年六月以世帶主（意指戶主，但不一定和同居寄留人有親屬關係）身分寄留臺北市新起町。諸岡××郎的戶籍裡，除了有他和家族一共七人同居外，另有二十三名女子，年齡在十餘歲到三十餘歲間，分別從日本本土各地渡臺，都以同居寄留人名義寄籍在諸岡的戶籍內。這些女子包括：三名私生女、一名庶生女、十四名長女。她們分成三批，輪流寄居幾個月，然後再分做三團，分批返回日本本籍地。另，在四名寄留男子裡，只有一名臺灣人來自北投，以雇人名義寄留八個月。（見表7-7）

如前述及，戰時臺灣警察為了幫助業者順利招募婦女充任慰安婦，所以對進出入臺灣的女口戶籍管理越來越寬鬆。（見第六章）以諸岡××郎來說，他的職業欄空白，他身為戶主要靠什麼收入維持其家庭生計，頗令人生疑？遷入他戶籍裡的眾多日本少女，遷移次數頻繁，[27]這種異常的人口流動現象，

表 7-6　有田 Kichi 的寄留戶籍資料

年齡別	性別	人數	本籍地 / 人數	寄留一次人數	寄留二次以上人數	寄留一年未滿人數	寄留一年以上人數
13-20	女	5	和歌山 1、奈良 1、京都 1、大阪 2	4	1	1	4
21、25	女	2	香川 1、廣島 1	2			2
35	男	1	和歌山 1	1			1
36、60	女	2	和歌山 1、奈良 1	1	1	1	1
36、65	男	2	和歌山 1、奈良 1	1	1	1	1
小計	男	3		2	1	1	2
小計	女	9		7	2	2	7
共計	男、女	12		9	3	3	9

備註：日本本土的未成年是指年齡未滿 21 歲的人，依此，本表以 21 歲做為寄留人口年齡別的區隔線。（以下各表同）

資料來源：作者根據〈日據時期臺灣戶籍資料〉製作。

表 7-7　諸岡 ×× 郎的寄留戶籍資料

年齡別	性別	人數	本籍地 / 人數	寄留一次人數	寄留二次以上人數	寄留一年未滿人數	寄留一年以上人數	寄留記錄不詳
12-20	女	8	青森 1、群馬 1、靜岡 1、山口 1、熊本 2、沖繩 1、鹿兒島 1	4	4	7	1	
21-25	女	8	新潟 1、群馬 1、千葉 1、京都 1、廣島 1、熊本 1、鹿兒島 1、沖繩 1	6	2	8		
25	男	1	佐賀 1		1			1
26-35	女	4	東京 1、神奈川 1、大阪 1、沖繩 1	3	1	4		

26-35	男	5	臺北1、栃木1、大阪1、佐賀1、和歌山1	3	2	4	1	
36-61	女	5	神戶（兵庫）1、福岡1、岡山1、和歌山1、佐賀1	4	1	4		1
36-65	男	3	和歌山1、福岡1、佐賀1	1	2	3		
小計	男	9		4	5	7	1	1
小計	女	25		17	8	23	1	1
共計	男、女	34		21	13	30	2	2

資料來源：作者根據〈日據時期臺灣戶籍資料〉製作。

理應他姑母有田 Kichi 在福州、在北投經營特種行業有關。

又，一九三九年二月二十七日，臺北有田 Kichi 戶籍資料上登記：有田 Kichi「退去本籍」。和她一起來臺的六名日本年輕女子，一九四三年五月至十月都一一在戶籍資料上註明：「行衛不明（失蹤），視為無屆退去者（未申報返回本籍地）」，全部被「抹消」除籍。有田 Kichi 的丈夫、長男也和她一樣，都因被當成返回故鄉而被除籍。但，對照臺拓會社文書資料，真實的情形是，一九三九年三月有田 Kichi 家族和這六名年輕女子，包括四名未成年女子在內，並非在臺灣集體失蹤，也非都返回日本本土，而是都已前往廈門去從事性服務工作。[28]

（三）經營者曾根茂夫

根據戰地記者報導，寄居廣州的日本僑民在七七事變以前，約有六百名（含臺灣人一百五十名），他們大多是大阪商船、三井物產出張所、臺灣與華南二家銀行支店、財團法人博愛會醫院的從業人員和其家屬。不過，一九三八年十月自日軍占領廣州後，日僑人口迅速地增加。如據統計，一九四一年十一月底日僑增至一萬五千八百八十七人，其中，男性占九千四百六十五人、女性占六千四百二十二人。[29]

日占廣州期間，日軍為了控制當地治安、調節物資、安定物價，其主要措施是，指示三井物產、三菱商事、臺拓會社、臺灣銀行、華南銀行、福大公司等企業，聯合組織「宣撫用品配給組合」、「廣東物資輸移入配給聯合會」，以便維持軍票（軍用手票）的貨幣價值，掌控物資，強化統制力量，並防止中國資本進行投機性的商業活動。[30]

唯，值得留意的是，日本特種行業在日占區的發展相當活躍。如一九四一年四月到十一月的八個月間，經營料理屋、咖啡店、飲食店業的日本人共有八十二人；藝妓、仲居、酌婦有三百四十七人，女給（女侍）有一百一十七人；海軍慰安所業者有八十五人，但無慰安婦的數目。一九四二年三月至六月、九月的五個月間，料理屋、咖啡店、飲食店業主增加五十人；藝妓、仲居、酌婦增加一百四十人，女給增加五十九人；海軍慰安所業主增加五十八人，同樣也沒有慰安婦人數。以上數字顯示，料理屋、咖啡店、飲食店業主月平均增加十人，藝妓、仲居、酌婦月平均增加三十八人，女給月平均增加十四人，海軍慰安所業主月平均增加十一人。其中，各項數字幾乎都以廣州地區的人數居多。（見表7-8）但，令人好奇的是，海軍慰安所業主月平均增加十一人，卻沒有與此相應的慰安婦人數。推測其因，似與藝妓、酌婦、女給可以在料理屋、咖啡館、飲食店和慰安所之間，進行轉業有關。

表7-4記載，福大公司在創業初期分別對曾根茂夫、小林Yone、中根一太郎、森Katzu四人融資開設慰安所。關於這些人的履歷，以及他們和福大公司之間的淵源，茲據寄留戶籍資料舉例分析如下。

表 7-8　日本人在粵港澳經營特種行業人數統計表（1941-1942 年）

年 / 月	右列業別地區	料理屋咖啡店飲食店	藝妓仲居酌婦	女給	海軍慰安所	慰安所從業婦	左列業別小計	日本人居留民合計
1941/4~11 共 8 個月	廣州	65	331	116	78		590	男 9,465 女 6,422 計 15,887
同上	澳門	3					3	
同上	香港	10	4				14	
同上	海口	4	12	1	7		24	
以上小計		82	347	117	85		631	
1942/3~6、9 共 5 個月	廣州	21	90	50	23		184	
同上	澳門				1		1	
同上	香港	25	49	2	32		108	
同上	海口	4	1	7	2		14	
以上小計		50	140	59	58		307	
1941~1942 共計		132	487	176	143		938	

備註：空白欄為資料缺載。日本人居留民（日僑）包括日本本土、朝鮮及臺灣人。仲居指為顧客端酒菜、招呼顧客的年長婦女。女給指女招待、酌婦指酒女。

資料來源：作者根據後藤乾一、高崎宗司、和田春樹共編，《政府調查「從軍慰安婦」關係資料集成》第 1 卷，頁 505-532 製成。日本人居留民數字參見平野健編，《廣東の現狀》（廣州：廣東日本商工會議所，1943），頁 78-79。

經營廣州日軍慰安所的曾根茂夫，生於一八八〇年，大分縣人。大分縣立農學校畢業，曾任教職。曾根茂夫在二十八歲渡臺，任職於山一商行（店主荒井泰治）。一九一九年升任山一商行高雄支店主任，兼任臺北鐵道株式會社監查役。曾根茂夫為人慷慨豪邁，交遊廣闊，曾為山下汽船會社營運臺、日航線出力，協助山下汽船會社與臺灣「糖業聯合會」簽約，使山下汽船會社成功取得承銷砂糖的運輸權，博得業界的稱讚，故得奠定山一商行的事業。曾根茂夫升任山一商行總支配人（負責人）後，經常往來於東京、臺北之間視察商務。[31]

曾根茂夫常和同業進出入社交場所，在娛樂界頗富盛名。[32]他有一妻一妾，但只有妻為他生育兩個女兒。一九二四年，其妻與女兒返回大分居住，妾隨他留在臺灣。曾根茂夫的戶籍有時在臺北，有時在高雄，遷移次數多達十二次；其中，較常寄留的三個地址是：臺北市城內北門街、臺北市萬華西門外街、高雄市鹽埕町。

關於曾根茂夫的寄留戶人口，在一九三五年以前，共有四十四人；其中，除了曾根茂夫家族外，以雇人名義寄留在他戶籍裡的人數有二十五人（含十三名婦女），以同居寄留人名義寄留者有十三人（含四名婦女）。曾根茂夫的職業欄登記為會社代理業、雜貨商。戶籍內的三名男子登錄為山一商行雇人，包括一名料理人（廚師）、一名大工（木工）、一名藥種商（藥材商），另有一名下女，其他寄留人的職業欄則都空白。有關寄留者的本籍地，主要來自大分（曾根茂夫的同鄉）。未成年女子（二十一歲以下）人數高占寄留女性總數的二分之一。（見表7-9）

一九三五年後，曾根茂夫的遷移地址不詳。一九三八年十一月，曾根茂夫差遣一個名叫南波三郎的人到廣州視察商況。十一月三十日，臺拓會社理事高山三平從廣州寄給臺北本社的信中指示：

表 7-9　曾根茂夫的寄留戶籍資料

年齡別	性別	人數	本籍地 / 人數	寄留一次人數	寄留二次以上人數	寄留一年未滿人數	寄留一年以上人數
0-20	女	11	大分 11	7	4	2	9
8-20	男	6	大阪 1、京都 1、福島 1、大分 2、臺北 1	2	4	3	3
21-35	女	9	兵庫 1、山口 3、鳥取 1、大分 4	2	7	2	7
21-35	男	15	新潟 1、栃木 1、神奈川 1、靜岡 2、滋賀 1、富山 1、山口 1、大分 5、熊本 1、臺北 1	4	11	8	7
36、50	女	2	廣島 1、兵庫 1		2		2
50	男	1	福岡 1	1			1
小計	男	22		7	15	11	11
小計	女	22		9	13	4	18
共計	男、女	44		16	28	15	29

資料來源：作者根據〈日據時期臺灣戶籍資料〉製作。

> 與福大公司有關的南波三郎氏，我方（臺拓）要給他一些方便。近日他要向駐留廣東的皇軍贈送三千個鳳梨，由於南波三郎的支配人（老闆）是臺北市壽町的曾根茂雄（日語「夫」的同音字），故請臺北本社儘速和他連絡，在裝載福大公司的貨物時，要把鳳梨一併裝入本社社有船金令丸裡運到廣州。[33]

指出南波三郎與福大公司熟識，南波三郎的老闆是曾根茂夫，福大公司的大股東是臺拓會社。臺拓會社基於這些連結關係，必須幫忙將其贈送日占軍的三千個臺灣鳳梨載運廣州。

同年十二月六日，《臺灣日日新報》上刊登一個明顯的標題：「來自臺灣的酒保班和料理屋人群湧入，廣州市呈現一片臺灣景象。」報導在臺日本人蜂擁廣州，於十一月二十七日第一批渡廣人士裡，有南波三郎、永尾 Masae（北投溫泉業及旅館業店主）等日本人、朝鮮人、臺灣人共二百五十名；二十八日第二批渡廣人數有二百八十名，下一批渡廣商人中預定有許多咖啡店、旅館業者的訊息。[34] 戰時特種行業人員追隨日軍的鐵蹄，爭相前往日占區開業，其各鑽門路，企圖捷足先登，把握發財的機會，自不待言。

南波三郎代替曾根茂夫親至廣州，向日軍捐獻慰問品的結果，得到日占軍與福大公司的好感。換言之，曾根茂夫與南波之所以獲得巨額的融資，亦即指三萬圓開設酒保（軍中福利社）、六萬三千圓開辦南支派遣軍慰安所的資金，一方面與他們表達敬軍愛軍的忠誠度有關；另一方面也與曾根茂夫任職山一商行主管，山一商行與福大公司都從事商品運輸業，屬於有商業往來的貨物供應商有關。

又，附帶一提的是，曾根茂夫寄留戶內的女子，於一九三二年、一九三三年、一九三五年間，有的返回本籍地，有的與曾根一同轉移他處，這些婦女的去向受到資料的限制，無法獲知她們是否有人去廣州充任慰安婦。

（四）經營者中根一太郎

福大公司的融資客戶中根一太郎，是業界出名的「吾妻樓」店主中根幸太郎的長男。中根一太郎生於一九〇五年，東京人。父親中根幸太郎、母親 Kichi，都生於一八六六年。中根幸太郎曾任地方稅調查委員、消防組副組長、町委員等地方公職，並擔任料理屋同業組合的代表。中根幸太郎於一九一四年日軍攻打青島時，率先表態支持日本帝國主義的北進政策，他在基隆特別組織了一支女子遠征隊，搭乘「基隆輪」前往青島開業。中根 Kichi 則以戶主的身分接掌「吾妻樓」業務。關於中根 Kichi 的寄留戶，除了有母親、長男中根一太郎外，另寄留三名養女和一名養女的私生子。三名養女的本籍地為東京、神戶，分別在五歲、七歲、十二歲出養，渡臺當時的年齡各為十三歲、十五歲、十六歲。十六歲的那名養女職業欄註明「藝妓」，其他二名職業欄空白。一九二〇年 Kichi 去世，丈夫中根幸太郎返臺，承接「吾妻樓」業務。一九二三年中根幸太郎續弦，娶妻（日本栃木縣人）協助店內事務。中根幸太郎的寄留戶內，有七十八歲的老母、三十八歲的第二任妻子、長男、次男、一名養女的私生子，以及四名十八歲到二十歲，以養女名義從事藝妓業的未成年女子。[35]（見表 7-10、表 7-11）

關於中根一太郎，他在十三歲時遷移臺北，十八歲時以雇人名義寄籍甲本××郎的戶籍內，二十歲遷入臺北天利××的戶籍內，二十一歲再遷入臺北有泉××的戶籍內。一九二六年，因父親中根幸太郎去世，遷回基隆，以繼承戶主的身分參與「吾妻」樓店務。[36]

根據中根一太郎相關戶籍資料記載，甲本××郎，出生於一八六八年，日本岡山縣人，一九一四年渡臺，職業為煤炭商。在他的戶籍裡，沒有出現和慰安所業有關的女子。天利××，女性，出生於一八八七年，東京人，一九二四年來臺，職業裁縫，在她的戶籍裡，沒有婦女寄留。有泉××出生於一八七七年，山梨縣人，一九二五年渡臺，職業欄空白。在他的戶籍裡只有一名年齡四十三歲的女子，似乎與慰安所業無關。[37]

表 7-10　中根 Kichi 的寄留戶籍資料

年齡別	性別	人數	本籍地 / 人數	寄留一次人數	寄留二次以上人數	寄留一年未滿人數	寄留一年以上人數
0-10	男	2	東京 2		2	1	1
13-16	女	3	東京 2、神戶 1		3		3
49、63	女	2	埼玉 1、愛知 1	1	1		2
小計	男	2			2	1	1
小計	女	5		1	4		5
共計	男、女	7		1	6	1	6

資料來源：作者根據〈日據時期臺灣戶籍資料〉製作。

表 7-11　中根幸太郎的寄留戶籍資料

年齡別	性別	人數	本籍地 / 人數	寄留一次人數	寄留二次以上人數	寄留一年未滿人數	寄留一年以上人數
1-21	男	3	東京 3		3	1	2
18-20	女	4	東京 3、神戶 1		4		4
38、78	女	2	栃木 1、愛知 1	1	1		2
54	男	1	東京 1	1			1
小計	男	4		1	3	1	3
小計	女	6		1	5		6
共計	男、女	10		2	8	1	9

資料來源：作者根據〈日據時期臺灣戶籍資料〉製作。

綜上所述，可知「吾妻樓」店內的藝妓人數很少，顯然沒有適應南支派遣軍慰安所需求的從業婦，其慰安婦來源可能是店主返回日本本土直接徵集前往的。至於中根一太郎與福大公司之間的借貸關係，則因「吾妻樓」是間頗富名氣的社交場所，基隆日本官員、企業家、船運業者，以及進出基隆港的福大公司職員都是它的顧客。福大公司基於這些商業淵源，所以主動提供中根一太郎一部分經營資金，慫恿他到廣州開辦慰安所。[38]

註釋

【1】長野政來監修、株式會社福大公司企劃課編，《南支經濟叢書》第一卷（臺北：福大公司，一九三九），頁四〇三～四〇六；長岡新治郎，〈華南施策と臺灣總督府──臺灣拓殖、福大公司の設立を中心として〉，收入中村孝志編，《日本の南方關與と臺灣》（奈良：天理教道友社，一九八八），頁二五八～二六一。

【2】昭和十三（一九三八）年〈第二回營業報告書〉，收入臺拓文書第二四七七號，〈福大公司營業報告〉；朱德蘭編集、解說，《臺灣慰安婦關係資料集》第二卷（東京：不二出版，二〇〇一），頁四一〇～四一三、四二一～四四九。

【3】昭和十二年十月二十二日〈株式會社福大公司定款〉，收入臺拓文書第一二三號，〈福大公司設立迄昭和十二年〉；朱德蘭編集、解說，《臺灣慰安婦關係資料集》第二卷，頁四二一。

【4】〈株式會社福大公司定款〉，收入朱德蘭編集、解說，《臺灣慰安婦關係資料集》第二卷，頁四二五～四二六。

【5】昭和十三至十九年〈第二回至七回營業報告書〉，收入臺拓文書第二四七七號，〈福大公司營業報告〉。

【6】藤山雷太生於一八六三年，歿於一九三八年，出身於佐賀藩武士家庭。一九二三年擔任敕選貴族院議員，歷任大日本製糖株式會社社長、東京商業會議所會頭（首長）、藤山同族株式會社社長、大日本製冰會長、日印協會理事，另任三井、安田、共同等信託會社顧問、取締役。詳見日外アソシエ──ツ株式會社編，《二十世紀日本人名事典》（東京：日外アソシエ──ツ株式會社，二〇〇四），頁二二〇二。

【7】前引〈第二回至第八回營業報告書〉；大園市藏編，《臺灣人事態勢と事業界》（臺北：新時代社臺灣支社，一九四二），頁一四三。又，一九五七年藤山愛一郎入閣為日本外務大臣。參閱陳鵬仁編，《近代日本軍政外交人員職名錄》（臺北：國史館，一九九四），頁一〇九。

【8】前引〈第二回營業報告書〉；《臺灣人物誌》（臺北：漢珍公司製作數位圖書資料庫，http://tbmc.infolinker.com.tw，二〇〇七年七月十四日引用）。

【9】前引〈第二回營業報告書〉；《臺灣人物誌》。

【10】前引〈第三回至第八回營業報告書〉；《臺灣人物誌》。

【11】前引〈第三回至第七回營業報告書〉；《臺灣人物誌》。

【12】前引〈第三回至第八回營業報告書〉；《臺灣人物誌》。

【13】前引〈第三回至第八回營業報告書〉；《臺灣人物誌》。

【14】前引〈第四回至第七回營業報告書〉；《臺灣人物誌》。

【15】《臺灣日日新報》，一九三九年十一月九日，頁五；林孟欣，〈臺灣總督府對岸政策之一環——福大公司對閩粵的經濟侵略〉（臺南：國立成功大學歷史研究所碩士論文，一九九四），頁七五～七六。關於加藤恭平的出身背景，詳見第六章。

【16】前引〈第三回至第七回營業報告書〉；朱德蘭，《臺灣總督府と慰安婦》（東京：明石書店，二〇〇五），頁一五〇。

【17】〈第三回至第七回營業報告書〉；昭和十四年四月三十日〈貸借對照表〉，收入臺拓文書第二四六七號，〈福大公司ニ係ル件〉；昭和十四年七月十一日〈米穀輸出時期變更願ニ關スル件〉，收入〈臺灣總督府公文類纂〉第一〇四二八冊第一七號，一九三九年。另見朱德蘭，《臺灣總督府と慰安婦》，頁一五〇。

【18】朱德蘭，《臺灣總督府と慰安婦》，頁一五〇～一五一。

【19】關於「協同和機器廠」，在臺拓檔案中，也有寫成日語發音相同的「共同和機器廠」。見〈第四回至第八回營業報告書〉。

【20】參閱一九三九年九月一日〈廈門日敵經濟侵略情形〉、一九四六年七月二十六日〈漢奸煙毒犯林濟川、

蔡培楚供詞〉，收入廈門市檔案局、檔案館編，《廈門抗日戰爭檔案資料》（廈門：廈門大學出版社，一九九七），頁三九二～三九三、四二六～四二八。

【21】前引〈第二回至第八回營業報告書〉。

【22】前引〈第二回至第八回營業報告書〉。

【23】福大公司企畫課編，《南支經濟叢書》第一卷，頁五八～五九。

【24】有關臺拓會社融資福大公司的文件，參見昭和十三年十二月十三日〈資金融通御依賴ノ件〉，收入臺拓文書第二四六七號，〈福大公司ニ係ル件〉；昭和十四年八月十九日〈弊社第二回拂込ニ關スル御願ノ件〉，收入臺拓文書第二四七八號，〈株式會社福大公司〉。

【25】本節主要依據〈日據時代臺灣戶籍資料〉（臺灣戶政事務所典藏）進行分析。資料中的日本人名，為方便讀者閱讀起見，以羅馬拼音表示。未出現在文獻資料裡的人名，因有隱私權的顧慮，故以符號「×」的方式表示。

【26】清水留吉編，《臺灣總職員錄》（臺北：臺灣實業新報社，一九三三版），頁六四。

【27】所謂未成年，日本本土依照國際標準，自一九二七年起是指年齡不滿二十一歲的人。參見吉見義明，《從軍慰安婦》（東京：岩波書店，一九九五），頁一六五。

【28】〈日據時代臺灣戶籍資料〉；朱德蘭編集、解說，《臺灣慰安婦關係資料集》第二卷，頁四六四～四六九。

【29】平野健編，《廣東の現狀》（廣州：廣東日本商工會議所，一九四三），頁七八～七九、二九五。

【30】平野健編，《廣東の現狀》，頁九七、一五三、一五七、三〇三～三〇五；南支派遣軍報道部編，《廣東誌》（廣州：東洋文化研究所，一九四〇），頁三八四。

【31】荒井泰治歷任鐘淵株式會社、富士紡績株式會社支配人、鹽水港製糖株式會社社長、貴族院議員。參見《臺灣人物誌》；鈴木辰三編，《臺灣官民職員錄》（臺北：臺灣官民職員錄發行所，一九三〇），頁

一一九、一二七、一三六、二〇三；杉野嘉助，《臺灣商工十年史》（臺南：杉野嘉助發行，一九一九），頁四四～四五；橋本白水，《臺灣事業界人物》（臺北：南國出版協會，一九二八），頁五三七。

【32】《臺灣日日新報》，一九二六年五月三十日，頁三。

【33】昭和十三年十一月三十日廣第二三號，收入臺拓文書第二四七四號〈物資輸送綴〉。

【34】《臺灣日日新報》，一九三八年十二月六日，頁二。

【35】松浦和作，《臺灣商工人名錄》（臺北：臺灣商工人名錄發行所，一九一二），頁三八〇；鈴木辰三編，《臺灣官民職員錄》，頁一三六；《臺灣日日新報》，一九一四年十二月三日，頁七。

【36】參閱〈日據時代臺灣戶籍資料〉。

【37】朱德蘭，《臺灣總督府と慰安婦》，頁一六六～一六八。

【38】「吾妻樓」為基隆港都著名的社交場所，許多日本官僚、工商界人士經常光顧該店的報導，參見《臺灣日日新報》，一九一二年十一月二十八日，頁二；同，一九一八年六月十五日，頁四；同，一九一九年一月二十八日，頁七；同，一九二六年八月十一日，頁九；同，一九三六年十二月七日，頁七。

第三篇　慰安婦篇

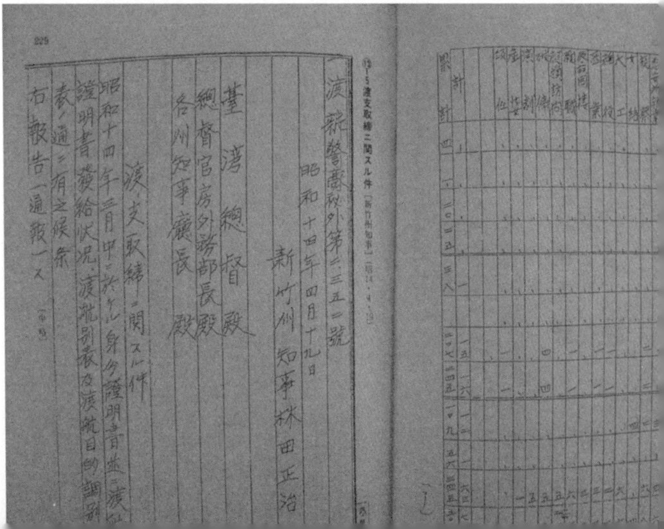
229

13-5 渡支取締ニ関スル件〔新竹州知事〕〔昭14・4・19〕

新警高秘外第二三五二號

昭和十四年四月十九日

新竹州知事　林田正治

臺灣總督殿

總督官房外務部長殿

各州知事廳長殿

渡支取締ニ関スル件

昭和十四年三月中ニ於ケル身分證明書並ニ渡支證明書發給状況、渡航別表及渡航目的調別表ノ通ニ有之候條

右報告（通報）ス

（中略）

第八章　慰安婦的出國與募集

中日戰爭和太平洋戰爭的爆發，對於大大小小的日本企業家而言，提供了資本輸出的機會。商機敏銳的特種行業者隨著日軍占領區的擴大，有的在報紙上刊登廣告，應徵酌婦（酒女）、女給（女侍）、仲居（為客人端酒菜、招呼顧客的年長婦女）、女傭到海外就業，[1]有的高喊「為了國家、為了民族」的愛國口號，積極地穿梭於勞力市場中，公然招募婦女送往慰安所。戰時日本帝國針對婦女蜂湧出國的社會現象，有無制定管理措施？殖民地臺灣與朝鮮和日本本土的管理辦法有無不同？駐守臺灣的日本部隊為何須要指定對象，使之負責募集和經營慰安所的任務？募集仲介業者和投資經營者的出身背景如何？等疑點，頗須做一探討。

一、慰安婦的出國

根據一九三七年八月三十一日，日本外務次官堀內謙介照會警視總監、北海道廳長官、各府縣知事、關東州廳長官，在「有關取締不良分子渡華」的通知函裡指出，日本人從日本到中國，向來不要旅券（護照）。但自對華爆發全面性的戰爭以來，許多日僑留下財產，陸續束裝返國，國內無賴之徒卻紛紛渡華，政府為恐不良分子前往大陸製造社會問題，阻礙日占區的治安工作，故規定日本人如果想要渡華，必須要向轄區警察署長申辦渡航身分證明，證明書上註明姓名、籍貫、住址、出生年月日、出國目的、出國理由、出國期間等，才能出國。日本人即使從朝鮮或臺灣渡華也是一樣，各地警察都要比照規定，辦理出國手續。等到一九四〇年，南京成立汪精衛偽政權後，日本帝國為了和汪偽政府合作，共同建立以日本、(偽)滿州國、支那(新中國)為中心的大東亞新秩序，因此提出除了對「建設新中國」有幫助的人以外，其他以視察或旅行名義渡華者，都要實施嚴加管制的新措施。[2]

(一)日本本土

值得提出的是，當中國日占區的社會秩序漸漸恢復平靜後，從日本渡華的人數遽增，其中有不少以賣淫業為目的的婦女。日本政府對於招募仲介業者以已經得到軍方諒解為由，頻頻發生類似誘拐婦女事件，深恐如不予以取締，將有破壞帝國威信，損害皇軍名譽，給後方出征軍人家庭帶來負面影響之虞，甚至還會發生違反買賣婦女兒童之國際條約情形。因此，警察機構的最高負責單位內務省警保局就在一九三八年二月二十三日發函，通知各廳府縣政府必須按照下列規定，辦理婦女出國手續，即：

1. 以醜業(賣春)為目的之女性的出國，限於目前在日本本土是妓女，及事實上從事賣春，年滿二十一歲以上，非性病和其他傳染性疾病患者。目前要前往華中、華北方面者，將予以默認，依照昭和十二(一九三七)年八月三十一日外務次官發文(米三機密合第三七七六號)，發給身分證明書；
2. 發出身分證明時，要先諭示工作契約期滿或無必要時，應儘速回國；

3. 以賣春為目的而出國的婦女，必須本人親至警察署申辦身分證明書；

4. 以賣春為目的要出國的婦女，在申辦身分證明書時，必須獲得同一戶籍內至親尊長的同意；如無至親尊長時，要有戶長的承認；如無可以同意的人，則要說明事實；

5. 以賣春為目的之婦女在出國發給身分證明書時，應調查其工作契約及其各種事項，必須留意沒有買賣婦女和掠奪誘拐的事實；

6. 仲介招募者以賣春為目的，及涉及一般風化業而出國之婦女時，說已得到軍方諒解，或說與軍方有聯絡者，都要嚴格取締；

7. 仲介招募前項婦女，進行廣告宣傳、虛偽事實或誇大宣傳時，都要嚴加取締，並對仲介招募者進行嚴厲的調查，若無正式許可或駐外使館核發之證明，無法確認其身分時，則不予同意。[3]（作者中譯，以下同）

反映日本政府對於日占區的性需求，雖然默認沒有傳染病的賣春婦可以出國賣淫，但在仲介募集婦女的背後，為恐發生買賣未成年婦女，或聲稱得到軍方同意，卻發生掠奪誘拐的事，影響軍方威信，故照會官員應該嚴加調查取締。對出國從事賣淫業的婦女，則規定要取得尊親的同意，和本人要親往轄區警察署申辦證件，經過調查核准後，才可出國。

值得討論的是，在警保局承認從業婦的出國條件中，為何第一條就列出「目前在日本本土是妓女，及事實上從事賣春，年滿二十一歲以上」這樣的規定？究其原因，此與日本為國際聯盟簽訂禁止買賣婦女兒童條約之簽署國有關。具體地說，一九一〇年國際聯盟在巴黎訂定「關於取締醜業婦」之國際條約時，其中規定：

第一條　無論何人，為滿足他人的情欲，以賣春為目的，勸誘未成年婦女、引誘、誘拐者，雖得其本人的承諾，或在他國遂行構成犯罪要素之各種行為，應予處罰。

第二條　無論何人，為滿足他人的情欲，以賣春為目的，利用詐欺、暴行、脅迫，或濫用權勢以及其他一切強制手段勸誘成年婦女、引誘或拐去者，即使是在他國遂行構成犯罪之各種行為，也應處罰。【4】

以上第一條中的未成年是指未滿二十歲的女孩。也就是說，即使本人同意賣春，也要禁止未成年女童的賣春行為。唯，一九二五年國際聯盟在日內瓦簽約時，在條約中規定，未成年指的是二十一歲。日本在加入簽約國時，起初是以不滿十八歲為未成年的保留條件參加的，但在一九二七年時撤銷了這個保留條件。上述警保局長列有賣春婦的年齡要在二十一歲以上的規定，即表明日本的未成年已和國際社會相同，都是指年滿二十一歲的女孩。不過，一九二五年「禁止買賣婦女兒童之國際條約」中第十四條規定，連署國可以宣稱有不適用的情況。當時日本政府就利用這項規定，使此條約不適用於殖民地臺灣、朝鮮。因為臺灣、朝鮮不受國際條約的拘束，成為日軍慰安婦的供給地，所以其募集途徑也就和日本本土頗不相同。[5]

應該指出的是，在日本本土和殖民地臺灣、朝鮮，日本統治者為維護社會秩序與善良風俗，曾經先後頒布「貸座敷營業及娼妓取締規則」及「藝妓酌婦取締規則」。如以臺灣的公娼制度而言，其管理要點是：欲以娼妓為業的婦女應就指定的醫師受診後，親赴地方官廳，備妥文件資料申請從業執照。而其申辦條件規定：1.欲為娼妓業的事由；2.要有同一戶籍內至親尊長的允諾；3.年齡未滿十六歲者不得為娼；4.允許從事娼妓業的效力限於四年以內；5.婦女領取執照後，不得在公娼劃定區以外的地方居住或營業等。[6]

另，在婦女申請藝妓、酌婦從業執照方面，規定要點如下：1.以藝妓、酌婦為業的婦女必須向地方首長、警察署長或警察分署長依法申請允准；2.申請人要有同一戶籍內至親尊長的允諾，但有夫之婦，應得其夫之允諾，若為未成年，則要添附法定代理人之承諾書；3.年齡未滿十二歲者不可從業；4.有結核、癩病（痲瘋病）、性病及其他傳染病者不可從業；5.有危害公安或紊亂風俗之行為時，將飭令停止從業或註銷執照等。[7]

然而，與此對照，日本政府在以醜業為目的之婦女出國管理措施中，不僅缺乏嚴密周全的保護婦女兒童法規，而且對殖民地婦女的出國賣春行為，也無明確的法令約束（詳後述）。究其原因，這與海外日占區駐軍、軍屬、日僑人口遽增，娼妓人數供不應求，基於買春市場的現實需要，不得不放寬對象，承認原本在國內不許藝妓、酌婦賣淫，不許沒有執照的婦女可以出國從業有關。

唯應留意的是，一九三八年三月四日，陸軍省副官在內務省警保局發出上述公函後不久，即以陸支密第七四五號照會北支（華北）方面軍、中支（華中）派遣軍。陸軍省對於日本本土慰安婦的募集問題，在文件裡指出：1. 募集者故意利用已經獲得軍方諒解的名義進行；2. 慰安婦有由從軍記者、慰問者等，進行不統一的招募；3. 募集者人選頗不適當，其招募方法如同誘拐等三個問題。陸軍省為免損害軍方威信，惹起社會問題，故做出以下指示：1. 將來募集工作要由派遣軍統籌進行，審慎選擇適當的招募者；2. 招募者實施募集時，要與當地憲兵和警察保持密切的聯繫，務期注意不發生任何疏漏。[8]據此，駐外部隊有的由自己統制徵集，有的選定業者，提供業者資金和方便，讓他們負責徵集慰安婦的事務。[9]

日籍婦女因為家境貧困淪入火坑，從火坑中再轉入慰安所就業的案例不少。如就志願隨軍出國擔任慰安婦的情形來說，一九四四年自海外回國，還完欠債還剩下一萬圓的菊丸，是一個頗具代表性的例子。

菊丸的本名叫做山田馨子，出生於貧窮家庭，她從十二歲起成為「仕込っ子」以來，[10]就一直被藝妓屋的債務束縛著。昭和十七年太平洋戰爭爆發後的第二年，她以四千圓的借債志願充當海軍慰安婦。菊丸的工作契約一年半，從業收入按四、六拆帳方式，四成歸自己，六成歸特魯克群島（Truk Islands）的海軍慰安所。時年十八歲的菊丸搭乘太平輪從橫濱出發，船隻先停靠神戶港，讓福原廓的三十三名娼妓登船，然後航往釜山，再讓六十六名朝鮮女孩登船。[11]

特魯克群島位於西太平洋中，是太平洋戰爭時期日本的海軍基地。這個小島風光明媚，出產豐富的熱帶水果，若和當時已受戰爭影響，物資出現匱乏的日本本土相比，可以說是一處世外桃源。

特魯克群島的日軍從戰鬥歸來後，會帶著軍隊發給他們的「突擊一番」保險套，跑向慰安所。慰安所是日軍臨時搭建起來的簡陋房屋，只用一張草蓆代替門來遮擋著外面。軍人們在草蓆前排隊等待，對著蓆子大聲說：「不好意思！麻煩您了！」然後低頭進門。等到結束出來後，再朝著草蓆低頭說：「謝謝！」下一個要進去的人接著馬上說：「拜託您了！」再進去。

特魯克群島慰安所的生意欣欣向榮，因為門前總是擠滿了人，所以一個人從進屋到出來的時間，不過三十分鐘。有時在房裡辦事的人稍微超過一點時間，馬上就會被後面排隊的人罵道：「帝國的軍人不要那麼磨磨蹭蹭，如果敵機攻來你怎麼辦？」儘管如此，官兵們和慰安婦在一起時，都顯得很愉快、很興奮，帶有一種還活在世上的真實感。

特魯克群島的朝鮮慰安婦每次代價三圓五十錢、日籍慰安婦五圓五十錢。有的軍人認為朝鮮人裡有許多良家婦女，就算帶有若干族別意識，但因花費便宜，又可以抱處女，所以比較喜歡朝鮮女孩。

士官們專用的慰安婦大多是藝妓出身的人，日本藝妓會以三味線（三絃琴）和舞蹈娛樂客人。菊丸的服侍對象是士官，因此可以吃到和士官們同樣等級的伙食，譬如紅豆飯、罐頭、肉類、蔬菜等等，什麼都有。日常生活中的雜務什麼都不用做，有土著 Kanaka 族從早上六點開始燒洗澡水，幫忙準備伙食和打掃清潔。部隊中也有愛好茶道的司令官，自備茶具到慰安所去生炭火進行茶道，等到結束後，就和慰安婦一起開罐頭、煮火鍋，享受戰地美食的樂趣。慰安婦有時也因接到司令官的命令，參加巡遊群島的活動。慰安婦坐在旗幟飄揚的船上，午餐時，一個人身邊伴同著兩位年輕士官，那種被寵信的感覺很光榮，很了不起。[12]

（二）殖民地朝鮮

關於朝鮮徵集慰安婦到海外的紀錄，在現存資料中很少。一九四二年三月，在朝鮮總督府警務局長向拓務省、各道（朝鮮境內）警察部長、在華各派遣員提出的一份「渡支證明書發給狀況」報告裡，開列一九四一年七月到十二月，一共發給特種行業人員三千七百七十件的「渡支身分證明書」，推測其中應有不少的慰安婦。[13]

其實，日本政府鑑於太平洋戰爭戰線的延長，戰場的擴大，各地日占軍對婦女人數的需求急增，因對前往南方（東南亞、太平洋群島）日占區的慰安婦，傳達了不需要申辦渡航證明書，只要有軍方開具證明的指示。[14]所以，有來自各地的人爭相擠進仲介募集業，從而也使賣春婦、女工、未成年少女、貧窮待業的女孩，甚至是有夫之婦都成為仲介業者獵取的對象（詳後述）。

根據學者分析，在朝鮮，招募慰安婦出國的手段五花八門，如有：誘拐、詐欺、以「女子挺身隊」名義強制動員、憲兵逮捕、暴力脅迫、搶拉、買賣女口、特種行業轉業等。[15]如以被送到臺灣的李容洙為例，李容洙的出身背景是，一九二八年出生於朝鮮大邱市，一九四四年十六歲時，被一名日本人以到外地工作為由，誘騙她和四名朝鮮女孩一同在一九四五年年初離家，結果她們被送進新竹的日軍慰安所，店主就是那個欺騙她們的日本人。李容洙的花名叫做「Toshiko」（年子）。店主強迫她們每人每天要接待四、五名「特攻隊」隊員。就業期間不給酬勞，只供食宿。如果女孩們月經來潮，也要照常接客。李容洙曾被軍人傳染得了性病，但因慰安所附近沒有醫院和衛生所，所以只好讓店主為她注射六〇六號藥劑治療。在她尚未痊癒前，仍被店主強迫要不停接客。店主規定慰安婦，如果抗拒接客或是擅自

外出，就要接受處罰，甚至於處死。【16】

又如另一個被送到臺灣，名叫朴頭理的例子。朴頭理，一九二四年出生於朝鮮慶尚南道密陽郡，一九四〇年十六歲時，被一名日本人誘騙到日本工廠做工，她在完全不知情下，和其他幾個女孩很高興地結伴出發，結果都被載到臺灣。她們被送進彰化一間日軍慰安所後，才知道原來招募她們的那個日本人就是慰安所店主。朴頭理的花名叫做「Fujiko」（富士子）。她工作的這間慰安所約有二十名朝鮮女孩，年紀都和她相仿，約莫十五、六歲，她們被迫每人每天要接待十名軍人。朴頭理在工作一段期間後，被店主轉賣給另一間慰安所的日本人。直到一九四五年八月第二次世界大戰結束為止，朴頭理在臺灣就業長達五年，但沒得到一分錢。【17】

（三）殖民地臺灣

一九三七年八月，日本政府對華實施沿海封鎖戰，開始以武力實行南進政策以來，臺灣總督府為協助日占區的地方治安與復原及建設工作，相當鼓勵臺灣人前進大陸，甚至到華僑分布廣泛的東南亞發展事業。與此相應的渡航措施是，簡化出國手續，也就是說，從一九三八年十月一日起實施：1.原先要由臺灣總督具名、核發的渡航證明書，改由地方的郡守或警察署、支廳長具名核發；2.渡航證明書分做普通、多次往返、團體三種；3.降低申請費用；4.申請人使用一個護照可以多次往返香港、佛領印度支那（今越南）、泰國、新加坡、馬來聯邦及非聯邦諸國、英領印度（含緬甸）、斯里蘭卡（Ceylon）、英領婆羅洲（Borneo 西部）、荷領東印度（今印尼）等地；5.出國者在抵達目的地後，要儘速前往當地日本領事館加蓋渡航證明書檢查印章。【18】

以上簡便的出境措施，使前往海外淘金的花柳業人數大增。如據統計，一九三八年十一、十二月從臺灣到中國大陸從事花柳業的女子，日本人有一八五人、臺灣人三十三人、朝鮮人七十九人，共計三百二十人。一九三九年一月至十二月，日本人有九百六十人、臺灣人六百四十一人、朝鮮人一百三十六人，共計一千七百五十七人。以上人數的族別與居住地，日本人、臺灣人都以臺北核發的出國證件最多，其次是高雄、臺南。朝鮮人以臺南核發的出國證明書最多，其次是臺北、高雄。關於她們的目的地，日本人、臺灣人、朝鮮人都依序以華南、上海、華北等地分布人數居多。[19]

日本政府在日本人、臺灣人、朝鮮人蜂湧中國，尋找商機的熱潮中，鑑於有人仰仗日本勢力到處橫行霸道，發生勒索當地居民財物，或有操縱物資、抬高物價的情形，為防止不良分子製造紛亂，妨礙日占區的治安工作，故自一九四〇年五月起，加強嚴禁人們自由渡華的出境管理措施。

臺灣總督府遵照中央政府的規定，轉為嚴厲調查渡華者的身分、渡航理由，對於前往汕頭、海南島的人，規定如無持有現地軍與所轄領事館警察署共同核發的印鑑證明，或召喚（渡航）證明書，將禁止申請人辦理出境手續。此外，以慰問為目的而申請出國者，規定要事先經由臺灣軍司令部，或總督府、海軍武官府取得陸海軍省的承諾。以商業交易為目的而臨時申請出國者，規定要持有當地關係會社、商店，或交易客戶所轄領事館警察署的印鑑證明書。如果出國是要定居或到當地就業的人，則要有目的地所轄領事館警察署的印鑑證明書，或有日本駐華陸海軍發給的軍屬身分證明書（包括渡航證明書）才可以申請出國。[20]

然而，一九四〇年九月，駐廣東省欽縣的臺灣混成旅團（旅團長為鹽田定一少將）所屬臺灣步兵第一聯隊（聯隊長林義秀大佐），聯隊長發給該聯隊專用慰安所慰安婦的渡航證明書，和憲兵分遣隊足立茂一隊長發給的渡航證明書及依親證明書中，記載負責經營慰安所業的是兩名本籍地設在臺北，遷居高雄的臺灣人夫婦。這對夫婦與臺灣步兵第一聯隊一起行動。這個聯隊與慰安所都設在廣西省南寧附近，太太準備從臺灣再帶六名臺籍慰安婦前往。這六名慰安婦的本籍地有四名在臺北、二名在臺中，都寄留在高雄臺灣人夫婦的戶籍內，她們有二名以藝旦、四名以酌婦的名目申請出國。藝旦的年齡分別是十八歲、十四歲，酌婦的年齡十五歲兩人，十六歲兩人，全都是未成年女孩。本來，日本政府從一九四〇年五月開始，重新規定要到中國大陸的人，必須持有在華領事館發給的「渡支事由證明書」；唯，慰安所與聯隊設在廣西省南寧附近，因為交通不便，無法取得證明書，所以臺灣總督府外事部長就憑軍隊發出的一紙證明，特別予以通融辦理。[21]（見圖8-1、圖8-2）

表8-1到表8-7，是臺灣各州知事和各廳廳長每月向臺灣總督府外事部長等相關首長，提出「關於取締渡支之件」，報告核發臺灣到華南從事慰安所業的人數統計資料。由這些數字變化裡，可以了解在太平洋戰爭爆發前，到華南地區從事慰安所業的族別要以日本人最多，朝鮮人過境臺灣到華南去的人數也很顯眼。臺灣人除了從臺北州、高雄州取得出國證件的人數較多外，其他地區月平均渡華人數寥寥無幾。臺灣東部的渡華人數很少，反映該區的色情業市場極小。澎湖馬公是軍事要塞，進出港口的軍人、軍屬人數較多，人次頻繁，特種行業的生意相當興隆，因對買春市場景氣的消息比較靈通，所以有些人是經由此地渡華，從事慰安所業。

又，從核發護照的月分來看，一九三八年十一、十二月、一九三九年二、三月、一九三九年

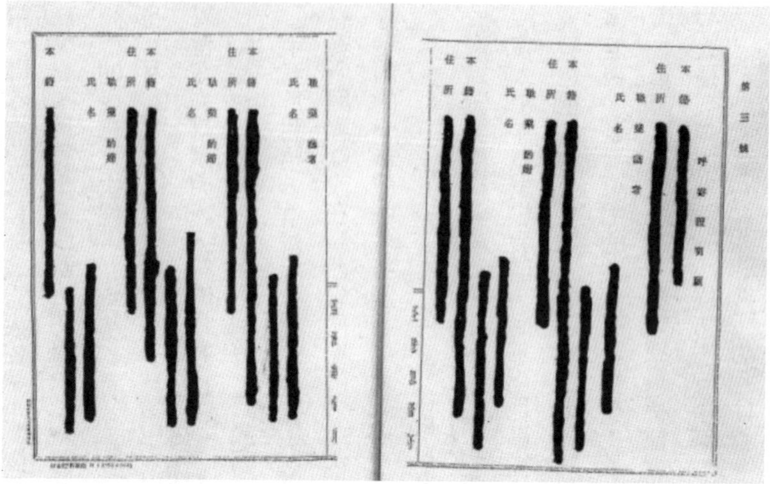

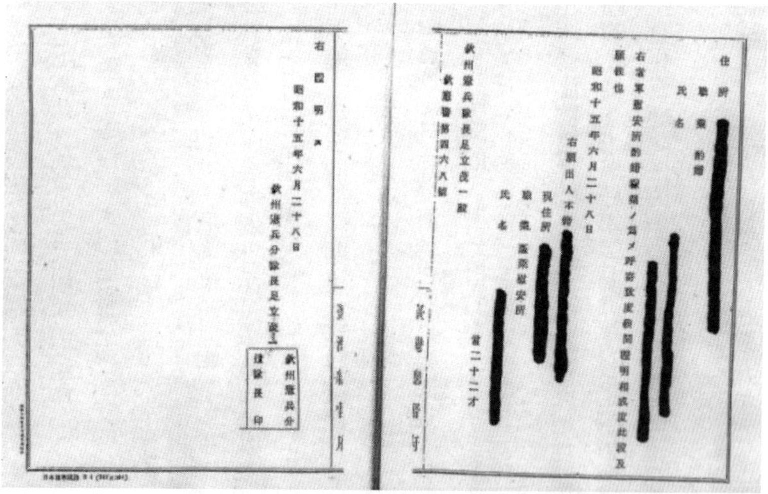

住所 [redacted]
職業 酌婦 [redacted]
氏名 [redacted]
右者軍慰安所酌婦稼業ノ爲メ [redacted] 呼寄致度候間證明相成度此段及
願候也
昭和十五年六月二十八日
右願出人本籍 [redacted]
現住所 [redacted]
職業 [redacted] 慰安所
氏名 [redacted] 當二十二才
欽州憲兵隊長足立茂一殿
欽憲警第四六八號

右證明ス
昭和十五年六月二十八日
欽州憲兵分隊長足立茂一
欽州憲兵分隊長印

圖 8-1　日本憲兵隊發出臺籍慰安婦渡航廣西南寧的證明。典藏機構日本外務省外交史料館僅提供讀者參閱塗抹重要內容的複印本

資料來源：引自後藤乾一、高崎宗司、和田春樹共編，《政府調查「從軍慰安婦」關係資料集成》第 1 卷（東京：龍溪書舍，1998），頁 156-159。

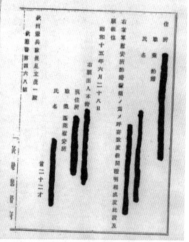

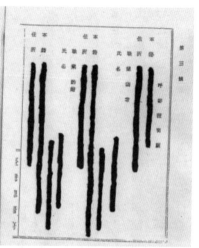

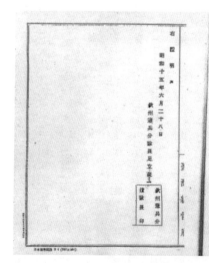

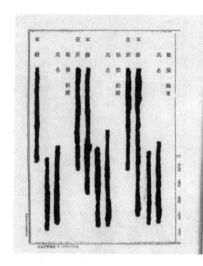

圖 8-2　臺灣藝旦（作者繪圖）

表 8-1　臺北州知事發出慰安所關係護照人數統計表

年 / 月	渡航目的	日本人	朝鮮人	臺灣人	計
1938/11	就職（含慰安所關係）	102	51	81	234
1938/12	慰安所關係	126	19	10	155
1939/1	慰安所關係	59	8	8	75
1939/2	慰安所關係	170	1	41	212
1939/3	慰安所關係	12	0	1	13
1939/4	慰安所關係	23	5	3	31
1939/5	慰安所關係	18	3	8	29
1939/6	慰安所關係	11	4	10	25
1939/7	慰安所關係	16	22	3	41
1939/8	慰安所關係	8	1	0	9
1939/9	慰安所關係	9	20	1	30
1939/10	慰安所關係	16	14	0	30
1939/11	慰安所關係	9	54	8	71
1939/12	慰安所關係	9	2	0	11
1940/1	軍慰安所關係	2	1	0	3
1941/7	慰安所關係	0	9	0	9
1938~1941 共計		590	214	174	978
月平均人數約計		37	13	11	61

資料來源：作者根據〈渡航身分證明書・外國旅券發給狀況調〉，收入吉見義明編集、解說，《從軍慰安婦資料集》，頁 39-40 製作。

表 8-2　新竹州知事發出慰安所關係護照人數統計表

年 / 月	渡航目的	日本人	朝鮮人	臺灣人	計
1938/11	軍慰安所ノ酌婦及雇人	15	29	1	45
1938/12	南支慰安所就業婦	31	22	0	53
1939/1	南支派遣軍慰安所從業員	2	0	3	5
1939/2	慰安所就業	3	0	3	6
1939/3	慰安所就業	2	1	0	3
1939/7	軍慰安所	1	4	4	9
1939/8	軍慰安所	6	5	0	11
1939/9	軍慰安所	1	1	0	2
1939/10	軍慰安所	1	4	0	5
1939/11	軍慰安所	0	20	0	20
1939/12	軍慰安所幫手	1	0	0	1
1940/1	軍慰安所從業員	0	2	0	2
1938~1941 共計		63	88	11	162
月平均人數約計		5	7	1	13

資料來源：作者根據〈渡航身分證明書・外國旅券發給狀況調〉，收入吉見義明編集、解說，《從軍慰安婦資料集》，頁 42 製作。

表 8-3　臺中州知事發出慰安所關係護照人數統計表

年 / 月	渡航目的	日本人	朝鮮人	臺灣人	計
1938/12	慰安所從業員	2	57	16	75
1939/1	慰安所從業員	0	0	0	0
1939/2	慰安所從業員	0	3	1	4
1939/3	慰安所從業員	0	3	0	3
1939/4	慰安所從業員	0	1	0	1
1939/5	慰安所從業員	0	0	7	7
1939/7	慰安所從業員	0	5	0	5

（續下頁）

1939/9	慰安所從業員	0	10	0	10
1939/11	慰安所從業員	1	53	0	54
1939/12	慰安所從業員	0	11	1	12
1941/7	慰安所從業員	0	7	0	7
1938~1941 共計		3	150	25	178
月平均人數約計		0	14	2	16

資料來源：作者根據〈渡航身分證明書・外國旅券發給狀況調〉，收入吉見義明編集、解說，《從軍慰安婦資料集》，頁 40-41 製作。

表 8-4　臺南州知事發出慰安所關係護照人數統計表

年 / 月	渡航目的	日本人	朝鮮人	臺灣人	計
1938/12	慰安所經營	1	22	0	23
1939/7	慰安所經營	0	11	0	11
1939/11	慰安所	2	39	0	41
1940/1	慰安所炊事婦	0	2	0	2
1938~1940 共計		3	74	0	77
月平均人數約計		0	19	0	19

資料來源：作者根據〈渡航身分證明書・外國旅券發給狀況調〉，收入吉見義明編集、解說，《從軍慰安婦資料集》，頁 41 製作。

表 8-5　高雄州知事發出慰安所關係護照人數統計表

年 / 月	渡航目的	日本人	朝鮮人	臺灣人	計
1938/11	軍慰安所關係	42	26	0	68
1938/12	軍慰安所就業	124	54	0	178
1939/1	軍慰安所就業員	32	3	0	35
1939/2	軍慰安所關係	46	4	53	103
1939/3	軍慰安所關係	58	0	17	75
1939/4	軍慰安所關係	2	12	0	14

（續下頁）

1939/5	軍慰安所關係	7	1	1	9
1939/6	軍慰安所關係	3	0	15	18
1939/7	軍慰安所關係	17	0	0	17
1939/8	軍慰安所關係	17	0	0	17
1939/9	軍慰安所關係	11	1	20	32
1939/10	軍慰安所關係	8	14	1	23
1939/11	軍慰安所關係	0	16	7	54(23)
1939/12	軍慰安所關係	17	2	3	22
1940/1	軍慰安所關係	0	1	15	16
1941/7	軍慰安所關係	15	0	5	20
1938~1941 共計		399	134	137	670
月平均人數約計		25	8	9	42

備註：括弧內的數字為正確數字。

資料來源：作者根據〈渡航身分證明書・外國旅券發給狀況調〉，收入吉見義明編集、解說，《從軍慰安婦資料集》，頁 42-43 製作。

表 8-6　臺東廳長發出慰安所關係護照人數統計表

年 / 月	渡航目的	日本人	朝鮮人	臺灣人	計	累計
1939/10	慰安所從業員	0	1	0	1	2

資料來源：作者根據〈渡航身分證明書・外國旅券發給狀況調〉，收入吉見義明編集、解說，《從軍慰安婦資料集》，頁 43-44 製作。

表 8-7　澎湖廳長發出慰安所關係護照人數統計表

年 / 月	渡航目的	日本人	朝鮮人	臺灣人	計
1939/1	開設軍慰安所及傭人	4	3	1	7(8)
	軍慰安所之酌婦	17	10	0	27

（續下頁）

1939/1	軍慰安所開設	3	0	0	3
同	慰安所從業員	17	0	0	17
1939/1	慰安所開設及同伴	3	0	0	3
同	上述之使用人	13	0	2	15
1939 年計		57	13	3	73
1 個月人數		57	13	3	73

備註：括弧內數字為正確數字。

資料來源：作者根據〈渡航身分證明書‧外國旅券發給狀況調〉，收入吉見義明編集、解說，《從軍慰安婦資料集》，頁 44 製作。

五、六、七、十一月，這幾個波段的出國人數比較密集。究其原因，這些月份是日軍先後攻占廣州、登陸海南島、占領汕頭、進攻廣西後不久，慰安所業就隨之應運而生之故。[22]

由上廣西省南寧日軍慰安所的情形，可以推測臺灣地方首長為因應各地日占軍對臺灣婦女的急需，多會在法規制度外，便宜處理從業人員的出國證明。總之，特種行業人員在戰塵方歇，就密集申請渡華，其成群結隊到日占區大張豔幟的商業行為，正好可以印證日本帝國不斷地推進戰爭，在刺激一般軍需產業興起的同時，也給日本特種行業、慰安所業帶來大發利市的良機。

二、軍方指定經營者

臺灣在一九四一年十二月太平洋戰爭爆發，由日本帝國的南進據點升格為南進基地後，不僅發揮了強大的後勤補給作用；且因距離南方較近，交通運輸便利，所以也成為慰安所業者的轉運中心及供應地。有關臺灣徵集慰安婦的實況，一九四二年三月十二日，臺灣軍司令官（安藤利吉）發給陸軍大臣（東條英機）的祕密電報

「南方派遣渡航者ニ關スル件」（有關派遣渡航南方者事宜）裡記載：

> 依據陸密電第六三號，有關南方總軍（寺內壽一）要求派遣慰安土人五十名前往婆羅洲（Borneo）一事，茲依陸密電六二三號，已經憲兵調查選定下記三名（慰安所業）經營者，茲請鈞座准許渡航。
>
> 下記
>
> （本籍地）愛媛縣越智郡波方村一二三六番地，（寄居地）臺北州基隆市日新町二丁目六番地，村瀨近市，年齡四十二歲。
>
> （本籍地）朝鮮全羅南道濟州島翰林面挾方里十番地，（寄居地）臺北州基隆市義重町四丁目十五番地，豐川晃吉，年齡三十五歲。
>
> （本籍地）高知縣長岡郡介良村三七〇番地，（寄居地）高雄州潮州街二六七番地，濱田ウノ，年齡五十一歲。[23]（括弧為作者添加）

反映一九四二年一月日軍攻占婆羅洲北部打拉根（Tarakan）、中旬占領中部巴厘巴板（Balikpapan），二月末占領南部馬辰（Banjarmasin），初步完成占領荷屬婆羅洲之態勢後不久，[24]南方軍總司令寺內壽一（曾任臺灣軍司令官）就向陸軍省提出派遣五十名「慰安土人」到婆羅洲去的要求。此一請求中央政府提供慰安婦的行動，不用說，應有獎賞皇軍和鼓舞士氣的意義。臺灣軍司令官安藤利吉的密電得到陸軍省副官（阿南惟幾）回覆後，就依照陸軍大臣的指示，同意臺灣軍憲兵選定三名業者前往婆羅洲營業。[25]

三個月後，臺灣軍參謀長（樋口敬七郎）於六月十三日發給陸軍省副官（木村兵太郎）「臺電第九三五號」的電文中報告：

依據本年（一九四二年）三月臺電第六〇二號申請陸亞密電第一八八號認可，有關已經派遣特種慰安婦五十名前往婆羅洲一事，在抵達當地後，由於從業人員不足，發生有不堪忍受工作繁重者，因而需要再增添二十名。下記經營者攜帶岡部隊發給的渡航許可證已經返臺，基於此一不得已的事實，故請諒解增派二十名慰安婦。又，倘若將來出現類此需要做少數補充、輪替、增員的情形時，祈請諒解我們做如上適宜的處理方式。

下記

基隆市日新町二丁目六番地，村瀨近市。[26]（見圖8-3）

指出第一批運送出國的五十名「慰安土人」，因為人數較少，不能滿足日軍的需求，所以要讓業者村瀨近市攜帶現地軍發給的渡航證明書返臺，再度招募二十名女子出國。而先前臺灣當局規定在臺業者從臺灣到南方占領區時，必須以現地軍發給的渡航證明書向所轄警察署，或郡役所申請出境證明，才能出國；但臺灣軍有輪替、增員的緊急需要，故提出簡化手續的建議，請求陸軍省給予便宜的處理權力。

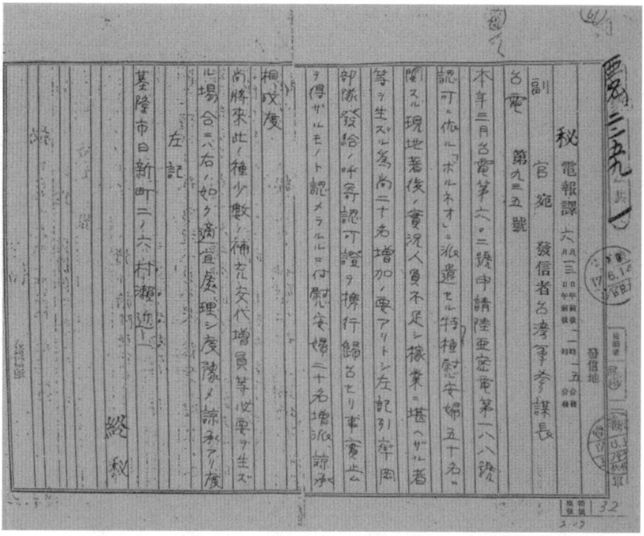
秘 電報譯 六月三日午前一時一五分發 發信地
副官宛 發信者 台湾軍参謀長
台電第九二五號
本年三月台電第六〇二號申請陸亜密電第一八八號
認可ニ依リ「ボルネオ」ニ派遣セル特種慰安婦五十名ニ
関スル現地着後ノ實況人員不足シ稼業ニ堪ヘザル者
等ヲ生ズル為尚二十名増加ノ要アリトシ左記引率関
部隊發給ノ呼寄認可證ヲ携行歸台セリ事實止ム
ヲ得ザルモノト認メラルルニ付慰安婦二十名増派諒承
相成度
尚將来此ノ種少數ノ補充交代増員等必要ヲ生ズ
ル場合ニハ右ノ如ク適宜處理シ度予メ諒承アリ度
左記
基隆市日新町二ノ六 村瀬[illegible]

圖 8-3 南方軍要求增派臺籍慰安婦電報

資料來源：引自〈陸亞密大日記〉，亞密第 2259 號，昭和 17（1942 年）－ 58。

由上文件說明，臺灣總督府的出境管理措施，在以軍領政的戰爭時期，為配合戰地各種突發狀況，常有法制外的便宜措施因應急需。不過，臺灣軍憲兵隊到底根據什麼線索，選定他們認為適當的營業者人選？被指定的人所募集的「慰安土人」究竟是臺灣原住民還是漢族婦女呢？頗須做進一步的探討。

三、經營者的背景

〈日據時代臺灣戶籍資料〉登錄了臺灣人與寄留臺灣的日本人、朝鮮人的動態資料。《臺灣日日新報》則是臺灣總督府的機關報，自一八九八年創刊，到一九四四年止，是臺灣報紙中發行時間最長、發行量最高，頗能反映臺灣社會現象的第一大報。有關婆羅洲慰安所經營者的出身背景，茲以這兩種資料為主，分析於後。

（一）憲兵伍長村瀨近市

村瀨近市，一九〇一年出生於日本愛媛縣，何時渡臺不詳。一九二九年從臺中轉寄留基隆市罾子寮，罾子寮後來改稱為明治町。村瀨近市一九三二年遷移基隆市義重町，一九三七年遷到基隆市日新町二丁目八番地，同年再轉寄留基隆市日新町二丁目六番地。村瀨近市的職業，戶籍資料的職業欄上原先註明「憲兵伍長」，後因除役被劃掉，改成為「代書人」。[27]

一九三七年村瀨近市的寄留戶裡，除了有他和妻子、養女一名，以及雙胞胎哥哥和嫂嫂，家族一共五名外，另有十七名以「同居寄留人」名義寄籍在村瀨近市的戶籍內。這十七人中，男的占九名、女的占八名，他們的職業欄全部空白。

關於村瀨近市家族在臺灣的遷移情形，妻子於一九三六年返回本籍地，雙胞胎哥哥和嫂嫂於一九三八年返回本籍地，妹妹於一九四四年返回本籍地。

至於十七名同居寄留人的流動狀態是，一九四一年以前有五名日本男子遷移他處及返回本籍地，有三名臺籍男孩（七歲、八歲、十一歲）來自基隆礦區瑞芳。一九四二年，有七名日本女子自七月五日至十四日間遷入，八月三日一起返回日本，她們分別來自朝鮮二名，來自新潟、茨城、福岡各一名、來自沖繩的有二名。一九四三年，有一名東京女子自北投遷入，一名東京男子只短短寄留兩個月，就返回本籍地。（見表8-8）

表 8-8 村瀨近市的寄留戶籍資料

年齡別	性別	人數	本籍地 / 人數	寄留一次人數	寄留二次以上人數	寄留一年未滿人數	寄留一年以上人數
7-11	男	3	臺北 2、基隆 1、	1	2	1	2
18-20	女	4	朝鮮寶城郡 1、愛媛 1、茨城 1、沖繩 1	2	2	3	1
21-35	女	8	朝鮮寶城郡 1、新瀉 1、愛媛 3、東京 1、福岡 1、沖繩 1	7	1	6	2
22-50	男	7	愛媛 4、東京 2、宮崎 1、	4	4	7	1
小計	男	10		4	6	7	3
小計	女	12		9	3	9	3
以上共計		22		13	9	16	6

備註：日本本土的未成年是指年齡未滿 21 歲的人，依此，本表以 21 歲做為寄留人口年齡別的區隔線。（下表同）

資料來源：作者根據〈日據時期臺灣戶籍資料〉製作。

村瀨近市的戶籍資料顯示：1.沒有臺籍女子寄留在他的戶籍裡，「慰安土人」可能是他委託仲介代為招募的。不過，仲介徵集婦女的途徑為何？招募了多少人？他們之間有無訂立勞務契約？則受到資料上的限制，不詳。2.村瀨近市為增加二十名「慰安土人」，於一九四二年六月返臺，證明他曾經帶領第一批「慰安隊」出國營業。其間還因為得到日軍的充分信任，所以才會被繼續委託承辦，親自返臺募集臺籍慰安婦。

那麼，村瀨近市與臺灣軍憲兵隊、日占軍之間有何連結關係呢？首先，他們的信任基礎來自村瀨近市擁有憲兵伍長的背景。其次，村瀨近市是愛媛縣人，旅臺愛媛縣同鄉會每年在臺舉辦聯誼會時，會邀請臺灣軍守備隊司令官參加，愛媛縣人與軍方之間的關係通過同鄉會的活動得到加強，這點也應有若干的關聯。再次，日本艦隊入港、士兵入營或退伍，進出基隆港的次數十分頻繁，基隆港邊以陸海軍官兵為營業對象的旅館櫛比鱗次，其中，「基隆旅館」是海軍、警察官吏練習所專用的指定旅館。軍方對服務周到、接待熱忱的旅館，會頒贈軍司令官的獎狀，特別褒揚店主。「基隆旅館」的店主村瀨存義是基隆旅館營業組合的副組合長（工會副會長，一九三六年後升任會長），他和軍隊、憲兵隊、警察的交往十分密切。一九三六年一月二十五日，他曾為祝賀從基隆出發，參加霧社事件凱旋歸來的官兵舉辦勞軍大會。和村瀨存義同姓的村瀨近市，兩人背後有共通的軍界網絡關係，這些複合關係應是村瀨近市深獲臺灣軍憲兵隊信任的原因。[28]

唯，令人不解的是，村瀨近市的寄留戶裡，為何有七名十八歲至二十六歲來自朝鮮和日本的女孩？年輕女孩和村瀨近市「代書人」的職業有什麼關聯？村瀨近市是否通過旅館營業組合，委託臺籍旅館業者代為募集臺籍慰安婦呢？則礙於資料缺載，不詳。

（二）機動船長豐川晃吉

豐川晃吉是臺灣軍憲兵隊選定的另一名慰安所經營者。根據豐川晃吉的寄留戶籍資料記載，豐川晃吉的本名叫做任斗旭，一九〇八年出生於朝鮮全羅南道濟州島，妻子出生於一九〇七年，也是濟州島人。豐川晃吉在一九二八年結婚，同年十一月妻子生產一名女孩。一九三三年三月豐川晃吉首次渡臺，寄留於基隆市義重町，職業欄登記「發動機船水夫長（水手長）」。同年六月二十日其妻來臺，二十九日產下一名女嬰，但不幸夭折。豐川的妹妹於一九四三年寄留在他戶籍內。豐川家族一共四人（不含夭折女嬰）。[29]

豐川晃吉自一九三三年三月起迄一九四二年二月止，先後在基隆市義重町、社寮町、濱町、入船町等地遷移七次。一九四二年二月後出現二個寄留地址，即基隆市義重町四丁目十五番地與濱町五十九番地（今基隆市中正區）。豐川晃吉的職業雖說是發動機船水手長，但除了他和家人外，另有三十名以「雇人」名義、十三名以「同居寄留人」名義寄留在他的戶籍內，其中，女性高占三十八名，男性只有五名。

如就三十八名婦女分析，不滿二十一歲的未成年女子有二十一名，超過婦女總數的二分之一。關於她們的本籍地，來自朝鮮境內的有十九名，即：京城（今漢城）、京畿道抱川郡、慶尚北道永川郡、慶尚南道金海郡、馬山府、固城郡、泗川郡、昌原郡、河東郡、全羅北道沃清郡、清道郡、全羅南道靈光郡、高興郡，及北朝鮮黃海北道黃州郡等地。來自沖繩群島的女子有十五名，包括：八重山郡十二名、宮古郡二名、那霸一名。另有四名來自日本本土，即：德島、山口、熊本、宮崎各一名。關於她們的職業，有二十八名職業欄上登記「雇人」，在「雇人」的職業欄裡，註明為「女中」（女傭）的有五名，其他二十三名全部空白，不知其勞務內容為何。（見表8-9）

又，對照上引電報文件裡徵募「慰安土人」的日期，也就是說，在一九四二年三月中旬以前，寄留在豐川晃吉戶籍內的女子共有八名，包括朝鮮女子六名、沖繩女子二名。在一九四二年三月以後，則

表 8-9 豐川晃吉的寄留戶籍資料

年齡別	性別	人數	本籍地 / 人數	寄留一次人數	寄留二次以上人數	寄留一年未滿人數	寄留一年以上人數
0-10	女	1	朝鮮濟州島 2、朝鮮河東郡 1	1			1
11-20	女	21	日本德島 1、熊本 1、沖繩八重山郡 7、沖繩宮古郡 1、朝鮮靈光郡 2、朝鮮河東郡 1、朝鮮高興郡 2、朝鮮清道郡 1、朝鮮泗川郡 2、朝鮮抱川郡 1、朝鮮昌原郡 1、朝鮮馬山府 1	12	9	7	14
11-20	男	1	沖繩八重山郡 1		1		1
21-25	女	11	日本山口 1、宮崎 1、沖繩八重山郡 4、沖繩宮古郡 1、朝鮮河東郡 1、朝鮮沃清郡 1、朝鮮京城府 1、朝鮮昌原郡 1	4	7	6	5
21-25	男	2	朝鮮黃州郡 1、朝鮮濟州島 2	2			2
26-35	女	4	沖繩八重山郡 1、朝鮮濟州島 2、朝鮮固城郡 2、朝鮮永川郡 1	4		2	2
26-35	男	2	朝鮮濟州島 1、朝鮮金海郡 1	2		2	
36-50	女	1	沖繩那霸 1	1		1	
小計	男	5		4	1	2	3
小計	女	38		22	16	16	22
以上共計		43		26	17	18	25

資料來源：作者根據〈日據時期臺灣戶籍資料〉製作。

有來自朝鮮、日本本土、沖繩等地，介於十四歲到三十一歲之間的十名女子遷入他的戶籍內。

豐川晃吉的寄留戶籍資料反映：一、並無臺籍婦女寄留豐川晃吉的戶內，他和村瀨近市一樣，可能都是透過仲介代為招募「慰安土人」去婆羅洲；二、豐川晃吉的妻子於一九三六年返回故鄉，他的妹妹於一九四三年來臺寄留。其間一直有來自各地的年輕婦女辦理遷入、遷出的戶籍手續。換言之，做為戶主的豐川晃吉，本人很可能一直留在基隆，一方面經營他的船運業，另一方面負責連絡募集慰安婦的事，並未親赴婆羅洲經營慰安所業。關於豐川晃吉戶內為何寄留這麼多女子？年輕女孩和他身為發動機船水手長的職業有何關聯？則須做進一步的討論。

如從近代國際港市的發展來看，可以發現船運業與特種行業之間存在著微妙的市場關係。舉例言之，十九世紀末期成為中國沿海航運、遠洋航運交通樞紐的香港，因為是日籍娼妓前往世界各地的集散地，也是娼妓等待好買主的大市場，所以，當地的日本船問屋（以船為工具的運輸公司）、旅館、咖啡館、壽司店、雞肉店等，它們的二樓都讓婦女寄宿掙錢。又如基隆，它在一八六三年開港以前，雖然還是一個人口稀少、默默無聞的漁村，但在日治時期殖民者為使基隆成為連絡日、臺和對外交通的門戶，開始分期進行築港工程，逐漸發展航運業、煤礦業與漁業後，特種行業就隨著港口吞吐功能的提高、港灣周邊業務的繁榮，以及首府臺北近代化都市的形成，而得以依靠港務維生和到臺北就業的男性為客戶，生意欣欣向榮。[30]

擔任發動機船水手長的豐川晃吉，可能在職業上與運輸軍需物資有關。此外，他的行業可能也像香港的日本店家一樣，是為女孩提供寄宿，正在待業或短期就業的據點。由上推測，豐川晃吉的物資運輸業和他擁有相當廣泛的婦女勞動就業網，以及與此有關的仲介募集資源，大概是他獲得臺灣軍憲兵隊信任，被視為適當人選的原因。

又，出現在電報文件裡，被臺灣軍憲兵隊選定的第三個營業者濱田 Uno 身分不明，寄留地址在高雄州潮州街二六七番地。筆者曾經親往屏東縣潮州戶政事務所進行調查，但，令人感到遺憾的是，並未發現她的戶籍資料。推測濱田 Uno 的職業與色情行業頗有關聯。

四、慰安土人的募集

關於「慰安土人」的募集，是指臺灣原住民還是漢族婦女？如據本書第三章的討論，應可確認「慰安土人」一詞，其實指的是沒有接受近代教育，尚未文明開化，生活水準落後的臺籍漢族慰安婦。

圖8-4所示，臺灣家境貧窮的漢族女子，其謀生途徑主要有三：一是原生家庭把她賣給別人當養女，出養家庭將養女推入火坑，或送入勞動市場；二是原生家庭把女孩賣到色情場所就業；三是原生家庭女子主動進入勞動市場。進入勞動市場的女孩，無論工作合不合適，她們和進入特種行業的女孩一樣，都因不明外面實情，一有比現職大的經濟誘因，就很容易受到慰安婦動員系統成員的慫恿、欺騙，成為被募集對象。

圖8-5說明，戰時臺灣為配合海外日軍占領地的需要，募集慰安婦的動員系統相當龐大，包括：

一、軍方系統的成員，例如臺灣軍指定人選，而有上述電報資料中出現的憲兵伍長、發動機船水手長、

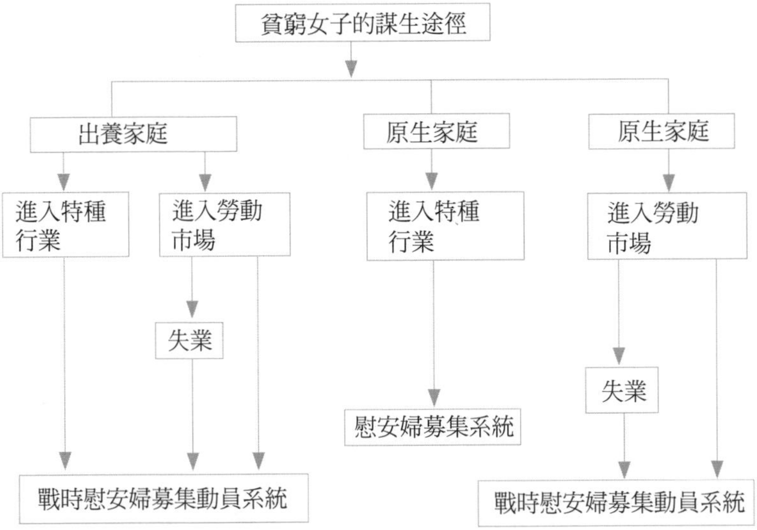

圖 8-4　臺灣慰安婦募集途徑

資料來源：作者依據朱德蘭，《臺灣總督府と慰安婦》（東京：明石書店，2005），頁194-235；本書第六章、第七章、第三篇製圖。

特種行業者；二、臺灣總督府系統，分為總督府投資的臺拓國策會社，與下級地方政府。關於臺拓會社的募集方式，包括直接融資特種行業者，及其投資會社福大公司，得到臺拓融資的福大公司再融資特種行業者、民間商社。唯，臺拓會社系統的募集對象主要是日本人慰安婦，其次是朝鮮人慰安婦。關於臺灣地方政府的動員系統，涵蓋：警察、保甲人員、皇民奉公團等行政中間人，他們各自深入社會底層，依照上級所指示的配額，募集貧窮家庭婦女充當慰安婦。另，也有通過特種行業的途徑，讓若干有賣春經驗的女性充當慰安婦的情形。

又，若問臺籍慰安婦中，處女與賣春婦所占人數何者較多？這點雖有資料上的限制，不詳，不過，日本本土在募集慰安婦時，從政府部門要求相關官員警戒業者在招

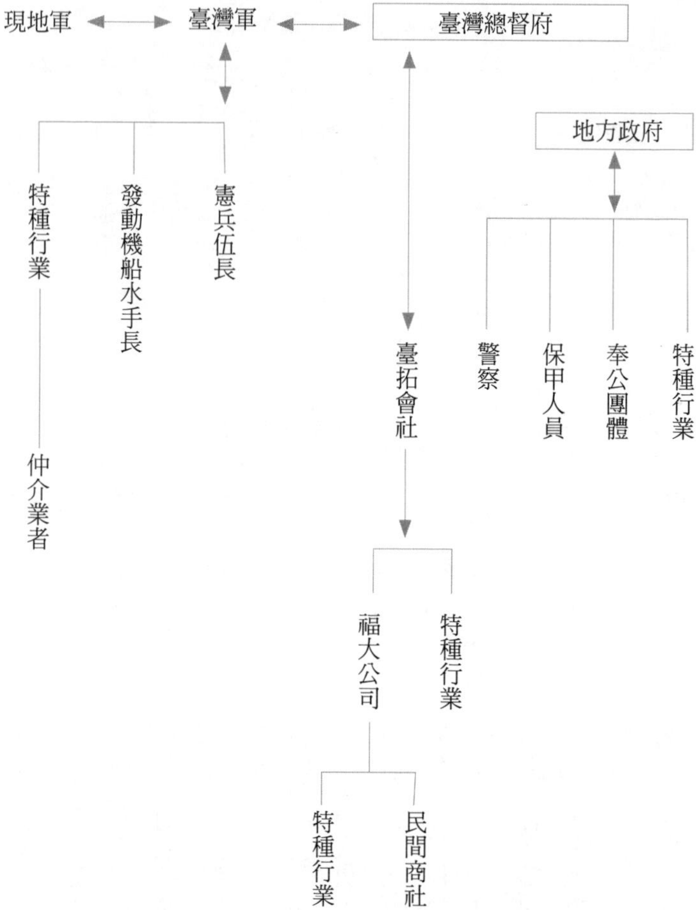

圖 8-5　臺灣慰安婦募集動員系統

資料來源：作者根據朱德蘭，《臺灣總督府と慰安婦》，頁 115-169、194-235；本書第六章、第七章、第三篇製圖。

募過程中，不要發生買賣人口、誘拐婦女，並規定有賣淫事實的婦女，出國就業要年滿二十一歲的指示裡，應可窺知日本本土是以性從業者為慰安婦募集人選的主體。與此對照，臺灣總督府並未做類似的指示。

如據統計，臺籍婦女領有公娼執照從事賣春職業的人，一九三九年全臺只有三十三名、一九四〇年有三十名、一九四一年有二十四名；領有藝妓執照的臺籍婦女人數，一九三九年共有四百九十四名、一九四〇年有五百零七名、一九四一年有三百八十二名；領有酌婦執照的臺籍婦女人數，一九三九年共計二千七百三十七名、一九四〇年有二千八百九十名、一九四一年有三千零十六名。以上數字反映，申請執照擁有公娼身分的臺籍婦女人數很少，處於灰色地帶的藝妓、酌婦或女侍，在警察臨檢時，則常有被檢舉感染性病，被罰款、被禁止營業的案例。【31】

言及性病傳染和其後遺症的恐怖，其蔓延源起於男女不潔、無固定對象的性交行為。性從業者因為職業上的關係最容易大量傳播性病，尤其是私娼，她們因為不受強制體檢及強迫治療的規範，所以傳播性病的機率遠超過公娼。性病的種類包括：淋病、梅毒、軟性下疳、第四性病（又稱鼠蹊淋巴肉芽腫）等四種。其中，淋病是性病之中最普遍傳染的一種，起因於淋菌，倘若一旦罹患，不但不能免疫，反倒更容易感染；感染慢性淋病的患者約需耗時二、三個月或數個月的治療，如不醫治，其併發症像淋病性關節炎，會使眼睛失明，男性患者可能引起睪丸發炎或喪失生殖力，女性患者則會產生尿道炎、子宮外膜炎等病症。【32】

梅毒是最危險的性病，分為先天（遺傳自母體）與後天（性接觸）梅毒兩種，起因於黴菌，其傳染途徑如下：1.直接傳染（接吻）；2.媒介物傳染（食器、菸灰缸等）；3.胎盤傳染（遺傳）；4.精蟲傳染（遺傳）；5.卵細胞傳染（遺傳）；6.細胞性、精蟲性傳染（遺傳）等六種。其中，以直接傳染最多。梅毒的症狀分成四期：第一期是病源體侵入身體，潛伏約三週後，出現淋巴腺腫大；第二期約三個月後，全身皮膚及粘膜出現梅毒性發疹；第三期感染約經三年後，病變出現在五官、內臟，不僅會破壞生理細胞，而且還有可能破壞腦神經組織，變成麻痺或癲狂狀態；第四期多在感染後約經十至二十年發病。梅毒雖可治癒，但因病毒侵入血液，潛伏期長久，會遺傳到下一代，影響胎兒，使出生的嬰兒變成畸形或殘廢。【33】

戰前性病被認為是日本的亡國病，為此，日本本土於一九〇九年起開始自產保險套，唯，當時國產的目的不是為了避孕，而是在預防性病。日本政府為了保護公娼不罹患性病，甚至有由娼妓業主負擔保險套費用的規定。但在殖民地臺灣，臺灣總督府不僅極少教育從業者應該如何預防性病，也不向遊客宣導，要遊客使用保險套。臺灣人藝旦、酌婦、娼妓在沒有性知識、衛生常識，和逃避定期體檢的情形下，罹患性病的比率遠超過日本從業婦。如據統計，一九三六年全臺特種營業婦女罹患性病的比率是：公娼百分之四、藝妓百分之五、酌婦百分之七、私娼百分之二十五；一九三八年的比率為：公娼百分之四、藝妓百分之七、酌婦百分之八、私娼百分之三十二。明顯的反映不具公娼身分的藝妓、酌婦、私娼，其性病罹患率均高於公娼。藝妓、酌婦、私娼人數居多的臺籍婦女出現百分之三十以上的性病比率，以及查緝傳播性病的病患相當困難的弊害，理應受到殖民當局的注意。【34】

總結地說，戰時在臺灣總督府、軍方的募集動員系統裡，被招募為慰安婦的臺籍婦女，儘管包括了一部分賣春婦，但這些婦女只占總數中的少數。上述中日戰爭初期廣西南寧臺灣步兵聯隊慰安所中，臺籍夫婦招募的慰安婦來自十五、十六歲的酌婦，十四、十八歲的藝旦，即透露供需雙方都有防範軍人感染性病的共識。也就是說，業者為了防止士兵罹患性病，影響戰鬥力，以及其本身也有持久營利的目的，所以要挑選進入色情業不久，資歷尚淺的女孩充當慰安婦。

不過，當戰局朝向長期化、擴大化發展後，業者到處招募初入色情業的少女，畢竟緩不濟急，人數也不敷現實市場所需。原住民少女則因人口少，而且還分布在交通不便的山區部落裡，募集起來相當費時。因此，業者從低成本、沒有性病疑慮和運輸出國便捷等諸點考慮，最好的措施當然是，儘量擴充募集年約二十歲至二十五歲之間，沒有性經驗的貧窮漢族女子填補這個人肉市場的缺口。

註釋

【1】《臺灣日日新報》一九三八年十二月六日，頁二；同，一九三八年十二月十二日，頁五；同，一九三九年一月七日，頁七；同，一九四〇年二月十八日，頁七；中山馨、片山清夫著，《躍進高雄の全貌》（臺北：成文出版社，一九八五年據一九四〇年復刻本），頁三四〇。

【2】昭和十二（一九三七）年八月三十一日，米三機密合第三七七六號，〈不良分子ノ渡支取締方ニ關スル件〉、昭和十五（一九四〇）年警務部第三課，〈渡支邦人暫定處理取扱方針中領事館警察署ノ證明書發給範圍ニ關スル件〉，收入吉見義明編集、解說，《從軍慰安婦資料集》（東京：大月書店，一九九三第二刷），頁九五～九九、一二五～一二七；朱德蘭，《臺灣總督府と慰安婦》（東京：明石書店，二〇〇五），頁八九。

【3】昭和十三年二月二十三日，內務省發警第五號，〈支那渡航婦女ノ取扱ニ關スル件〉，收入吉見義明編集、解說，《從軍慰安婦資料集》，頁一〇二～一〇四。

【4】鈴木裕子編，《日本軍「慰安婦」關係資料集成》下冊（東京：明石書店，二〇〇六），頁一二三～一二四。

【5】吉見義明，《從軍慰安婦》（東京：岩波書店，一九九五年），頁一六五～一六六；日本軍「慰安婦」問題解決全國行動資料集編集小組編，《日本軍「慰安婦」關係資料 21 選》（東京：日本の戰爭責任資料センター，二〇一五年），頁一二五～一二八。

【6】貸座敷是指娼寮的意思。明治三十九（一九〇六）年三月二十九日，基隆廳令第四號〈貸座敷營業及娼妓取締規則〉，收入《基隆廳報》第一六六號。又一九〇六年全臺各地官府所頒布的娼妓業取締規則，其法令條文內容均同。

【7】明治四十年二月十五日，臺北廳令第二一號漢譯〈藝妓為業約東章程〉，收入《臺北廳報》第八八七

號；大正十一（一九二二）年九月二十七日，臺北州令第四六號〈藝妓酌婦取締規則〉，收入《臺北州報》第二八八號。

[8] 昭和十三年三月四日，陸支密第七四五號，〈軍慰安所從業婦等募集ニ關スル件〉，收入吉見義明編集、解說，《從軍慰安婦資料集》，頁一〇五～一〇七。

[9] 昭和十四年十二月二十三日，暗電送第三四八九〇號，〈漢口陸軍天野部隊慰安所婦女渡支ノ件〉；昭和十四年四月十一～二十日，第二一軍司令部，〈戰時旬報（後方關係）〉，收入吉見義明編集、解說，《從軍慰安婦資料集》，頁二一二、二一四～二一六。

[10] 「仕込っ子」是指在藝妓家學習各種歌舞技藝，準備將來成為藝妓的少女。

[11] 廣田和子，〈トラック島の從軍慰安婦：藝妓「菊丸」〉，收入《女性たちの太平洋戰爭》（東京：新人物往來社，一九九四），頁一一七～一一八；山田盟子，《慰安婦たちの太平洋戰爭：秘められた女たちの戰記》（東京：光人社，一九九四），頁一六四。日本本土仲介招募者買賣婦女，以預支款方式讓婦女到戰場充當慰安婦的事例很多，詳見山田盟子著作，不一一列舉。

[12] 廣田和子，〈トラック島の從軍慰安婦：藝妓「菊丸」〉，頁一一四～一二一。

[13] 昭和十七年三月十九日，朝保秘第一二七號，〈渡支邦人ノ取締ニ關スル件〉，收入吉見義明編集、解說，《從軍慰安婦資料集》，頁一五四～一五五。

[14] 昭和十七年一月十四日，外機密第六號，〈南方方面占領地ニ對シ慰安婦渡航ノ件〉，收入吉見義明編集、解說，《從軍慰安婦資料集》，頁一四三。

[15] 高橋功編著，《軍妓》（臺北：漢湘文化事業股份有限公司，一九九四），頁一三五～一四二；尹明淑著，《日本の軍隊慰安所制度と朝鮮人軍隊慰安婦》（東京：明石書店，二〇〇三），頁二五四～二五五、三七〇～三七六。

[16] 韓國挺身隊問題對策協議會、韓國挺身隊研究會編，金鎮烈、黃一兵譯，《被掠往侵略戰場的慰安婦》

（北京：中國文史出版社，二〇〇一），頁八〇～九一；陳盈珊，〈韓籍慰安婦風城留殘夢〉，《中國時報》，一九九八年八月二十三日，頁五。

【17】前引韓國挺身隊問題對策協議會、韓國挺身隊研究會編，《被掠往侵略戰場的慰安婦》，頁二五九～二六九。

【18】朱德蘭，《臺灣總督府と慰安婦》，頁八五。

【19】朱德蘭，《臺灣總督府と慰安婦》，頁八五～八七。

【20】朱德蘭，《臺灣總督府と慰安婦》，頁八九～九一。

【21】昭和十五年九月二日，外一第一一六二之一號，〈渡支事由證明書等の取寄不能と認めらるる對岸地域への渡航者の取扱に關する件〉，收入吉見義明編集、解說，《從軍慰安婦資料集》，頁一三〇至一三七。

【22】朱德蘭，《臺灣總督府と慰安婦》，頁一七八～一七九。

【23】昭和十七年三月十二日，陸亞密受第二二五九號，〈南方派遣渡航者ニ關スル件〉，收入《陸亞密大日記》S17-58（東京：防衛廳典藏）。有關東條英機，參見福川秀樹編，《日本陸海軍人名辭典》（東京：芙蓉書房，二〇〇〇），頁三二六。

【24】椎野八束編，《太平洋戰爭戰鬥地圖》（東京：新人物往來社，一九九六），頁八二～八三。

【25】昭和十七年三月十六日陸亞密受第二二五九號返電案，〈南方派遣渡航者ニ關スル件〉，《陸亞密大日記》S17-58。有關阿南惟幾，參見福川秀樹編，《日本陸海軍人名辭典》，頁一八～一九。

【26】昭和十七年六月十三日陸亞密受第二二五九號其一，〈南方派遣渡航者ニ關スル件〉，收入〈陸亞密大日記〉S17-58（東京：防衛廳收藏）。有關樋口敬七郎、木村兵太郎，參見福川秀樹編，《日本陸海軍人名辭典》，頁一七四、四〇一。又，在日本政府公布調查慰安婦關係資料前，當時日本社會黨眾議員伊東秀子透過內閣外政審議室取得防衛廳、外務省收藏六十一件資料，都收錄於吉見義明編集、解說的資料集中。一九九二年二月七日日本《每日新聞》曾經大幅報導此一訊息，臺灣方面引起很大的反應，臺灣

社會也從此時開始關心臺籍慰安婦的問題。

【27】本節主要參考〈日據時期臺灣戶籍資料〉（臺灣戶政事務所典藏）。

【28】《臺灣日日新報》，一九二一年一月二十七日，頁二；同，一九二九年一月十七日，頁二；同，一九三〇年三月十一日，頁七；同，一九三〇年八月二十七日，頁二；同，一九三一年一月二十日，頁七；椿木義一，《基隆港大觀》（臺北：成文出版社，一九八五年據一九三三年復刻本），頁二五四。

【29】本節主要參考〈日據時期臺灣戶籍資料〉（臺灣戶政事務所典藏）。

【30】《臺灣日日新報》，一八九九年八月二十七日，頁三；同，一九〇二年六月二十七日，頁五；同，一九一四年十二月三日，頁七；余繩武、劉存寬主編，《十九世紀的香港》（香港：麒麟書業有限公司，一九九七版），頁二四三。有關基隆港近代化的研究，見陳凱雯，〈帝國玄關——日治時期基隆的都市化與地方社會〉（中壢：國立中央大學歷史研究所碩士論文，二〇〇五），頁四三、六四、一一四。朱德蘭，〈日治時期臺灣花柳業問題（一八九五～一九四五）〉，收入《人文學報》第二七期（中壢：國立中央大學文學院，二〇〇三年六月），頁一〇七～一〇九。

【31】朱德蘭，〈日治時期臺灣花柳業問題（一八九五～一九四五）〉，頁一五二～一五三、一六六～一六八。

【32】朱德蘭，《臺灣總督府と慰安婦》，頁四五～四六。

【33】朱德蘭，《臺灣總督府と慰安婦》，頁四六。

【34】朱德蘭編集、解說，《臺灣慰安婦關係資料集》第一卷（東京：不二出版，二〇〇一），頁五八～六四；臺灣總督府警務局，《臺灣の衛生》（臺北：臺灣總督府警務局衛生課，一九三九），頁一〇三～一〇五。

第九章 閩南籍慰安婦

戰時有關臺灣婦女到海外充當慰安婦的資料很少，本書參考日本官方文件，雖已在第六章、第八章指出日本軍部、臺灣總督府有直接策劃，介入慰安婦募集業務的事實。但，生長在那個年代的人對此問題有何看法？理應做一對照。

一九二二年出生於彰化的蕭金海，田中公學校高等科畢業，巡查考試及格，曾任彰化市東門警察官吏派出所、彰化警察署巡查。據他回憶，戰時募集臺籍慰安婦的方式是，先由日本軍部按照臺灣各州、各郡情況分配人數，然後通知派出所將此消息傳布各地保甲周知，再由保正、甲長負責招募。當時婦女一聽到風聲就去報名，因為報名踴躍往往超過原定名額，因此巡查要調查應募者的家庭背景，包括家人是否同意，家中有無老人或小孩須要照顧。蕭金海強調，應募者多來自風月場所，有的聽說當慰安婦的收入不錯，甚至會拜託巡查把她們的條件寫好一些。[1]

臺北中醫世家出身的莊淑旂回憶，一九三八年她十八歲那年，風聞當時政府下令十六歲以上的未婚女孩要調往軍中當看護婦（護士）或慰安婦，她父母因怕她被人徵調，所以趕緊替她找對象，讓她和人結婚。[2]

曾任海南島日軍慰安所清潔工的吳連生回憶，一九四二年，那大（位於海南島西北）趙家園慰安所開張那天，有個名叫阿嬌的十六歲臺灣女孩，被日兵連續摧殘，因為子宮破裂，血流如注，當場昏死過去。經過搶救蘇醒後，只休息半小時，就被管理員強迫繼續接客。清潔工在慰安婦接客的日子裡，每天要抬出一、兩個女孩進行急救。趙家園慰安所除了就地接客外，還配合日軍的要求，定期或不定期到日軍據點犒勞皇軍。關於慰安婦的來源，主要是日軍從海南島各地抓來的。從語言口音分辨，以臨高縣新盈地區居多，也有臺灣女孩，但人數較少。慰安婦多屬十七、八歲的未婚女子，也有一部分十五、六歲的少女，二十一、二歲的婦女僅占少數。[3]

以上人士的說詞，反映臺籍慰安婦的招募方式、從業環境並不單純。本章為探討臺灣閩南籍婦女充當慰安婦的歷史背景及其從業實情，擬以〈臺灣慰安婦認證資料〉、〈日據時期臺灣戶籍資料〉為基礎，通過個案口述與文獻資料的比對，來了解閩南籍慰安婦的就業真相。

一、個案分析

一九九二年，臺籍慰安婦受到韓國金學順出面控訴日本政府的精神鼓舞，向臺北市婦女救援基金會（簡稱婦援會）提出申訴，經過婦援會查訪，確認為慰安婦的人數，共計有五十六人。二〇〇一年至二〇〇四年筆者擔任婦援會董事，另認證四人，經過查訪結果，確認臺籍慰安婦總數共有五十九人。五十九人中，依照申訴方言區分，閩南籍婦女占三十五名，客家籍婦女占十二名（詳見第十章）、原住民婦女占十二名（詳見第十一章）。唯至二〇一九年目前為止，存活於世的臺籍慰安婦只剩下兩名住在花蓮的原住民阿嬤。[4]

本節為釐清閩南籍慰安婦的家庭背景及其從業過程，首先將其個人資料製成表9-1，根據表

表 9-1 臺灣閩南籍慰安婦個案資料

No.	本名/花名	出生年月	出生地	戶長職業	家族人數	學歷/徵集前職業	婚姻狀況	徵集時年齡	徵集方式	斡旋人	徵集目的	前借額日圓	慰安地點/期間	慰安傷害狀況
1	阿琴 § Masako	1909	基隆	漁夫		無	已婚	34	詐欺就業	臺灣人	酒保服務生	二百圓	Kendali 1943-1944	手臂燒傷
2	阿玉 § Misako	1927.05	基隆	漁夫			未婚	16	詐欺就業	臺灣人	酒保服務生	二百圓	Kendali 1943-1944	自殺二次
3	寶珠 Tamae	1921.09	臺北	看風水	7	無/藝旦	未婚	20	區役所抽籤	臺灣人	慰安婦		佛山 Lashio 1941-1945	右耳震聾
4	愛珠 Katsuko	1924.09	基隆	礦工	8	小學畢業/陪酒	未婚	18	詐欺就業	臺灣婦人	酒家陪酒		海口 1942-1945	×
5	阿娥	1926.10*	臺北	藝旦業	6	無/藝旦	未婚	18	養母強迫	臺灣人	慰安		海口 1944-1945	
6	阿治	1921.11	臺北			無		21	詐欺就業	臺灣人	食堂服務生		Manila Singapore 1942-1945	霍亂
7	阿婉	1923.04*	臺北	賣煤炭		小學四年/酒女	未婚	20	自願應徵	酒家臺灣老板	陪酒	二百圓	Manila 1943-1945	
8	阿櫻	1919.08*	臺北	臨時工	13	無/酒女	未婚	24	自願應徵還債	日人臺人	慰安	一千圓	Manila 1943-1944	
9	阿乖 Lioko	1920.06*	臺北	農	10	無/種田	未婚	22	區役所抽籤	臺灣人	酒家服務生	四百圓	Iloilo Capiz Negros Sanjose 1942-1944	
10	阿金	1922.02*	臺北	農	17	高等科二年/女工	未婚	21	詐欺就業	臺灣人	俱樂部服務生		SangaSanga Samarinda Loakulu 1943-1945	流產

（續下頁）

11	阿會 Setsuko	1922.12*	臺北	漁夫	3	小學三年／裁縫	已婚	21	詐欺就業	臺灣人	看護助手		SangaSanga Samarinda Loakulu 1943-1945	
12	阿串	1922.05*	臺北	農	11	小學肄業／女工	未婚	21	詐欺就業	臺灣人	食堂服務生	幾百圓	SangaSanga amarinda Loakulu 1943-1945	流產子宮炎
13	阿美 Namie	1926.06	臺北	飲食店		無／咖啡屋女招待	未婚	17	自願應徵	臺灣人	女招待	無	Samarinda 1943-1945	瘧疾
14	阿螺 Tamako	1924.02*	臺北	農		無／酒家陪酒	未婚	19	自願應徵	賓館臺灣老板	食堂服務生	三百圓	Samarinda 1943-1945	
15	阿英 Tsukiko	1926.05	臺北			小學畢業／看護助手	未婚	17	詐欺就業	日本人	看護婦		Timor 1943-1945	瘧疾
16	阿桃 Namie	1925.05*	臺北	麵店	10	小學二年／賣麵	未婚	18	詐欺就業	臺灣警察	看護		印尼 1943-1945	
17	阿扁 Yukiko	1922.06 ■	臺北	農		無／酒女	未婚	21	自願應徵	臺灣婦人	食堂服務生	一百圓	Borneo Singapore 1943-1945	
18	阿完	1920.11*	臺北	苦力	7	無／娼妓	未婚	22	自願應徵	臺灣嫖客	慰安婦		Malaysia 1942	
19	阿鴦 Tomie	1922.09	臺北	菜販	9	無／咖啡屋服務生	未婚	21	詐欺就業	臺灣人	食堂小妹	三十圓	Yangon 1942-1945	耳膜破掉 ×
20	阿秀	1914.11	臺北			無／煮飯		28	詐欺就業	臺灣婦女	食堂服務員		Yangon 1942-1943	
21	小桃 Momoko	1922.11 ■	臺北	水果販	11	小學畢業／陪酒	未婚	20	詐欺就業	臺灣人	看護助手		Andaman Johor 1942-1945	流產 ×
22	阿月	1916	桃園	農	5	無／看護	未婚	26	日本護士強迫	日本人	看護助手		海口 1942-1945	×

（續下頁）

23	阿全	1920.03	桃園	採茶	5	無／採茶	未婚	23	詐欺就業	臺灣人	看護助手		Manila 1943-1945	被刺青 ×
24	阿真 Fujiko	1925.06	桃園	農	8	無／照顧幼兒	未婚	18	詐欺就業	臺灣人	食堂服務生	一百圓	Samarinda 1944-1945	
25	阿月	1915.01	新竹	漁夫		無	未婚	24	詐欺就業	日本人	炊事		海口 Singapore 上海 1939-1945	
26	阿鳳 Tomiko	1923.10	臺中	皮鞋店主	7	小學二年／照顧幼兒	未婚	18	叔父強迫	臺灣人	看護婦		海口 文昌 1941-1945	
27	阿錦	1915.03*	南投			無／茶室陪酒	已婚	29	自願應徵	日人臺人	慰安	二百六十圓	菲律賓 Yaeyama 1944-1945	
28	阿卿	1927.02	南投	糖廠工人	15	小學三年／鳳梨廠女工	未婚	18	詐欺就業	臺灣警察	看護助手		Naha 1945	×
29	阿蓮 Namiko	1925.12*	虎尾	農	7	小學二年／女工	未婚	18	詐欺就業	日本人	看護助手	無	Cebu 1943-1945	摔斷牙齒 ×
30	阿菜 Masae	1924.12*	嘉義	農	5	無／撞球場服務生	未婚	19	自願應徵	臺灣人	陪酒	三百圓	Iloilo 1943-1945	自殺 ×
31	阿是 Ayiko	1922.11*	臺南	布販	9	無／酒女	未婚	20	自願應徵	酒家客人	料理店服務生	幾百圓	Manila Cebu 1942-1944	自殺 ×
32	鳳嬌	1923.03	屏東			無／炊事	未婚	19	詐欺就業	臺灣人	食堂服務生	五百圓	Bacolod 1943-1945	×
33	阿洪	1918.05*	屏東		4	無／茶室服務生	未婚	22	詐欺就業	臺灣人	看護助手		三亞、嘉積 1940-1945	×
34	阿好 Fumiko	1922.05*	宜蘭	農		無／炊事	未婚	21	養父逼迫	臺灣人	海外就業		Manila 1943-1945	天狗熱

（續下頁）

35	阿見	1920.11	臺東	農			未婚	19	被賣	臺灣人	慰安		海口 1939	

備註：1. 空白欄或記載不全者為認證資料缺載。

2. 本表依照臺灣閩南籍慰安婦的出生地由西而東，由北而南排列。慰安婦的人名以原來姓名中的一個字表示。有關慰安地點，對於個案未做正確拼音的外國地名，以國名表示。

3. 本表中的符號，§ 表示「母女關係」。* 表示「養女」。■ 表示「媳婦仔」，即指童養媳。× 表示個案當過慰安婦後，「喪失生育能力」。

4. 本表中的酒保指軍中福利社。區役所指區公所。看護婦指護士。天狗熱紙登格熱。

資料來源：作者根據臺北市婦女救援基金會訪查，〈臺灣慰安婦認證資料〉（臺北：臺北市婦女救援基金會收藏，不公開資料），未編頁；〈日據時期臺灣戶籍資料〉（臺灣戶政事務所典藏）製作。

9-1，再將若干疑點分析於後。

1.有關閩南籍婦女的出生地，按照人數多寡排列，依序為：臺北十九人、桃園三人、基隆二人、南投二人、屏東二人、新竹一人、臺中一人、虎尾（雲林縣）一人、嘉義一人、臺南一人、宜蘭一人、臺東一人，反映閩南籍慰安婦來自全臺灣各地，但以首府臺北人數居多。

2.關於閩南籍婦女的家長職業：農民十一人、商販七人（包括賣皮鞋、賣布、賣煤炭、賣麵、開餐飲店、賣菜、賣水果）、工人五人（包括礦工、臨時工、採茶工、糖廠工人、苦力）、漁夫四人、看風水一人、藝旦業一人、職業不詳者六人，反映農村婦女與都市裡的貧窮女子是募集者的招募對象。

3.關於閩南籍婦女的家族人口，及其在家庭中的特殊稱謂：在家族同居人口方面，屬於五人以下的小家庭有二人；五人至九人的中型家庭有十二人；十人以上三代同堂的大家庭有七人；家族人數不詳者有十四人。在特殊稱謂方面，具有養女身分的有十六人；屬於媳婦仔（童養媳）

的有二人；在此十八人中，又有十一人在風月場所工作。

4.有關閩南籍婦女的教育程度：完全沒有入學讀書的有二十二人；小學肄業的有七人；小學畢業的有三人；高等科二年級（國中程度）的有一人；教育程度不詳者二人，反映未受教育、思想單純的婦女為募集者的獵取對象。

5.有關閩南籍婦女在慰安以前的職業：從事特種行業的有十五人（包括酒女八人、服務生三人、藝旦二人、妓女一人、女招待一人）；當女傭的有五人（包括替人照顧小孩二人、幫人煮飯三人）；做女工的有五人（包括採茶工一人、工廠女工四人）。此外，還有裁縫一人、看護助手二人、在家幫忙種田者一人、在家幫忙賣麵者一人、職歷不詳者五人，反映具有特種行業背景的人是應徵慰安婦的積極者，而女傭、女工等收入菲薄的婦女，也是被人招募為慰安婦的重要對象。

6.關於閩南籍婦女的婚姻狀況：未婚三十人、已婚三人、不詳者二人，顯示未婚婦女是充當慰安婦的重要條件。

7.關於閩南籍婦女被招募當時的年齡：十六歲一人；介於十七歲至二十歲的有十七人；介於二十一歲至三十四歲的有十七人。以上人數如減去職歷不詳者五人，在有業婦女三十名中，有九名年齡不滿二十一歲的婦女在特種行業工作，有六名年齡二十一歲至二十九歲的婦女有從事特種行業的經歷。其中有一名二十九歲的已婚婦女，因為丈夫去世，為了謀生而到茶室陪酒；餘十五名二十一歲至二十八歲的婦女都從事普通勞務工作。

8.有關閩南籍婦女被人招募的方式：屬於詐欺就業的有十九人，自願應徵的有九人，包括酒女六人、妓女一人、女招待一人、服務生一人；被養父母和叔叔強迫應徵的有三人；被區役所（區公所）抽籤抽中的有二人；被人口販子賣掉的有一人，被日本護士強迫出國奉公的有一人。反映詐欺就業是募集者最常用的手段，至於特種行業從業員都屬於自願應徵者，則與其工作上的老闆或客人多屬商業投機者，或是國策的支持者，比較容易接受勸誘有關。

9.關於斡旋人的族別：臺籍占二十九人、日籍介入者占六人，反映慰安婦的直接募集者主要是臺灣人。

10.關於閩南籍婦女被募集的理由：以從事食堂、料理店服務生為由，被招募的有十三人；為客人陪酒的有三人；為接待日軍的有六人（其中只有一名藝旦寶珠和一名娼妓阿完確知是要當軍妓）；當女招待的有一人。以上屬於特種行業範圍，被招募的人數有二十三人；以從事看護和看護助手為由，被招募的有十人；以到海外煮飯為由，被招募的有一人，以到海外就業為由，被招募的有一人。

11.有關斡旋人對閩南籍婦女提供前借款的金額及人數：五百圓以下的有十人、數百圓的有二人；五百圓的有一人；一千圓的有一人；沒有前借款的有二人；不詳者十九人。反映僅有一名酒女為了償債，自願應徵並向斡旋人預支一千圓，借債最高；其他婦女的前借額較低，甚至根本沒有預支款。

12.關於閩南籍婦女的慰安地點，如表9-1所示。由華南向東南亞地區依序為：到廣東佛山市慰安後，再隨軍轉去緬甸臘戍（Lashio）的有一人；到海南島海口市慰安，再轉到新加坡（Singapore）及上海的有一人；主要在海口慰安的有五人（不包括上述一人）；在三亞、嘉積慰安的有一人；主要在菲律賓馬尼拉市（Manila）慰安的有六人；主要在菲律賓群島怡朗市（Iloilo）慰安的有二人；到菲律賓群島巴科洛德市（Bacolod）慰安的有一人；只在菲律賓群島宿霧市（Cebu）慰安的有一人；先到菲律賓群島西南角的桑噶桑噶（Sanga Sanga）慰安，再隨軍前往婆羅洲沙馬林達（Samarinda）、羅庫盧（Loakulu）的有三人；只到沙馬林達慰安的有三人；到荷屬帝汶（Timor）慰安的有一人；前往印尼肯達里（Kendali）慰安的有母女檔二人；到印尼慰安（具體地點不詳）的有二人；先到婆羅洲再隨軍轉到新加坡慰安的有一人；前往馬來西亞（Malaysia）慰安的有一人；只在緬甸首府仰光（Rangoon）慰安的有二人；先到印度洋安達曼島慰安（Andaman），再隨軍前往馬來半島柔佛（Johor）的有一人；只在沖繩首府那霸慰安（Naha）的有一人；先到菲律賓再去沖繩縣八重山群島（Yaeyama）慰安的有一人。

以上地區中，佛山、三亞、嘉積、帝汶、臘戌都是日軍推進作戰的重要據點，那霸是日軍的防衛陣地，海口是海南島首府，馬尼拉是菲律賓首府，宿霧是菲律賓第二大都市，怡朗是菲律賓第三大港口，桑噶桑噶、沙馬林達、羅庫盧則都是燃料石油的重要生產地。[5]

13. 關於閩南籍婦女的慰安期限：一年以下者有九人；一年到二年之間者有十七人；三年到六年之間者有九人。以上人數大部分從日軍占領後不久就前往慰安，一九四三年以後出國慰安的人數約占一半，反映她們到海外工作和太平洋戰情緊急，前往日占區的皇軍、軍屬人數增多有關。

14. 關於閩南籍婦女在慰安期間的身心傷害：曾經自殺者三人；懷孕流產者三人；感染瘧疾、霍亂及登格熱（天狗熱）的有四人；被日軍刺青的有一人；乘船被美軍轟炸船體，手臂燒傷的有一人；隨軍撤離陣地，在逃亡途中摔斷牙齒的有一人；被美軍空襲震破耳膜的有一人；其他二十一人沒有紀錄，不詳其遭遇如何。值得留意的是，這些僥倖存活返回臺灣的婦女，因為當過軍妓而喪失生育能力的有十二人，約占總人數的三分之一。

綜上所述，可知臺灣閩南籍慰安婦的出身都來自貧窮家庭，其中，養女、有特種行業背景者所占比率較高，招募者的募集方式以詐欺就業為主，特種行業從業員自願應徵者也不少。至於良家婦女為何被騙？特種行業婦女為什麼要自願？慰安所的經營者、仲介招募者有何資歷背景？慰安婦受到什麼樣的性暴力？太平洋戰爭結束後，閩南籍慰安婦的命運如何？等問題，茲舉若干個案為例，論述如下。

二、礦工女兒愛珠

（一）小學生活

一九二四（大正十三）年九月，愛珠出生於基隆郡瑞芳庄四腳亭，[6]家中有父、母、三個哥哥（三哥夭折）、兩個弟弟。愛珠的父親是名礦工，母親管理家務。日治時代基隆煤礦產量豐富，瑞芳是著名的煤田，四腳亭則是瑞芳最大的煤礦區。關於基隆礦工的種類，一般分為：採炭工、機械工、搬運工、選炭工、洗炭工、雜工等六種，礦主依據工人勞務的差異，計算工資。大體言之，礦工日薪平均介於一圓到二點五圓之間。採炭工的收入很低，包括愛珠她父親在內，大多是由臺灣人擔任，技術人員的待遇較高，幾乎都是日本人。[7]

礦工家庭的經濟生活都很貧困，他們除了依靠採炭維生以外，還會前往臺北近郊的茶園，參加採茶行列。每年一到春季、秋季採茶季節，礦工家庭裡的孩子因為要幫父母照顧年幼的弟妹，所以少有學齡兒童入學讀書，小學畢業的。不過，愛珠的父親疼惜她是個獨生女，特別允許她和她哥哥一起去上學。

愛珠小時候經常生病，直到十一歲時，才入四腳亭公學校（小學）讀書。四腳亭公學校的學習科目有：國語（日語）、歷史、地理、算術。愛珠除了書法課寫字較差外，其他各科成績都名列前茅，她喜歡上算術課，很擅長打算盤。愛珠讀四年級時，日本老師開始教女生學用縫紉機，練習縫製桌布。愛珠的手藝很巧，會做許多花樣漂亮的桌巾，她的母親為了貼補家用，曾經把她做的手工藝品賣給同學的母親。

四腳亭公學校每年夏季舉行一次運動會，愛珠不喜歡運動，無論賽跑、跳高或跳遠，任何比賽都不行。冬季舉辦「學園祭」（遊藝會）的時候，都由老師安排節目，讓學生們表演歌舞才藝。愛珠很喜歡唱歌，尤其喜愛這首「仰げば尊し」（尊敬師恩）的旋律，它的歌詞如下。

仰げば尊し　わが師の恩　　尊敬吾師之恩
教えの庭にも　はやいくとせ　　學校生活飛逝
思えばいと疾し　この年月　　憶及逝去歲月
今こそ別れめ　いざされば　　離別就在今朝
互いにむつみし　日ごろの　　昔日相處之情
別るる後にも　やよ忘るな　　別後永不忘卻

身を立て名を上げ　やよ勵めよ　　勉勵立身功名
今こそ別れめ　いざされば　　離別就在今朝
朝夕なれにし　學びの窗　　朝夕努力求知
螢のともしび　積む白雪　　夜螢寒窗苦學
忘るる間ぞなき　ゆく年月　　長久相處歲月
今こそ別れめ　いざされば[8]　　離別就在今朝（作者中譯）

一九四一年，愛珠十七歲即將畢業那年，她的級任老師接到出征召集令離職，改由校長擔任代課老師。校長得知愛珠的學習成績優秀，很願意替她負擔十五圓學費，讓她報考基隆中學，繼續升學；但，愛珠因為大哥在小學畢業後，到臺南一家玻璃工廠當學徒，在快要學成的時候突然得病去世。二哥不愛唸書，身體強健，在太平洋戰爭爆發後不久，就被送去廣東河北（珠江以北的城市）當軍伕；接著父親又臥病在床不起，家計陷入困境，急需要錢。為了幫助家計，故決定放棄升學，跑到臺北大稻埕一家茶室去應徵，開始從事陪酒、陪客人解悶聊天的酒女生涯。

（二）被藝旦騙去海口

愛珠的家離大稻埕很遠，每天都要搭火車，往返於臺北與四腳亭之間。久而久之，她在車站等車時，認識了一個名叫「阿珠」的女孩。阿珠在基隆茶室上班，和愛珠的年齡接近，性情相仿，因為同行，談話頗投機，所以很快就結為朋友。

有一天，阿珠邀愛珠出遊，介紹愛珠認識她的幾個客人。其中，有一個客人像耍流氓似的小混混，那客人對愛珠不懷好意，常到茶室來糾纏她。一九四二年阿珠向愛珠提起，大稻埕有個藝旦告訴她，說有不少臺灣人到海南島去當軍伕，他們需要招募女孩去那裡陪酒。愛珠想擺脫那個流氓，和想多掙點錢貼補家用，就請阿珠幫忙，代她向那個藝旦報名。藝旦借給愛珠幾百圓當安家費，答應她欠債可以從薪資中扣除。愛珠把報名應徵的事告訴母親後，母親認為那是陪酒，不是賣淫，所以也沒有表示反對。

藝旦從各地招募了十三個女孩，約在基隆火車站集合。阿珠沒有同行。女孩們從基隆坐火車南下，一起到高雄搭軍艦去海南島。軍艦航行了幾天，抵達榆林港停船。女孩們才剛剛走出碼頭，就遇到「敵機」投擲炸彈，嚇得大家驚慌失措，亂成了一團。

等到空襲平靜之後，她們乘坐一輛大巴士先到一間旅館投宿一晚，隔天清晨再北上，沿途經過文昌，在文昌休息用餐，最後抵達一個門口掛著「海口施設部」的大招牌前下車。

（三）慰安所生活

海口施設部是日軍管理占領區營造工程的機構，門口有憲兵站崗，進出人員必須出示證件，或向守衛辦理登記，經過同意後才可以通行。負責經營海口施設部慰安所的老闆是個日本人，他集合女孩給她們取好日本名字後，就告訴大家，她們來這裡的目的是要為軍人、軍伕做「性服務」。愛珠聽他這麼說，感到很錯愕，就趕緊向老闆和藝旦（日本名字Sakura，櫻花）表示，自己在應徵時，只答應陪酒，並不是要做「慰安婦」。但那老闆說，她的契約書上分明寫著「接待日本兵」。愛珠解釋，她是委託阿珠向櫻花阿姨報名，簽辦手續的，她從未見過那張契約書。櫻花的表情有些尷尬，就很婉轉地對她說：「既然妳已經來了，也無法離開營區，就不如接受這個事實吧。」

愛珠的日本名字叫「Katsuko」（和子），工作一段時日後，她獲知一起來的十三名女孩裡，除了領隊藝旦和一、二個自願就業的婦女外，有六個年齡十五、六歲的女孩是櫻花用錢買來賣身的。愛珠還聽別人說，藝旦以前曾經在海口慰安所當過慰安婦，她依靠一個憲兵隊長的關係發了不少財，因為嚐到一次甜頭，所以這回招募一些女孩想要重操舊業；但沒有想到那名日本憲兵隊長已經調任他處，她失去了有力的靠山，又和現在的老闆意見不合，沒待多久，就消失得無影無蹤了。

海口施設部的慰安婦一人一個房間，面積約有四、五坪大，房裡鋪了三個榻榻米，有一個櫥櫃、一張桌椅，浴室、廁所都在室外。房門上掛著號碼，愛珠的編號是三號。慰安婦的接待對象主要是在海口施設部做工的臺籍軍伕，和一部分日本低階士官及兵卒。軍伕白天做工，因為沒有閒暇前來消遣，所以慰安所的營業時間是從晚上七點開始到十點接待軍伕和兵卒，十點以後再接待要留宿的軍官。軍伕和兵卒每支牌子的價格一圓，利用時間十五分鐘，軍官過夜較貴，每人七圓。[9]慰安所規定女孩們每週要到醫院做一次定期檢查。海口日占區的治安很平靜，[10]慰安婦白天無事可做，只要向警衛登記名字、進出入時間，就可自由外出。（見圖9-1、圖9-2）

到慰安所來找樂子的客人很多，他們一進門就要先排隊買牌子，然後再按照牌子上的號碼去找慰安婦。老闆為了預防女孩們懷孕，影響生意，會先提供保險套給女孩，讓她們交給客人用。

圖 9-1 慰安所入口售票桌模型

資料來源：引自臺北市文獻委員會主辦、臺北市婦女救援基金會策劃「女性與殖民地臺灣慰安婦關懷展」圖片。展覽期間 2002 年 10 月 24 日至 10 月 28 日（作者拍攝）。

圖 9-2 慰安婦身體檢查診斷臺模型

資料來源：引自臺北市文獻委員會主辦、臺北市婦女救援基金會策劃「女性與殖民地臺灣慰安婦關懷展」圖片。展覽期間 2002 年 10 月 24 日至 10 月 28 日（作者拍攝）。

買愛珠時間的客人大部分是臺籍軍伕，他們買一個牌子可以停留十五分鐘，喜歡愛珠的人常常多買幾個牌子，等待辦完事後，就和她閒聊一些臺灣的事。軍伕和愛珠用閩南語交談，他們有共通的方言和家鄉記憶，在聊天時可以解除一些鄉愁。愛珠的皮膚粉白細嫩，眉毛彎彎的，小嘴紅紅的，儘管不施胭脂，但客人們總以為她化了妝，擦了口紅，很讚賞她的嬌柔美麗。

愛珠和慰安所裡的女孩很少來往，平常出門都是單獨一人坐人力車，到市區逛街買東西，打算送給母親當禮物。

（四）夢想回鄉路

一九四五年美軍經常轟炸海口，慰安所附近有座防空洞設施，愛珠躲過好幾次空襲。同年八月，日軍戰敗投降後不久，就集體撤離了海口。留在海口的臺灣人因為船隻供不應求，就由「臺灣同鄉會」安排住房，等待船隻返臺。愛珠在等待回家的一年多裡，不但花完了積蓄，賣掉想送給母親的金子和禮物，還必須靠替人縫衣服，才能支應日益拮据的生活開支。

一九四六（民國三十五）年底，愛珠好不容易等到一艘船，這艘船擠滿了臺灣乘客和行李，搭載著他們引頸盼望，連做夢都想回去的臺灣。輪船駛近基隆港，愛珠在船友的幫忙下，平安地回到四腳亭。愛珠一踏進家門，見到母親就抱頭大哭。愛珠的母親喜極而泣地說，她父親在光復前已經病逝，二哥去廣東後一直沒有回家，經過多方探聽，從同一批被抽調廣東返臺的軍伕口中得知她二哥失蹤很久，可能已經戰死了。她看到愛珠活著回來，感到很欣慰。

（五）嫁給阿美族船員

愛珠回家後，曾到大稻埕找過阿珠，但不知她是否發生了意外，下落不明。一九四八年，愛珠二十四歲那年，經朋友介紹認識了一個姓李的阿美族船員。李先生比愛珠大三歲，他的故鄉在臺東，他年幼喪父，家裡有母親、六個兄弟姊妹，全家只靠種玉米、種甘藷、種蔬菜維持生活，日子過得很貧困。

李先生雖然只有小學肄業的學歷，但日語說得很好，戰前他受僱於日本人經營的基隆漁業株式會社，擔任捕魚和替日軍運輸水產品的工作。戰後，那家漁業公司變成臺灣人所有，他繼續做船員，在基隆、新竹沿海撒網捕魚。

李先生不懂閩南語，他和愛珠交談都講日本話，兩人很有默契。李先生不介意愛珠不能生育，向她求婚。不過，他家人沒錢坐車北上，因為不能參加他們的婚禮，所以他們沒有舉辦結婚儀式，一直同居。他們收養了一名女嬰，等到要給養女報戶口時，才去區公所登記了婚姻關係。養女的出生地和愛珠一樣，都在四腳亭，女嬰的生母一連生了幾個小孩，基於家貧無力扶養，才讓愛珠收養。愛珠很疼愛養女，不管生活多麼艱苦，都省吃儉用地供她讀完了高中。

李先生在基隆近海捕魚，起初收入頗豐，後來受到漁民競爭捕魚，漁獲量減少的影響，需要追捕魚獲，而由北向南，再向澎湖、高雄發展，進而遠航到西貢一帶去捕魚。李先生每次出海都間隔二十幾天才回家，為了生活方便，他們遷居高雄。遠洋漁船的捕魚收入很不穩定，愛珠為了分擔家計，辛勞地替人洗衣掙錢。愛珠向高雄貧戶領養了一個男孩，這男孩頭腦聰明，很喜歡讀書，大學畢業後在一家證券公司就業。

愛珠的丈夫在幾年前病故，她的雙腿受傷，不良於行。愛珠在年老多病的歲月裡，常常想起一些往事，她認為被騙到海口當慰安婦的經歷，是她這一生當中最大的羞辱，和最沉重的心理負擔。[11]

三、種田女兒阿乖

（一）養女生活

阿乖本姓林，一九二〇年六月在臺北出生後兩個月，就被父親阿興送給李家當養女。養家的家族人口有：養父阿銃、養母阿好、養父的長子阿查、長媳阿蕊、養女阿乖和阿錦（一九三二年阿銃從臺北松山收養的女孩）、阿查的三個兒子、一個女兒和阿查一九三九年從六張犁收養的女孩，三代同堂，一共十一個人。養父阿銃的身體不好，一九三九年病故，得年四十九歲。

言及養女，臺灣自清代以來，就有窮人把女兒送給別人，或和別人交換女兒，互做養女，和有把養女當成媳婦仔（童養媳）扶養的社會習俗。阿查的妻子阿蕊，也就是阿乖的嫂嫂，就是在出生半年後被他父親送給李家當養女，一九三二年十五歲時嫁給阿查，變成阿查的妻子。[12]

阿乖的養家原本住在市區，後因軍方徵用土地，而搬到內湖庄後山坡（今南港後山埤）。阿乖家的房子是用土牆建造的，屋外種了一些樹木和竹子。養父是名燒磚工，養母向人租地種田、種菜。日治時代貧民的女孩多不唸書，尤其是養女更不可能讀書，但男孩可就不一定。像是阿乖的哥哥阿查就讀完高等科（中學），阿乖則沒入學，從小不是挑水、做家事，便是和家人一起種田。

阿乖的家人拜媽祖（道教），也拜觀世音（佛教），每逢年節不論日子過得有多窮，都要借錢辦拜拜，他們不只拜神明，還要拜祖先。

阿乖在路上曾經看到日本警察身佩長刀，威風凜凜地騎馬代步。日本警察的權力很大，很有威嚴，臺灣人都很怕警察。

阿乖十五歲時經人介紹，到松山一間「金山鑄金所」打工。這間鐵工廠的規模很大，僱了好幾百個工人。工作時間從早上八點到下午五點。臨時工的工資很少，不供午餐，要工人自備便當。阿乖的工作是切鐵片，將鐵片製成模子。有一次，阿乖不小心被機器壓斷了一根手指，工廠給她一些醫藥費和補助金。阿乖的左手指受傷後就不再去工廠打工，只留在家裡種田、放牛、挑水、扛沙、擔土，從早到晚不停地勞動，簡直就像一頭牛一樣賣力幹活。

一九三六年初，阿乖長到十六歲時，養父給她招夫結婚，結婚時雙方家長沒有收受禮金，只有養家擺桌請客。入贅的丈夫阿本比阿乖大八歲，在鑄鋼廠做工。這樁婚姻因為是由家長做主，他們兩人沒感情，個性也不合，所以婚後沒到區役所（區公所）去辦理結婚登記。阿本、阿乖夫妻則經常為日常生活中的家庭瑣事吵架。有一天，阿本吵完架後，不顧已有身孕的阿乖，負氣離家出走。阿乖對阿本的行為十分惱怒，等生下兒子後，就讓兒子姓她的姓，由她照顧生活，不找阿本回家。

（二）抽籤變成慰安婦

一九四一年太平洋戰爭爆發後，區役所開始大量徵召臺籍軍伕出國，在日占區從事軍事建設工作。阿乖聽說，隔年松山區役所來人通知阿乖，說她被公家抽籤抽中，要和二十幾個女孩一起到菲律賓去工作。阿乖聽說，被抽去南洋的人都挑選沒結婚的年輕女孩。阿乖雖已結婚，育有一個五歲大的兒子，但因沒有申報結婚，被人當成未婚，所以就被抽中了。阿乖家裡收到一張通知單，她不識字，找了識字的人問通知單上寫著什麼。鄰居說，有個日本老闆要到南洋去開酒家，需要招募女孩當服務生，幫忙端菜、打掃清潔；還說日本老闆可以借她四百圓當安家費，欠債可以從工資中扣除。

阿乖的家境很清寒，家人對她被抽去南洋做工一事，都沒有什麼反對意見。阿乖認為，被抽中的女孩不只她一個，她相信那是一份正經的工作。

被公家抽中的二十幾個女孩裡，有一部分人要送到菲律賓，有一部分人要送到海南島。阿乖一行人從臺北坐火車到高雄，在高雄換搭軍艦前往菲律賓。軍艦航行了一天一夜抵達馬尼拉停泊，讓女孩們在馬尼拉留宿一晚後，再換船前往班乃島（Panay）南的怡朗市（Iloilo）。

菲律賓群島星羅棋布，大大小小的島嶼共有三千一百四十一個，總面積有二萬一千三百零九平方公里，其中有一半是岩石島或珊瑚礁，屬於無名無人住的小島，最大的島是呂宋島。班乃島位居菲律賓中部維薩亞斯群島（Visayas）中，它有四個省，包括：阿卡蘭（Aklan）、安提克（Antique）、卡皮茲（Capiz）、怡朗。怡朗市在班乃島的東南方，擁有天然的深水港，在政治、經濟發展上位置頗為重要，它不只是島上著名的魚米之鄉，也是怡朗省的首府和菲律賓群島的第三大港。[13]

女孩們來到日本營區的一間慰安所，這棟建築物是日軍強占當地富商的旅館，裡面房間寬敞，有廁所、木板床和家具。日籍老闆僱用了二個臺灣人當帳房，負責賣牌子和記帳。慰安婦則全是臺灣人。

阿乖本來不懂日語，等到進入慰安所後，才開始學習聽講，漸漸學會一些簡單的會話。日本老闆為她取了日本名字，叫她「Lioko」（良子），說那是「好孩子」的意思。

（三）怡朗慰安所

怡朗慰安所專門接待日本官兵。營業時間從早上九點開始到下午五點，中午休息。關於慰安所的消費價格，兵卒每次二圓、士官每次三圓。兵卒因為一週只休假一天，外出一次，所以一來就是一批湧入，一批湧出，川流不息。兵卒們每次一進門就吵鬧不休，爭著排隊買牌子。在買牌子的時候，收帳員會給軍人一個保險套，要他們使用。為了預防性病，老闆規定女孩們在辦完那事後，除了要用藥水清洗下體外，每週還要去醫院檢查一次身體。[14]

日本軍官到慰安所來時都佩帶一把長長的軍刀。有一次，有個軍官來找阿乖，當時還不到中午，阿乖很有禮貌地模仿日本人，向他彎腰鞠躬道聲早安。但那軍官可能已經喝了酒，突然就像練柔道似的，把阿乖抓起來往地上摔。阿乖被他摔倒在地，嚇得驚心動魄，趕緊爬起來向外跑，軍官就拿著軍刀在後面追。阿乖一時情急就躲進廁所裡，把門鎖起來，她慶幸自己逃過一劫，沒有白白地被他殺死。

戰時軍人殺人成性，殺人就像殺隻螞蟻一樣不以為然。阿乖覺得躲過那次大禍，能夠活著回來，便算是撿到了一條命。當然，日軍裡面也有若干性情比較溫和的人，像是有個姓 Nakamura（中村）的日本兵，沒有什麼脾氣，很喜歡阿乖，他說將來要娶她當老婆，但阿乖不欣賞那種有落腮鬍，身體微胖的男人。

怡朗慰安所老板不提供慰安婦膳食，只僱一個土著（黑人）婦女幫大家買菜，讓她們自己炊煮。阿乖和土著女傭混熟了，偶爾會和女傭一起上街買東西。怡朗的新年很熱鬧，到處掛著五顏六色的小燈泡，夜晚燈光照耀著天空，街景十分美麗，各地也都有人盡情唱歌、跳舞，快樂地慶祝佳節。

慰安所老闆每隔一段日子就會和慰安婦結一次帳，但堅持要替她們保管薪水，一直等到她們要回臺灣時才發工資。阿乖在怡朗一年八個月，曾經跟隨著軍隊移防，調到班乃島中部的卡皮茲省，和內格羅斯島（Negros）做性服務業。

（四）返鄉

一九四四年太平洋戰爭末期，美軍頻繁地攻擊菲律賓，到處都有戰事。阿乖從業期滿，因有女孩要來輪替，所以就和帳房、同一批來怡朗的慰安婦，以及一群日本傷兵搭乘軍艦返臺。軍艦在航行途中，遇到敵機轟炸，驚險萬分，幸好軍艦周圍備有船隻護航，才免遭美國潛水艇的正面攻擊。

阿乖一行人平安抵達臺灣後，各自回家，彼此沒有聯絡。她聽說接替她們的那支慰安隊，在高雄出發後不久就被敵機轟炸，船沉遇難了。

阿乖回到養母家後，激動地和家人相擁痛哭。養母見她生還，特別煮了一桌菜表示慶祝。阿乖在出國期間，養母替她照顧兒子，她回家後，為了報答母恩，願意承擔家計。阿乖為了養家餬口，除了洗

圖 9-3　阿乖阿嬤（婦援會提供，沈君帆拍攝）

衣、煮飯外，也種田、看牛、賣玉蘭花，到建築工地當臨時工，到鐵工廠磨砂紙，可以說，只要是能掙錢的苦工，幾乎她都做過了。[15]（見圖9-3）

四、草繩廠女工阿蓮

（一）養女生活

一九二五年十二月，阿蓮出生於新北社后（今汐止區），家中有祖父母、父母和七個姊姊，一家三代同堂，共有十二口人。父親種田，母親早逝，因為食指浩繁，生活艱苦，就把小孩送給別人收養。阿蓮四個月大時，被送到一個姓陳的人家當養女。[16]

阿蓮養父的家也住在社后，家中有養父母、二個哥哥、一個大嫂、一個姊姊，連同阿蓮一共七口人。養父靠撿木頭做木炭養家，養母和哥哥也都幫忙做木炭。社后一帶的居民生活貧苦，大部分住房都是稻草房，房裡沒有廁所和浴室，大小便都到田邊去解決。阿蓮的家洗澡時要挑井水，都只用毛巾沾沾水，擦擦身體而已。阿蓮住家的稻草房冬暖夏涼，不過，屋頂上常有蛇，小孩子膽子小，一聽到蛇在爬行的聲音，就會嚇得睡不著覺。阿蓮的家沒有錢買米煮乾飯，都吃稀飯配菜脯（蘿蔔乾）。阿蓮生長在窮困的家庭裡，從小就知道幫父母做家事，和養母一起撿木頭，或做草繩賣。

阿蓮七歲時到社后公學校（小學）讀書，上學時用手巾包書，揹在背上，赤腳走路去學校。阿蓮的家境很差，因為要幫父母分擔家務，不能專心讀書，成績不好，加上日本老師管教很嚴，所以她只讀了二年書，就輟學在家了。

（二）看護助手

一九四二年四月，日軍占領菲律賓宿霧島後，日本全國上下都為皇軍的輝煌戰績，瀰漫在榮耀興奮的氛圍中。

一九四三年，阿蓮十八歲時，到南港一間草繩廠做工。這間工廠的老闆是臺灣人，僱有四名年輕女工。女工的工作是用手揉草繩，揉草繩的收入很低，但對沒讀書沒有什麼就業機會的阿蓮來說，只要動作熟練，一天做個好幾捆，就有收入可以貼補家用，減輕一些家庭負擔。

有一天，一個日本中年男人到草繩廠來找老闆，他對老闆說要招募女孩到菲律賓當看護助手。那個日本人大肆鼓吹，現在正逢戰爭時期，人人都該為國家，為戰地軍人奉獻一點心力，要努力「為軍人打拼（拼命）」。第二天日本人到阿蓮家，帶著一份文件對她養父說，阿蓮不滿二十歲，出國要有家長同意書，要她養父在那文件上蓋章。

阿蓮的養父說，家中長男病故，次男在年初已被區役所徵去宿霧當兵，如果阿蓮再離家，家裡就沒有人可以做工幫忙家計，生活會更艱苦，便婉拒他不能照辦。但那名日本人頻頻去她家，一直要勸養父點頭答應。養父借口阿蓮沒有讀過書，什麼都不懂，不能做護士。那個日本人則辯稱，看護助手的工作很簡單，並不是要給病患打針，而是要幫病人綁紗布和綁繃帶，做一些一學就會的事。他強調，臺灣已有許多護士不怕死地去了，其他人也該為前線軍人盡點力。養父被他不停地勸說，在半慫恿半強迫的情況下，只好勉為其難地蓋了章。日本人收下文件後，就告訴阿蓮的養父說，阿蓮要去的地方是宿霧，但沒說要去多久，臨行前也沒給她安家費。那個日本人一共招了三個女孩，他們約好在草繩廠集合，由他帶路去基隆。

（三）宿霧慰安所

阿蓮在基隆碼頭登船前，看到那個日本人和另一個日本女人會合。日本女人帶了二十幾個臺灣女孩，年齡約在十八歲到二十五歲之間。女孩們排成一列隊伍，等那日本人點完名後，就一一登船。在船上，日本女人給大家取名字，叫阿蓮「Namiko」（奈美子）。阿蓮坐在船艙裡，突然想起自己單獨離家那麼遠，以後不知何時才可以回家，就忍不住地潸然落淚。

這艘軍艦搭載了好幾百個日本兵，在航行途中，遇到美國潛水艇攻擊，船體雖然沒事，但那巨大的砲擊聲讓女孩們飽受驚嚇，害怕得連連大叫。阿蓮暈船，吐得很厲害，她就像病人似的，一動也不敢動地躺在船板上。阿蓮聽說早一班出發的船已被美軍擊沉，臺籍軍伕全部不幸罹難了。軍艦航行了一星期，終於平安無事地抵達了宿霧。

阿蓮一行人在下船時，碼頭邊已有一輛軍用卡車來接載她們。一個負責點名的日軍口譯是臺灣人，日本人叫他「Hidaka」（日高），他的軍階是陸軍下士官，他一見到阿蓮就像很有緣似的用閩南語問她：「妳怎麼也來這裡呀？」阿蓮答道：「我是來做看護助手的。」日高說：「那不是看護婦，是慰安婦。」

阿蓮聽了一頭霧水，傻傻的，沒有什麼反應，她不懂「慰安婦」是什麼意思。

卡車經過幾個軍隊駐守的營區，行駛到離市區很遠的一個大建築物前停車。這棟房子的地板離地面很高，好像搭戲臺似的，後來她們發現宿霧到處都有這種木造高腳（干闌式）的建築物。這房子不是新建的，是日軍強占當地一戶富商的別墅。管理員給女孩們分配房間，一人一間，室內家具齊全。

宿霧市位於宿霧島的中部，它不只是宿霧島的首府與菲律賓群島的第二大港，也是輸出岷答那峨（Mindanao）、萊特（Leyte）諸島麻製品的中繼港。[17]宿霧市共有三個日軍慰安所，臺籍慰安婦有四十多人，分別屬於軍官專用的「和樂俱樂部」、官兵使用的「亞細亞慰安所」和「蓬萊慰安所」。[18]

阿蓮服務的「蓬萊慰安所」管理員正是在臺北招募女孩的那個日本男人和女人，他們看起來很像夫妻。那婦人要女孩們叫她「mama-san」（媽媽桑）。媽媽桑告訴女孩來這裡的目的是要接待日本兵。女孩們一聽是做性服務，就放聲大哭，但，羊入虎口，逃也逃不掉，只能乖乖認命。媽媽桑規定接客時間分為二段，第一段從早上九點開始到中午十二點為止，午餐過後進入第二段，要服務客人到晚上十點為止。女孩們的接待對象全是日本兵，距離此處較遠的地方，另有日本人和朝鮮人經營的慰安所，她們專門接待日本軍官。

蓬萊慰安所禁止日本兵在室內飲酒，規定來此尋歡的兵卒都要先向老闆買牌子，領取 sack（保險套），牌子上有號碼，阿蓮是一號。客人拿到牌子後，按照號碼找房間。客人走進屋內，先把牌子交給慰安婦，然後戴上保險套辦事。慰安婦遇到生理期，可以休息，休息時要把房門上的牌子翻到反面，也就是紅色的那一面，表示暫時不接客。媽媽桑發給每個女孩一瓶紅色消毒水，叮嚀女孩辦完那事後，要用藥水消毒一下陰道。

媽媽桑的脾氣很壞，常常打人罵人，脅迫女孩服從。女孩們每週也要去醫院做一次定期檢查，診斷有沒有生病。媽媽桑規定如果有人生病，一定要住院治療，要等身體完全康復後，才可以接客，但治療期間的開支全部要從她的工資中扣除。

宿霧常有不同的部隊進進出出，調動頻繁，每週六、日來找樂子的日本兵人數較多。阿蓮沒有遇過性變態的客人，但見過大聲叫罵女孩的日本兵。蓬萊慰安所的生意很好，收入豐厚，媽媽桑說她擔心大家手上有了錢會亂花，所以堅持要替大家保管工資，而不按月支薪。媽媽桑規定一個月公休一天，公休時會給大家一點零用錢，讓女孩們到附近的菜市場逛一逛，買買日用品。蓬萊慰安所的女孩沒有人化妝，都穿著簡單款式的洋裝接客，她們偶爾在路上遇見朝鮮人慰安婦，看見她們身穿和服，打扮得很漂亮。

蓬萊慰安所本來只接待日本兵，禁止外人擅自進入，但日高是一名口譯，會說英語和日語，和老闆很熟，老闆有時也要他幫忙翻譯；老闆看他很關心阿蓮，就默許他進慰安所找阿蓮。日高常常抽空偷偷跑去看阿蓮，安慰阿蓮。他們倆千里迢迢地在此相遇，由相識、相知漸漸發展出一段甜蜜的戀情。

（四）鐵盒裡的遺物

美國從一九四四年九月下旬開始，就對菲律賓各島、臺灣、沖繩等日本海軍、航空基地頻繁地實行轟炸行動，根據估計所炸毀和擊毀的日本飛機約有一千二百餘架。美國在奪取菲律賓群島萊特島的制空權後，便於十二月下旬攻占了萊特島。一九四五年一月，美軍登陸呂宋島，向馬尼拉進軍，經過四週的激烈戰役，占領了馬尼拉，並接連在巴拉旺島（Palawan）、民都洛島（Mindoro）、班乃島和內格羅斯島登陸。[19]七月上旬，美軍控制了菲律賓群島，這時駐防在宿霧的日軍不得不和慰安婦一起撤退，分別逃往山中。

為了便於逃難，慰安婦們改穿日本語叫做monpe的勞動服，她們每人只帶二、三件換洗服，由日軍帶路，保護她們逃亡。Mitsue（美津枝）住在蓬萊慰安所阿蓮房間的隔壁，她們被編入兩個不同的撤離隊伍。美津枝擔憂她在逃亡時，萬一喪命，日本兵不會好好地安葬她，讓她安息，因為不想在海外做孤魂野鬼，所以就先剪下一束頭髮和指甲，裝在一個鐵盒裡，懇求隊友在她死後，一定要將這個鐵盒交給認識她的人帶回臺灣。很不幸的，美津枝遇難去世。有一天，一個日本兵捧著她的遺物，問有誰認識她時，阿蓮很傷心地收下了那個鐵盒，將它帶在身邊。

日軍和慰安婦在逃往深山時，肚子餓了，就吃椰子肉、野生水果充飢，口渴了，就喝溪水止渴。山上沒有房子住，都找可以躺臥的平地睡覺。山區無法洗臉、洗澡，每人身上都散發著濃烈的汗臭味、體臭味。慰安婦們在長期的逃亡途中，曾經發生身體虛弱行走困難的，感染瘧疾病死的，被美軍槍彈掃射，中彈喪命的，阿蓮則摔斷了一顆門牙。總之，沒有受過軍事訓練的女孩，個個體力不足，都顯得狼狽不堪。經過一段艱苦的逃亡過程後，原先二十幾名慰安婦只剩下阿蓮和另一個女孩生還。

（五）和日高結婚

一九四五年八月日軍宣布戰敗，呼籲躲在深山裡的人要出來投降，這時阿蓮被送進美軍的集中營裡收容，等候船隻遣返臺灣。阿蓮經歷一場大難，萬萬沒有想到在集中營裡居然能和日高重逢。他們見面的第一句話是同時開口問對方：「你還活著沒死啊?!」那感覺如夢如幻，讓他們喜出望外。阿蓮和日高在集中營的歲月，互相照顧、憐惜，一個美國婦女看見他倆情投意合，開玩笑地說真想當個媒人，促成他們的好姻緣。

同年十二月，阿蓮和日高搭乘一艘美國安排的船返臺。阿蓮一到家，告訴家人她在海外的遭遇後，全家人都悲傷地痛哭了一場。

阿蓮在慰安所的生活很節省，她在逃難時，因為來不及提領臺灣銀行宿霧分行裡的存款，就將她積蓄兩年的工資和小費，一共二萬四千圓日幣的存款簿摺疊得很小，放在腰部的一個口袋裡，一直隨身帶著。逃亡時存款簿一被汗水、雨水浸濕了，她就趕快把它晾乾，小心翼翼地把它帶回了臺灣。但沒料到她用青春、生命換來的存款，在日本戰敗後竟變得一毛不值。日高曾經替她到臺灣銀行登記，要求兌換臺幣，但臺灣銀行回答無法兌換，迄今為止，日本政府也不予理會。

阿蓮二十二歲那年，和比她大十三歲的日高結婚，他們搬到淡水去住。日高在戰前畢業於日本一所大學的農業科，學歷很高，光復後很快找到工作，先後在淡水區公所、農會任職。阿蓮婚後不能生育，但很喜歡小孩。日高的親戚知道他們夫妻為人厚道，就送兩個女孩給他們收養。

五〇年代的臺灣公務員待遇很低，日高辭去公職，改開茶行賣茶，本來他想改善貧窮的家境，但他為人溫和、慷慨好客，因為常邀朋友到店裡泡茶、喝酒、聊天，結果賣茶不但沒有增加收入，反倒多出了不少生活開支。阿蓮為了貼補家用，只好養豬、養雞，一面忙著販賣豬、雞，一面學做裁縫，替人縫製童裝掙錢。

阿蓮不知道美津枝的老家在哪裡，把那鐵盒送到圓山飯店附近的靈骨塔裡，默默祈禱美津枝的亡魂可以升天，得到安息。[20]

五、藝旦寶珠

（一）學做藝旦

一九二一年九月，寶珠出生於臺北淡水，父親外號叫「闞德士」（閩南語音譯），替人看風水，母親是他的細夷（妾）。寶珠有一個哥哥、三個姊姊，排行老么。寶珠四歲時父親過世，母親為了養家，每天忙著替人縫衣服、洗衣服；姊妹們也為了要幫母親做事，都沒有上學讀書。[21]

寶珠七、八歲時，她家搬到重慶北路，她的哥哥遊手好閒，不務正業，把她賣給新店青潭一個當保正的有錢人家做養女，其實是要當童養媳。寶珠長到十二歲時，偷偷跑回家，不再回養父的家。

寶珠十三歲那年，她的大姊阿鳳在臺北一間酒家上班，因為交友廣闊，所以透過朋友幫忙，介紹寶珠去拜師，學當藝旦。寶珠的老師年約三十幾歲，是上海人。寶珠不識字，不會看樂譜，上海老師採用很簡單的教法教唱，也就是說，一次課只教她唱兩、三句，一教完，就要她反覆練習，一直唱到很熟練，才再教下一句。寶珠的學習態度很認真，進步很快，有時一次課可以學唱五、六句。

上海老師用的樂器叫「北管」，教唱的樂曲叫「北曲」。[22]他收了許多學生，學生都各自安排時間到他家上課。老師在教授前，會先解說那首曲子的意思，再一句一句地教唱。寶珠學過的曲子有：劉備、周瑜的「三國志」、「楊家將」、「四郎探母」、「王寶釧苦守寒窯」、「呂洞賓八仙過海」、「千里尋親，不認母，為雷所劈清風寨」等，一共學了一百多首。寶珠為了訓練膽量，和累積一些現場經驗，一學會一首曲子，就會在眾人面前表演，現學現賣。（見圖9-4）

藝旦們喜歡趕時髦，流行模仿上海藝人的打扮，她們經常到大稻埕買布，找上海師傅量身做旗袍。藝旦們也到城中區日本人開的菊元百貨店買化妝品。日治時代藝旦塗抹胭脂，身穿旗袍和玻璃絲襪，腳登高根鞋，手上拎著小皮包，搖曳生姿地走在街上時，就像大明星出現在公共場所一樣，不僅引人側目，也成為時尚女孩模仿、羨慕的對象。

藝旦們都有花名，寶珠給自己取了一個文雅的藝名，叫「麗清」。她第一次正式獻唱的地方是當時聲名大噪的「江山樓」。江山樓其實沒有聘請小姐為客人陪酒、獻藝，藝旦們都是客戶在宴客時自己招去的。江山樓的外觀氣派，裝潢富麗堂皇，進出這間酒樓的人，不是達官顯要，便是社會名流、富豪鉅商。寶珠在獻唱時，上海老師會用音樂與拍板和她唱和，有的曲子獨唱，有的曲子像「王寶釧」，就

圖 9-4　練習彈唱戲曲的藝旦（作者繪圖）

要兩人對唱。寶珠在江山樓唱曲的收入，每出一次局（一次宴席）可以賺五圓，客人們盡興的時候，會另賞小費。老師的費用，則由客人支付。平均地說，她演唱一天約可收入二十圓，所掙的錢全都交給阿鳳。

寶珠為了方便表演，和她年少需要依靠姊姊，所以，和阿鳳、姊夫在江山樓附近的保安街租屋居住。寶珠的姊夫是北門一帶的流氓頭，平時沉默寡言，外號叫做「啞巴風」，他待寶珠如同妹妹一般，很照顧她。寶珠有此流氓姊夫在背後撐腰，可以阻擋許多靠勒索藝旦謀生，黑幫小混混的糾纏。

（二）賣身葬母

寶珠十四歲時，母親臥病在床，為了給母親治病，多賺一些醫藥費，她改到保安街的藝旦間去唱曲、陪酒。一九三六年，寶珠的母親撒手人寰，因為喪葬費沒有著落，阿鳳就把寶珠賣給一個六十多歲的有錢人，向他借錢安葬母親。

寶珠和老翁同居後不久，隔年十月她十六歲那年，生下了三胞胎。但，這三個男嬰才出生一個月，就統統夭折了。寶珠和老翁之間的男女關係，也以一年為限，期滿債務抵銷，兩人就分開了。

其實，寶珠在這之前，在江山樓唱曲時認識了一個賣麻油、賣花生油的油商，那客人年約三十歲，已婚。他跟寶珠說，他和妻子之間感情不睦，想要對她「金屋藏嬌」。但阿鳳認為寶珠年紀小，那油商又有家庭，如果和他在一起，將來一定會惹出一些麻煩，所以就阻止他們繼續往來。

此後，寶珠交了一個外號叫做「瘋土水」的男友。瘋土水很講江湖義氣，他和寶珠的姊夫一樣是個遊手好閒的流氓，在北門小有名氣。瘋土水比寶珠大幾歲，很關心寶珠。他們交往一段時日後，很快地進入熱戀狀態。寶珠覺得瘋土水可以給她帶來安全感和尊榮感，寶珠的姊妹淘也都因為瘋土水的關係而很看重她。瘋土水知道寶珠賣身葬母情非得已，為了安慰寶珠喪子之痛，就居間介紹，讓他鄰居的窮寡婦出養一個六個月大的女兒給寶珠。寶珠收養了寡婦的嬰兒，送給寡婦幾十圓、兩件衣服和三十二個餅道謝，給養女取名叫阿梅。

（三）抽籤變成慰安婦

一九四一年，靠近第一劇場（今延平北路）的區役所派員到每間酒家和妓女戶硬性抽籤，抽調特種行業婦女到海外去當慰安婦。有一天，一個嘴角長一個痣，痣上有幾根毛的臺灣人通知阿鳳說，三天後要派寶珠去廣東接待日本兵。有痣的公務員說，這是公家抽籤抽中的，不可以違抗，接著就給阿鳳四十圓安家費，告訴她去半年就可以返臺。寶珠不敢拒絕，只好把阿梅託付給阿鳳扶養。

被抽調去大陸的藝旦、酌婦（酒女）、妓女共有十八人。她們遵從規定，三天後到臺北車站集合，由區公所一個戴眼鏡的臺灣人帶大家一起坐火車到基隆，然後再去碼頭搭船。女孩們進入基隆海關，沒有人前來查問，她們很快登上一艘軍艦。軍艦航行了三、四天抵達廣州後，有輛軍用卡車前來接載女孩們到珠江堤岸的「愛群旅社」投宿，隔天再把她們載去佛山。

佛山慰安所是間磚造平房，它與日本軍營間隔一段距離。慰安所的老闆是日本人，分別為慰安婦取日本名字，叫寶珠「Tamae」（玉惠）。老闆規定慰安婦不可以私自外出，白天要接待兵卒，晚上要服務軍官，每人每天平均要服務十幾個客人。月底老闆和寶珠結帳時，告訴她說，她的大姊阿鳳向他借錢扶養阿梅，所以要按月扣減她的工資，結算結果，寶珠每個月可以領到的錢很少。

慰安婦在佛山時，經常遇到日軍與抗日分子爆發大大小小的戰役，各地槍聲砲聲此起彼落，嚇得她們膽顫心驚。

一九四二年春，慰安婦的服務年限已滿半年，但老闆不准她們回臺，把她們直接運送到香港，在香港碼頭的船上住了兩天，再搭乘同一艘船前往新加坡。然而，在航行途中，遭到美軍潛水艦的轟炸，炸彈轟的一聲，把寶珠的右耳震聾了，接著又遇到颱風。船長為了航行安全，躲躲停停的，大約花了三個月時間才抵達目的地緬甸。

（四）臘戍慰安所

慰安婦在緬甸下船後，隨著部隊長途拔涉，沿途經過許多山區和村莊，部隊有時紮營、有時拔營，遷移了好幾個地方後，才停留在一個名叫臘戍的地方長居下來。駐紮在臘戍的這個部隊隸屬於陸軍系統，名稱為「Tatsu-budai」（龍部隊）。

臘戍慰安所的房子是用木板建蓋的，一人一間，專門接待龍部隊的官兵。臘戍附近另有朝鮮族、廣東人的慰安所，專門負責接待其他部隊。

臘戍慰安所的老闆是日本人，規定營業時間從上午九點起到下午五點接待兵卒，晚上七點以後服務軍官。一般而言，週六、週日來的客人較多。軍人進入慰安所後要付錢買牌子，軍官每次三元、兵卒兩元，營業收入由老闆和慰安婦按照六、四比率拆帳。

慰安所為了預防性病，每個月會發一打保險套給慰安婦；如果數量不夠，就要她們把用過的保險套拿到溪水裡洗一洗，等到涼乾後再重複使用。慰安所也規定慰安婦每週要做一次定期檢查。老闆對有身孕的人絕不心慈手軟。曾經有個名叫「Takako」（貴子）的臺籍客家女孩懷孕，老闆要她照常接客，一直等她懷孕七、八個月，肚子很大時，才准她休息；但等她一生產完後，就要她馬上工作。[23]

慰安所沒有公休日。老闆擔心慰安婦在生理期間接客，陰道、子宮的免疫力降低，很容易感染細菌，引起子宮炎，會影響生意，所以允許婦女在月經來潮時，可以不接客。寶珠從業四年，在漫長孤寂的歲月裡，每當想起她疼愛的養女，和已承諾要白頭偕老、共度終身的男友，以及照顧她的阿鳳、姊夫，就會獨自一人跑到山上去唱歌，紓解一下情緒。寶珠常常邊唱邊哭，胡思亂想她的情郎是否已和別人結了婚？養女認不認她這個媽媽？寶珠覺得自己好像一隻小鳥被關進籠子裡一樣，想飛也飛不掉，很可憐。越唱，越感到悲涼，而哀嘆不已。

（五）嫁人為繼室

龍部隊在日軍投降前的半個月，和慰安婦一起分開撤離臘戍營區。寶珠和幾名慰安婦逃到泰國，經由泰國前往越南，她們在西貢（Sai Kung）等船等了一年多，才搭到開往臺灣的船。

一九四七年寶珠抵達基隆，一回到家，聞知原先和她私訂終身的男友已經結婚後，精神變得十分頹喪。戰後臺灣的藝旦業受到時空環境變遷的影響，市場大加萎縮，生意變得很蕭條。寶珠不識字，沒有其他技能，為了掙錢，就到臺北一間頗富名氣的社交場所「黑美人」酒家去上班。出入黑美人酒家的顧客多為名流豪商。寶珠工作一段時日後，因擔心常常和客人拼酒，弄傷身體，所以決定辭職，改去基隆一間舞廳當舞女。她在舞廳工作四年，曾經也交過家境很好的男朋友，但恐嫁給有錢人，對方早晚會嫌棄她，婚姻不能持久；以及養女阿梅是姊姊扶養長大的，和她不親，母女感情非常冷淡，因而憂鬱寡歡，愁眉不展。有一天，寶珠突然為自己的前途茫茫感到萬念俱灰，她一連吞服了十六顆安眠藥，企圖自殺，結果剛踏出門外，就倒在馬路上，被路人緊急送醫，從死神手中救了回來。

阿鳳不願見到寶珠沉淪度日的樣子，就在寶珠四十一歲那年，安排她嫁給一個做鋁門窗的老闆當繼室。鋁門窗老闆有四個女兒和五個兒子。在結婚前，阿鳳要求男方要贈送女方三百二十個餅，三千六百圓聘金，說要這樣才不致被人誤會，以為寶珠是和男人私奔。寶珠其實並不愛他，嫁給他只為填飽肚子，和希望擁有一個正常、溫暖的家。

這段姻緣也許是上天註定的。婚後，寶珠開始學做一個能幹的妻子，她幫忙丈夫收帳、配貨，學做煮飯、照顧一群小孩。寶珠的酒量本來很好，但害怕被孩子輕視，所以決心戒酒。十幾年前，寶珠的孩子都已陸續地結婚成家，她為了顧及子孫們的顏面，始終沒對家人說過，充當慰安婦這個讓她痛苦一輩子的悲傷往事。【24】

綜上所述，可以了解閩南籍慰安婦來自全臺灣各地，都是貧窮人家出身的女子，其中，包括有許多養女。這些婦女大部分不識字，沒有社會閱歷的她們為了掙錢養家，而成為招募者詐欺就業的軍妓對象。有關來自風月場所裡的職業婦女，之所以自願應徵到海外就業的原因，則主要基於現實生活的經濟壓力。

關於慰安所經營者與招募者的背景、日軍性暴力實況，以及慰安婦處境等問題，本章根據兩名女工、兩名特種行業婦女的口述資料，可以了解在經營者、招募者當中，存有色情業者和區公所公權力介入的情形。閩南籍婦女被送到廣東、菲律賓群島、緬甸等日軍占領區後，有的在固定的營區服務官兵和軍伕，有的隨同部隊調防，做不定點的移動服務，也有的被老鴇轉手，被賣到戰地服務日軍。閩南籍慰安婦在工作期間，被店主強迫從早到晚都要接待官兵，她們沒有休息權，沒有自由廢業的辭職權。在戰爭結束前後，她們大多遭遇敵機的空襲轟炸，性命存亡飽受威脅。她們犧牲身體和人格尊嚴所換來的工資，有的在等船遣返回家前花光，有的雖然帶回臺灣，但因日本戰敗不能兌現，變成廢紙，而變得一無所有。臺灣閩南籍慰安婦認為過去這段陰暗史，給她們帶來莫大的身心傷害和不幸。迄今為止，她們的羞辱和痛苦尚未得到日本政府的正視，予以道歉與賠償。（見圖9-5）

圖 9-5　要求日本政府正視臺籍慰安婦訴訟問題的臺灣團體（婦援會提供）

註釋

【1】蕭金海於一九四三年在志願兵訓練所受訓，為陸軍特別志願兵第二期後期生，一九四四年被編入高射砲隊後，在臺北觀音山下淡水河口（關渡大橋附近）服役。參見蔡慧玉編著，吳玲青整理，〈蕭金海先生訪問紀錄〉，《走過兩個時代的人——臺籍日本兵》（臺北：中央研究院臺灣史研究所籌備處，一九九七），頁八二～九九。另，編者在頁二五五〈柯景星先生訪問紀錄〉裡，記述柯景星也風聞在（北婆羅洲）古晉（Kuching）慰安所的臺籍慰安婦，她們原本就是煙花女子。

【2】莊淑旂口述，許雪姬執筆，《莊淑旂回憶錄》（臺北：遠流出版社，二〇〇一），頁六七。

【3】朱德蘭，〈一九三九至一九四五日占海海南下的皇軍「慰安婦」〉，《人文學報》第二十五期（中壢：中央大學文學院，二〇〇二），頁一八八～一八九。

【4】在婦援會的認證對象中，有一名出生於海南島嘉積市的阿桂，在一九四〇年二十七歲時，被日軍強制押去慰安所；另有一名出生於廣州的阿英，在一九四二年二十歲那年，在紡織廠做工時，被日軍抓去印尼為日軍做性服務。這兩人在臺灣光復後隨同臺灣人來臺，由於她們不出生在臺灣，故不列入本文的討論範圍內。臺北市婦女救援基金會訪查，〈臺灣慰安婦認證資料〉（臺北：臺北市婦女救援基金會收藏，不公開資料），未編頁。

【5】南洋事情研究會編，《南方地名辭典》（東京：婦女界社，一九四二），頁二八、二一五～二一六、二五一～二五二、三一四；朱德蘭，〈一九三九至一九四五日占海海南下的皇軍「慰安婦」〉，頁一六七～一七一。

【6】瑞芳庄包括四腳亭、九分（九份）、深澳、草山等十五區。參見基隆郡役所庶務課編，《基隆郡勢要覽》（臺北：成文出版社，一九八五年據一九三六年復刻本），頁一二。

【7】莊珮柔，〈日治時期礦業發展與地方社會——以瑞芳地區為例（一八九五～一九四五）〉（中壢：國立中央

大學歷史研究所碩士論文，二〇〇〇），頁二六、七四、八一。

【8】「仰げば尊し」是「式日唱歌」（畢業典禮唱的歌）。參見臺灣總督府編，《公學校唱歌》（臺北：臺灣總督府，出版年缺載），頁二五。

【9】參照臺北市婦女救援基金會訪查，〈臺灣慰安婦認證資料〉中的嬌妹認證資料。

【10】朱德蘭，〈一九三九至一九四五日占海南下的皇軍「慰安婦」〉，頁一七〇～一七二。

【11】作者於二〇〇四年四月二十一日、五月十四日在高雄訪問愛珠紀錄。愛珠已於二〇〇七年病逝。作者另比對臺北市婦女救援基金會訪查，〈臺灣慰安婦認證資料〉，對原來認證資料做了若干補充。

【12】〈日據時期臺灣戶籍資料〉（臺灣戶政事務所典藏）。

【13】南洋事情研究會編，《南方地名辭典》，頁二八；廣松良臣，《帝國最初の植民地臺灣の現況附南洋事情》（臺北：臺灣圖書刊行會，一九一九），頁三四二～三四五、三五二；《維基百科事典》（http://ja.wikipedia.org/wiki，二〇〇八年八月三日引用）。

【14】作者於二〇〇三年九月二十六日、二〇〇四年四月二十三日在嘉義訪問阿菜紀錄。阿菜生於一九二四年，嘉義人，一九四三年至一九四五年間在怡朗慰安所就業。

【15】作者於二〇〇三年一月十七日、五月二十八日在臺北訪問阿乖紀錄。作者另比對臺北市婦女救援基金會訪查，〈臺灣慰安婦認證資料〉，對原來認證資料做了若干補充。

【16】〈日據時期臺灣戶籍資料〉（臺灣戶政事務所典藏）。

【17】南洋事情研究會編，《南方地名辭典》，頁一五一～一五二。

【18】李宣鋒採訪江連全紀錄，〈臺灣省文獻會調查慰安婦相關史料〉（南投：臺灣省文獻委員會，一九九一）。

【19】謝安邦、何布峰合著，《世界現代後期軍事史》（北京：中國國際廣播出版社，一九九六），頁一七一～一七二。

【20】作者於二〇〇三年八月十五日、十二月五日在臺北訪問阿蓮紀錄。作者另比對臺北市婦女救援基金會訪查，〈臺灣慰安婦認證資料〉，對原來認證資料做了若干補充。

【21】〈日據時期臺灣戶籍資料〉（臺灣戶政事務所典藏）。

【22】臺灣北管音樂由福建、廣東移民傳入，樂器有二絃、三絃、月琴、拍板、大鑼、大鼓、嗩吶等多種，音調分為二種，其一是用北京音唱的「京調」，其二是揉合地方方言唱的「亂彈」，歌詞（俗稱曲）分為大曲和小曲，大曲內容屬於歷史故事類，小曲內容屬於小說情歌類。參見陳春梅，〈北管音樂〉收入教育部編，《中國民間傳統技藝論文集》下冊（臺北：教育部，一九八四），頁一九五～一九六。

【23】寶珠和 Takako（中文名字玉妹）都在同一個慰安所工作，回臺後各自保密，沒有聯絡。作者分別訪問她們時，無意中得知她們擁有共同的歷史經驗。關於玉妹，參見本書第十章。

【24】作者於二〇〇三年五月十二日、二〇〇四年二月二十日在臺北訪問寶珠紀錄。作者另比對臺北市婦女救援基金會訪查，〈臺灣慰安婦認證資料〉，對原來認證資料做了若干補充。

第十章　客家籍慰安婦

> 日軍當時也重視人權，能成為慰安婦，對這些婦女而言，反而是出人頭地。每個人都是抱著希望進入軍隊，哪是被強迫從軍？……相反的，成為從軍慰安婦，收入穩定，也可以存錢，再加上有嚴格的衛生管理，對她們而言，簡直再好不過。【1】

這是二〇〇一年日本漫畫家小林善紀訪問奇美企業董事長許文龍，在漫畫《臺灣論》一書中，對臺籍慰安婦的描述。客家慰安婦阿桃從電視和報紙得知小林善紀、許文龍的看法後，傷心地質問：

> 當時日本人欺騙我們的話他有聽到嗎？他（指許文龍）說我們是被父母賣掉做慰安婦的，他有什麼證據？日本人在慰安所如何欺負我們，糟蹋我們，他看到了嗎？他不是日本人，是我們臺灣同胞，為什麼要講這種話。我今年七十八歲了，我這一生因為當過慰安婦，一直活得很自卑，沒有尊嚴，如今還要被許文龍說成這樣，他們說的不是事實。他（指小林善紀）的漫畫很暢銷，很有影響力，我實在無法平心靜氣地不在意，我感到很委屈。近十幾年來，我們控告日本政府，一些日本人、日本律師都覺得自己國家過去做了這種事，很可恥，他們都盡力地想幫助我們，很有良心，可是，是臺灣人的許文龍，為什麼要站在對立面，對待自己的同胞呢？【2】

本章為檢視小林善紀、許文龍的說詞是否符合臺籍慰安婦的從業經驗，擬以客家籍婦女為對象，亦即根據婦援會的認證資料和筆者的訪談資料，針對其出身背景、應募充當慰安婦的原因、海外從業遭遇，以及慰安婦經歷對其身心的影響等問題，做一深入的探討。

一、個案分析

依據統計，臺籍慰安婦總數五十九人中，客家籍婦女占十二人，迄今二〇一九年為止都已辭世。[3]本節為了解她們的家庭背景和其從業過程，先將其個人資料製成表10-1，然後再據表10-1，將若干疑點分析於後。

1.有關客家婦女的出生地，按照人數多寡排列，依序為：新竹八人、桃園二人、中壢一人、屏東一人，反映客家籍慰安婦來自客家人聚集地；其中，以新竹地區人數最多。

2.有關客家籍婦女的家長職業：工人三人（包括搬貨苦力、採茶工、編帽工各一人）、漁夫二人、農民二人、小販一人（賣傘）、唱野臺戲一人、職業不詳者三人，反映社會底層的貧窮女子是募集者的招募對象。

3.關於客家籍婦女的家族人口，及其在家庭中的特殊稱謂：在家族人口方面，屬於五人至九人的中型家庭有七人；十人以上三代同堂的大家庭有二人；家族人數不詳的有三人。在特殊稱謂方面，具有養女身分的有五人；屬於媳婦仔的有二人。在此七人中，有四個人在酒家、旅館等風月場所工作。

表 10-1　臺灣客家籍慰安婦個案資料

No.	本名/花名	出生年月	出生地	戶長職業	家族人數	學歷/徵集前職業	婚姻狀況	徵集時年齡	徵集方式	斡旋人	徵集目的	前借額日圓	慰安地點/期間	慰安傷害狀況
1	阿桃 Setsuko	1923.02	桃園	農	27	夜校一年/照相館煮飯	未婚	20	詐欺就業	日本夫婦	食堂煮飯		Balikpapan 1943-1945	炸彈受傷×
2	錦妹 Chiyo	1926.05*	桃園	唱野臺戲	9	無/酒女	未婚	21	被姑媽賣掉	臺灣人	陪酒	三千圓	海口 1944-1945	×
3	秀妹 Kiyoko	1917.09■	中壢		7	無/旅館女傭	未婚	21	詐欺就業	臺籍酒家店主	食堂服務生		廣東河南 1939-1940	×
4	月妹	1915.01■	新竹	漁夫		無	未婚	24	詐欺就業	日本人	煮飯		上海、海口 Singapore 1939-1945	×
5	檢妹 Tomiko	1918.03	新竹			小學畢業/護理助手	未婚	20	詐欺就業	臺灣巡查	看護助手		廣東河南 1938-1940	生產一女
6	玉妹 Takako	1923.12	新竹	漁夫	5	小學二年/酒家賣淫	未婚	18	被老板賣身	臺灣人	慰安婦		佛山 Lashio 1941-1945	生產一女
7	嬌妹 Setsuko	1927.07*	新竹	農	10	無/藝旦	未婚	17	區役所抽籤	臺灣人	酒樓服務生		海口 1944-1945	墮胎霍亂×
8	惠妹 Katsue	1923.01*	新竹	搬貨苦力		小學畢業/旅館服務生	未婚	20	詐欺就業	臺灣人	食堂服務生		紅沙 1943-1945	子宮炎×
9	寅嬌 § Chieko	1924.01	新竹	採茶	7	無/採茶	未婚	19	詐欺就業	臺灣人	食堂小妹		紅沙 1943-1945	×

（續下頁）

10	桂英 § Fumiko	1925.11*	新竹	編草帽	5	無 / 麵店小妹	未婚	18	詐欺就業	臺灣人	食堂小妹		紅沙 1943-1944	子宮炎 ×
11	滿妹 Masako	1926.09*	新竹	賣傘	9	小學二年 / 採茶	未婚	17	詐欺就業	臺灣人	食堂小妹		紅沙 1943-1944	瘧疾生產一男
12	運妹	1917.09	屏東		7	無 / 照顧幼兒	未婚	24	詐欺就業	臺灣人	看護助手		海南島 1939-1945	×

備註：1. 空白欄或記載不全者為認證資料缺載。

2. 本表依照臺灣客家籍慰安婦的出生地由北而南排列。慰安婦的人名以原來姓名中的一個字表示。有關慰安地點，對於個案未做具體說明者，以省名表示。

3. 本表中的符號，§ 表示「姊妹關係」。* 表示「養女」。■ 表示「媳婦仔」，即指童養媳。× 表示個案當過慰安婦後，「喪失生育能力」。

4. 本表中的區役所指區公所。

資料來源：作者根據臺北市婦女救援基金會訪查，〈臺灣慰安婦認證資料〉（臺北：臺北市婦女救援基金會收藏，不公開認證資料），未編頁；〈日據時期臺灣戶籍資料〉（臺灣戶政事務所典藏）製作。

4. 關於客家籍婦女的教育程度：完全沒有入學讀書的有七人；小學肄業的有三人；小學畢業的有二人。反映不識字、思想單純的女子是招募者的募集對象。

5. 有關客家籍婦女在慰安以前的職業：從事特種行業的有五人（包括酒女一人、旅館女傭一人、被迫在酒家賣淫一人、藝旦一人、旅館服務生一人）；從事女傭的有二人（包括幫人煮飯一人、替人照顧小孩一人）；護理助手一人；採茶工二人；麵店小妹一人；職歷不詳者一人。反映募集者喜歡招攬特種行業女子、女傭和女工。

6. 關於客家婦籍女的婚姻狀況：全部都是未婚，顯示未婚女性是募集者的獵取對象。

7. 關於客家籍婦女被招募當時的年齡：介於十七歲至二十歲的有八人，其中有一名藝旦十七歲、一名旅館服務生二十歲；二十一歲的有二人，包括一名酒女、一名旅館女傭；二十四歲的有二人，反映年輕女孩是招募者喜歡徵集的對象。

8.有關客家籍婦女被人招募的方式：屬於詐欺就業的有九人；被親人和人口販子賣掉的有二人；被區役所抽籤抽中的有一人。反映詐欺就業是招募者普遍使用的手段。

9.關於斡旋人的族別：臺籍占十人、日籍介入者占二人，反映慰安婦的直接募集者主要是臺灣人。

10.關於客家籍婦女被募集的理由：以到海外煮飯為由，被招募的有二人；以從事看護助手為由，被招募的有二人；以從事食堂、酒樓服務生或小妹為由，被招募的有六人；為客人陪酒的有一人；和原先工作一樣繼續從事賣淫的有一人。反映婦女知道應募實情者極少，大部分是詐欺被騙就業。

11.有關斡旋人對客家籍婦女提供前借款的金額及人數，僅有一名酒女錦妹的養母阿燕，以預支款三千圓將錦妹質押給林姓臺籍招募人，讓錦妹隨同招募人到海南島陪酒。

12.關於客家籍婦女的慰安地點，由華中而華南向東南亞的順序為：先去上海、海口慰安再隨軍轉往新加坡的有一人；主要在廣東河南（屬於廣州市）慰安的有二人；先到廣東佛山慰安，再隨軍轉到緬甸臘戌的有一人；只在海南島海口市慰安的有二人；只在海南島紅沙鎮慰安的有四人；到海南島慰安（具體地點不詳）的有一人；前往婆羅洲巴厘巴板（Balikpapan）慰安的有一人。以上日軍占領區中，上海、海口是中國的重要港市，戰略地位重要；廣東河南是交戰區，佛山、臘戌是日軍推進作戰的軍事據點；紅沙靠近三亞，三亞是日軍實行南進政策的航空基地；巴厘巴板是軍事要港，和以石油事業為中心的商業都市。[4]

13.關於客家籍婦女的慰安期限：一年以下的有四人；一年到二年之間的有五人；四年到六年之間的有三人。其中，有二名在日軍剛占領廣州後不久，就到當地就業，其他婦女則多在太平洋戰爭時期被騙就業。

14.關於客家籍婦女在慰安期間的身心傷害：曾經懷孕生產的有三人；懷孕墮胎的有一人；感染子宮炎、霍亂及瘧疾的有四人（含懷孕者，重複計算二人）。值得注意的是，客家籍婦女從海外回臺後，因為慰安過度，喪失生育能力的有九人，高占其總數的百分之七十五。【5】

綜上討論，可知臺灣客家籍慰安婦都來自貧窮家庭，其中，養女、童養媳、特種行業工作者雖很顯眼，但也有半數的婦女不具這種異常的身分。關於募集方式，招募者幾乎都以詐欺手段，利誘婦女就業；特種行業婦女則是被賣，或被區役所抽調被迫就業，沒有女性出於自願。那麼，客家籍婦女被騙、被迫就業的過程如何？慰安所經營者、招募者的背景如何？慰安婦的工作環境是否安全？太平洋戰爭結束後，她們都因收入穩定，可以存錢，出人頭地了嗎？有關這些疑點，茲舉例分析如下。

二、採茶女兒滿妹

（一）輟學採茶

一九二六（昭和元）年九月出生於中壢新屋庄（今新屋鄉）的滿妹，有一個三代同堂的大家庭。

她的祖父生於一八七〇年，歿於一九二七年，養育四男三女；其中四個兒子都和客家媳婦仔（童養媳）結婚，長媳生育三男一女，二媳婦生育四男三女，三男沒有娶妻，四媳婦生育三男。滿妹的父親排行次男，生育三男四女，滿妹是老么。滿妹的祖父繼承了祖先的一塊地，原本依靠種稻維生，但因食指浩繁，生活陷入困境，而不得不賣掉田地，讓子女出外做工。滿妹三歲時，就被父母送給祖父兄弟的兒子當養女。[6]

滿妹的養母不能生育，替人採茶，養父沒有固定的工作收入，有時賣傘，有時當媒人，有時打零工。滿妹八歲時，入關西公學校（臺灣人讀的小學）讀書，臺籍老師對學生管教很嚴，常常體罰不認真唸書，考試成績差的學生。

滿妹每天早上六點就起床和養母一起上山採茶。山上的茶園離家很遠，走路約須一小時。滿妹為了幫忙採茶，多賺一點錢，上學遲到，因為功課跟不上，常常挨打受罰，感到很自卑，所以只讀了二年書就不讀了。滿妹輟學在家每天跟著養母採茶，漸漸學會分辨茶葉的好壞和種類。

（二）到海南島打工

一九三九年日本為封鎖華南，摧毀蔣介石政權，和為推展南進政策，建立海軍、空軍作戰基地起見，派遣陸軍少將飯田祥次郎率領「臺灣混成旅團」（別名飯田支隊）一萬餘人，擔任執行「甲作戰」，於二月十日攻占海南島首府海口市，並接連占領北部瓊山、定安、澄邁、臨高、文昌、儋縣等地。海軍方面，派遣司令官近藤信竹中將率領第五艦隊，出動艦艇三十餘艘，負責執行「Y作戰」，於十三日占領南部三亞、榆林、崖縣等地。空軍方面，派遣第三聯合航空隊司令官山縣正鄉少將指揮，以海軍航空兵為主，出動飛機五十一架負責執行轟炸任務。大體而言，約到八月中旬左右，日軍已經完成全島沿岸一帶的戰事，控制了整個海南島。【7】

唯須指出的是，日軍在山區進行三光作戰（殺光、燒光、搶光）時，礙於交通運輸不便，任由部隊就地徵糧，掠奪年輕婦女，強迫她們成為日軍的性囚犯。日軍在沿岸推進登陸作戰時，每占領一處，就通知臺灣官府組織慰安隊，募集婦女犒勞日軍（詳見第六章）。【8】

一九四三年滿妹十七歲時，受僱於埔心的一個甘蔗園種甘蔗。有一天，一個來自竹北旅館的客家人鍾阿爛（客家語譯音）到甘蔗園來，慫恿滿妹去海南島當看護助手。滿妹告訴他，她沒讀什麼書，不懂怎麼做護士。鍾阿爛說，不識字沒關係，可以到食堂端菜、端茶當小妹。他積極地鼓吹，到海南島的工資要比她辛辛苦苦種甘蔗高很多。涉世未深的滿妹聽了很心動，並沒察覺鍾阿爛是來騙她跳火坑。

滿妹擔心養父母疼她，捨不得她離家太遠，不讓她出外工作，所以就隱瞞了要出國打工的事。幾天後，鍾阿爛帶來一個名叫陳秀珍的裁縫師替她量身，縫製了一套洋裝送她，並約好集合出發的日子。

鍾阿爛一共招募三十幾個年輕女孩，包括來自新竹地區八人，來自旗山、臺北地區二十餘人。鍾阿爛在出發前一天，先帶大家到新竹神社去祈福，接著到新竹南門旅館投宿，隔天一早再和旅館裡的幾個日本人一起到火車站。鍾阿爛目送女孩們進入車廂後，就向大家揮手告別了。

南門旅館的日本人和臺灣女孩從新竹搭車南下，在高雄登上一艘巨大的軍艦，軍艦載有許多日本兵。女孩們在船上不知日本領隊姓什麼，看他額頭上長了一個肉瘤，就叫他「柑瘤」。軍艦大約航行了一星期抵達榆林港時，碼頭附近已有一輛軍用卡車等候接載她們。卡車行駛到一個名叫「紅沙」的地方停車，由柑瘤帶路住進一棟屋頂用椰子葉覆蓋的木屋裡。女孩們在此約莫住了一個月，等到新房子「Keinansou」（啟南莊）蓋好後，就全部搬進啟南莊。

（三）慰安所暴力

啟南莊位於半山腰上，房子四周種了許多椰子樹，由此向外望，可以看見遠方海邊有一片曬鹽場，和有一間名稱叫「Hayashikane」（林兼）的日本商社。[9]啟南莊以木板隔間，一人一間，每間約有五坪大，房裡鋪置兩個榻榻米床，和有一個櫥櫃、一張桌椅，廁所、浴室、餐廳都在室外。慰安所的老闆正是那個綽號叫做柑瘤的日本人，他姓 Yamamoto（山本），也是原先經營新竹南門旅館的店主。這次他結束了旅館生意，受命執行三亞日軍特務部的慰安所業務。為了迅速地組織慰安隊，他把招募婦女的工作交給旅館同業鍾阿爛負責。柑瘤年約五十歲，他太太四十幾歲，兒子二十幾歲，名叫 Haruyuki（晴幸），擔任會計，另有幾個年紀較大的日本婦女則擔任領班。[10]

柑瘤為女孩們取日本名字，叫滿妹「Masako」（雅子）。他告訴大家，她們來這裡的目的是要做接客工作。老闆娘山本太太很兇，警告大家，如果有誰想逃跑，一出門就會被當地的抗日分子「紅軍」抓去槍殺。女孩們被她嚴詞恐嚇，又苦於茫茫大海，無船可搭，也無處可去，就只好乖乖地服從，忍辱求生。

到慰安所來的客人，有臺籍軍伕、日本士兵和御用商社（林兼商店）的職員。老闆告訴女孩，客人光顧慰安所時，要向會計買牌子，白天一支賣兩元，兵卒、軍伕、職員不准留宿，軍官可以留宿，價錢較貴，可以多買幾支牌子過夜。客人領了牌子和保險套，要把牌子交給老闆娘或領班，由領班帶客人找小姐服務。滿妹的身材小巧玲瓏，面貌長得溫柔秀麗，很討人喜歡，老闆娘強迫她要多接客，少休息。

老闆規定女孩們在辦事前，要讓客人使用保險套。雖然大部分的客人會使用，但也有人覺得用了「不夠爽」，而不愛用。老闆為了防範日軍感染性病，影響戰鬥力，每週都帶女孩們到「同仁會」醫院去做身體檢查。檢查時沒有護士在場，大家排隊輪流上檢查檯，讓醫生先用鴨舌鉗撐開陰道檢查一下，再用藥水沖洗陰部。[11]

滿妹第一次看見軍人來找她時，非常緊張害怕，她覺得被人騙來此地，要做這種醜事很對不起父母。她推開想要接近她的軍人，軍人卻理直氣壯地說：「我已經付錢買牌了。」滿妹回答：「我是來做服務生，不是來做這個的。」軍人反駁她：「說是那樣，但實際上可不是那樣。」

滿妹被軍人性侵後，陰部疼痛的流血，嚇得她跑去問山本太太為什麼會流血。老鴇老神在在地說：「別怕，這是正常現象，每個女孩都這樣。」其實，女孩們一發現被騙，被軍人輪流強暴後，每個人都傷心地哭了。

一九四四年榆林港發生過幾次戰爭。女孩們為了躲避轟炸和掃射，跑過好幾次空襲。滿妹活在性命朝夕不保，和要忍辱為軍人服務的日子裡，只要一想起年老貧苦的養父母，就忍不住傷心落淚。客人偶爾也會問起她的家人，勸她不要想太多，並送她菸，教她抽菸解解悶。滿妹學會抽菸後，一遇到無聊或心煩的事就抽，這個吸菸的壞習慣，以後想戒都戒不掉。

滿妹每天接待二十幾個軍人，曾被幾個軍人包買一整天，全身累得發軟，疲憊不堪。常來找她的日本人有 Sasaki（佐佐木）、Hashimoto（橋本）。滿妹十八歲時，醫生告訴她懷孕了。老闆知道後，沒有責備她，要她繼續接客。滿妹一直等到肚子很大，拿到醫生開具的證明書後，才停止接客，等待船隻回家。

（四）親人接連病故

滿妹工作一年多，老闆供她食宿，配給她布料做衣服，但沒給她一分錢。她回家的船票是用客人給的小費買的。滿妹本來要和柑瘤搭乘同一班船回臺灣，老闆這次去臺灣是要再騙女孩來海南島慰安，但滿妹在出發前突然得了瘧疾，因為身體時冷時熱，非常難受，所以延後一班船出發，結果她在基隆下船時，聽說前一班從榆林開出來的船被美軍炸沉了，滿妹很慶幸自己能夠平安無事地返臺。

滿妹回家見到養父母後，羞愧地不敢說出她到海外做了見不得人的醜事，養父母見她挺著大肚子回家，也心知肚明，彼此默默不語，心情都十分沉重。滿妹生產後，養母為嬰兒取名叫「海雄」，意指飄洋過海回家的男孩，是個很有意義的名字，但那嬰兒卻沒福氣，才出生三十八天就發高燒死了，醫院猜測，嬰兒的死可能和滿妹在海南島得過瘧疾有關。滿妹在一年內遭遇到的不幸不止於此。先是，她的養父在嬰兒病死前，因為她失蹤和大腹便便地回家，憂鬱過度，得了中風去世；接著是嬰兒夭折；然後是養母受到養父、嬰兒病故的影響，傷心難過地病倒過世。滿妹至親至愛的三個人接二連三地往生，讓她陷入極度悲傷和孤苦無依的境地。

滿妹為了自立謀生，開始學做土木工、水泥工，也當過遊覽車小姐和保險公司的推銷員。就在她振作精神拼命努力工作之際，村子裡漸漸流傳著她從海南島回來，做過慰安婦的醜聞。滿妹相當氣憤，為了討回公道，她到處打聽鍾阿爛的下落，但沒有他的蹤影。她聽說此人壞事做太多，傷天害理很短壽，已經死了。

（五）婚姻悲劇

滿妹為了逃避村民們的閒言閒語，決定搬到新埔去住。她在三十八歲那年，經人介紹和一個在律師事務所當業務員的陳先生結婚。陳先生起初很愛滿妹，不過，當他兒子出生六個月得了小兒麻痺症，和他也風聞滿妹做過慰安婦的事後，就經常到外面找女人，對滿妹變得十分冷淡。陳先生五十三歲那年，被人倒了好幾百萬圓的債，為了償債，他賣掉房子，因為承受不了經濟上的打擊，突然中風，結果生病一個多月就去世了。滿妹為了照顧罹患小兒麻痺的兒子，迄今為止，還依靠替人洗衣服和領政府的救濟金，維持其拮据的家庭生活。[12]（見圖10-1、圖10-2）

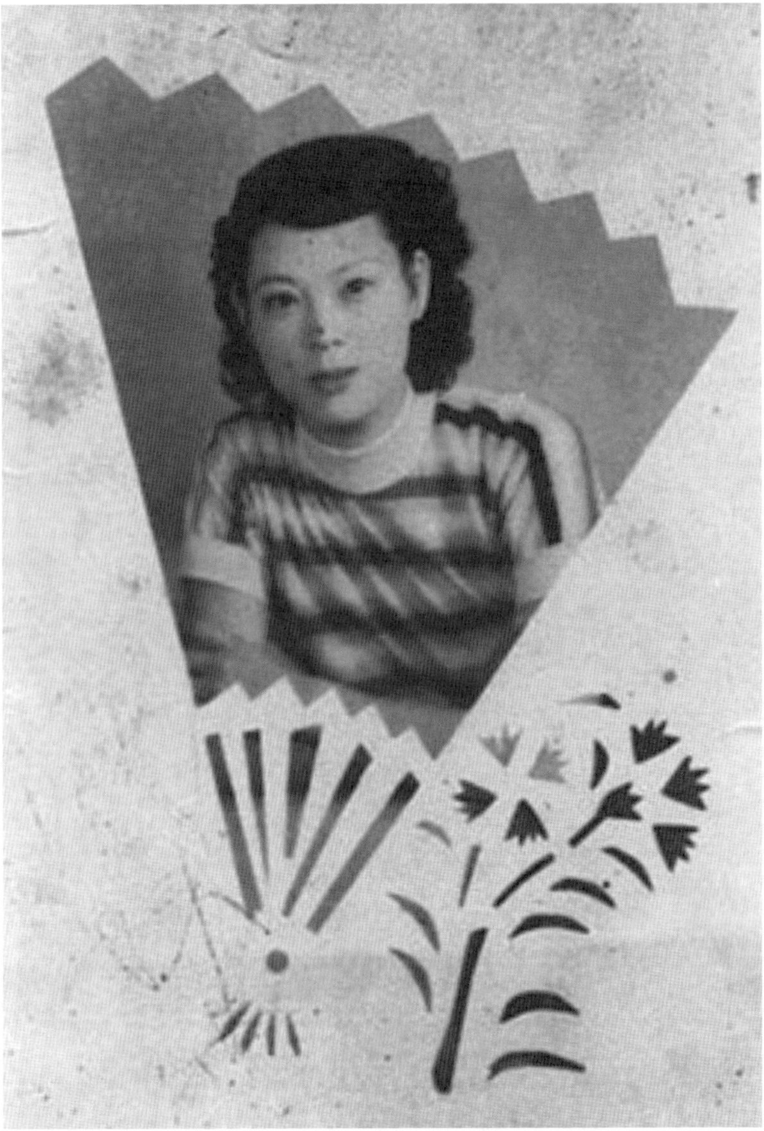

圖 10-1 年輕時的滿妹（婦援會提供）

圖 10-2　滿妹阿嬤（婦援會提供，沈君帆拍攝）

三、旅館女傭秀妹

（一）被賣當女傭

秀妹一九一七（大正六）年出生於新竹中壢，父母都是客家人。父親是個佃農，母親生育兩女三男後病逝，父親續弦再娶，但繼母不善待小孩。秀妹九歲時，被繼母賣給中壢一戶姓葉的人家做媳婦仔。葉家靠收地租維生，家境頗為富裕。

秀妹的養父有三個兒子，他買秀妹的目的是要她當三男的童養媳。不過，三男嫌惡秀妹沒上學，不識字，不喜歡她，他們兩人就形成「有頭對，沒結婚」的不正常關係。秀妹的養家很富有，卻捨不得讓她讀書，他們叫她餵豬、種甘藷、洗衣服、煮飯，吃殘羹剩飯，睡稻草床，把她當女傭使喚。

秀妹十九歲時，養母出價三百八十圓把她賣給弟弟當「女中」（女傭）。養母的弟弟名叫梁金鐘（客家語譯音），在屏東火車站附近開旅館，是「泰源旅社」的老闆。梁金鐘有三個兒子，老大在郵局上班，老二經營咖啡店（變相的酒家），老三在旅社裡當帳房，他太太則在旅社負責伙食事務。

養母對秀妹說，要她到舅舅（養母弟弟）經營的旅社幫忙洗菜、煮飯，做打掃客房的事，但把她賣到旅社後，舅舅竟要她賣淫。舅舅時常打罵她，要她報答養母的養育恩情，強迫她屈從。泰源旅社一共買了四個年輕女孩，老闆規定女孩接客賺的錢和小費都要交給他。女孩們被他控制，不敢違抗，只有乖乖地服從。

泰源旅社的客人都是臺灣中年人，他們穿西裝打領帶，大部分是到屏東出差的商社職員。旅社沒有保險套，老闆娘提醒女孩說，如果月經沒有按時來，就要趕快服用墮胎藥；服完藥，如果還沒恢復正常，就要她們去刮子宮。

秀妹在接客期間，時時擔心懷孕，害怕墮胎，尤其畏懼警察臨檢，會被取締，被捉去坐牢。老闆知道政府明令旅館不可以兼營娼妓業，和不准僱用女傭偷偷賣淫，因此警告她們，萬一倒霉被抓，千萬不可以說出有接客的事。

有一天，秀妹和一個女孩遇到警察臨檢，兩人被抓去派出所訊問，她們憤恨老闆自私自利，只顧賺錢，完全不顧她們的死活，就據實報告被迫接客的情形。警察得到店主犯罪的證據後，就無罪釋放了她們，逮捕老闆，把他關進了大牢。秀妹和那女孩一離開派出所，就結伴逃往美濃，前往一間店名叫做「牡丹樓」的酒家當女侍。

（二）抽籤當了慰安婦

牡丹樓的老闆李金榜（客家語譯音）是中壢客家人，年約三、四十歲，曾經在苗栗當過警察，他的柔道功夫很好，和警界之間有相當密切的關係。牡丹樓裡的小姐都使用花名，秀妹的花名叫徐蘭（客家語譯音）。牡丹樓只供客人飲酒作樂，不做特別的性服務。老闆為了迎合臺籍商人的喜好，規定服務生都要穿著旗袍，梳扮時髦的髮型，要熱情親切地陪客人划拳拼酒，還要唱客家歌取悅客人。客人如有喜歡的酒女，也可以帶出場，到外面投宿。

牡丹樓僱用了十幾名酒量很好的服務生，都由老闆出面向管區警察申領酌婦（酒女）工作執照。不過，老闆也讓若干外地來的酒女寄宿打工。短期打工的小姐為了逃稅和轉樓方便，因不申請執照，所以很怕警察臨檢，唯恐被逮去坐牢。

一九三九年某一天，李金榜接到管區警察的通知，要他抽調若干女子，前往廣東去開食堂。牡丹樓裡的小姐經過體檢，結果只有秀妹和二名女子的健康等級甲等，成為老闆的募集對象。李金榜在外地另招募十幾名臺籍女孩，連同其他領隊招募的臺籍婦女，總共幾十名，都到高雄碼頭集合，準備搭船出發。在登船前，碼頭檢疫所命令這些來自特種行業店的婦女必須再做一次體檢，檢疫所的日本軍醫很兇，要她們立即脫光衣服，排隊站好等候檢查。

女孩們通過檢查後，登上一艘有好幾層樓高，外型相當巨大的軍艦。軍艦航行了三、四天，在夜晚抵達廣州碼頭時，女孩們看到岸邊站著許多士兵，他們高聲地歡呼：「萬歲！萬歲！」

（三）慰安婦生活

女孩們坐上一輛軍用卡車先到珠江河邊長堤馬路上的「愛群旅社」住了兩晚，再啟程轉往河南。河南位於珠江流域以南，是日軍與抗日分子交戰的一個地區。女孩們一進城，就發現這裡的房子都用白紙條封著，像是查封民宅似的，其實那些都是日軍沒收當地人的敵產。女孩們住進日軍查封一個富商的豪宅，裡面有許多房間。由於居住此地的第一個星期，適逢日軍與抗日分子交戰，市內電力設施被戰爭破壞，因而各行各業等到修復送電後，才開始營業。

河南慰安所的位置在日軍營區附近，女孩們可以聽到軍營裡士兵們進行操練的聲音。慰安所的經營者是李金榜和他在臺灣娶的細姨（小妾），他的細姨是朝鮮人，日語說得很流利。李金榜警告大家千萬不可以外出，門口不僅有憲兵站崗，警備森嚴，而且她們不懂北京語和當地土語，如果偷偷跑出去，就會被中國人當成敵人，被逮捕槍決。

李金榜給女孩們取名字，有叫「Fumiko」（文子）、「Eiko」（榮子）和「Kaneko」（金子）的，秀妹的花名叫「Kiyoko」（清子）。李金榜規定接客時間從早上八點開始到下午四點止，專門接待日本兵。軍營裡的憲兵監視士兵很嚴，每天下午五點會來巡邏有沒有不回營的軍人，禁止兵卒留宿。晚上七點以後，專門服務軍官，軍官則可以留宿。

兵卒們到慰安所來，要先買牌子，一支牌子兩元，牌上有號碼，按照號碼找房間。軍人進房後，把牌子交給女孩，女孩將 sack（保險套）交給客人，保險套上塗有藥膏，可使女孩在辦事時，下體不會因為太乾燥，而感覺疼痛不舒服。女孩們每週到醫院去做一次定期檢查，平時沒有休假，只有月經來潮時，才可以休息。

李金榜僱用當地廣東人負責炊煮三餐，和慰安婦結帳是按五五比率拆帳，日常生活中的開支都要從工資中扣除。

秀妹的房間有一個透天窗，曾經有個兵卒跑到屋頂上，從透天窗外往下望，偷看秀妹和客人辦事的情形。秀妹在工作期間，有一次因為不想接客，而被老闆摑了幾個耳光。還有一次，一名喝醉酒的軍官走進她的房間，像發瘋似地揮動他身上的佩刀恐嚇她，嚇得她趕緊往外逃。平均來說，秀妹每天接待十幾名軍人，有幾回身體實在負荷不了，很想逃，但怕被中國人抓去反而沒命，所以只好忍耐，放棄逃跑的念頭。

（四）咖啡屋陪酒

日軍在占領廣州期間，廣州市內日本人經營的妓院、酒家、咖啡屋、旅館等特種營業店共計五十四間，其中，標記慰安所的有「西慰安所」（位於東華東路）、「白牡丹慰安所」（位於惠新西街）二間。慰安所業者唯恐中國人好奇，隨便到慰安所來買春，特別在門口張貼了一張：「君子自重侵入槍決」的標語。關於廣州日軍對各族慰安婦的評價，分別為：朝鮮女子體力最好，其他依序是沖繩、臺灣、日本女子；日本婦女待客態度最佳，其次是朝鮮女子，最不殷勤的是臺籍婦女。[13]

李金榜鑑於旗下僱用的慰安婦正是日軍評價最差的臺灣人，市場競爭力不足，加上日軍已經完成占領，有一部分部隊調防他處，光顧慰安所的客人減少，營業衰退，所以就決定遷到倉邊路三十九號，改做「銀座咖啡屋」的生意。銀座咖啡屋其實是一間日本式酒家，其接待對象以高收入的日本軍官和一般商民為主。一樓專供客人喝酒、社交，二、三樓備有房間，可供客人休憩。

女孩們在銀座咖啡屋的工作主要是陪酒，另可自由選擇要不要接客。儘管如此，當地商業受到廣東富人在日軍進城前，多已逃往香港、澳門避難，經濟衰退的影響，因此每到夜晚市面就顯得格外冷清。[14]李金榜在經營一段時日後，為圖振興營業，便和來自基隆的蕭錦昌共同出資，改到商業比較繁榮的河北，亦即在惠福東路四十二號合開了一間店名叫做「廣東咖啡屋」的日式酒家，這時在銀座咖啡屋上班的小姐為了謀生，就隨他遷移此處。廣東咖啡屋僱了三、四十名臺籍和廣東籍女子，同樣做陪酒、自由接客的工作。女孩們因為不需要硬性接客，所以所掙的錢都如數交給老闆。[15]（見圖10-3、圖10-4）

圖 10-3　年輕時的秀妹（婦援會提供）

圖 10-4 廣東就業時的秀妹（婦援會提供）

（五）回家

秀妹在廣東一年，曾經請朋友偷偷寫信，告訴她親生父親，她身不由己滯留廣東的情形。秀妹的父親知道後，到處託人找關係，和日本駐廣州領事館進行交涉，但沒有下文。她的父親很著急，就寫了一封信，信上謊稱他已病危要女兒火速回家之事。秀妹接到信後，懇求李金榜讓她回家探親，她為了表明會再回來就業的意願，故意沒有打包行李。所以，李金榜就答應她的請求，替她辦好搭船回臺的手續，另給她一百八十圓工資。但，秀妹搭乘的「廣東丸」在返臺途中，遇到颱風，因為停靠香港碼頭避風，以至於航行了一星期才抵達高雄。秀妹乘火車北上，找到中壢生父的住址後，就不再回廣東了。

秀妹回到原生家庭，時而到溪邊撿石頭賣給商人做建材，時而當揀茶工、草繩工，幫忙掙錢，分擔家計。一九四五年臺灣光復後不久，秀妹和一個客家人結婚，但被丈夫埋怨不能生育，結果協議離婚。秀妹的第二任丈夫是從大陸來臺的外省兵，和她同歲，她的丈夫觀念保守，脾氣很壞，秀妹害怕丈夫不諒解她的過去，直到丈夫病逝前，都未透露過她曾經被迫做過日軍慰安婦的事。[16]

四、被賣身的玉妹

（一）人口販子

一九二三年，玉妹（化名）出生於新竹湖口，幼時父親去世，母親再嫁，因為家庭貧窮，小學只讀到二年級就輟學在家幫忙家務。玉妹長到十六歲時，她的繼父強迫她嫁給一個有孩子的討海人（漁夫），玉妹不喜歡這樁婚姻，打算坐火車逃跑。討海人的母親惱羞成怒，便串通人口販子跟蹤玉妹，結果在火車上逮到玉妹。玉妹想跳車自殺，但被他們制止，被押去臺北。人口販子把她賣給一間日本酒家。酒家裡有三個年齡和玉妹相仿的女孩，老闆監視她們，強迫她們陪酒、賣淫。

一九四一年太平洋戰爭爆發後不久，老闆就把面貌姣美的玉妹賣給一個臺灣人，那婦人帶了六個來自臺北、嘉義、屏東的女孩，一起從基隆登船前往廣東。軍艦航行了三、四天，抵達廣州後，有輛軍用卡車先把她們載到長堤大馬路上的「愛群旅社」投宿，隔天再搭載她們到佛山市的日軍慰安所。

（二）佛山慰安所

佛山日軍慰安所的老闆是臺灣人，年約四、五十歲，她要女孩們叫她「mama-san」（媽媽桑）。媽媽桑給大家取名字，叫玉妹「Takako」（貴子）。媽媽桑警告她們，外面隨時發生戰事，絕對不可以外出，如果有人不聽話，就要嚴加處罰。

佛山慰安所的女孩們白天接待兵卒，晚上服務軍官。每人每天約接待十幾個軍人。軍人在辦事時，要用保險套，女孩們每週則要做一次定期身體檢查，以防士兵感染性病，影響其戰鬥力。慰安所內有個來自嘉義，日本名字叫「wumeko」（梅子）的女孩，不堪忍受日軍的摧殘，才工作一個多月就撒手人寰了。

（三）臘戍慰安所

一九四二年太平洋戰爭爆發的第二年，媽媽桑把玉妹和五個臺籍女孩賣給一個日籍領隊。日籍領隊一共帶了十幾名婦女，包括臺灣人、日本人、朝鮮人，隨軍搭乘紅十字醫療船前往緬甸。和這艘船同行的另有十三艘軍艦，這些船在航行途中，有二艘被美軍潛水艇擊燬。

女孩們被送到臘戍一個靠山的慰安所內，專門為駐紮在這附近名稱為「Tatsu」（龍）部隊的日軍服務。慰安所的管理員姓「Tomimoto」（富本），是名年約五十歲的日本婦人。Tomimoto 規定工作時間從早上九點起到下午五點止接待兵卒，晚上七點以後服務軍官。[17]

常到慰安所來的客人中，有一個姓「Nakao」（中尾）的日本軍官對玉妹很好，他說將來要娶她為妻。Nakao 很喜歡玉妹，每次來找她時都不戴保險套，希望玉妹懷孕，替他生個孩子。玉妹性情柔順、頭腦單純，她盼望中尾軍官早日實現他的諾言，就為他生下一個女嬰，產後休息沒多久，老闆就要她一面照顧嬰兒，一面繼續接客。

一九四三年八月底，盟軍成立了東南亞盟軍總司令部，由英國海軍上將蒙巴頓（Mountbatten）擔任司令官，由美國陸軍中將史迪威（J. W. Stilwell）擔任副司令官。盟軍總司令部的主要任務是向緬甸發動攻勢，消滅緬甸邊境的日軍，打通印、緬、中交通。等到一九四四年初，駐守在中國雲南和緬東邊境的國民黨軍隊，奉命進攻臘戍，美軍也開始向密支那（Myitkyina）進攻。

日軍為牽制盟軍的攻勢，由牟田口廉司令指揮第十五軍向印度的英帕爾（Imphal）和科希馬（Kohima）發動突擊。然而，日軍受到英國空軍的猛烈打擊，因為戰線太長，缺乏軍需補給，十萬軍人死傷七萬二千餘人，全軍喪失了戰鬥力，故不得不向緬甸西部和東部撤退。同年八月，中、美軍隊和緬甸游擊隊占領了密支那。十月中旬，盟軍開始實施「首都作戰計畫」，以第三十三軍和第四軍向緬甸中部發動攻擊。日軍抵擋不住盟軍的進攻，只好從緬北、緬中撤退。盟軍方面，趁勢繼續推進，結果打通了從曼德勒（Mandalay）到中國的公路。一九四五年五月，盟軍實施「吸血鬼作戰計畫」，從南、北兩個方向向仰光進攻，日軍第二十八軍和第三十三軍被擊潰，駐守仰光的日軍便全部向緬、泰邊境撤退。[18]

就在日軍到處陷入苦戰，於戰敗投降前的半個月，臘戍龍部隊也和其他兵團一樣，開始縮小戰區，準備向泰國撤退。[19]龍部隊帶領十幾名慰安婦分成幾股，分別往不同的方向撤離。玉妹在隨軍敗退泰國的四十九天間，經過許多高山、叢林和村落。途中他們因為缺乏糧食，在飢餓時摘食野生植物和吃甘蔗心充飢。曾經為了解渴，沒有水喝，而喝過牛糞旁的一灘糞水。玉妹看見沿途有的人病死，有的人餓死，和有被流彈擊斃身亡的人，為了要讓繈褓中的嬰兒活命，就在經過一座村落時，含淚忍痛地把嬰兒送給了一個緬甸村民。

（四）返鄉

玉妹和日軍逃抵泰國大城（Ayuthaya）後，不知道龍部隊的去向，和她一起逃難的慰安婦則全都死了，只剩下她一人僥倖存活。玉妹蓬頭垢面，衣服破爛，當她在街頭向人乞討食物時，被人發現，把她送進泰國北邊的美軍收容所。

日本第三十三軍第十八師團緬甸派遣菊八九零部隊的通譯（口譯）鍾先生，是來自屏東潮州的客家人，他聽說有四、五十名二十歲出頭的臺灣女孩被送入美軍收容所中，正在等候船隻返臺，其中有個客家女孩很可憐，因為同是客家人的關係，就邀約另一個客家人謝先生一同前往探視。他們看到玉妹的頭髮亂七八糟，樣子像個乞丐，便問她是哪裡人？從哪裡來？來做什麼？玉妹低著頭，羞怯地回答，她是新竹人，在慰安所工作，是和日本阿兵哥一起來的。鍾先生聽了沒再多問什麼，就和謝先生帶她去吃飯和買衣服給她穿。[20]

一九四六年，玉妹搭乘一艘裝載三千多人的輪船回到高雄後，就對鍾先生說她沒有親人，無家可歸，請求鍾先生救助。鍾先生的家是個三代同堂的大家族，因為人口眾多，不便收留，就請謝先生幫忙。謝先生很同情玉妹的遭遇，把她帶回家，讓他父親收留玉妹為養女；經過半年後，替她找到結婚對象，就讓玉妹和住在屏東的客家人成親。

玉妹在佛山當慰安婦時，曾經想過幾天不吃飯餓死自己，在緬甸慰安所時，也想要跳進有鱷魚的河水中自殺。但在一轉念間，想到自己出生在臺灣，就算死，也要死在回臺灣的路上，為了不想在海外當孤魂野鬼，所以百般忍受日軍慰安所的屈辱和折磨，痛苦地活了下來。[21]

五、照相館女傭阿桃

（一）媳婦仔

一九二三年二月，客家籍女孩阿桃出生於桃園觀音鄉的一個小農村。阿桃的家族人口有二十七人，包括：祖父母、父母、阿桃和她的兄弟姊妹（共六男六女）、大伯父和大伯母，以及他們生育的五男四女。長輩們鑑於孩子太多，依靠種田實在難以維持家計，所以除了讓年齡最大的一個女孩出嫁外，其餘九個全部都送給別人當養女。[22]

阿桃的養母沒有女兒，有兩個兒子，收養她的目的是要她做童養媳，但，養家的哥哥常常欺負她，養父母也不照顧她。有一天，阿桃的父親去看她，看到阿桃被養家虐待，心裡很難過，就把她帶回家。此後，阿桃就在家裡幫忙煮飯、做家事、照顧弟弟。

阿桃十三歲時才入夜學校（夜間日語班）讀書。日治時代桃園鄉下晚上沒路燈，家人以她夜晚出門，獨自回家很不安全，以及女孩長大要嫁人，讀書沒有什麼用為由，要她輟學在家幫忙照顧年幼的弟弟，因此阿桃只讀了一年書。阿桃十四歲那年，她哥哥到臺北一家客運公司當司機，哥哥要她幫他洗衣煮飯，她就隨同哥哥遷居臺北，等到哥哥娶妻有了家庭後，才改到艋舺一間「寫真館」（照相館）當女傭。

照相館的日本老闆供她食宿，並按月支薪，每個月給她五角工資。老闆娘待她溫和友善，她有三個小孩，其中老二讀一年級，阿桃常常陪這個小孩一起讀書，學寫字。

（二）應徵看護婦

一九四二年日軍駐海南島的第十六軍向荷屬東印度（簡稱蘭印，今印尼）發動攻勢，攻占婆羅洲北部。坂口支隊在第十四軍的支援下，攻占婆羅洲東部打拉根（Tarakan）和南部巴厘巴板（Balikpapan），取得了石油資源和航空作戰基地。第三十八軍的東方支隊攻占安汶島（Ambon），遮斷了荷屬婆羅洲與澳洲之間的聯繫，從東面形成包圍爪哇島（Java）的態勢。日軍取得這些輝煌的戰績，

為了獎賞士兵，激勵士氣，每攻占一地後不久，就通知相關單位要趕緊組織慰安隊，讓慰安婦到戰區去犒勞軍人。【23】

戰時日本人對戰地軍需市場的消息十分敏感，他們只要一聽到海外需要物資、募集慰安婦的風聲，就會到處設法張羅，積極地投資、參與這些產業活動。

阿桃在臺北五年，結交了幾個好朋友，她常和葉妹、阿綢、李妹和阿雀在一起玩。一九四三年有一天，個性活潑外向的阿綢說，艋舺有間旅社門前貼了一張徵人啟事，她們聽了很好奇，相約一起去看看。那張廣告單上寫著：「應徵女性當看護婦（護士），工作地點南洋，待遇從優。」她們看完就忙向旅社打聽，詢問應徵廣告的詳情。

旅社裡住了一對日本中年男女，男的姓Kaki（垣），告訴她們說，他們正要徵人去南洋當護士。阿桃便問站在一旁的婦人說：「不識字怎麼能當看護？」那婦人回答：「不識字沒關係，可以改做煮飯和其他工作，南洋那裡的薪水很高，每個月有二百圓。」阿桃一聽工資那麼高，她又會煮飯，很適合，就搭車回家興奮地告訴父母這個好消息。月薪二百圓在當時來說，確實是筆大數字。阿桃的父親不相信天下哪有這樣好的工作，滿臉狐疑地叮嚀她千萬要小心。但，阿桃抱定出外工作六個月就回家的想法，她想半年一轉眼就過了，因而決定應徵就業。

日本婦人和Kaki的關係很曖昧，看來好像是夫妻，那張廣告就是他們張貼的。阿綢認為這麼好的工作，應該幫忙多找一些人參加，就很熱心地替日本人募集，一共招了十九個女孩。那婦人知道後，很高興地說：「人多沒有關係，妳們可以輪流排班。」阿綢問她：「護士分班，我們幾個人有沒有住在同一間宿舍？」婦人回答：「有有有，都住在一起，白天、晚上都排班。」大家聽了，很滿意，就和她簽下合約書。那婦人沒有預支她們安家費，女孩們也不介意，心想只要可以結伴出國，一起打工賺錢，就很心滿意足了。

女孩們沒有提供辦理出境手續的任何證件，直接由日本婦人和 Kaki 領隊，一同在高雄碼頭登上「ASAMAMARU」（淺間丸）出發。軍艦抵達馬卡撒海峽（Makassar Strait）停留一週，讓這支慰安隊改搭「SETOMARU」（瀨戶丸）前往巴厘巴板。巴厘巴板位於婆羅洲東南方，沿岸有砲臺和碉堡，背後有兩個航空基地，是一處可供潛水艇、魚雷艇停泊的重要港口。女孩們一下船，就看見一輛軍用卡車停靠在碼頭附近，等著接載她們。

（三）松之屋慰安所

女孩們暫居巴厘巴板海岸一帶的第三天，突然遇到美國 B29 轟炸機向地面進行空襲，飛機猛烈地投擲炸彈，炸燬了許多房屋。【24】日本名字叫津谷（Tsuya）、幸子（Sachiko）、奈美子（Namiko）的三個臺灣女孩不幸被炸死，其他二十個女孩中，有幾個受傷的被送到臨時搭建的帳篷裡。阿綢的頭髮被火燒到，阿桃拖她逃離險境時，被彈殼炸傷腹部和子宮，軍醫趕緊替她開刀切除子宮，取出彈殼，腹部縫了許多針，留下一道很深的疤痕和一個凹陷的洞。傷患們休養一段日子，康復後，就搬進新房子裡，這時天真活潑的女孩們還都盼望能趕快開張營業，開始學習當看護。

新屋門前掛了一個寫著「MAZUNOYA」（松之屋）的招牌，大家看了不懂那招牌和醫院有何關係。帶領她們來的日本婦人就集合大家說：「這裡護士不需要這麼多人，妳們要來安慰軍人。」又說：「現在妳們哭也沒有用，反正插翅難飛，妳們就勞軍，忠心地為國家服務吧！」

松之屋慰安所的老闆正是那個日本男人 Kaki，那婦人是會計，負責賣票。慰安所的每個房間都有號碼，一人一間，阿桃是五號，日本名字叫「Setsuko」（節子）。慰安所老闆供應她們三餐，僱用當地人煮飯、打掃清潔。巴厘巴板有很多養雞戶，雞肉價格便宜得沒有什麼人愛吃，老闆為了省錢，常讓土著女傭去買雞，做雞肉料理給她們吃。

慰安所的床是用砲彈箱合併而成的，房裡鋪著兩個榻榻米床，有電燈、一張桌椅，沒有衣櫥。老闆規定營業時間上午十點到下午五點接待兵卒，晚餐過後，七點開始服務軍官，軍官停留的時間沒限制，可以多買幾張票留宿。軍人到慰安所買票時，Kaki 會在票上寫上房門號碼，給他們一個保險套。為了防止性病，慰安婦每個月做一次定期性身體檢查時，軍醫就會給慰安婦兩顆白色藥丸，要她們服用，說吃下那藥可以預防瘧疾。

阿桃在第一次接客時，有個日本兵走進她的房間，阿桃不明白，他們不認識，他來找她做什麼。軍人說他買了她的票，要來和她「相好」（睡覺），又說如果她不懂，只要一關上門就懂了。阿桃見那軍人不走，很害怕地說，她從來沒有做過那種事，請他放了她。那個日本兵看她老實純樸的模樣，結果不但沒有非禮她，以後每個禮拜還來買她的時間。

第一個對阿桃進行性暴力的人，是個喝醉酒的日本兵。阿桃被他性侵後，感到很可恥，傷心地頻頻落淚。慰安所老闆規定一個月公休一天，生理期可以休息，但嚴禁她們外出。女孩們的接客人數因人而異，譬如阿桃的朋友葉妹臉蛋長得很漂亮，會唱歌，很討人喜歡，買她票的客人很多。阿桃愛哭，常常怨歎，買她票的人就比較少。松之屋是駐巴厘巴板日軍的重要娛樂場所，雖然生意興隆，老闆大發利市，但不給慰安婦酬勞，除非有人要買東西，才給一點零用錢。

阿桃曾經有過尋死的念頭，她抱怨自己歹命，家境窮，但父母疼她，把她當寶貝養，如今她做了這種事，以後回家沒有臉見人，乾脆自殺算了。不過，她很捨不得離開父母，尤其不想孤伶伶地死在沒有人知道的巴厘巴板。阿桃和其他被騙來的女孩，在語言不通、環境陌生，和被迫慰安的苦悶日子裡，其實，為了想回家，都忍耐日軍性侵害的痛苦，夢想返鄉機會的降臨。

（四）活著回家

一九四五年戰爭結束，次年巴厘巴板的慰安婦得到泗水（Surabaya）臺灣同鄉會的協助，搭乘一艘中國船平安地返回臺灣。阿桃一回到家看見母親，就放聲大哭。她的母親很驚訝，先摸摸她的手，再摸她的臉，感覺不是冰冰涼涼的，才確信她見到的不是鬼，是阿桃活著回來了。阿桃的母親說，她曾經到媽祖廟裡拜拜，抽籤問神她的下落，神明告訴她，她被困在一個蚊帳裡，走不出去。阿桃在巴厘巴板因為不能和家人通信，離家近三年全無音訊，所以家人都以為她已經不在人世了。

阿桃的家人、親友不知道她去巴厘巴板做了醜事，當她父母問她結婚年齡到了，為什麼不想嫁人時，她始終默不作聲。她自責失去貞操是未婚女人最大的罪惡，她已沒有嫁人的資格，但因說不出口，只能將內心深處的痛苦往肚子裡吞。

阿桃為了消除罪孽，改吃素，並搬到高雄去工作。她在三十八歲那年經人介紹，嫁給一個比她小一歲的外省兵。阿桃在婚前，向他坦白自己被騙做過慰安婦的事。外省兵很同情她，覺得阿桃對他很誠實，也不嫌棄她不能生小孩，婚後對她很體貼。

阿桃收養了大姊的一個兒子當養子，和一個窮人家的女兒當養女。她的家庭經濟雖然可以勉強維持，但每當她摸到腹部動過手術的那道疤痕時，就禁不住地想起死在巴厘巴板的臺灣女孩，和她被炸彈炸傷差點喪命，以及被日軍摧殘的悲傷往事。[25]（見圖10-5、圖10-6）

綜上所述，可以了解客家籍慰安婦的來源，是來自全臺灣客家人的聚集地，她們的生活貧困，大部分客家籍家庭因為家族人口眾多，父母無力扶養，而把她們送人當養女或做童養媳。客家籍婦女大多沒有能力入學接受基礎教育。若干替人幫傭、做工的在室女，為了貼補家計，成為仲介招募者詐騙就業的募集對象，若干來自風月場所的職業婦女，則分別被親戚、店主賣身，或被區公所和警察抽調，被騙、被迫送入慰安所。

關於慰安所的經營者與招募者，接受軍方委託承辦慰安所的人主要是日、臺籍特種行業者。負責經營者則多委託客家人仲介，透過客家人走鄉串村，直接招募在室女。有關日軍性暴力的實情及慰安婦的工作待遇，本章透過一名農村女工、一名都會女傭、兩名特種行業婦女口述資料的研究，可以察知客家籍婦女大部分是在太平洋戰爭後期，被送到慰安所去的。客家籍婦女在日軍漸漸露出敗相之際，不僅忍受日軍的摧殘，還面臨性命朝夕不保、戰火燃眉的威脅。

客家籍慰安婦在工作期間，大多沒有領到工資。她們之中有的懷孕生子，有的被敵機炸傷，有的感

圖 10-5　年輕時的阿桃（婦援會提供）

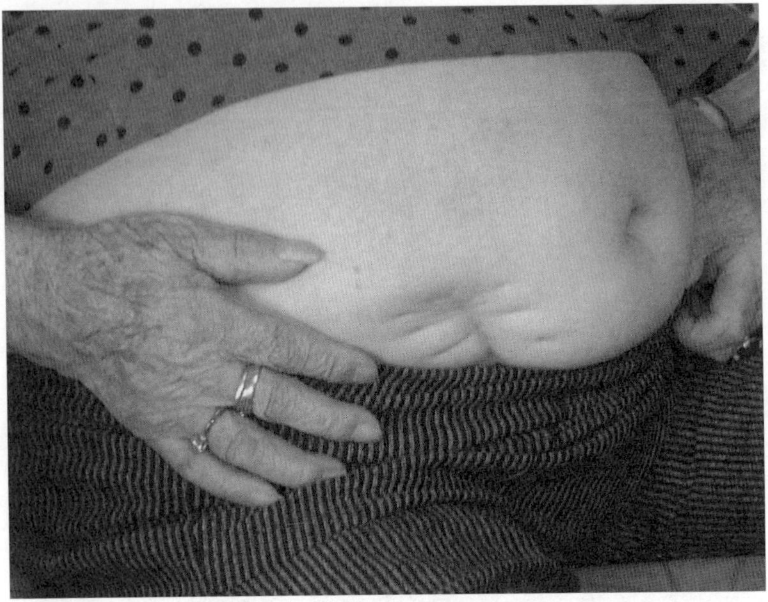

圖 10-6　阿桃阿嬤在 Bailkpapan 留下的手術疤痕（作者拍攝）

染瘧疾、罹患子宮炎，身心都備受煎熬。戰後她們大部分因為喪失生育能力，無法得到丈夫的關愛，婚姻生活不幸，而過著自卑自怨的生活。總結地說，以上客家籍慰安婦的經歷，在在證實小林善紀、許文龍的說詞不但背離史實，而且還給她們帶來更大的侮辱和傷害。

註釋

【1】小林よしのり（小林善紀），《新ゴーマニズム宣言SPECIAL臺灣論》（東京：小學館，二〇〇〇），第十一章〈臺南と許文龍〉，頁二三二。中譯版見賴青松、蕭志強譯，《臺灣論：新傲骨精神宣言》（臺北：前衛出版，二〇〇一），頁二〇三、二〇四。

【2】作者於二〇〇三年一月二十九日在鳳山訪問阿桃紀錄。

【3】臺北市婦女救援基金會訪查，〈臺灣慰安婦認證資料〉（臺北：臺北市婦女救援基金會收藏，不公開資料），未編頁。

【4】南洋事情研究會編，《南方地名辭典》（東京：婦女界社，一九四二），頁二五〇、三一四；朱德蘭，〈一九三九至一九四五在海南島的臺灣「慰安婦」〉，收入賴澤涵、朱德蘭主編，《歷史視野中的兩岸關係（一八九五至一九四五）》（臺北：海峽學術出版社，二〇〇五），頁一七三～一七一。

【5】臺北市婦女救援基金會訪查，〈臺灣慰安婦認證資料〉。

【6】〈日據時期臺灣戶籍資料〉（臺灣戶政事務所典藏）。

【7】羊杰臣，〈日軍侵占崖縣及其暴行紀實〉，收入符和積主編，《鐵蹄下的腥風血雨——日軍侵略暴行實錄》（下）（海口：海南出版社，一九九五），頁四〇一～四〇四；藤原彰，〈海南島における日本海軍の「三光作戰」〉，《戰爭責任研究》第二四號（東京：日本の戰爭責任資料センター，一九九九年夏季號），頁四七。

【8】朱德蘭，〈一九三九至一九四五日占海南下的皇軍「慰安婦」〉，《人文學報》第二十五期（中壢：中央大學文學院，二〇〇二），頁一六六～一七二、一八六～一九四。

【9】戰時在日本有水產王國之稱的林兼商店，一九二四年創設於下關，社長中部幾次郎採取多角經營方式，擁有規模龐大的關係企業。其經營項目包括：遠洋漁業、養殖業、鮮魚運輸業、船具漁網製造業、水產

品冷凍冷藏製冰業、水產罐頭製造及販賣業、造船業等。一九四〇年、一九四一年，林兼商店分別捐獻國防軍事費用一百萬圓，為日本帝國主義推進侵略戰爭的御用商社。參見山川隣，《戰時體制下に於ける事業及び人物》（東京：東京電報通信社，一九四四年初版，大空社，一九九〇年復刻本），頁一二八一。

【10】參見臺北市婦女救援基金會訪查，〈臺灣慰安婦認證資料〉中的寅嬌、桂英、惠妹認證資料。她們三人和滿妹一起從新竹出發，被騙到海南島紅沙就業。

【11】參見臺北市婦女救援基金會訪查，〈臺灣慰安婦認證資料〉中的惠妹認證資料。

【12】作者於二〇〇三年二月六日、三月十二日、二〇〇四年三月十二日在新竹市、東京、新埔訪問滿妹紀錄。作者另比對臺北市婦女救援基金會訪查，〈臺灣慰安婦認證資料〉，對原來認證資料做了若干補充。

【13】荒川禎三，《大廣東》（臺北：杉田書店，一九四〇），頁一六六～一六九、三〇五、三一八。臺籍「慰安婦」服務態度差，應與其被騙、被迫賣淫有關。參見朱德蘭，《臺灣總督府と慰安婦》（東京：明石書店，二〇〇五），頁二一二。

【14】荒川禎三，《大廣東》，頁三一七；參見臺北市婦女救援基金會訪查，〈臺灣慰安婦認證資料〉中的檢妹認證資料。檢妹和秀妹一同隨李金榜到廣東從事慰安工作。

【15】荒川禎三，《大廣東》，頁三〇九；參見臺北市婦女救援基金會訪查，〈臺灣慰安婦認證資料〉中的檢妹認證資料。

【16】作者於二〇〇三年七月三十日、八月十四日、八月二十一日在臺北市社會福利中心訪問秀妹紀錄。作者另比對臺北市婦女救援基金會訪查，〈臺灣慰安婦認證資料〉，對原來認證資料做了若干補充。

【17】另見作者於二〇〇三年五月十二日、二〇〇四年二月二十日在臺北訪問寶珠紀錄。

【18】謝安邦、何布峰合著，《世界現代後期軍事史》（北京：中國國際廣播出版社，一九九六），頁一七四～一七五；張玉法，《中華民國史稿》（臺北：聯經出版社，一九八八），頁三七八～三七九。

【19】伊藤正德著，《帝國陸軍最後——終末篇》（東京：文藝春秋新社，一九六一），頁一一～三二；椎野八束編，《太平洋戰爭戰鬥地圖》（東京：新人物往來社，一九九六），頁一八〇～一八五。

【20】作者於二〇〇一年八月二十八日在屏東訪問鍾先生紀錄。鍾先生一九一六年出生於潮州（今屏東縣內埔鄉），畢業於臺南商業學校。

【21】作者於二〇〇一年八月二十八日、十一月二日，二〇〇二年七月三十日在屏東、新竹訪問玉妹紀錄。作者另比對臺北市婦女救援基金會訪查，〈臺灣慰安婦認證資料〉，對原來認證資料做了若干補充。

【22】〈日據時期臺灣戶籍資料〉。

【23】謝安邦、何布峰合著，《世界現代後期軍事史》，頁一〇四；椎野八束編集，《太平洋戰爭戰鬥略地圖》，頁二二一～二二四。另參見本書第八章。

【24】有關昭和十八年（一九四三）七月中旬B29轟炸機空襲石油產地巴厘巴板海港的情形，參見朝日新聞社調查研究室人員二宮順，〈ボルネオ物語〉《秘錄大東亞戰史——蘭印篇》（東京：富士書苑，一九五三），頁二三七～二三八。

【25】作者於二〇〇三年一月二十九日、六月十四日，十二月二十五日在鳳山訪問阿桃紀錄。作者另比對臺北市婦女救援基金會訪查，〈臺灣慰安婦認證資料〉，對原來認證資料做了若干補充。

第十一章 原住民慰安婦

戰時日軍慰安所的經營方式，一般分為：一、日軍直營；二、民間業者經營，由軍方統制監督，指定為軍人、軍屬專用；三、民間業者經營，但允許民間使用，對於軍人、軍屬則給予特別的方便等三種。以上第一種方式，由於各地長官有調動任務，或有戰術需求，需要重新布署軍隊；或為使部隊適應不同的作戰環境，有改編部隊人數，移動作戰陣地的情形，因此屬於日軍直營的類型很少，依賴民營的類型比較普遍，數量也較多。[1]

而從慰安婦的角度來看，日軍性暴力的類型也約可分為三種，即：一、「南京型」，這是指日軍攻占期間的強姦和輪姦，以南京大屠殺時所發生的集體強姦為代表；二、「慰安所型」，這是指軍隊參與一種組織體系，為日軍提供性服務的機構，充任慰安婦的女性多半是被迫、被騙，性暴力的受害者；三、「前線型」或稱「底端型」，這是指日軍強制綁架婦女，將其監禁在部隊的據點和設施中予以輪姦，對於居住農村，離家後無法自立維生的女性，則在其家中施以長期、常態性的輪姦。[2]

戰時新竹、花蓮山區是日軍存放軍需品的倉庫所在地，[3]那麼，駐防在那裡的日軍對原住民婦女的性侵害，屬於哪種類型？頗須做一探討。

一、個案分析

根據統計，臺籍慰安婦總數五十九人中，原住民婦女占十二人，迄今二〇一九年為止，存活於世者僅剩二人。[4]本節為說明原住民婦女的家庭背景和其從業過程，先將其個人資料製成表11-1，然後再據表11-1，將若干問題分析於後。[5]

1.有關原住民的族別及其本籍地分別為：太魯閣族七名、泰雅族四名、布農族一名。她們的本籍地是：三名泰雅族住在苗栗、一名太魯閣族住在南投、一名泰雅族和六名太魯閣族住在花蓮、一名布農族住在高雄。以上原住民都住在山區，因為生活貧苦，所以從小就懂得幫助父母分擔家務。

2.有關原住民婦女的家庭及其教育狀況：已婚婦女六名、訂婚女子一名、未婚女性五名。她們都和家人同居同爨，父母都以種稻、種小米和雜糧維生。她們的教育程度，小學畢業的有八名；未受教育的有二名；中途輟學的有二名。

3.關於原住民婦女從業當時的年齡，最小的是一名太魯閣族，時年十三歲；最大的也是一名太魯閣族，時年二十九歲，這名婦女已有三個孩子。其他婦女年齡介於十五歲到二十二歲之間，平均年齡十八歲。

4.關於原住民婦女的從業原因，她們都聽從山區日本警察的命令，前往營區替日軍做洗衣服、縫釦子、打掃清潔、端茶、煮飯的工作。警察本來規定只有白天工作，每月因營區不同，支付十圓、十五圓、二十圓、二十五圓不等的工資；但在工作一段時日後，就命令她們晚上要留下來加班，工作內容是

表 11-1　臺灣原住民慰安婦個案資料

N0.	本名/花名	出生年月	住所/族別	戶主職業	家族人數	婚姻狀況	學歷/經歷	徵集年齡	徵集形態	慰安部隊	雜工月薪日圓	慰安場所/期間	慰安傷害
1	阿榮 Akiko	1928.11.	苗栗泰雅族	農	6	訂婚	教育所畢業	16	警察強制	Take 部隊	15-25	新竹清泉工寮 1944.12-1946.02	流產
2	阿秋 Keiko	1922.05.	苗栗泰雅族	農	6	已婚	無	22	警察強制	Take 部隊	10-15	新竹清泉工寮 1944.12-1945.08	生產一男死亡
3	阿蘭 Kumiko	1929.12.	苗栗泰雅族	農	6	已婚	教育所畢業	15	警察強制	Take 部隊	15-25	新竹清泉工寮 1944.12-1945.08	
4	阿厚 Atsuko	1929.08.	花蓮太魯閣族	農	4	未婚	教育所五年	15	警察強制	銅門 Soko 部隊	10	花蓮榕樹山洞 1944.12-1946.02	生產一女
5	阿月 Fujiko	1924.04.	花蓮太魯閣族	農	15	未婚	教育所畢業	20	警察強制	銅門 Soko 部隊	10	花蓮榕樹山洞 1944.12-1946.02	
6	阿春 Katsuko	1915.08.	花蓮太魯閣族	農	9	已婚生產三子	無	29	警察強制	銅門 Soko 部隊	10	花蓮榕樹山洞 1944.12-1946.02	生產一女
7	沈中 Nobuko	1927.02.	花蓮太魯閣族	農	10	未婚	教育所畢業	17	警察強制	銅門 Soko 部隊	10	花蓮榕樹山洞 1944.12-1946.02	流產三次
8	芳美 Nobuko	1931.09.	南投太魯閣族	農	6	訂婚	教育所畢業	13	警察強制	Oyama 部隊	15	花蓮 Sakura 社山洞 1945.05-1945.08	流產一次

（續下頁）

9	阿秀 Hideko	1924.08.	花蓮太魯閣族	農	10	已婚生產一女	教育所畢業、補習科一年	20	警察強制	Shimaya部隊	20	花蓮：瑞穗 1944.12-1946.03	生產一女
10	阿雪 Natsuko	1925.09.	花蓮太魯閣族	農	10	訂婚	教育所畢照顧小孩	19	警察強制	Shimaya部隊雜工	20	花蓮：瑞穗 1944.12-1946.03	流產三次
11	阿鳳 Fumiko	1926.12.	花蓮泰雅族	農	9	未婚	教育所五年	18	警察強制	Shimaya部隊	20	花蓮瑞穗 1944.12-1946.03	生產一女
12	阿柿 Masako	1921.09.	高雄旗山泰雅族	農	9	已婚	小學三年雜工	23	詐欺	九龍		香港：九龍 1942-1943	生產一女夭折

備註：本表中的人名，對於不願公開本名者，均以化名表示。

資料來源：作者根據援會訪查，〈臺灣慰安婦認證資料〉；〈日據時期臺灣戶籍資料〉製作。

奉獻身體。部隊強迫原住民供出貞操期間，沒有支付酬勞。

5.有關原住民婦女的服務地點，三名居住苗栗的泰雅族人到新竹清泉，為Take（武）部隊工作；三名居住花蓮的太魯閣族人到瑞穗，為Shimaya（島谷）部隊工作；四名住在花蓮的太魯閣族人到榕樹，為銅門的Soko（倉庫）部隊工作；一名住在南投的太魯閣族人到到櫻社，為Oyama（大山）部隊工作；一名住在高雄旗山的布農族人被送到九龍，在軍營中一面當女傭，一面當軍官的性囚徒。[6]以上性工作場所，有的在工寮，有的在山洞，有的在營區宿舍；換言之，她們都不在外觀像樣，名稱為日軍「慰安所」的建築物裡勞軍。

6.有關原住民婦女的從業期限，除了一名布農族在一九四二年到九龍從業一年餘，一名泰雅族婦女在一九四四年十二月到次年八月慰安期間，被她父親找到，用「蕃刀」保護她逃離回家外，其他十名婦女都從太平洋戰爭末期開始，到日軍戰敗投降撤離為止，被長期強制為日軍做性服務。[7]

7.關於原住民婦女的身心創傷，她們在性服務期間有十名懷孕，這些婦女有四名流產，有三名生下父不詳的私生子。她們在戰爭結束後，都承受極大的心理壓力和恥辱，沉默地在社會底層的陰暗處，過著自卑自責的日子。

應該指出的是，臺灣在太平洋戰爭爆發後，隨著時局的發展日益險峻，已從南進據點的位置轉換成國防基地的地位。如據不完整資料記載，一九四四年至一九四五年戰爭末期，駐防全臺灣各地的日軍至少有這些部隊：

獨立自動車第三百零五中隊
特設陸上勤務第一百一十二至一百一十七中隊
特設建築勤務第一百零六中隊
獨立機關銃第七大隊
野戰機關砲第五十六中隊
特設警備第五百一十八至五百三十四中隊
特設警備第五百一十一至五百一十八中隊
特設警備第五百零一至五百零二大隊
特設警備第五百五十一至五百五十二大隊

特設警備第五百四十一、第五百六十一至五百六十六大隊
野戰機關砲第六十中隊
特設警備工兵隊第五百零七至五百一十八隊
第一與第二高砂游擊隊
第十游擊隊本部
獨立挺進第一大隊
野戰機關砲第十一中隊
第五百零一特設警備輜重兵隊
第五百零一特設警備患者輸送隊
特設警備第五百零四大隊
特設警備第五百零六大隊
特設警備第五百零八大隊
特設警備第五百一十一大隊
特設警備第五百一十四大隊
特設警備第五百三十六大隊
特設警備第五百四十大隊
獨立速射砲第三十中隊

獨立步兵第六百四十八大隊
工兵第十八連隊
輜重兵第十八連隊
第十二師團制毒隊
第十二師團兵器勤務隊
第十二師團第一野戰病院
第十二師團病馬場
第六十六師團第一野戰病院
第九師團防疫給水部
第七十一師團防疫給水部
獨立步兵第五百六十大隊等。[8]

值得留意的是，日本部隊在新竹、花蓮地區的編成情形。表11-2所示，新竹方面的日軍如下：一、日本獨立速射砲第四大隊先於一九四一年七月在日本金澤編成，其後經由日本宇品港、朝鮮釜山港、牡丹江省的東寧等地，再通過朝鮮、滿州邊境，於一九四四年七月在基隆上岸，接著從基隆南下新竹，抵達新竹後，開始擔任周邊地區的防衛任務。二、第九師團特設警備第五百二十三大隊自一九四四年秋季開始，陸續駐守新竹，一九四五年三月完成編結，開始肩負防衛臺灣軍司令部的重大任務。三、特設警備第五百二十四大隊於一九四五年三月完成編結，開始肩負周邊地區的防衛任務。

表 11-2　駐防新竹花蓮的日軍部隊（1944～1945 年）

部隊名稱	日期	地點	任務	出典
獨立速射砲第 4 大隊	1941.7.20 1941.07.25	金澤 宇品港	動員編成。 從宇品港出發前往釜山。	頁 266-267
同上	1941.07.27	釜山港	登陸。	同上
	1941.07.31		通過朝鮮、滿州國境	
同上	1941.08.03 1944.03.26	東寧 東寧	到達牡丹江省東寧縣大城子，並擔任周邊警備。 由大城子移駐狼洞溝，並擔任周邊警備。	同上
同上	1944.06.10	東寧	下令移防臺灣。	同上
同上	1944.06.13	東寧	自東寧狼洞溝出發移防臺灣	同上
同上	1944.06.24		通過朝鮮、滿州國境。	同上
同上	1944.07.08	釜山港	自釜山港出發，同日改隸臺灣軍下	同上
同上	1944.07.27	基隆港	上岸。	同上
同上	1944.07.31	新竹	抵達後擔任周邊地區防衛。	同上
特設警備第 523 大隊	1945.03	新竹	完成編結，並擔任周邊警備。	頁 238
	1945.07.05	新竹	特設警備第 523 大隊改編。	同上
特設警備第 524 大隊	1945.03	新竹	完成編結，並擔任周邊警備。	頁 239
	1945.07.05	新竹	特設警備第 524 大隊改編。	同上
花蓮港兵事部	1942.04.01	花蓮港	編成。	頁 306-307
花蓮港陸軍病院	1944.06.10	花蓮港	編成。	頁 306

（續下頁）

花蓮港陸軍病院	1944.09.30	花蓮	移駐花蓮郡壽庄。	同上
花蓮港陸軍病院	1944.10.12	花蓮	參加防衛作戰。	同上
獨立混成第120旅團第1砲兵隊	1945.02.25	臺灣	完成編結。	頁327
同上	1945.02.25	花蓮港	參加防衛及作戰準備。	同上
花蓮港兵事部	1946.02.21	花蓮港	組編兵津部勤務隊，負責臺灣東部地區居民遣返之保護、準備、計畫與實施業務。	頁307-308

資料來源：作者根據厚生省援護局編，《南方・支那・臺灣方面陸上部隊略歷第二回追錄》（東京：厚生省援護局，1963）製作。

表11-2並顯示，駐防花蓮的日軍、軍事機構有：一、花蓮港兵事部於一九四二年編成，於一九四四年參加防衛作戰。二、花蓮港陸軍醫院於一九四四年六月完成編結，九月移駐壽庄，十月參加防衛及作戰任務。三、獨立混成第一百二十旅團第一砲兵隊於一九四五年二月完成編結，開始參加花蓮地區的防衛及作戰準備。[9]

綜上所述，可知太平洋戰爭期間，全臺灣各地進駐日軍人數的激增，是擴充慰安婦人數的背景。至於負責管理山地原住民事務的日本警察，則在日本部隊駐防人數增加期間，鑑於山區交通困難，不便募集運輸平地婦女，直接徵用山地原住民，強迫她們提供身體，是比較省時、省錢、便捷的辦法。為解決山區駐軍的性欲問題，因此決定實施就地徵調，在地補給，強制原住民為慰安婦的募集措施。本章為探究原住民婦女遭受性暴力的過程，及其身心傷害情形，茲舉三名受害者為例，說明如下。

二、太魯閣族芳美

（一）童年生活

根據臺灣〈日據時期蕃人戶口簿〉資料記載，一九三一（昭和六）年九月出生於臺中州能高郡Tauza社（今南投縣仁愛鄉）的太魯閣族女孩Iwari-tanaha（臺灣光復後改用漢族名字芳美），她的母親Torumi-rawa一出生就得了小兒痲痺症，不能走路。他的父親Tanaha-abi在一九三〇年霧社事件時，被日本人殺害，[10]芳美是母親的遺腹子，她的母親失去丈夫，一生下她就搬回娘家，依靠她的兄弟姊妹接濟，照顧她們母女生活。

一九三六年芳美五歲時，她的母親嫁給同族的Pawan。繼父比她母親大一歲，是個啞巴。繼父和母親生育三個孩子，第一個女兒生於一九三七年，長子生於一九四一年，第二個女兒生於一九四四年。繼父不會講話，和家人溝通都用手語，他的個性溫和，家庭觀念薄弱，只在山上種點芋頭、甘薯、小米，家用糧食缺乏，生活過得十分貧困。

芳美小時候，常被鄰居小孩說她沒有爸爸。她到學校裡讀書，只要看見同學的爸爸來，聽到同學喊爸爸，心裡就很難過，很想知道她的爸爸為什麼不和她在一起。她曾經哭著問媽媽，媽媽說：「妳爸爸在霧社事件時被日本人殺死了。」她聽了似懂非懂的，一直等到讀小學三年級，比較懂事時，才敢告訴朋友她為何沒有爸爸，爸爸早已去世的事。

（二）替老師揹小孩

芳美的家境很窮，沒有錢買書，但山區日本警察叫她上學，不能不聽，所以她到八歲時入學。芳美讀的學校叫「春陽蕃所學校」。全校學生有幾十個人，日本老師年約三十歲，對學生很兇，管教很嚴。學生上學如果遲到，老師會罰大家一起跑步。早上八點排隊集合，如果有人動作太慢，也會罰全班跑步。老師的家住在學校旁邊的宿舍裡，房子很大，地上鋪有榻榻米。芳美的個子很小，長到三、四年級可以看顧小孩的體格時，老師就叫她每個週末要到他家去幫忙揹小孩。老師有三個小孩，芳美負責照顧最小的。芳美的力氣不大，有時揹久了，覺得很累，就把小孩放下來。那小孩三歲，已經學會走路、會說話了，就跑去向他媽媽告狀，說：「這個人不好，沒有好好照顧我。」那小孩還很愛哭，一放下來就哭，芳美必須很有耐心地看好他。小孩每次向他媽媽告狀，他媽媽就會告訴老師，老師聽了很生氣，為此曾經打過芳美二次。

老師不找別的同學輪流照顧小孩，是因為芳美的性情很柔順，所以只叫她一個人去揹小孩。老師要芳美照顧小孩，但沒有任何獎賞，也不供午餐，口渴的時候，讓她跑到學校裡去喝水，吃飯的時候，讓她在一旁呆呆的站著。有時候芳美餓得受不了，就跑到學校附近同學的家裡去吃飯。

芳美在學校裡上課，要屬國語（日本語）科的學習分數最高，算術成績也很好。芳美很喜歡音樂、舞蹈課，會唱許多日本歌。她記得新年時，老師教唱的一首「新年四方拜」（一月一日）的歌，歌詞如下：

年の始めの例とて　　新年復始

終なき世の目出度さを　要延續天皇的治世
松竹立てて門毎に　各戶門前樹立松竹
祝ふ今日こそ楽けれ　祝福新年快樂
初日の光さし出でて　新年第一天的陽光
四方に輝く今朝の空　普照大地
君が御影に比へつつ　它和天皇的光輝一樣
仰ぎ見るこそ尊けれ【11】　令人感到尊敬榮耀（作者中譯）

一九四三年底，芳美的繼父、弟弟接連病故，母親在隔年生下她的第二個妹妹夭折後，因為傷心過度，身體變得很弱，在臨終前，把她託付給嫁到花蓮去的妹妹照顧，另一個女兒則交給南投的娘家照顧。南投山區沒有交通工具，芳美的阿姨來接她，她們打赤腳從南投走到花蓮，途中穿越秀姑巒山，大約走了兩天兩夜的路，才走到花蓮的銅門。芳美的姨丈依靠種小米、種雜糧維生，生活也過得十分艱苦。

（三）十三歲被日軍強暴

一九四五年三月，芳美的阿姨介紹她嫁給一個太魯閣族青年為妻。他們剛舉行完簡單的訂婚儀式後不久，未婚夫就被警察徵去南洋當軍伕。未婚夫離開臺灣後，芳美就和未婚夫的父母同住。

有一天，Sakura（櫻）社派出所有個姓 Tsubaki（椿）的日本警察派人到芳美家，告訴她警察要找她。芳美走進派出所時，Tsubaki 已經聚集了四名原住民婦女，從她們的年齡來看，好像已婚是當媽媽的人，只有芳美還不滿十四歲，年紀最小。

警察聲稱，她們要到 Oyama（大山）部隊裡去做：打掃、燒開水、泡茶、端茶、洗衣服的工作，這個部隊約有五百名駐軍，軍人很多，工作繁忙，所以不准她們休假。工作時間從早上八點開始到下午五點，午餐由部隊供應，每個人的月薪有十五圓，工作時，都要用日本名字。芳美的名字叫「Nobuko」（信子）。

芳美的家離部隊很遠，那段路很窄，步行一趟約需耗時四十分鐘。工作三個月後的某一天上午，有個名叫 Nishimura（西村）的日本軍官向她們宣布：「從今天開始工作要延長到晚上十點，午餐、晚餐都由部隊供應，但不再給工資。」當天晚餐過後，Nishimura 就帶婦女們到休息所休息。等到七點左右，Nishimura 叫芳美跟他一起走到一個山洞前，那山洞的洞口很大，有人站衛兵。山洞很深，從外面向洞內遠遠地望去，隱隱約約可以看見很微弱的燈光。（見圖11-1）Nishimura 叫芳美獨自走進洞裡，芳美走了十幾公尺，發現有一個她不認識的軍人站在裡面。

那軍人先是對她毛手毛腳，然後抱緊了她。芳美的個子很小，一時驚慌推開了他的雙臂，她想要掙脫逃跑，但那軍人反倒使勁地抱住了她。芳美開始哭叫。軍人置之不理，很快脫光了她的衣服，把她壓在鋪有軍毯的水泥地上，呼吸急促地強暴了她。

芳美那年十三歲，才剛來月經不久。她被軍人強姦後，處女膜破裂流了血，陰道痛得像用鹽搓傷口

圖 11-1　充當慰安所的花蓮山洞（婦援會提供）

似的。軍人等她穿好衣服，就把她送到洞口，這時站在洞口的 Nishimura，好像什麼也沒發生似的，帶她返回休息所。芳美進入休息所開始放聲痛哭。那四名原住民婦女看她哭得很傷心，很驚訝，想要安慰她，但芳美沒開口說一句話，只是不停地哭。接著，四名原住民輪流被帶去山洞，經過一段時間，她們陸續返回休息所後，個個都低著頭，默默地不說一句話。

芳美被軍人破瓜弄傷陰部後，隔天就向軍醫領藥。Nishimura 允許她在家休息幾天，但威脅她身體狀況好些後，必須要到營區繼續為軍人服務。芳美很害怕，卻又不敢拒絕，她擔心如果不服從，他們一定會打她。

原住民婦女從延長工時的那天晚上起，每晚七點到十點就要輪流進山洞，為軍人貢獻身體。她們每人每晚慰勞二、三個軍人。芳美在性服務期間，每當天色漸漸昏暗的時候，就心跳加速，內心充滿著羞辱和恐懼感。芳美回家後，不敢告訴未婚夫的家人，總是躲起來偷偷地哭，她經常哭腫著眼睛，每天都忍耐身心煎熬的痛苦。芳美被迫獻身一段時日後，發現自己懷孕了，但沒過多久就流產了。

（四）丈夫臨終前的懺悔

八月中旬，芳美照常到營區裡工作，很意外地沒有看到一個軍人，這時她才聽說他們已經戰敗投降，幾乎都撤離花蓮，被遣送回國了。日本人離開後，芳美擔心以後不能生育，不能擁有正常的家庭生活，就常常去醫院看病。

一九四七年芳美的未婚夫從南洋回來，他冒著生命危險為日軍出生入死，奮戰沙場，但沒領到日本政府的一文錢。同年十二月芳美和未婚夫結婚，丈夫沒有發現她已不是處女，他們平安地生下四男二女。芳美為了分擔沉重的家庭經濟，除了照顧孩子外，也幫忙丈夫種花生、種甘藷、種芋頭和養豬。

芳美將她失去貞操的事，一直深藏在心底，她認為自己對丈夫不貞，做錯了事，因為被日本人傷害，無處傾訴，十分痛苦，所以就和丈夫到「水源基督教會」去做禮拜，想求上帝幫她洗去罪行。久而久之，她從虔誠的信仰中慢慢獲得了一些平靜，解脫了若干精神上的壓力。（見圖11-2、圖11-3）

一九九二年芳美在丈夫病危臨終前，鼓起勇氣向他坦白長久不敢說的祕密，請求丈夫的原諒。他的丈夫聽完她的懺悔後，安慰她說：「有誰沒有過錯呢？戰時局勢很亂，我被徵召出去，沒有留在妳身邊守護妳，責任也不該全歸妳。」

圖 11-2　芳美阿嬤虔誠祈禱（婦援會提供，黃子明拍攝）

其實，太魯閣原住民很重視貞操，絕不允許未出嫁的女孩和男人發生性關係。倘若婦女不貞，不僅會被族人唾棄、輕視，而且還會被家長逐出家門。芳美痛恨日本人剝奪了她的童貞，她經常做惡夢，每次夢到被日軍強姦的景象，就感到毛骨悚然，徹夜難眠。直到目前為止，芳美對戰時日軍施加她身體的性暴力，仍認為那是她一生當中最嚴重的侮辱和傷害。[12]

三、太魯閣族沈中

日治時期臺灣總督府統治原住民的政策是，在「日本母國—臺灣平地—臺灣蕃地」的差別結構下，對原住民進行雙重的剝削。由於臺灣總督府只重視掠奪原住民的經濟資源和土地權益，將「蕃地」當作不需要依法治理的地區，因此掌握絕對權力的山地警察，可以用威壓、授產、教育、觀光、衛生、

圖 11-3　芳美阿嬤閱讀聖經（婦援會提供，沈君帆拍攝）

遷居等措施，讓「蕃人」不必經過「漢化」而直接被「同化」，成為日本帝國的忠誠皇民。[13]

一九四一年太平洋戰爭爆發後，臺灣總督府在「蕃地」巡迴放映愛國電影、廣設「青年團」，在培養皇民精神的同時，為解決日漸短缺的糧食問題，故積極獎勵山地原住民開拓水田、保護耕地，並指導他們製造、使用肥料，以增進糧食的生產量。一九四二年，臺灣總督府因為原住民擅長山岳戰，特別成立了「高砂義勇隊」，鼓勵青年志願從軍，為戰爭效命。[14]而原住民男性接受山地警察徵召服役，婦女被迫供出貞操，成為慰安婦的情形，由 Iyan-apayi（臺灣光復後改名沈中）和 Parabe（臺灣光復後改名阿柿）的口述史料中，可以窺知大概。[15]

（一）部落生活

一九二七（昭和二）年出生於花蓮 Mukibo 社（今名榕樹）的沈中，是太魯閣族人。沈中的出生日期因為父母住在深山，申報戶口不便，所以晚報了三年。沈中有四個哥哥，大哥生於一九一八（大正七）年，和她是同母異父的兄妹。大哥的父親到山上工作時，因為墜落斷崖意外身亡，所以母親就帶著兒子於一九二一年再嫁。沈中的父親額頭上有刺青，那是原住民勇敢的標誌，母親的臉頰上也有刺墨，代表美麗。沈中的母親隔年生下二哥，但長到六歲時病故。沈中的三哥生於一九二五年，四哥生於一九二六年。她的三個哥哥都在太平洋戰爭時期，以「高砂義勇隊」的名義，被徵到南洋戰地造橋鋪路，從事軍需設施的軍伕工作。戰爭末期，大哥不幸死於新幾內亞（New Guinea），三哥返臺，因為後悔殺過人，得了精神衰弱症，四哥則在返臺三個月後就病死了。

Mukibo社家家戶戶都種芋頭和甘藷，自己釀造小米酒，男人依賴種田、打獵維生，女人在家織布做衣服，看顧小孩，負責所有的家事。Mukibo社的商業活動很原始，居民沒有錢，都用物物交換，或以勞力交換的方式，來滿足彼此的基本需要。部落民的飲用水是用沒被汙染的山泉水，那泉水相當清澈，也被用來煮飯、洗器具、洗衣服和洗澡。

Mukibo社的警察很有威嚴，他們不許部落民有什麼宗教信仰，只能相信日本人的神道。每年日本神社在部落舉辦祭神活動時，都會舉行日本武術表演和比賽。這時居民都停止手中的工作，前來觀看。他們為了表示祝賀，會做很多麻糬送給來賓，讓祭神的場面顯得很熱鬧，氣氛很歡樂。

Mukibo社部落每年六月在舉行小米豐收慶祝活動時，會做麻糬分贈給山區警察。麻糬的餡分為：紅豆、砂糖、味噌（miso），可以沾糖或沾醬油吃。部落裡有結婚的場合，居民要送食品，做麻糬、做美味的雞肉和料理來宴請警察。總之，部落民只要有什麼活動，都一定會把好吃的食物分送給警察，請他們一起來分享原住民的喜悅。如果有人上山打獵打到山豬，也會分贈給警察。

Mukibo社的警察每天不定時地巡視部落，警察規定想到花蓮市區的人，必須先到銅門駐在所（派出所）申請一張通行證；如果沒有得到允許，就不能隨便外出，倘若偷偷出去被警察發現，就會受到很嚴厲的處罰。

警察平時也派一些勞務叫原住民做，但對義務服務的原住民不但不給工資，還要他們自備午餐。部落民不可違背警察的意思，要是有人反對，或者說謊，警察就會大發雷霆。警察很重視日常生活中的教化工作，他們教導部落民在路上遇到警察時，一定要先打招呼，敬禮問候，中午見面時要說聲：「Kongnjiwa（午安）」，晚上遇見時說聲：「Kong-bangwa（晚安）」，要大家有禮貌，聽警察的話。

（二）銅門教育所生活

沈中讀書的學校叫做「銅門教育所」，這所學校有來自 Mukibo 社、銅門、Tamunan 社三個部落的學童。學生人數起初只有幾十名，幾年後增加到一百多名。學校上課從早上八點開始，校方規定三年級以上的學生下午要留校，學習種田、種菜、種芋頭和種樹。學校裡的老師都是日本人，對學生管教很嚴，如果有人上學遲到或不好好讀書，會被斥罵或用藤條體罰，有時也罰跑幾圈運動場。學校禁止四年級以上的學生說土語，如果違反規定，不說日語，就會被罰，罰站或罰跪。

學校裡有一面日本國旗，每天早上老師會集合學生站在國旗前，合唱「君之代」的國歌，唱完國歌後要祈禱國運昌隆。銅門教育所的學習科目有國語（日語）、算術、歷史、地理、音樂、美術等。沈中很喜歡上日語、算術課，不喜歡音樂課。部落裡的學童午餐都吃自己家裡種的芋頭或甘藷。老師中午回家吃飯，下午再到學校教書。沈中讀二年級時，曾被老師叫到他家去煮飯，她會烤魚、煮味噌湯。

學校每年秋季舉辦一次運動會，沈中很擅長運動，尤其是跑步，每次賽跑都得第一名，跳繩得第二或第三名。運動會裡有接力賽跑的項目，第一名獎品是筆記本和文具，沈中得過許多獎。

部落裡的孩子放學回家後幾乎都不唸書，理由是他們的家長要上山工作，必須帶男孩一起去打獵，女孩要跟母親學織布，幫忙做家事。讀書對部落民來說，沒有什麼用，他們認為與其讓孩子花時間唸書寫字，倒不如去學打獵、學織布，馬上看得見收穫來得實用。

（三）懷孕三次流產三次

一九三七年中日戰爭爆發後，Mukibo 社陸續運來一些軍人和軍需品，由於此地要當作存放火藥、武器貨物的倉庫，所以警察命令一部分居民要遷移他處。一九四一年 Mukibo 社被規劃為營區，警察命令部落民全部要搬到銅門去，那時銅門約有三十七戶人口。一九四三年沈中的三個哥哥被徵去南洋作戰，家裡只剩下她和父母、祖父母，一共五個人。

一九四四年十二月的有一天，銅門派出所的警察部長 Takemura（竹村）和一名軍人到沈中家，對她父母說，要她去營區幫忙洗衣服、縫補軍服、縫扣子，和做摺疊衣服的工作，每天工作時間從早上八點開始到下午五點，沒有假日，如果有事可以請假，月薪十圓，午餐由部隊供應。部落民很敬畏警察，警察規定的事，沒有人敢說一個「不」字。

沈中從銅門到榕樹營區，步行約須半小時。部落民沒有鞋子穿，一律打赤腳。沈中每天都穿著母親織的原住民服去工作，部隊給她取了個日本名字，叫她「Nobuko」（信子）。

沈中工作一個月後，有一天，負責管理十幾名原住民婦女的軍曹 Narita（成田），年約三十多歲，告訴她們說，從明天起要延長工時到晚上。Narita 強調婦女們下班走夜路回家很危險，所以要大家都留宿營區中。自此開始，工作時間延長了，但月薪仍然只有十圓。當天沈中回家就將以後要住在營區，不能回家的事告訴父母。

隔天，婦女們用完晚餐後，Narita 軍曹就帶她們到一個山洞去。那個山洞很大，前後共有兩個洞口，洞口前沒有衛兵站崗，洞內一片漆黑，沒有電燈照明。Narita 說：「妳們都站在這裡等，有人要來。」不久，果然來了一名日軍，他先帶沈中走進洞內，起初他問了幾句有關工作的事，接著就動手動腳，很不規矩。沈中又驚又恐，心跳得很快，緊張得不知所措。那個高大有力的日軍迅速脫下沈中的衣服和內褲，把她壓倒在一張軍床上。動作急促的強暴嚇得全身發抖的沈中，等到射完精後，就趕緊穿好褲子，掉頭就走。沈中感到下體流血，非常刺痛，走出洞口後，就一路哭著被帶回營區附近的休息所休息。隨後其她婦女一個接一個被送入洞內。這些婦女回到休息所後，也都個個低頭落淚，默默不語。

沈中被軍人強暴後，請了兩天假回家休息。沈中在家越想越傷心，她的母親見她哭個不停，覺得很反常，就問她是否發生了什麼事？沈中不敢講，只是不停地哭，最後被問急了，就只好騙母親，說她受了風寒，感冒了。

Narita軍曹讓沈中休息幾天，命令她要繼續到山洞裡去為日軍做性服務。自此時起，沈中和幾個婦女每人每晚要接待二、三個人。日軍在強暴沈中時，有的軍人會摸她的身體，有的軍人會抓她的胸部，有的軍人則會強吻她。軍人一射完精後，就給她一條毛巾，叫她自己擦乾離去。

營區中的軍醫告訴沈中，如果發現月經沒有來就要向他報告。沈中第一次月經沒來時，吃了軍醫給的藥，服用後感覺很噁心，身體很不舒服，以後就不再吃了。沈中被軍人強暴期間，連續懷過三次孕，當時因為不懂月經和懷孕有什麼關係，也不明白男女性交會懷孕生小孩，所以每次懷孕都照樣慰勞軍人，每次懷孕後不久就流出大量的血，結果懷孕了三次，也流產了三次。

進出入榕樹營區的陸軍，人次相當頻繁，先後約有五百人。一九四五年八月日軍戰敗投降後，大部分的軍人完成撤離，只留下一部分人仍住在營區，一部分人遷居吉安鄉的福興山邊，其中，Narita軍曹也搬到福興。這時部落民雖然都從銅門遷回榕樹，但不知道日軍已經戰敗，正在等待船隻遣送他們回國。於是，原先被迫供出身體的婦女們，在毫不知情的情況下，繼續接受日軍對她們的性勒索。

日軍每晚派出軍用車到榕樹和其附近部落，接載二十幾名原住民婦女到福興去慰勞他們。不過，此時日軍已不再發薪水，只供應飯菜。日軍徵集婦女們一邊吃飯、喝酒，一邊要她們表演歌舞，等待大家興高采烈地玩樂一陣子後，再把婦女帶到一間臨時搭建的簡陋草房裡。那稻草屋內鋪有一排長長的木板床，是張沒有間隔的大通鋪。日軍一人帶一名女子，就在大通鋪上玩起一對一的性遊戲。等到辦完事後，再把婦女載送回家。參加性遊戲的日軍，從他們的軍服來看，有高低不同的軍階。沈中記得軍服上掛著名牌，有幾個名叫 Yoshimoto（吉本）、Yamamoto（山本）、Wakamoto（若本）的。日本軍官告訴原住民婦女說：「這次的戰爭我們不是打輸了，是結束了，這叫做終戰。等我們回日本後，經過五十年會再來臺灣看妳們。」

（四）結婚四次離婚三次

一九四六（民國三十五）年春，日軍完全撤離榕樹回國後，沈中為了改變自己的未來，決定嫁人迎接一個新生活。沈中的第一次婚姻是朋友介紹的，丈夫也是太魯閣族，以務農為業，年紀比她小一歲。他們婚後一、二年，夫妻感情很好，可是當她丈夫聽說她在軍營裡做過事後，就認為她一定做過什麼見不得人的醜事，而改變了以往的態度。沈中受到這些謠言的影響，和他只維持了三年婚姻關係，就離婚了。沈中曾經希望她丈夫念及她懷有兩個月身孕的情分，不要和她分手，但那男人堅持要離婚，她不願勉強他，就答應了。

沈中的第二任丈夫是來自屏東潮州的臺灣閩南人，他的外表長得很英俊，在花蓮教學生做西裝，是個裁縫師。第二任丈夫戰前當過「日本兵」，年紀比她大十歲。沈中帶著前夫三歲的男孩嫁給他時，他還是個單身漢。他們的婚姻維持了十年，沈中為他生了二男一女，加上前夫的一個男孩，一共有四個孩子。第二次離婚的原因是，沈中為了想逃避村人背後的指指點點，要求丈夫搬離花蓮，返回屏東夫家去住；但她丈夫為了工作，堅持要住在花蓮。由於兩人意見不合，鬧分居，結果那男人有了外遇，沈中發現他已變心，就只好提出離婚要求，結果四個孩子都歸沈中扶養，離婚後不久，那男人就得病死了。

沈中的第三任丈夫是大陸安徽人，他在花蓮榕樹的木瓜林區工作，年齡比她大十幾歲，未婚。當時她丈夫的月薪有六千元，算是很高的收入，薪水也都全部交給沈中支配。但沈中是個閒不住的人，一直幫人種田或砍竹子、賣竹子，有時也當承包工的工頭，雇人砍竹子、伐梧桐，再賣給批發商。由於沈中沒有多加照顧他先生的健康，所以這次婚姻在她丈夫突然生病過世後，就劃下了休止符。

沈中為了扶養四個孩子，再婚的第四任丈夫是大陸山東人。這男人在榕樹附近軍營裡當士官長，年紀比她大三歲，很會做饅頭和各種麵食。他很喜歡打麻將，賭博時常常贏錢，但他的壞毛病是很愛找女人一起打牌，尤其愛和女牌友隨便發生男女性關係。沈中無法忍受他愛賭又愛玩女人的壞習性，有幾次氣得去找他的連長告狀。沈中曾經懷孕，因為氣憤丈夫風流而打掉一個小孩，她的丈夫知道此事後，大發脾氣，常常藉故和沈中吵架，吵到後來雙方決定協議離婚。

沈中經常做惡夢，夢到日軍輪流強暴她的事，有幾次她從夢中驚醒，整夜失眠。沈中怨歎自己命運

坎坷，一開始陷入不幸的婚姻深淵，就是和她做過日軍慰安婦有關。【16】（見圖11-4、圖11-5）

四、布農族阿柿

（一）山地生活

一九二一年出生於高雄州旗山郡 Takanuwa 社（今三民鄉）的阿柿是布農族人，她的家庭有父親、母親、弟弟，一共四個人。Takanuwa 社的居民很少，住戶分布得很散，阿柿的鄰居只有四戶。阿柿的家是用茅草、桂竹蓋的房子。部落民夏天用棕樹葉做的草蓆鋪在地上睡覺，冬天山上很冷，沒有棉被，都用手工織的布包裹著身體保暖。部落民的日常食物有自己種的小米、地瓜、南瓜、花生、四季豆、木薯、龍葵、野菜，肉類來源則依靠上山獵捕動物。

Takanuwa 社沒有商業活動，部落民從來沒有見過日本錢，他們的生活必需品，像食鹽、食用油、肥皂等，都由日本警察按戶配給。山區夜晚沒有電燈，都燃燒一種布農語叫做 San 的樹枝照明。山區也沒有自來水，生活用水都用很粗大的麻竹，去掉中間的竹節，到溪邊或山腳下，將溪水、泉水裝進竹筒裡帶回家使用。Takanuwa 社的水資源缺乏，部落民因為很少洗澡，所以到處都看得見跳蚤和頭蝨。部落民的衛生習慣不好，常常生病，如果有人得了瘧疾，身體怕冷，就會去向警察領藥（aspirin）來吃。Takanuwa 社的警察是醫生，也是學校的老師，他們什麼都管，權力很大。Takanuwa 社六十餘戶居民的日常生活由兩個日本警察負責。

圖 11-4　沈中阿嬤表演舞蹈（婦援會提供，黃子明拍攝）

圖 11-5　沈中阿嬤（婦援會提供，沈君帆拍攝）

（二）蕃童教育所

一九三〇年阿柿九歲時，進入「蕃童教育所」讀書。這所學校的學生人數不多，約有三十名。學校上課從早上八點開始到下午四點。部落民沒有鐘錶，都按日出日落、天氣變化來安排作息。部落民習慣早睡早起，每當太陽初升時，就讓孩童穿上手織的衣服，揹著手織的書袋，裡面裝著煮熟的甘藷或南瓜，赤腳步行好幾公里的路去學校上學。

阿柿的家到學校要走一段很遠的山路，路上常有一種會吸血，名稱為「水蛭」的爬蟲。阿柿的父母告訴她，赤腳走路時要小心，要注意地上有無爬蟲，還要注意小腿不要被雜草割傷。阿柿遇到雨天上學的日子，父母就會把羊皮上的羊毛剪掉，讓她披上羊皮防雨。

阿柿讀一年級時，從課本上的圖畫和單字裡，學會：Atama（頭）、Hana（鼻子）、Kao（臉）、Me（眼睛）、Ashi（腳）、Te（手）、Tori（鳥）、Hashi（橋）等簡單的日語單字。日本老師常常教學生唱歌，在學校每天一定要唱的是一首「Kimigayo」（君之代）的歌，歌詞如下：

君が代は　千代に八千代に　天皇的年代千代萬代
さざれ石のいわほとなりて　就像岩石生苔一般
こけのむすまで[17]　永續不止（作者中譯）

阿柿唱了很久，才知道那首歌是「日本國歌」。

阿柿的父親體弱多病，一生病就服用 Aspirin。母親因為嫁給不能出力幹活的男人，只好代他承擔家計，為了填飽肚子，農務、家事什麼都做。阿柿是長女，為了學做家事和幫忙母親照顧父親、弟弟，所以只讀了兩年書就輟學在家。

（三）尋夫變成慰安婦

一九三七年中日戰爭爆發，山地警察命令部落裡的男女青年要組織「青年團」，參加造橋、鋪路的義務勞動，阿柿在青年團裡認識了短小精悍的輝男（原住民名字 Maron，日本名字 Teruo）。[18]輝男為人熱情誠懇，頭腦聰明，動作靈敏，雖然只有小學畢業的程度，但在部落裡是少數日語流暢，會說又會寫的青年。日本警察很賞識他，讓他在 Gani 社（今高雄縣桃源鄉）駐在所（派出所）擔任一份工友的職務。

輝男比阿柿大五歲，住在桃源鄉，家裡務農，他請族人向阿柿的父母提親，不過，他有四個哥哥、四個姊姊，因為家庭經濟負擔太大，所以他們訂婚後拖了四年才結婚。一九四一年十二月，警察通知輝男夫婦到高雄州警察署工作，輝男當工友，阿柿替警察洗衣服和照顧他們的小孩。輝男工作一個多月，就被日軍以海軍陸戰隊軍屬的名義，送去香港負責看守火藥、武器倉庫的任務。一九四二年二月，警察署的 Yamaguchi（山口）警官問阿柿，是否願意到香港的日本部隊裡工作，阿柿不知情，以為到了香港可以和丈夫團聚，一起過日子，就點頭答應。不久，警察就將阿柿交給部隊，把她送到高雄碼頭，讓她和兩名已婚婦女（屏東排灣族）隨軍搭船前往香港。

軍艦航行了一天一夜，在香港碼頭停泊，阿柿和排灣族婦女下船後，在通關時，先接受健康檢查，然後被帶到不同的地方。阿柿被送進九龍九三二二海軍陸戰隊的軍營中。這個營區位於半山坡上，門口有衛兵站崗，門上掛了一個阿柿不認識的漢字招牌。阿柿進入營區慰安所時，看到有十五個來自臺灣、廣東的漢族婦女。管理員給阿柿取了個日本名字，叫她「Masako」（雅子）。日軍規定婦女們除了要做洗衣、洗碗、洗菜、煮飯、打掃清潔的工作外，每天還要為軍官做性服務。工作時間從早上九點開始到十二點，中午休息，下午再從二點開始到晚上十二點，不過，偶爾也會有軍官留宿。慰安所供應食宿，軍官吃什麼，她們就吃什麼，但沒有薪水，也沒有小費。

慰安婦沒有假日，只有在月經來潮時可以休息。曾經發生廣東女孩深夜逃跑的事，日軍管理員為了防止慰安婦擅離營區，加上香港時而爆發鎗彈巷戰，很危險，所以禁止慰安婦自由外出。

阿柿在慰安所裡，梳短髮，穿洋裝，每天除了要做傭人的工作外，還要接待五、六名軍官。管理員很兇，如果有人不服從，就會挨打。阿柿害怕被打，只能乖乖地聽話。軍人來找慰安婦時，多會自備保險套，但也有人覺得戴上保險套，不爽，故意不戴。阿柿已經結婚，認為自己的身體是屬於輝男的，如今被其他男人侵犯，是件很骯髒的事。因為覺得自己的身體很髒，所以每次在做完那件事後，就像有潔癖似的，拼命地清洗下體。

管理員說，每週要去軍醫那裡做一次體檢，阿柿曾被軍人傳染得了性病，軍醫給她打針、吃藥治療。阿柿的月經變得很不正常，生理期時常常因為經血增多，痛苦萬分，而懇求管理員讓她回家休息，但都不被允許。

阿柿工作了一年多後，不知不覺地有了身孕。一九四三年六月，當她大腹便便，無法接客時，管理員才通知阿柿可以回家。管理員在阿柿返臺前，給她一些錢讓她上街買了一個鐵製的行李箱，這隻笨重的鐵箱子是她在營區工作僅有的報酬。

阿柿的弟弟從高雄警察那裡得知她要回臺的消息，特別下山到碼頭來接她。原先和阿柿同行的屏東排灣族婦女也搭乘同一艘軍艦回臺。阿柿回到家後，家人以為她肚子裡的胎兒是輝男的，都為她感到欣喜。二個月後，阿柿生下一名女嬰，山地警察給她取名叫「Mitsuko」（光子）。[19]但隔年八月，光子突然染上瘧疾去世，這嬰兒的死讓阿柿感到很悲傷。

（四）忘記仇恨

一九四五年八月日本戰敗後，臺籍日本兵陸續從海外各地返臺，阿柿沒有輝男的音訊，日子過得忐忑不安。等到一九四八年初，阿柿見到輝男安抵家門，才放下掛在心裡的一塊巨石。輝男延後回來的原因是，他在太平洋戰爭末期，奮不顧身地守護日軍的彈藥武器庫，他的忠誠得到上級的獎勵，贈給他一枚刻著「軍旌動章」四個字的桐花獎章。（見圖11-6）豈料日軍一投降，他就變成了戰俘，被盟軍調查二年多，確認他沒有犯下戰爭罪行後，才釋放了他。

輝男回家後，他發現他原本盡忠的對象從日本變成中華民國，原先被日本警察規定要說日語的習慣，今後要學說「國語」（北京語），一場戰爭帶動整個政局、社會的變化，使他很難適應，因而終日抑鬱寡歡，精神不振。他的身體變得越來越差，而且得了氣喘病，因為體力衰退，不能做很多勞務，以

圖 11-6 「軍旗功勳」勳章（阿柿阿嬤提供，作者拍攝）

致使阿柿必須替他扛起養家餬口的重擔。阿柿和輝男育有一女二男，阿柿每次生完小孩後，連坐月子的時間都沒有，就要趕快下田，或幫人打工掙錢。所謂打工也多半是指種玉米、種甘藷這類的農務。為了維持家計，阿柿一天到晚都在做工，日子過得相當辛苦。

輝男的身體一直不好，他沒有錢看醫生，只能吃點草藥，或吃些aspilin之類的藥延緩病情變壞。輝男三十八歲那年，有一次突然發高燒，進入昏迷不醒的狀態。阿柿求了許多神，都無法使他退燒，她就改到「基督教長老會」做禮拜，她不停地祈禱上帝保佑，結果出現奇蹟，輝男的身體康復了。自此以後，他們夫婦從信仰中得到努力活下去的力量，成為很虔誠的基督徒。

輝男從小就接受日本「皇民化」教育，始終認為他要效忠的國家是日本帝國，他是「忠貞愛國」的日本國民，那枚標示他光榮軍功的勳章，是他這一生當中無法抹去的驕傲記憶。輝男的個性固執，有大和民族大男人本位主義的思想，為此，阿柿不敢告訴他，她到香港做過慰安婦的事，深恐丈夫知道後，惱羞成怒會打她，看不起她。

輝男的日常生活多半是在院子裡種種蔬菜、水果和花卉。他每天研讀聖經、寫日記。用日文記載他身體病痛、阿柿照顧家庭、孩子成長、家庭收支、親友往來等生活上的瑣事。輝男六十八歲病重臨終前，阿柿向他坦白，戰時她去香港尋他，曾在九龍做過日軍慰安婦的事。阿柿請求他原諒，沒有想到，輝男聽了，不但沒有責備她，反而勸她別把這件事掛在心上，他要阿柿堅持信仰基督，保持心情平靜，忘記仇恨。雖然如此，飽受日軍性侵害的她，卻無法忘掉這個歷史創傷。[20]（見圖11-7、圖11-8）

圖 11-7　阿柿阿嬤種植花木（作者拍攝）

圖 11-8　阿柿阿嬤閱讀聖經（作者拍攝）

綜上所述，可知日治時期臺灣總督府的「理蕃」政策，是讓「蕃地」警察掌握絕對的權力，也就是說，採用強硬兼安撫的統治措施，使原住民絕對的信任、絕對的服從，成為效忠日本帝國的良民。臺灣總督府鑑於原住民有重視榮譽和有強烈服從統治者的精神，因此，戰時進行國家總動員時，除了鼓勵男子要到戰場為日本天皇效命外，還以強制勒索的手段，逼迫家境貧窮，溫柔聽話的婦女，一面替日軍負責日常生活中的勞務，一面無償地向日軍奉獻身體。這種「供出型」或「貢獻型」的性暴力，可以說，是日本部隊在「南京型」、「慰安所型」、「前線型」以外，相當特殊的性暴力類型。

註釋

【1】吉見義明，《從軍慰安婦》（東京：岩波書店，一九九五），頁七四～七五。

【2】小濱正子著、葛濤譯，〈利用口述史料研究中國近現代史的可能性——以山西省盂縣日軍性暴力研究為例〉，收入《史林》第三期（上海：上海社會科學院歷史研究所，二〇〇六年），原文刊於日本《東洋史研究》第六四卷第二號（二〇〇五年九月），頁六六～六七。

【3】臺灣警備總司令部，《日軍占領臺灣期間之軍事設施史實》（臺北：臺灣警備總司令部，一九四八），頁一一五～一一六。

【4】臺北市婦女救援基金會訪查，〈臺灣慰安婦認證資料〉（臺北：臺北市婦女救援基金會收藏，不公開資料），未編頁。

【5】本節主要參考臺北市婦女救援基金會訪查，〈臺灣慰安婦認證資料〉。

【6】柳本通彥，《臺灣先住民·の女たちの「聖戰」》（東京：現代書館，二〇〇〇），頁三八、四九、一三三、二五四、一九四～一九八。

【7】關於泰雅族原住民用「蕃刀」保護女兒逃離山區的情形，詳參柳本通彥，《臺灣先住民·山の女たちの「聖戰」》，頁六八～九四。不過，該書紀錄這名泰雅族婦女的出生資料與婦援會的認證資料不合。

【8】厚生省援護局編，《南方·支那·臺灣方面陸上部隊略歷第二回追錄》（東京：厚生省援護局，一九六三），頁二二一～二二七。

【9】厚生省援護局編，《南方·支那·臺灣方面陸上部隊略歷第二回追錄》，頁二三八～二三九、二六六～二六七、三〇六～三〇七、三二七；柳本通彥，《臺灣先住民·山の女たちの「聖戰」》，頁九九～一〇〇。

【10】臺北市婦女救援基金會訪查，〈臺灣慰安婦認證資料〉；〈日據時期蕃人戶口簿〉，收入〈日據時期臺

灣戶籍資料〉（臺灣戶政事務所典藏）。本文為方便讀者閱讀起見，除了同意公開姓名的原住民以漢族名字表示外，其他以匿名表示，日本年號以西曆表示。又，關於霧社抗日事件的訪談與研究，參見許介鱗編，《證言霧社事件》（東京：草風館，一九八五）；向山寬夫，《臺灣高砂族の抗日蜂起——霧社事件》（東京：中央經濟研究所，一九九九）。

【11】「一月一日」是「式日唱歌」（儀式日的歌曲），見臺灣總督府編，《公學校唱歌》（臺北：臺灣總督府，未標示出版年），頁八。

【12】作者於二〇〇二年十二月四日、二〇〇三年六月九日花蓮訪問芳美紀錄。

【13】藤井志津枝，〈日據時期「理蕃」政策〉，收入李國祈總纂，《臺灣近代史政治篇》（南投：臺灣省文獻委員會，一九九五），頁二九一～三三四。

【14】藤井志津枝，〈日據時期「理蕃」政策〉，頁三三一、三三三；李展平，〈叢林之虎——臺灣高砂義勇隊證言〉，收入《烽火歲月——臺灣人的戰時經驗》（南投：國史館臺灣文獻館，二〇〇五），頁一〇～一一；傅琪貽，〈論近代日本的「國家認同」：以臺灣「高砂族」的認同為例〉，收入黃自進編，《東亞世界中的日本政治社會特徵》（臺北：中央研究院人文社會科學研究中心亞太區域專題研究中心，二〇〇八），頁九〇～九一。

【15】〈日據時期臺灣戶籍資料〉。

【16】作者於二〇〇二年十二月四日、二〇〇三年六月九日在花蓮訪問沈中紀錄。感謝另一名慰安婦 Katuko（太魯閣族）的女兒秀珠協助訪問工作。Katuko 已於二〇〇四年病逝，享年八十九歲。

【17】參考臺灣總督府編，《公學校唱歌》，「君が代」是「式日唱歌」（儀式日的歌曲，日本國歌），見頁二。

【18】〈日據時期臺灣戶籍資料〉。

【19】〈日據時期臺灣戶籍資料〉。

【20】作者於二〇〇三年六月十四日、二〇〇四年一月七日、四月二十日在旗山訪問阿柿紀錄。

結論

自一九九一年日軍性暴力受害者韓國阿嬤露面，向日本政府展開索賠與謝罪的行動以來，菲律賓、荷蘭、中國大陸等地的慰安婦都得到各該國和其國民的支持，分別控告日本政府，要求日本政府承認國家犯罪史實，及妥善處理戰爭責任問題。與此對照，一九九九年臺灣阿嬤雖經婦援會協助，獲得日本律師團：土屋公獻、藍谷邦雄、清水由規子、番敦子、池田利子、小野美奈子、笠松未季、鈴木啟文、中川瑞代等律師的援助，義務替阿嬤們提出訴狀，要求日本政府進行索賠與謝罪的法律行動。但不可否認的，臺灣社會對於慰安婦問題仍有些人持有：慰安婦不是全部被迫，有人是自願的；慰安婦待遇很好，命運並不悲慘；當時日本法律承認公娼制，慰安婦和公娼一樣等，傾向小林善紀、日本右翼人士立場的觀點。

二〇一五年教育部修訂高中歷史課綱時，主事者因將其中有關臺籍「慰安婦」的敘述，加入「婦女被強迫做慰安婦」的文句，受到部分學者、公民團體、學生團體的質疑，致使「自願」說、「被迫」說，爭議聲浪此起彼落。人們似乎忘記戰時為了生活，淪為性工具的臺籍慰安婦，無論是否「自願」，雇主不許她們自由辭職，在就業期間，有人病故傷亡，家人也得不到通知和撫慰金；一九四五年日軍戰敗，雇主神隱歸國，慰安婦被棄留現地，各自設法返鄉，她們的青春歲月交織著羞辱、淚水、恐懼和病痛，大多數人的結局都十分悲慘。換位思考，設身處地的體會臺籍慰安婦的遭遇，我們豈能帶著有色眼鏡歧視她們。

是的，「自願」與否不重要，重要的是透過慰安婦歷史紀錄與記憶，讓世人了解日本殖民臺灣時代弱肉強食之惡，眾多貧窮婦女無辜被捲入戰爭的不幸，和喪失基本人權的悲哀。

向來，歷史研究是一種深刻反思與對話的活動，學者應從人性的角度看歷史，啟發讀者思考：日軍性暴力問題是不是日本帝國主義整體暴力中的一環？製造日軍性產業市場的日本政府，為何不是被檢討的對象？日本政府對於當時不明海外實情的貧窮婦女，為了謀生出外打工掙錢，結果卻被送入火坑賣淫，能否說，這是「姜太公釣魚，願者上鉤」，完全與日本政府無關？強制帶走婦女充當軍妓是件很嚴重的事，日本政府、殖民地政府會寫下違反國際法的公文，留下犯罪的證據嗎？又，這種表明國家犯罪的直接證據即使不存在，在戰時總動員體制下，婦女被騙、被勸誘就業，或被區公所抽調就業，能否說，日本政府完全沒有統治不當的責任？

為釐清這些疑點，本書全文分為三篇，即：第一篇「統治篇」，由統治者日本帝國與被治者臺灣人的互動關係，剖析臺灣總督府的殖民統治特色；第二篇「慰安所篇」，由日本帝國實施軍事暴力與日軍性暴力行為，探討日軍性產業的產生背景、營運以及臺灣總督府的介入情形；第三篇「慰安婦篇」，由臺灣總督府通過動員系統招募婦女，婦女在島內外被迫從業的具體事例，分析日軍性暴力的實情。底下為照亮臺灣總督府統治臺灣的歷史黑洞，茲將日本帝國主義的興起、臺灣總督府軟硬兼施治理臺灣人的過程、社會底層的貧民成為慰安婦的實況，概述於後。

十九世紀後半期，日本受到歐美帝國不平等條約的壓迫，為圖脫離危機迎頭趕上列強，而展開了一系列的西化運動，等到二十世紀初，日本崛起，成為東亞地區最早文明化的先進國家。一八九五年甲午戰爭的結果，日本從清廷手中攫取了臺、澎群島。日本帝國為了榨取新領土的利益，擴大在東亞地區的影響力，因此，馴化臺灣人，使臺灣人懂得效忠天皇、服從母國，就成為殖民當局刻不容緩的施政目標。

本書在第一章〈一君萬民〉一文裡指出，一八九五年臺灣劃歸日本統治後，臺灣總督府為了掃除各地民眾此起彼落的抗日運動，儘速將臺灣編入日本帝國的經濟體系內，因此，臺灣總督不僅集軍事、行政、立法、司法大權於一身，且予各級地方首長極大的權力，透過軍事鎮壓與嚴刑厲法，平息各地的武裝動亂，並實施頒贈紳章、舉行敬老會和揚文會等活動，來收攬民心，鞏固政權。

其實，在日本，明治政府自引進西方資本主義的教育制度後，就不斷強調打破身分制，推行「邑無不學之戶，家無不學之人」，提升國民素質與培養領導人才的教育政策。但，在臺灣，臺灣總督府為了確保日本人為官、臺灣人為民，日、臺人上下有別的序列關係，卻採取種族隔離的教育法，對日、臺人實施不平等的資源分配，以便建立日本人為尊、臺灣人為卑的身分制社會結構。

臺灣總督府從教育到經濟、社會、政治各個層面，對臺灣人實施差別待遇的結果是，為擁護殖民政策的日本資本家和少數臺灣人創造了財富。這些人得到臺灣總督府政策上的保護和扶助後，迅速地結合商業資本、產業資本、金融資本，累積雄厚的資本力量，汲取臺灣豐富的經濟利益。反觀被犧牲權益，生活在社會底層的臺灣人，他們沒有經濟資源，無力讓子女讀書，和缺乏衛生，不能保護家人的健康，因為貧病交迫、社會救濟不足，所以只有越來越窮，越來越苦，全無改變社會身分的希望。

警察是日本帝國維護治安及推行內政的主力。為探討殖民地警察的來源及其素質和功能，在第二章〈警察大人〉一文中，筆者試圖對警察制度的發展、警察的任用與培訓、警察的官紀和社會觀感等問題，進行深入的分析。

根據研究可知，一八九六年臺灣總督府一結束軍政，改行民政後不久，為維持社會治安和推展資本主義經濟活動，其重要施政利器是透過警察權力，全面實施「警察政治」。警察政治的配套措施有二：一是沿襲臺灣傳統的保甲制度，加強保甲職責，利用警、甲合一制度，輔助地方警察推行政令。唯，保甲制度的實施對象僅限於臺灣漢人，原住民方面，是以「蕃社頭目」制度維持山地治安。

二是利用近代科學知識為基礎，建立警、戶合一制度，也就是說，透過調查人民的經濟生活、衛生情形、思想言行、風俗習慣等戶口實查工作，來掌握全臺灣的戶口狀態。臺灣總督府整合警察、保甲、戶籍三種資源，多重功能互補的結果，強而有力地控制了臺灣地方社會，並掌握了豐富的人力與物力資源。

警察與民眾的日常生活接觸頻繁，因為肩負維護地方治安、教化臺灣人、改善衛生環境，徵用民力參與鋪路、造橋、興建工程、捐獻財物等要務。所以，高等警官的任用辦法比照日本本土，須有文官考試合格的資格，低階警官的任用須有平地或「蕃地」實務經驗的人，基層警員的錄用則為通過筆試、體格檢查，經由教育訓練，成績及格的人。

言及警察風紀，警察除了掌管本務外，也兼管許多公共團體事務，由於管理範圍廣泛，權限過大，監督官吏人手不足，督導不周，所以常有濫用職權、執法過當，或有怠忽職守、操守不佳的情形。巡查補（乙種巡查）和警手是輔助警察職務的低階警員，大部分由臺灣人充任。作威作福的日本警察被臺灣人視為毒草，唯恐避之而不及。至於臺籍巡查，有的為了追求功名，專門以欺壓同胞為榮的行徑，則尤讓臺灣人感到厭惡。如從長期觀察，臺灣人觸犯重刑度的犯罪比率很低，臺灣社會治安良好的原因，與警察掌握大權，犧牲臺灣人權益有關，應是毋庸置疑的。

所謂認同，指的是一種身分證明、思想或情感的表現，它的相對詞是同化。日治時代有關臺灣總督府的同化政策，由第三章〈國家認同〉一文裡，可知臺灣總督府為了展示大和民族的統治權威和特色，參考了日本文明開化的發展模式。在政治方面制定法律，創建警察制度，設立法院與軍隊；在經濟方面建立四通八達的交通系統網，統一貨幣制度與度量衡器，確立土地所有權與租稅制度；在社會方面建立戶籍制度，推行學校教育，設立社團；在文化方面建蓋政府機構、博物館、劇場、電影院、塑造象徵國民國家的符號（如國旗、國歌、曆法），編纂地方志，創造新宗教、祭典儀式等。換言之，殖民政府在完成這些基礎建設的同時，在天皇制的主權體制下，已經統合了日本人和臺灣人的共相。

然而，值得留意的是，臺灣總督府為使臺灣人涵養皇民意識，相當重視籠絡地方菁英，對地方權力進行重編。進一步說，殖民者挑選配合政策的臺灣人出任：巡查補、翻譯、街長、庄長、甲長、保正等公職，讓他們以傳達政令中間人的角色，協助政府推行：斷髮（剪辮子）、解纏足、講「國語」（日語）、敬神尊皇等殖民政策。

其實，日本自一八六八年成立明治政府以後，天皇為了表示他是「現人神」（活著的神），已經取得至高無上的權力，和要向地方傳達他已統治國家大業的訊息，故在日本本土頻繁展開出巡地方的政治行動，藉以彰顯皇室的權威，和貫徹上尊下卑的禮治秩序。

一八九五年臺灣成為日本帝國的領土後，臺灣總督府為了使臺灣人知道皇室是他們要盡忠的對象，除了在國訂節日裡，透過儀式的表演，樹立官民之間的禮治秩序外，還頻頻安排皇室訪臺，以使官民明白誰是日本帝國的最高領導人，和他們應該遵守的君臣關係。

敬神、忠君（效忠天皇）與愛國行為是日本天皇制國體之精華。臺灣總督府為了讓臺灣人沐浴皇恩，在一九二三年裕仁皇太子御駕臺灣時，舉行了前所未有的歡迎盛會。事後，臺灣總督府特別訂定「皇太子行啟紀念日」，規定地方官員每逢這天要舉辦隆重的紀念活動，藉以加強臺灣人與皇室之間的歷史連帶關係。

軍國主義的邪惡行為源起於天皇制國民國家意識的灌輸。一九三〇年代開始，日本經過少壯派軍人發動政變，政黨政治沒落，軍部勢力抬頭，形成軍國主義的政治體制後，就於一九三七年發動侵華戰爭。

第四章〈扶助皇運〉一文指出，戰時日本政府為了塑造情境系統，向人民傳播：「大日本是神國，天皇陛下是活著的神，我是日本臣民，我們是為翼贊天業而生，我們是為翼贊天業而動，我們是為翼贊天業而死。」這樣的皇民信念，亦即是以集體催眠的方式動員國民，使之扶助其天壤無窮的皇運。

戰時有關臺灣人的生活變化，臺灣總督府鑑於臺灣位於海上交通的樞紐位置，戰略地位十分重要，故以「皇民化、工業化、南進基地化」三大口號為其施政方針，加強臺灣人的忠誠度，以便徵用殖民地豐富的人力與物力，推進其作戰行動。

如以臺灣總督府的總動員系統而言，一九四一年四月成立的「皇民奉公會」，是一個由臺灣總督府指導、監督，由各級地方首長負責，貫徹實踐臣民之道，一致扶助皇運的全民運動組織。這個運動的目標旨在推行全民參拜神社、敬神尊皇、感謝皇恩、感謝皇軍、參加生產行列、生活簡單樸素、要絕對信任當局、捨私奉公等信念。

臺灣總督府在推行皇民化運動期間，透過行政機構、學校教育、大眾傳播、電影、戲劇表演、奉公班等媒介，不僅向臺灣人宣傳日本帝國的對外戰爭是懲治惡魔的正義之戰，而且要臺灣人身體力行，表現克盡忠節的報國行動。

媒體對於傳播情境的效應很大。臺灣第一大報《臺灣日日新報》，幾乎每天都有：認識時局、挺身報國美談、光榮的軍伕、志願兵的血書、一死報國的高砂義勇隊、支援後方的女子挺身隊和學徒等，鼓舞臺灣人熱烈響應戰爭的新聞報導。

戰時臺灣人受到皇民奉公運動情境系統的影響，踴躍捐出財物，挺身而出的人多不勝數。充當軍伕的高砂義勇隊、臺灣農業義勇隊、臺灣特設勞務奉公團，以及通譯（口譯）、海陸軍工員等，分別被派到日軍占領區、前線擔任：野戰郵務員、鐵道隊員、搬運員（運送彈藥、兵器、糧秣、傷兵）、從事道路建設、整修飛機場、栽培蔬菜、調查華僑動靜、調查市場商品與社會民情、協助憲兵事務等工作。臺灣總督府為了擴充兵源，還進一步於一九四二年實施「陸軍特別志願兵」、一九四三年實施「海軍特別志願兵」、一九四四年頒布「徵兵制」。臺灣人受到戰時徵用兵力，產業領域勞動力不足，生產力衰退，原料、物資匱乏，物價上漲，配給制度不公，以及強迫供出糧食、軍需物資等影響，社會大眾的生活越來越艱苦，甚至有瀕臨饑饉的窘態。

日軍在中日戰爭與太平洋戰爭期間，於亞洲占領區、駐屯地普遍設置「慰安所」，募集「慰安婦」從事性服務的情形，頗值得關注。第二篇慰安所篇，主要利用〈臺灣拓殖株式會社文書〉、〈日據時代臺灣戶籍資料〉、《臺灣日日新報》等資料，針對日軍慰安所的成立背景、臺灣興建慰安所的實況、臺灣總督府與島內外慰安所業的關係等問題，做了若干實證性的分析。

第五章〈戰爭與日軍慰安所〉一文指出，明治天皇自一八六八年親政以來，新政府為了與西方列強爭雄，非常重視培養義勇奉公輔佐皇運的忠臣良民。一八八二年明治天皇向軍人頒布「敕諭」，要求軍人要服從天皇，要盡忠報國，軍人要有死有重於山岳、輕如鴻毛的領悟。

軍隊教育是培養軍人強健體能與忠勇精神的道場。在軍隊教育中，軍官對士兵們灌輸：「現役軍人戰死了，會成為靖國神社裡的神。」這樣的觀念，來激勵士兵要有不怕死的護國主義意識。

戰時日軍進入敵區或駐守外地，由於長期的抑制性欲，和有「以戰養戰」就地徵糧之需，以至於頻繁地發生強姦事件，從而對皇軍的威嚴和日占區的治安帶來不少負面的影響。軍部有鑑於此，就急設慰安所設施，以便滿足士兵的性欲，緩和其殺伐氣氛、防止性病蔓延，與預防軍情外洩。

臺灣是日本帝國在南方的第一道防線，地方政府基於各地軍事設施的增建，進出入日軍、軍屬人員的增加，頗有建設慰安設備的需要。因此，在交通便利之處，有由民間企業、社會團體捐款、售地，或翻修舊建築物，協助政府建蓋的日軍慰安所；在運輸不便的山區，有以山洞、工寮充當日軍慰安所的便宜措施。

關於臺灣總督府參與慰安所業的實況，第六章〈慰安所承包會社〉一文指出，一九三九年臺灣總督府一接到海南島日占軍的指示，就命令臺灣拓殖株式會社負責執行海口海軍慰安所的興建工程，及慰安婦的募集與經營事務。臺拓會社創設於一九三六年，它的投資範圍廣泛，事業地遍布於島內外各大都市，是間代理臺灣總督府推行南進政策的國策會社。臺拓會社受命執行慰安所事業後，便將建築工程交給其下游廠商田村組承辦，將募集慰安婦一事交給其融資客戶負責。

言及臺拓會社的融資對象，可以發現寄留臺北的奧田甚三郎、福井米三郎、葉玉友七都來自特種行業。如就北投「花月」旅館兼料理店老闆奧田甚三郎來說，他之所以獲得臺拓會社的信用，貸到三萬圓創業資金的原因，係源於：一、奧田甚三郎最早在臺北著名的「竹之家」料理店服務，臺拓會社職員是「竹之家」料理店的常客；二、奧田甚三郎曾任臺北日本藝妓工會幹事一職；三、奧田甚三郎曾任北投區長、北投消防組組長等公職，頗具社會公信力之故。

值得留意的是：一、由奧田甚三郎、葉玉友七招募的慰安婦都來自同業一點，即可知特種行業的女性是形成日籍慰安婦的主力；二、日治時期臺灣實施警、戶合一制度，嚴密掌管人口流動的日本警察，登錄一些不是事實的寄留戶籍資料，這種偽造文書的行為意味著警察為了配合慰安婦募集政策，對慰安所業者的戶籍管理相當寬鬆。

一九三七年十一月在臺北成立的福大公司，是代表日本帝國掌握福建地區經濟利益的準國策公司。福大公司創業之初資本額三百萬圓，其中臺拓會社持股三分之一，擁有一定的人事權和經營主導權。但，對臺拓會社而言，介入慰安所業畢竟是件有礙名譽的醜事，為免發生意外，故以融資福大公司的方式，由福大公司經手貸款給八名業者，讓他們分別前往廈門、廣州、三灶島、海南島等地開辦慰安所。

言及福大公司的貸款對象，從第七章〈慰安所融資公司〉一文裡，可知福大公司和這八名業者幾乎都有商業往來關係。值得一提的是，得到三千圓貸款的有田 Kichi，曾經在福州經營「常盤」料理店，一九三九年她從臺北募集六名來自日本本土的慰安婦去廈門，她們的本籍有：香川（二十三歲）、京都（十五歲）、大阪（一名十五歲、一名十八歲）、和歌山（二十歲）、廣島（二十一歲），其中年齡不滿二十一歲的婦女有四人，明顯違反日本政府簽署國際條約，禁止二十一歲以下婦女兒童賣淫的法令。微妙的是，這些婦女明明和有田Kichi一同離臺，但日本警察卻在有田Kichi的寄留戶籍裡，記載她們全部失蹤，因為沒有申報去向，所以就把她們視為已經返回本籍地，做出除籍的處置。管理戶籍和海防安全的日本警察，對於許多年輕婦女集體失蹤一事，竟然沒有當成社會問題，嚴肅地調查處理，這種漠視社會治安的行為頗令人費解。

戰時日本商人和軍方、官方勾結，成為推展慰安所業市場活動的積極參與者，其中，商人是最大的得利者，日本士兵是最強而有力的消費者。關於從業婦，日本政府鑑於日本本土的招募者以得到軍方諒解為由，發生誘拐婦女，破壞帝國威信，損害皇軍名譽，和有違反買賣婦女兒童國際條約的疑慮，故於一九三八年通知各級地方政府必須依照規定辦理婦女出國手續。這項規定包括：一、以賣春為目的之女性的出國，限於目前在日本本土是妓女，及事實上賣春，年滿二十一歲以上，沒有性病和其他傳染病的人；二、政府在發出身分證明時，應先調查其工作契約和其相關事項，必須留意沒有買賣人口和掠奪誘拐的事實；三、想要出國賣春的人，在申辦身分證明時，必須取得至親尊長的同意，或親自說明就業事實，以及本人必須親至轄區警察署申辦證件，經過調查核准後，才可出國。

與此對照，臺灣當局的管理情形如何？頗須做一探討。

第八章〈慰安婦的出國與募集〉一文指出，一九四〇年在駐守廣東欽縣的林義秀大佐和足立茂一隊長發出的渡航證明書中，記載著負責經營慰安所的是一對臺灣人夫婦。這對夫婦與臺灣步兵第一聯隊一起行動。這個聯隊和慰安所都設在廣西南寧附近，太太準備從臺灣再帶六名臺籍慰安婦前往。這六名臺灣女子的年齡分別是十四歲、十五歲、十六歲、十八歲，全都是未成年少女。二〇〇一年筆者到日本外務省外交史料館調查此一文件，向館員提出閱讀原始資料的要求時，館員請示他的主管回答說，基於隱私權關係，不能借閱原始資料，只能利用複印本；但複印本上已用墨水塗抹了這些婦女的本籍地、住所、姓名、年齡，完全沒有參考價值（見第八章圖8-1）。筆者認為外交史料館拒絕公開原始資料的原因，其實是要防止我查到這些臺灣婦女的本籍地、住所，恐怕日本政府被她們家族控告，要求日本政府解釋為什麼臺灣總督府沒有制定法令規範，沒有限制從業年齡？為什麼可以讓十四、五歲的臺灣兒童成為日軍慰安婦？深怕被臺灣人提出訴訟，要求賠償、謝罪吧。

關於一九四二年臺灣軍司令官發給陸軍大臣的祕密電報，明白證實日軍在臺灣有招募臺籍慰安婦的行為。這紙公文記載，南方軍總司令要求陸軍省派遣五十名「慰安土人」到婆羅洲，經過憲兵調查已經選定三名業者，請求准許渡航的內容。值得玩味的是，公文裡的「慰安土人」是指臺灣漢族還是原住民婦女？憲兵如何挑選業者？臺籍慰安婦與日本業者有何關係？等疑問。

有關慰安土人，筆者認為如由：一、憲兵選定寄居基隆的村瀨近市、發動機船水手長豐川晃吉（朝鮮人，寄居基隆）、濱田ウノ（日本人，寄居屏東），似與居住山地的原住民婦女沒有關聯；二、山地原住民部落分散，婦女人口很少，加上交通運輸不便，徵集過程費時，不能應付海外急需；三、長久以來，歧視未受近代文明洗禮的日本人，為區別漢族與原住民落後程度的不同，習慣以「土人」、

「本島人」稱呼臺灣漢族，以「生蕃」稱呼原住民等線索裡，應可推測慰安土人指的是臺灣漢族婦女。

關於憲兵與其指定業者的關係，如從村瀨近市擁有憲兵伍長的背景，豐川晃吉是運輸軍需品的發動機船水手長，濱田ウノ可能是接待屏東駐軍的特種行業者中，應可察知這些職歷是他們被憲兵信任的原因。

關於日本業者的募集方式，主要是通過臺灣總督府的動員系統。這個系統的成員包括：地方警察、保甲人員、皇民奉公團體、特種行業業者。應徵為慰安婦的臺籍婦女，分為特種行業婦女和普通貧婦。這些婦女成為動員系統慫恿、引誘、詐欺就業的募集對象，源自於她們家境困難，有經濟上的因素。必須強調的是，臺籍公娼人數很少，流動賣淫的私娼人數很多，私娼為了掙錢，接客對象複雜，性交易行為頻繁，由於不受定期體檢的約束，性病感染率很高，所以理應不是日軍慰安婦的適當人選。換言之，軍方為了降低風險，避免軍人感染性病，影響士兵的戰鬥力，故經由動員系統募集來的慰安婦，應該是以沒有賣淫經驗的處女為主。

言及臺籍慰安婦的從業實況，二〇〇一年小林善紀的漫畫《臺灣論：新傲骨精神宣言》，因為文中引用許文龍、蔡焜燦的談話，描述戰時臺灣婦女擔任慰安婦，每個人都是抱著希望去的，沒有人被強迫；並說日軍也重視人權，能成為從軍慰安婦，收入穩定，可以存錢，加上有嚴格的衛生管理，對她們而言，簡直再好不過，可以出人頭地等內容，與臺籍慰安婦的歷史經驗不符，因此在臺灣掀起了軒然大波。

本書為檢視小林善紀等人的論點是否屬實，在第九章至第十一章裡，依據臺籍慰安婦的申訴語言，分別就閩南、客家、原住民婦女的從業背景、遭受日軍性暴力的實情，做了若干質化與量化的分析。

首先，由第九章〈閩南籍慰安婦〉一文裡，可知三十五名閩南籍慰安婦來自全臺灣各地，她們的家境貧窮、大部分未受教育、年輕未婚，其中有十六名養女，有二名媳婦仔。在養女、媳婦仔中，有十一人被養家逼迫進入風月場所工作。其餘婦女在勞力市場有的當女工，有的當女傭，有的種田，分別幫助父母承擔家計。關於婦女成為慰安婦的途徑，例如，阿乖是被區公所抽籤抽中，愛珠是被臺籍藝旦詐欺就業，阿蓮是被日本商人勸誘就業，藝旦寶珠也是被區公所抽中。當時區公所對寶珠說，她只要去海外工作半年，就可以返鄉，但服務期限到了，老闆卻不肯履行合約，把她和其他女孩從廣東轉送到臘戌慰安所，強迫她們繼續為日軍服務。

如前敘及，臺灣總督府為配合海外日占軍的需求，自中央向地方傳布慰安婦的招募訊息後，就立即啟動動員系統展開慰安婦的募集與出境工作。動員系統中的區公所人員、警察、保正、甲長、特種行業業者，直接或間接參與募集事務。出身自貧窮家庭的臺籍婦女，出於求職、轉業，經濟因素的需要，頗易成為動員系統人員募集就業的對象。

關於閩南籍慰安婦的從業待遇，她們有的勞役過度，或不堪日軍侮辱，而有三人自殺未遂；有三人曾經懷孕流產；有四人感染過瘧疾、霍亂、登格熱（天狗熱）；有一人被日軍刺青；有一人被美軍轟炸船體時，手臂受傷；有一人在隨軍撤離陣地時，摔斷牙齒；有一人被美軍空襲時，震破耳膜。這些婦女雖然有人領到工資，存了一筆錢，但因日本戰敗，不能兌現，存款變成廢紙，而變得一無所有。戰後僥倖存活的婦女，多因喪失了人格或生育力，而感到慰安婦的從業經歷給她們帶來難以癒合的傷痕痛苦。

綜上所述，反映：一、許文龍等人也許戰前是殖民者的籠絡、禮遇對象，因為站在日本立場看問題，所以對殖民者策劃、製造性產業市場，違反社會公序和人道主義的錯誤視而不見。二、閩南籍慰安婦在從業過程中，當局既沒有援用公娼法律保護她們，也沒有確認雇主是否有以正式、有效的勞務契約保障婦女權益。三、慰安婦在戰地為日軍付出的青春和生命，和日軍為日本帝國冒死的戰爭風險幾無不同，但賣春的人不像買春的人，可以從性產業的主導者日本政府手中，得到平等的待遇，享有任何撫卹或榮譽。質言之，長谷川三千子指稱慰安婦制度等同於公娼制度，以及小林善紀所謂慰安婦待遇良好的論點，可以說，完全與閩南籍慰安婦的歷史事實不符。

關於客家籍慰安婦的情形，從第十章〈客家籍慰安婦〉一文裡，可知十二名客家籍慰安婦都來自客家人聚集地，包括：桃園、中壢、新竹、屏東等地，其中以新竹地區居多。客家籍婦女的就業背景源自於家庭人口眾多，生活貧困，因為沒有能力上學，和為了求職貼補家用，所以，也成為動員系統中招募者進行勸誘、強迫或詐欺就業的對象。

客家籍慰安婦被招募以前的職業，除了一名資料缺載外，有六名任職女傭、女工、護理助手，有五名來自風月場所。值得留意的是，長久以來，國際社會認為賣淫、嫖妓和拐賣婦女，是對婦女人身權利和人格尊嚴的侵犯，為了保護婦女兒童，而訂定：為滿足他人情欲，以賣春為目的，勸誘、引誘、誘拐未成年婦女者，雖然得到本人承諾，或在他國已有構成犯罪要素的各種行為，以及利用詐欺、暴行、脅迫，或濫用權勢甚至於強制手段，勸誘、引誘或拐騙成年婦女者，即使不發生在本國，是在他國構成犯罪的各種行為者，都應予以處罰的法令。身為簽署國之一的日本，之所以不將此法適用於殖民地的原因，就是要讓臺灣人去填補人肉市場中，從業婦女人數之不足。

舉例言之，客家籍婦女玉妹十八歲時被人口販子賣到酒家，被迫陪酒、賣淫一段時日後，老闆把她轉賣到海外。她的遭遇本來應該是負責社會治安，取締風化業的警察伸手救援的對象，但，警察卻縱容人口販子把她帶離臺灣，送到日軍慰安所去繼續賣淫。

養女秀妹被養母賣到旅社當女傭，旅社老闆逼她賣淫。秀妹被警察臨檢逮捕，察知她是被迫從妓，被無罪釋放後，僱用她的牡丹樓店主，也就是有警察背景的李金榜，卻與地方警察合作，將秀妹和其他女侍帶去廣東，強迫她們充當日軍慰安婦。

慰安所老闆為了營利，避免慰安婦生病影響生意，雖然多有提供保險套，要求軍人使用，和有讓慰安婦定期到醫院檢查身體的措施，但有的日軍為了滿足自己的情欲，而讓慰安婦懷孕。老闆對孕婦並不心慈手軟，強迫她們繼續接客。一般而言，到戰區工作的客家籍婦女，除了飽受日軍的性暴力外，還有來自敵機空襲的性命威脅。戰後存活返臺的婦女，大部分因為喪失尊嚴和生育力，而造成家庭婚姻的不幸。

言及日軍性暴力的類型，約有：日軍進行討伐時的強姦和輪姦型；募集女子到慰安所的慰勞日軍型；強制綁架、監禁婦女，實施長期、常態的輪姦型等三種。第十一章〈原住民慰安婦〉一文指出，臺灣原住民基於山區經濟資源缺乏，生活物資不足，必須仰賴警察提供醫藥、教育、耕種工具，方可維生，因此十分信任警察，並絕對服從警察的命令。新竹、花蓮山區在太平洋戰爭爆發後，成為軍需倉庫的所在地，和補給兵源、軍屬人員的後勤基地，由於駐軍人數增加，有解決性欲上的需要，故轄區警察就直接徵用當地的原住民婦女充當慰安婦。

關於原住民慰安婦的族別，有七名太魯閣族、四名泰雅族、一名布農族。她們從業當時的年齡，最小的只有十三歲，最大的二十九歲，是一名育有三個孩子的女性，其他婦女年齡則介於十五歲到二十二歲之間。原住民婦女從小到大都生長在部落裡，沒有人有從事特種行業的職業經歷。

原住民婦女在太平洋戰爭末期，因為家庭生活貧困、畏懼山區警察的威權，所以都遵命到營區為部隊做端茶、煮飯、洗衣、縫釦子、打掃清潔的工作。她們每人每月雖然領有若干的工資，但在工作一段時日後，管理員要她們延長工時，且無償為日軍奉獻身體。原住民婦女的慰安類型，可以說，是相當特殊的「性供出型」。

住在旗山的布農族阿柹接受高雄警察的徵召，自願到香港就業，她原本以為這樣可以和在香港擔任軍伕的丈夫團聚，豈料竟被送進九龍軍營，被迫當女傭兼當慰安婦。臺灣原住民婦女的性服務場所很隱蔽，有的在工寮，有的在山洞，有的在營區宿舍，都不在外觀顯眼的慰安所中。原住民婦女在遭受性暴力期間，有十名懷孕，其中有四名流產，六名生下私生子，私生子之中又有二個嬰兒不幸夭折。原住民婦女在戰爭結束後，都承受極大的心理壓力和恥辱，沉默、悲傷地渡過其羞恥、艱苦的歲月。

綜上所述，本書以臺籍慰安婦為核心的討論，可將若干要點強調如下：

1. 從中日戰爭爆發到太平洋戰爭結束為止，慰安所業的產生源起於日軍的性需求。而日本政府在大東亞各地策劃、發展出規模龐大的性產業市場，無論是對兩性關係，或是對家庭與社會，都帶來多重的負面影響，應該予以正視。

2.戰時慰安婦問題絕對不能說是純屬於民間業者的商業行為，與日本政府無關。理由是，日本政府在日軍性產業活動中，不但沒有制定有效的政策，縮減慰安所業市場，反倒為了滿足日軍的性欲望需求，驅使日軍為稱霸亞洲的戰爭效命，在嫖、娼的供需關係中，與商人合作，成為擴張慰安所版圖的積極參與者。

3.壯大慰安所業的商業動力，來自提供慰安所建物的工程承包商、融資民間業者的國策會社、慰安所經營者、仲介招募者等，為服務日軍需求所獲得的巨大利潤，這些人與國家總動員系統密切配合，他們分別觸犯了：踐踏婦女人格、詐欺或強制婦女就業、鼓勵販賣人口、勸誘或逼迫婦女賣淫、拘禁婦女身體、榨取婦女勞力、施暴傷害婦女等罪行，應該承擔輕重不同程度的戰爭責任。

4.人在社會中應該享有一定的尊嚴和權利，這也是所謂基本人權（human right）的觀念。具體言之，這是指一個內容豐富的權利體系，包括：

(1)政治權利：自由權、平等權、人身安全權、人格權、法律平等保護權，以及禁止歧視、禁止酷刑和不人道待遇；

(2)經濟權利：工作權、休息權、同工同酬權、參加工會權；

(3)社會權利：受教育權、社會保障權；和對老弱兒童、殘疾給予特殊保護權；

(4)文化權利：信仰自由權；尊重不同語言、習俗、藝術等文化差異權；參加文化生活權等。[1]

人權也有個人人權和集體人權兩種形式。個人人權的主體是個人，集體人權的主體是社會、民族、國家。集體人權高於個人人權，是個人人權得以充分實現的前提和必要的保障。[2]

以此檢視日治時代的臺灣，可以了解臺灣總督專制獨裁統治，臺灣人社會不僅缺乏自主、自由的參政權，也沒有平等的經濟、社會、文化活動權，臺灣人的集體人權得不到保障，就遑論個人可以擁有什麼人權。進一步說，慰安婦問題其實根本就是性暴力問題。性暴力則是日本帝國遂行軍事暴力、法律暴力、政治暴力、經濟暴力、文化暴力、社會暴力等整體暴力的一部分。戰前日本帝國以強盛的武力欺凌弱國，以各種暴力差別地對待殖民地、占領區人民，為滿足軍人的情欲，讓不了解實情的貧窮婦女掉入火坑，這種把弱者送上刀山，毀人名節，傷人身體，否定婦女人格，貧困婦女生存價值的觀念與行為，應該要做深刻的反省與檢討。要言之，國家總動員系統中的人，無論其徵集婦女的手段，有沒有強制抓人，或者是不是慫恿、詐騙、誘拐，也無論日軍強姦、輪姦婦女的人數有多少，其侵害人權、觸犯性侵害罪的事實，應該嚴加予以譴責。

5. 一九九九年九名臺籍慰安婦控訴日本政府，因其違反戰時國際法中：奴隸條約、強制勞動條約、醜業條約、戰爭犯罪等法令，而提出謝罪與賠償的訴求。唯，經過判決結果，東京法庭以：「法律追訴時效已過，傳統國際法制約的只是國與國之間的關係，而不是國家與個人的關係；日本已與各國政府在戰後條約中聲明對戰爭問題做了了結；原告要求日本國家立法，以國家賠償法來對原告進行賠償，但日本憲法不負此項救濟立法的義務」等理由，駁回了臺籍慰安婦的謝罪和索賠訴求。[3]

壞人做了壞事，儘管日本的現有法律不能懲處加害者，替受害者伸張正義，但，透過世人對慰安婦歷史真相的了解，相信可以產生兩項作用，即：一、警惕世人，要愛惜自己的名譽和生命，也要尊重她者的人格和生命；二、促進國際社會人與人之間，發展平等、正常的兩性關係，而非進行金錢交易，把人「物品化」，以及強迫性的性關係。

圖 1　婦援會為臺灣阿嬤進行心理治療，參加手繪面具活動的阿嬤合影（婦援會提供，黃子明拍攝）

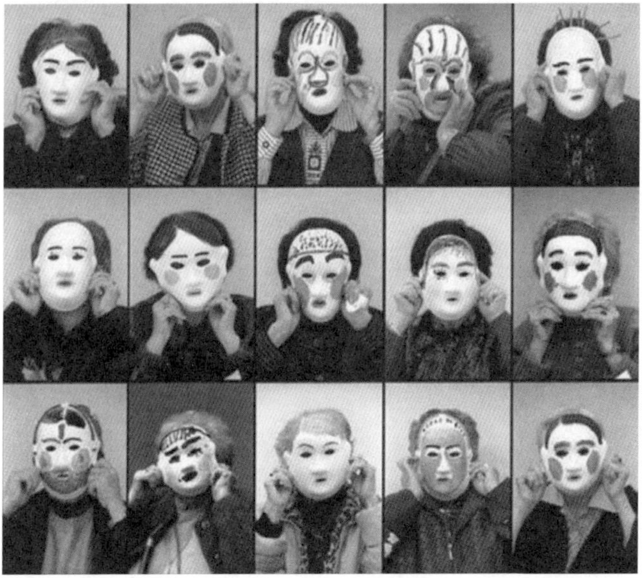

圖 2　臺灣阿嬤的彩繪面具（婦援會提供，黃子明拍攝）

註釋

【1】董雲虎主編、張曉玲著，《婦女與人權》（北京：新華出版社，一九九八），頁一一、一四。

【2】董雲虎主編、張曉玲著，《婦女與人權》，頁一〇。

【3】臺灣の元「慰安婦」裁判を支援する會整理，〈日本で行われている日本軍性暴力被害者裁判一覽〉（東京：臺灣の元「慰安婦」裁判を支援する會，二〇〇四年二月九日）。

徵引書目

（依照編著者姓氏筆劃排列）

導論

一、史料、資料集

朱德蘭編集、解說，《臺灣慰安婦關係資料集》。東京：不二出版社，二〇〇一。

後藤乾一、高崎宗司、和田春樹共編，《政府調查「從軍慰安婦」關係資料集成》第五卷。東京：龍溪書舍，一九九八。

二、報紙、雜誌

《中央日報》

《中國時報》

《自由時報》

《紐約時報》

《臺灣日報》

《聯合報》

三、專書

大口勇次郎、西脇保幸、中村研一等著，《新中學校歴史——日本の歴史と世界》。東京：清水書院，二〇〇二。

大沼保昭、岸俊光編，《慰安婦問題という問い——東ゼミで「人間と歴史と社會」を考える》。東京：勁草書房，二〇〇七。

大濱徹也等著，《中學生の社會科歴史——日本の　みと世界》。東京：日本文教出版，二〇〇二。

小林よしのり，《新ゴ——マリズム宣言 SPECIAL 臺灣論》。東京：小學館，二〇〇〇。

川田文子，《授業「従軍慰安婦」歴史教育と性教育からのアプロ——チ》。東京：教育史料出版會，一九九八。

尹貞玉等著，《朝鮮人女性がみた「慰安婦問題」》。東京：三一書房，一九九二。

日本の戰爭責任資料センタ——編，《ナショナリズムと「慰安婦」問題》。東京：青木書店，一九九八。

田邊裕等著，《新しい社會歴史》。東京：東京書籍株式會社，二〇〇二。

吉見義明、川田文子編著，《「従軍慰安婦」をめぐる30のウソと真實》。東京：大月書店，一九九七。

吉見義明、林博史編著，《共同研究日本軍慰安婦》。東京：大月書店，一九九五。

西尾幹二等著，《新しい歴史教科書》。東京：扶桑社，二〇〇二。

里田日出男、小和田哲男、成田龍一、里井洋一、真榮平房昭、仁藤敦史、土屋武志、梅津正美等著，《ここ

まで變わった——中學校社會科歷史》。東京：帝國書院，二〇〇二。
兒玉幸多、峯岸賢太郎等著，《わたしたちの中學社會——歷史的分野》。東京：日本書籍新社，二〇〇二。
金富子、中野敏男編著，《歷史と責任「慰安婦」問題と一九九〇年代》。東京：青弓社，二〇〇八。
倉橋正直，《從軍慰安婦問題の歷史的研究》。東京：共榮書房，一九九四。
笹山晴生、阿部齊、奧田義雄等著，《中學社會歷史——未來をみつめて》。東京：教育出版株式會社，二〇〇二。
笠原十九司編，《歷史の事實をどう認定しどう教えるか：檢證七三一部隊・南京虐殺事件・從軍慰安婦》。東京：教育史料出版會，一九九七。
新しい歷史教科書をつくる會編，《新しい日本の歷史が始まる》。東京：幻冬社，一九九七。
臺北市婦女救援基金會主編，《臺灣慰安婦報告》。臺北：臺灣商務印書館，一九九九。
熱田公等著，《中學社會歷史的分野》。大阪：大阪書籍株式會社，二〇〇二。
賴青松、蕭志強譯，《臺灣論：新傲骨精神宣言》。臺北：前衛出版，二〇〇一。
韓國挺身隊研究所著，金英姬、許善子編譯，《よくわかる韓國の「慰安婦」問題》。東京：アドバンテージサーバー，二〇〇二。
蘇智良，《慰安婦研究》。上海：上海書店，一九九九。
蘇智良、榮維木、陳麗菲主編，《滔天孽天二戰時期的日軍「慰安婦」制度》。上海：學林出版社，二〇〇〇。

四、論文

小濱正子著、葛濤譯，〈利用口述史料研究中國近現代史的可能性——以山西省盂縣日軍性暴力研究為例〉，《史林》第三期。上海：上海社會科學院歷史研究所，二〇〇六。

五、其他

財團法人女性のためのアジア平和國民基金編，《「慰安婦」關係文獻目錄》。東京：株式會社ぎょうせい，一九九七。

財團法人亞洲女性和平國民基金，《女性のためのアジア平和國民基金》。東京：女性のためのアジア平和國民基金，一九九八。

維基百科電子資料庫。http://zh.wikipedia.org/ 二〇〇八年八月三十日引用。http://blog.udn.com/31442/977504 筆者於二〇〇八年九月三十日引用。

第一篇

一、史料、資料集

吳文星、廣瀨順皓、黃紹恆、鍾淑敏、邱純惠等主編，《臺灣總督田健治郎日記》上冊。臺北：中央研究院臺灣史研究所籌備處，二〇〇一。

〈陸亞密大日記〉

田中一二編，《臺灣年鑑》第二二冊、第二六冊、第三二冊。昭和九年版下、昭和十一年版下、昭和十四年版下、十八年版下。臺北：成文出版社，一九八五年復刻本。

南投廳編，《南投廳行政事務並管內概況報告書》，收入《中國方志叢書臺灣地區二五五號》。臺北：成文出版社一九八五年據一九一八年復刻本。

五味田忠編，《臺灣年鑑》第四〇冊。昭和十八年版下。臺北：成文出版社，一九八五年復刻本。

〈臺灣拓殖株式會社文書〉

臺灣省行政長官公署統計室編，《臺灣省五十一年來統計提要》，臺北：臺灣省行政長官公署統計室，一九四六。

臺灣經世新報社編，《復刻版臺灣大年表》。東京：綠蔭書房複製本，一九九二。

〈臺灣總督府公文類纂〉

臺灣總督府官房情報課編，《臺灣事情》。臺北：成文出版社，一九八五年據一九四四年復刻本。
〈臺灣總督府專賣局公文類纂〉
臺灣總督府官房調查課，《臺灣總督府第十五、第二十一、第二十三統計書》。臺北：臺灣總督府官房調查課，一九一三、一九一九、一九二一。
臺灣總督府警務局編，《臺灣總督府警察沿革誌》第一～三編。東京：綠蔭書房，一九八六複製本。

二、報紙、雜誌

《新建設》
《新臺灣》
《臺南新報》
《臺灣日日新報》
《臺灣民報》
《臺灣時報》
《臺灣經濟年報》

三、當時人著作

下村宏監修，《臺灣列紳傳》。臺北：臺灣總督府，一九一六。

石川忠一，《臺灣警察要論》。臺北：新高堂書店，一九一五。
竹內清，《事變と臺灣人》。臺北：臺灣新民報社，一九四〇。
伊能嘉矩，《領臺十年史》。臺北：成文出版社複製本，一九八五。
鷲巢敦哉，《臺灣保甲皇民化讀本》。臺北：臺灣總督府警察協會，一九四一。

四、專書

E.Patricia Tsurumi 著、林正芳譯，《日治時期臺灣教育史》。宜蘭：仰山文教基金會，一九九九。
大阪府教育委員會社會教育課編，《みんなが手をつなぐために》。大阪：大阪府教育委員會社會教育課，一九九五。
井出季和太著、郭輝編譯，《日據下之臺政》第一冊。臺中：臺灣省文獻委員會，一九七七。
王泰升，《臺灣法律史的建立》。臺北：著者發行，一九九七。
王耀華，《福建傳統音樂》。福州：福建人民出版社，二〇〇〇。
末川博等著，《總動員法體制》。東京：有斐閣，一九四〇。
矢內原忠雄著、周憲文譯，《日本帝國主義下之臺灣》。臺灣研究叢刊第三十九種（臺北：臺灣銀行經濟研究室，一九六四。
司馬嘯青，《臺灣日本總督》。臺北：玉山社，二〇〇五。
田健治郎傳記編纂會著（代表者內田嘉吉），《田健治郎傳記》。東京：大空社，一九八八。

外務省編，《外地法制誌》，第三卷、第四卷。東京：文生書院，一九九〇年據一九五九年復刻本。
朱德蘭，《臺灣總督府と慰安婦》。東京：明石書店，二〇〇五。
赤木須留喜，《翼贊、翼壯、翼政》。東京：岩波書店，一九九〇。
吳文星，《日據時期臺灣社會領導階層之研究》。臺北：正中書局，一九九二。
吳濁流，《無花果：臺灣七十年的回想》。臺北：前衛出版社，一九八九。
吳濁流，《臺灣連翹》。臺北：前衛出版社，一九九三。
周婉窈，《日據時代的臺灣議會設置請願運動》。臺北：自立報系文化出版部，一九八九。
周憲文編著，《臺灣經濟史》。臺北：臺灣開明書局，一九八〇。
林茂生著、林詠梅譯，《日本統治下臺灣的學校教育——其發展及有關文化之歷史分析與探討》。臺北：新自然主義股份有限公司，二〇〇〇。
林惠玉編，《宜蘭耆老談日治下軍事與教育》。宜蘭：宜蘭縣立文化中心，一九九六。
東嘉生著、周憲文譯，《臺灣經濟史概說》。臺北：帕米爾書店，一九八五。
柯志明，《米糖相剋——日本殖民主義下臺灣的發展與從屬》。臺北：群學出版，二〇〇三。
南博著、邱琡雯譯，《日本人論：從明治維新到現代》。新店：立緒文化出版社，二〇〇三。
高淑媛，《經濟政策與產業發展：以日治時期臺灣鳳梨罐頭業為例》。板橋：稻鄉出版社，二〇〇七。
張宗漢，《光復前臺灣之工業化》。臺北：聯經出版事業公司，一九八〇。
陳小沖，《日本殖民統治臺灣五十年史》。北京：社會科學文獻出版社，二〇〇五。

許介鱗編著，《臺灣史記 日本殖民統治篇2》。臺北：文英堂出版社，二〇〇七。
陳正茂編著，《臺灣經濟發展史》。臺北：新文京開發有限公司，二〇〇三。
陳錦榮等編譯，《日據初期司法制度檔案》。臺中：臺灣省文獻委員會，一九八二。
游鑑明，《日據時期臺灣的女子教育》。臺北：臺灣師範大學歷史研究所，一九八八。
湯重南等編，《日本帝國的興亡》上冊。北京：世界知識出版社，一九九六。
黑羽清隆，《昭和史（上）戰爭と民眾》。大阪：飛鳥株式會社，一九八九。
黃秀政，《臺灣史研究》。臺北：臺灣學生書局，一九九二。
黃俊銘，《總督府物語──臺灣總督府暨官邸的故事》。新店：遠足文化事業股份有限公司，二〇〇四。
黃昭堂，《臺灣總督府》。東京：教育社，一九九一。
黃昭堂、黃英哲譯，《臺灣總督府》。臺北：前衛出版社，二〇〇四。
黃靜嘉，《春帆樓下晚濤急──日本對臺灣殖民統治及其影響》。臺北：臺灣商務印書館，二〇〇二。
葉肅科，《日落臺北城：日治時代臺北都市發展與臺人日常生活（一八九五─一九四五）》。臺北：自立晚報社文化出版部，一九九三。
笠原一男著，《詳說日本史研究》。東京：山川出版社，一九八三。
臺北市萬華區第一戶政事務所編，《日據時期官制與戶籍綜析》（臺北：萬華區第一戶政事務所，一九九七）。
劉匯湘，《日據時期臺灣警察之研究》。臺北：臺灣省警務處，一九五二。

劉鳳翰，《日軍在臺灣：一八九五年至一九四五年的軍事措施與主要活動》上冊。新店：國史館，一九九七。

賴英照，《臺灣金融版圖之回顧與前瞻》。臺北：聯經出版事業公司，一九九七。

藤井志津枝，《日本治理臺灣的計策——理蕃》。臺北：文英堂出版社，一九九七。

五、論文

王先明，〈人、人口與社會結構：關於社會史一個基本理論問題之討論〉，收入張國剛主編，《中國社會史評論》第五輯。北京：商務印書館，二〇〇七。

王泰升，〈日本殖民統治下臺灣的「法律暴力」及其歷史評價〉，收入《國立政治大學歷史學報》第二十五期。臺北：國立政治大學歷史系，二〇〇六。

西川長夫，〈日本型國民國家の形成〉，收入西川長夫、松宮秀治編，《幕末・明治期の國民國家形成と文化變容》。東京：新曜社，一九九五。

辛德蘭（朱德蘭），〈近代日本皇室的視察活動：沖繩與臺灣的比較研究（一八九一—一九四一）〉，收入辛德蘭主編，《第十屆中琉歷史關係國際學術會議論文集》。臺北：中琉文化經濟協會，二〇〇七。

辛德蘭（朱德蘭），〈基隆社寮島的石花菜與琉球人村落（一八九五—一九四五）〉，收入琉球中國關係國際學術會議編集，《第十一回琉中歷史關係國際會議論文集》。那霸：琉球中國關係國際學術會議，二〇〇八。

何鳳嬌，〈日據時期臺灣農民對製糖會社侵奪之抗爭〉，收入《國史館館刊》復刊第十一期。臺北：國史館，一九九一。
李崇僖，〈日本時代臺灣警察之研究〉。臺北：國立臺灣大學法律研究所碩士論文，一九九六。
牧原憲夫，〈文明開化論〉，收入《岩波講座日本通史第十六巻近代一》。東京：岩波書店，一九九四。
林淑華，〈日治前期臺灣縱貫鐵路之研究（一八九五—一九二〇）〉。臺北：國立臺灣師範大學歷史研究所碩士論文，一九九九。
徐勇，〈太平洋戰爭與侵華戰爭〉，收入李玉、駱靜山主編，《太平洋戰爭新論》。北京：中國社會科學出版社，二〇〇〇。
梁華璜，〈竹林事件探討：日本帝國掠奪臺灣林地之一例〉，《歷史學報》第五號。臺南：國立成功大學歷史學系，一九七八。
許佩賢，〈殖民地臺灣的近代學校〉，收入若林正丈、吳密察主編，《跨界的臺灣史研究——與東亞史的交錯》。臺北：播種者文化有限公司，二〇〇四。
許雪姬，〈皇民奉公會的研究——以林獻堂的參與為例〉，《中央研究院近代史研究所集刊》第三一期。臺北：中央研究院近代史研究所，一九九九。
傅琪貽，〈論近代日本的「國家認同」：以臺灣「高砂族」的認同為例〉，收入黃自進編，《東亞世界中的日本政治社會特徵》。臺北：中央研究院人文社會科學研究中心亞太區域專題研究中心，二〇〇八。
楊榮慶、劉相平，〈臺灣高砂義勇隊考論〉。《臺灣研究集刊》第三期。廈門：廈門大學臺灣研究學院，二〇〇六。

蔡易達，〈臺灣總督府基層統治組織之研究——保甲制度與警察〉。臺北：文化大學日文研究所碩士論文，一九八八。
蔡龍保，《殖民統治之基礎工程：日治時期臺灣道路事業之研究（一八九五—一九四五）》。臺北：臺灣師範大學歷史學系，二〇〇八。
鄭淑屏，〈臺灣在日據時期警察法令與犯罪控制〉。臺北：輔仁大學法律研究所碩士論文，一九八六。
鄧瑋羚，〈糖業剝削：「臺灣糖業帝國」如何剝削〉，收入許介鱗編著，《臺灣史記：日本殖民統治篇二》。臺北：文英堂出版社，二〇〇七。
劉巍，〈太平洋戰爭爆發前夕的國際政治格局（一九一九—一九四一）〉，收入《太平洋戰爭新論》。北京：中國社會科學出版社，二〇〇〇。
藤井志津枝，〈日據時期「理蕃」政策〉，收入李國祈總纂，《臺灣近代史政治篇》。南投：臺灣省文獻委員會，一九九五。

六、其他

陸軍省昭和十四年一月六日陸普第一一號，〈日本精神發揚週間實施要綱ニ關スル件陸軍一般へ通牒〉。アジア歷史資料センター——資料庫。http://www.jacar.go.jp/二〇〇五年十二月一日引用。
梅棹忠夫等監修，《日本語大辭典》（東京：講談社，一九八九）。
臺北市文獻委員會主辦、臺北市婦女救援基金會策劃「女性與殖民地臺灣慰安婦關懷展」圖片。展覽期間二〇〇二年十月二十四日至十月二十八日。
環境資訊中心植物簡介，http://e-info.org.tw/; http://tnl.org.tw/. 二〇〇八年五月五日引用。

第二篇

一、史料、資料集

入江德郎等編，《新聞集成昭和史の證言》，昭和十四年第一三卷、昭和十九年第一八卷。東京：本邦書籍株式會社，一九八三、一九八五。
中央檔案館、中國第二歷史檔案館、吉林省社會科學院合編，《日本帝國主義侵華檔案資料選編：華北歷次大慘案》。北京：中華書局，一九九五。
公安部檔案館編，《史證——日本戰犯侵華罪行懺悔實錄》。北京：中國人民公安大學出版社，二〇〇五。
〈日據時期臺灣戶籍資料〉
中國史學會、中國社會科學院近代史研究所編，《血證——侵華日軍暴行紀實日誌》。四川：成都出版社，一九九五。
朱德蘭編集、解說，《臺灣慰安婦關係資料集》。東京：不二出版社，二〇〇一。

防衛廳防衛研修所戰史室，《戰史叢書南方進攻陸軍航空作戰》。東京：朝雲新聞社，一九七〇。

厚生省援護局編，《南方　支那　臺灣方面陸上部隊略歷第二回追錄》。東京：厚生省，一九六三。

後藤乾一、高崎宗司、和田春樹共編，《政府調查「從軍慰安婦」關係資料集成》，第一卷、第二卷、第五卷。東京：龍溪書舍，一九九七、一九九八。

廈門市檔案局、檔案館編，《廈門抗日戰爭檔案資料》。廈門：廈門大學出版社，一九九七。

《尋常小學修身書》卷四。東京：文部省，一九二〇。

〈臺灣拓殖株式會社文書〉

〈臺灣總督府公文類纂〉

臺灣警備總司令部編，《日軍占領臺灣期間之軍事設施史實》。臺北：臺灣警備總司令部，一九四八。

二、報紙、雜誌

《臺灣日日新報》

《臺灣拓殖株式會社社報》

三、當時人著作

大園市藏編，《臺灣人事態勢と事業界》。臺北：新時代社臺灣支社，一九四二。

大塚清賢編，《躍進臺灣大觀》第四編。臺北：成文出版社，一九八五年據一九三九年復刻本。

中山馨、片山清夫，《躍進高雄の全貌》。臺北：成文出版社，一九八五年據一九四〇年複刻本。
平野健編，《廣東の現狀》。廣州：廣東日本商工會議所，一九四三。
杉野嘉助，《臺灣商工十年史》。臺南：杉野嘉助發行，一九一九。
松浦和作，《臺灣商工人名錄》。臺北：臺灣商工人名錄發行所，一九一二。
長野政來監修、株式會社福大公司企劃課編，《南支經濟叢書》第一卷。臺北：福大公司，一九三九。
南支派遣軍報道部編，《廣東誌》。廣州：東洋文化研究所，一九四〇。
兼島兼福，《新興の嘉義市》。嘉義：臺灣出版協會，一九三二。
野田經濟研究所，《戰時下の國策會社》。東京：野田經濟研究所，一九四〇。
橋本白水，《臺灣事業界人物》。臺北：南國出版協會，一九二八。

四、專書

Christian Henriot 著、袁燮銘、夏俊霞譯，《上海妓女——十九～二〇世紀中國的賣淫與性》。上海：古籍出版社，二〇〇四。
Frank O.Hough 著、鈕先鍾譯，《太平洋戰爭島嶼爭奪戰》。臺北：軍事譯粹社，一九七八。
ナヌムの家歴史館後援會編，《ナヌムの家歴史館ハンドブック》。東京：柏書房，二〇〇二。
三日月直之，《臺灣拓殖株式會社とその時代》。福岡：葦書房，一九九三。
小山弘健、淺田光輝著，《日本帝國主義史》下卷。東京：新泉社，一九八五。

戸部良一，《逆説の軍隊》。東京：中央公論社，一九九八。
伊藤正德著，《帝國陸軍の最後——進攻篇》。東京：文藝春秋新社，一九五九。
吉見義明，《從軍慰安婦》。東京：岩波書店，一九九五。
朱德蘭，《臺灣總督府と慰安婦》。東京：明石書店，二〇〇五。
江口圭一，《日本帝國主義史研究》。東京：青木書店，一九九八。
坂本雅子，《財閥と帝國主義——三井物產と中國》。京都：ミネルヴァ書房，二〇〇三。
李恩涵，《日本軍戰爭暴行之研究》。臺北：臺灣商務印書館，一九九四。
服部卓四郎著、軍事譯粹社編輯室（譯）《大東亞戰爭全史》第一冊。臺北：軍事譯粹社，一九七八。
若槻泰雄著、趙自瑞等譯，《日本的戰爭責任》。北京：社會科學文獻出版社，一九九九。
秦郁彥編，《日本陸海軍總合事典》。東京：東京大學出版會，一九九一。
唐權，《海を越えた艶ごと日中文化交流秘史》。東京：新曜社，二〇〇五。
陳千武，《活著回來：日治時期臺灣特別志願兵的回憶》。臺中：晨星出版社，一九九九。
笠原一男，《詳說日本史研究》。東京：山川出版社，一九八三。
森山康平著、天津市政協編譯委員會譯，《南京大屠殺與三光作戰：記取歷史教訓》。四川：教育出版社，一九八四。
福地重孝，《軍國日本の形成：士族意識の展開とその終末》。東京：春秋社，一九五九。
劉鳳翰，《日軍在臺灣：一八九五年至一九四五年的軍事措施與主要活動》上冊。新店：國史館，一九九七。

蘇智良，《慰安婦研究》。上海：上海書店，一九九九。

五、論文

牛泊，〈北黎日軍慰安所情況調查錄〉，收入符和積主編，《鐵蹄下的腥風血雨——日軍侵瓊暴行實錄》。海口：海南出版社，一九九五。

羊杰臣，〈日軍侵占崖縣及其暴行紀實〉，收入符和積主編，《鐵蹄下的腥風血雨——日軍侵瓊暴行實錄》。海口：海南出版社，一九九五。

朱德蘭，〈一九三九—一九四五日占海南下的皇軍「慰安婦」〉，《人文學報》第二五期。中壢：國立中央大學文學院，二〇〇二。

朱德蘭，〈日治時期臺灣花柳業問題〉，《人文學報》第二七期。中壢：中央大學文學院，二〇〇三。

朱德蘭，〈臺灣拓殖株式會社的政商網絡關係（一九三六—一九四五）〉，《臺灣史研究》，第一二卷第二期。臺北：中央研究院臺灣史研究所，二〇〇五。

林孟欣，〈臺灣總督府對岸政策之一環——福大公司對閩粵的經濟侵略〉（臺南：國立成功大學歷史研究所碩士論文，一九九四）。

長岡新治郎，〈華南施策と臺灣總督府——臺灣拓殖、福大公司の設立を中心として〉，收入中村孝志編，《日本の南方關與と臺灣》。奈良：天理教道友社，一九八八。

藤永壯，〈上海の日本軍慰安所と朝鮮人〉，《國際都市上海》。大阪：大阪產業大學產業研究所，一九九五。

藤原彰，〈海南島における日本海軍の「三光作戰」〉，《季刊戰爭責任研究》第二四號（東京：日本の戰爭責任資料センター，一九九九夏季號）。

韓國挺身隊問題對策協議會、韓國挺身隊研究會編，金鎮烈、黃一兵合譯，〈十二歲的時候我走進了「彰化慰安所」〉、〈在臺灣洞穴裡做了海軍慰安婦〉、〈我下船的那個港口是臺灣彰化〉，收入《被掠往侵略戰場的慰安婦》。北京：中國文史出版社，二〇〇一。

六、其他

日外アソシエーツ株式會社編，《二〇世紀日本人名事典》。東京：日外アソシエーツ株式會社，二〇〇四。

太平洋戰爭研究會編著，《圖說帝國陸軍：舊日本陸軍完全ガイド》。東京：翔泳社，一九九五。

沖繩大百科事典刊行事務局編，《沖繩大百科事典》。沖繩：タイムス社，一九八三。

東京音樂學校，〈海行かば〉。東京：戰前唱片編號一三三三六，錄製年不詳。

清水留吉編，《臺灣總職員錄》。臺北：臺灣實業新報社，一九三三。

陳鵬仁編，《近代日本軍政外交人員職名錄》。臺北：國史館，一九九四。

福川秀樹編，《日本陸海軍人名辭典》。東京：芙蓉書房，二〇〇〇。

鈴木辰三編，《臺灣官民職員錄》。臺北：臺灣官民職員錄發行所，一九三〇。

《臺灣人物誌》。臺北：漢珍公司製作數位圖書資料庫。http://tbmc.infolinker.com.tw 二〇〇八年五月三十日引用。
臺灣經世新報社編，《復刻版臺灣大年表》。東京：綠蔭書房複製本，一九九二。

第三篇

一、史料、資料集

〈日據時期臺灣戶籍資料〉
〈陸亞密大日記〉
吉見義明編集、解說，《從軍慰安婦資料集》、東京：大月書店，一九九三。
朱德蘭編集、解說，《臺灣慰安婦關係資料集》。東京：不二出版社，二〇〇一。
李宣鋒採訪、江連全記錄，〈臺灣省文獻會調查慰安婦相關史料〉。南投：臺灣省文獻委員會，一九九一。
椿木義一，《基隆港大觀》。臺北：成文出版社，一九八五年據一九三二年復刻本。
厚生省援護局編，《南方・支那・臺灣方面陸上部隊略歷　第二回追錄》。東京：厚生省援護局，一九六三。
後藤乾一、高崎宗司、和田春樹共編，《政府調查「從軍慰安婦」關係資料集成》第一卷。東京：龍溪書舍，一九九七。

基隆郡役所庶務課編，《基隆郡勢要覽》。臺北：成文出版社，一九八五年據一九三六年復刻本。
鈴木裕子編，《日本軍「慰安婦」關係資料集成》下冊。東京：明石書店，二〇〇六。
臺北市婦女救援基金會訪查，〈臺灣慰安婦認證資料〉。臺北：臺北市婦女救援基金會收藏，不公開資料。

二、報紙、雜誌

《基隆廳報》
《臺北州報》
《臺北廳報》
《臺灣日日新報》

三、當時人著作

山川隣，《戰時體制下に於ける事業及び人物》。東京：東京電報通信社，一九四四年初版，大空社，一九九〇年復刻本。
中山馨、片山清夫著，《躍進高雄の全貌》。臺北：成文出版社，一九八五年據一九四〇年復刻本。
荒川禎三，《大廣東》。臺北：杉田書店，一九四〇。
臺灣總督府警務局，《臺灣の衛生》。臺北：臺灣總督府警務局衛生課，一九三九。
廣松良臣，《帝國最初の植民地臺灣の現況附南洋事情》。臺北：臺灣圖書刊行會，一九一九。

四、專書

George Hicks 著、濱田徹（譯），《性の奴隸從軍慰安婦》。東京：三一書房，一九九五。
小林よしのり（小林善紀），《新ゴーマニズム宣言 SPECIAL 臺灣論》。東京：小學館，二〇〇〇。
山田盟子，《慰安婦たちの太平洋戰爭：秘められた女たちの戰記》。東京：光人社，一九九四。
尹明淑著，《日本の軍隊慰安所制度と朝鮮人軍隊慰安婦》。東京：明石書店，二〇〇三。
向山寛夫，《臺灣高砂族の抗日蜂起──霧社事件》。東京：中央經濟研究所，一九九九。
吉見義明，《從軍慰安婦》。東京：岩波書店，一九九五。
朱德蘭，《臺灣總督府と慰安婦》。東京：明石書店，二〇〇五。
伊藤正德著，《帝國陸軍最後──終末篇》。東京：文藝春秋新社，一九六一。
余繩武、劉存寛主編，《十九世紀的香港》。香港：麒麟書業有限公司，一九九七。
柳本通彥，《臺灣先住民．山の女たちの「聖戰」》。東京：現代書館，二〇〇〇。
高橋功編著，《軍妓》。臺北：漢湘文化事業股份有限公司，一九九四。
張玉法，《中華民國史稿》。臺北：聯經出版社，一九八八。
莊淑旂口述，許雪姬執筆，《莊淑旂回憶錄》。臺北：遠流出版社，二〇〇一。
許介鱗編，《證言霧社事件》。東京：草風館，一九八五。
董雲虎主編、張曉玲著，《婦女與人權》。北京：新華出版社，一九九八。

蔡慧玉編著，吳玲青整理，〈蕭金海先生訪問紀錄〉，《走過兩個時代的人──臺籍日本兵》。臺北：中央研究院臺灣史研究所籌備處，一九九七。

賴青松、蕭志強譯，《臺灣論：新傲骨精神宣言》。臺北：前衛出版，二〇〇一。

謝安邦、何布峰合著，《世界現代後期軍事史》。北京：中國國際廣播出版社，一九九六。

韓國挺身隊問題對策協議會、韓國挺身隊研究會編，金鎮烈、黃一兵譯，《被掠往侵略戰場的慰安婦》。北京：中國文史出版社，二〇〇一。

臺灣警備總司令部，《日軍占領臺灣期間之軍事設施史實》。臺北：臺灣警備總司令部，一九四八。

五、論文

小濱正子著、葛濤譯，〈利用口述史料研究中國近現代史的可能性──以山西省盂縣日軍性暴力研究為例〉，《史林》第三期。上海：上海社會科學院歷史研究所，二〇〇六。

中村ふじゑ，〈臺灣・原住民イアン・アパイさんの場合〉，收入VAWW-NET Japan編，《「慰安婦」・戰時性暴力の實態I：日本、臺灣、朝鮮編》。東京：綠風出版，二〇〇〇。

羊杰臣，〈日軍侵占崖縣及其暴行紀實〉，收入符和積主編，《鐵蹄下的腥風血雨──日軍侵略暴行實錄（下）》。海口：海南出版社，一九九五。

朱德蘭，〈一九三九──一九四五日占海海南下的皇軍「慰安婦」〉，《人文學報》第二十五期。中壢：中央大學文學院，二〇〇二。

朱德蘭，〈日治時期臺灣花柳業問題（一八九五—一九四五）〉，《人文學報》第二十七期。中壢：國立中央大學文學院，二〇〇三。
朱德蘭，〈一九三九—一九四五在海南島的臺灣「慰安婦」〉，收入賴澤涵、朱德蘭主編，《歷史視野中的兩岸關係（一八九五—一九四五）》。臺北：海峽學術出版社，二〇〇五。
李展平，〈叢林之虎—臺灣高砂義勇隊證言〉，收入《烽火歲月—臺灣人的戰時經驗》。南投：國史館臺灣文獻館，二〇〇五。
辛德蘭（朱德蘭），〈近代日本天皇制國民國家意識在臺灣的傳播（一八九五—一九四五）〉，收入黃自進主編，《東亞世界中的日本政治社會特徵》。臺北：中央研究院人文社會科學研究中心，二〇〇八。
陳春梅，〈北管音樂〉收入教育部編，《中國民間傳統技藝論文集》下冊。臺北：教育部，一九八四。
莊珮柔，〈日治時期礦業發展與地方社會—以瑞芳地區為例（一八九五—一九四五）〉。中壢：國立中央大學歷史研究所碩士論文，二〇〇〇。
陳凱雯，〈帝國玄關—日治時期基隆的都市化與地方社會〉。中壢：國立中央大學歷史研究所碩士論文，二〇〇五。
傅琪貽，〈論近代日本的「國家認同」：以臺灣「高砂族」的認同為例〉，收入黃自進編，《東亞世界中的日本政治社會特徵》。臺北：中央研究院人文社會科學研究中心亞太區域專題研究中心，二〇〇八。
廣田和子，〈トラック島の從軍慰安婦：藝妓「菊丸」〉，收入《女性たちの太平洋戰爭》。東京：新人物往來社，一九九四。

藤井志津枝，〈日據時期「理蕃」政策〉，收入李國祈總纂，《臺灣近代史政治篇》。南投：臺灣省文獻委員會，一九九五。
藤原彰，〈海南島における日本海軍の「三光作戰」〉，《戰爭責任研究》第二十四號。東京：日本の戰爭責任資料センター——，一九九九年夏季號。

六、其他

南洋事情研究會編，《南方地名辭典》。東京：婦女界社，一九四二。
梅棹忠夫等監修，《日本語大辭典》。東京：講談社，一九八九。
朝日新聞社調查研究室人員二宮順，〈ボルネオ物語〉《秘錄大東亞戰史——蘭印篇》。東京：富士書苑，一九五三。
椎野八束編，《太平洋戰爭戰鬥地圖》。東京：新人物往來社，一九九六。
福川秀樹編，《日本陸海軍人名辭典》。東京：芙蓉書房，二〇〇〇。
維基百科事典。（http://ja.wikipedia.org/wiki）二〇〇八年六月一日引用。
臺北市婦女救援基金會策劃、朱德蘭（計畫主持人）撰述，《歷史的傷口：臺籍慰安婦口述歷史計畫成果報告》。臺北：臺北市政府文化局補助計畫，二〇〇二年十一月至二〇〇四年五月。
臺灣警備總司令部，〈臺灣地區日韓官兵僑民配置要圖〉《臺灣省軍事接收總報告》。臺北：臺灣警備總司令部，一九四六。

臺灣總督府編，《公學校唱歌》。臺北：臺灣總督府，出版年未標示。

結論

一、法庭裁判資料

臺灣の元「慰安婦」裁判を支援する會整理，〈日本で行われている日本軍性暴力被害者裁判一覧〉。東京：
臺灣の元「慰安婦」裁判を支援する會，二〇〇四。

二、專書

董雲虎主編、張曉玲著，《婦女與人權》。北京：新華出版社，一九九八。

各篇插圖來源

導論

插圖　臺灣慰安婦資料展示會中的阿嬤圖像。引自臺北市文獻委員會主辦、臺北市婦女救援基金會策劃「女性與殖民地臺灣慰安婦關懷展」圖片。展覽期間二〇〇二年十月二十四日至十月二十八日。作者拍攝。

第一篇

插圖　原住民美女圖。作者繪圖。

第一章

圖1－1　兒玉源太郎圖。臺灣總督府警務局編，《臺灣總督府警察沿革誌》第一編。東京：綠蔭書房，一九八六復刻本，未編頁碼。

第二章

圖2－1　歷任警察本署長圖。臺灣總督府警務局編，《臺灣總督府警察沿革誌》第一編。東京：綠蔭書房，

一九八六復刻本，未編頁碼。

圖2－2　一八九八年臺灣警力擴展圖。臺灣總督府警務局編，《臺灣總督府警察沿革誌》第一編。東京：綠蔭書房，一九八六復刻本，未編頁碼。

圖2－3　一九〇一年穿著夏季制服的警察官吏及巡查圖。臺灣總督府警務局編，《臺灣總督府警察沿革誌》第一編。東京：綠蔭書房，一九八六復刻本，未編頁碼。

圖2－4　一九〇八年穿著冬季制服的警察官吏及巡查圖。臺灣總督府警務局編，《臺灣總督府警察沿革誌》第一編。東京：綠蔭書房，一九八六復刻本，未編頁碼。

圖2－5　低階警察及隘勇圖。臺灣總督府警務局編，《臺灣總督府警察沿革誌》第一編。東京：綠蔭書房，一九八六復刻本，未編頁碼。

第三章

圖3－1　奏樂助興的臺灣藝人。作者繪圖。

圖3－2　身穿旗袍遊湖的臺灣美女。作者繪圖。

第四章

圖4－1　臺灣人全家參拜神宮圖。引自臺北市文獻委員會主辦、臺北市婦女救援基金會策劃「女性與殖民地臺灣慰安婦關懷展」圖片。展覽期間二〇〇二年十月二十四日至十月二十八日。作者拍攝。

圖4－2　皇民奉公會組織圖。《臺灣日日新報》，一九四一年四月十九日，頁一。作者重製。

圖4－3　有關中日戰爭的新聞報導。《臺灣日日新報》，一九三八年七月七日，頁六。作者翻拍。

圖4－4　縫製慰問袋的臺灣阿婆。引自臺北市文獻委員會主辦、臺北市婦女救援基金會策劃「女性與殖民地臺灣慰安婦關懷展」圖片。展覽期間二〇〇二年十月二十四日至十月二十八日。作者拍攝。

圖4－5　「盡忠報國」血書志願。《臺灣日日新報》，一九四一年七月六日，頁八。作者翻拍。

圖4－6　血書志願的臺灣青年岩里政男。《臺灣日日新報》，一九四四年二月二十五日，頁四。作者翻拍。

第二篇

插圖　臺灣慰安婦資料展示會中的慰安所模型圖。引自臺北市文獻委員會主辦、臺北市婦女救援基金會策劃「女性與殖民地臺灣慰安婦關懷展」圖片。展覽期間二〇〇二年十月二十四日至十月二十八日。作者拍攝。

第五章

圖5－1　臺灣慰安婦關係資料中的亞洲日軍慰安所分布圖。作者繪圖。

圖5－2　臺南興建軍人會館新聞《臺灣日日新報》，一九四三年九月十四日，頁四。作者翻拍。

圖5-3 基隆興建陸海軍娛樂慰安所新聞。《臺灣日日新報》，一九四〇年七月二十七日，頁一一。作者翻拍。

圖5-4 嘉義興建軍人慰安所新聞。《臺灣日日新報》，一九三九年九月十六日，頁五。作者翻拍。

圖5-5 臺灣慰安婦關係資料中的臺澎群島日軍慰安所分布圖。作者繪圖。

第六章

圖6-1 臺拓會社政商網絡關係簡圖（一九三六—一九四五年）。朱德蘭，〈臺灣拓殖株式會社的政商網絡關係（一九三六—一九四五）〉，《臺灣史研究》，第十二卷第二期。臺北：中央研究院臺灣史研究所，二〇〇五，頁一一七。

圖6-2 海南島簡圖。作者繪圖。

圖6-3 海南島海軍慰安所需求慰安婦文件。引自朱德蘭編集、解說，《臺灣慰安婦關係資料集》，第一卷。東京：不二出版社，二〇〇一，頁二一七。

圖6-4 奧田甚三郎募集慰安婦文件。引自朱德蘭編集、解說，《臺灣慰安婦關係資料集》，第1卷。東京：不二出版社，二〇〇一，頁二二八。

圖6-5 充當慰安婦的日本藝妓。作者繪圖。

圖6-7 充當慰安婦的日本酌婦。作者繪圖。

圖6-8 充當慰安婦的日本藝・娼妓。作者繪圖。

第三篇

插圖　臺灣官吏核發慰安所關係證明。引自後藤乾一、高崎宗司、和田春樹共編，《政府調查「從軍慰安婦」關係資料集成》第一卷。東京：龍溪書舍，一九九七，頁二二八～二二九。

第八章

圖8－1　日本憲兵隊發出臺籍慰安婦渡航廣西南寧的證明。引自後藤乾一、高崎宗司、和田春樹共編，《政府調查「從軍慰安婦」關係資料集成》第一卷。東京：龍溪書舍，一九九七，頁一五六～一五九。

圖8－2　臺灣藝旦。作者繪圖。

圖8－3　南方軍要求增派臺籍慰安婦電報。引自〈陸亞密大日記〉S17-58。東京：防衛廳收藏。

圖8－4　臺灣慰安婦來源圖。作者繪圖。

圖8－5　臺灣動員系統募集慰安婦途徑圖。作者繪圖。

第九章

圖9－1　慰安所入口售票桌模型。引自臺北市文獻委員會主辦、臺北市婦女救援基金會策劃「女性與殖民地臺灣慰安婦關懷展」圖片。展覽期間二〇〇二年十月二十四日至十月二十八日。作者拍攝。

圖9－2　慰安婦身體檢查診斷臺模型。引自臺北市文獻委員會主辦、臺北市婦女救援基金會策劃「女性與

第十章

第十一章

圖11－4 表演舞蹈的沈中阿嬤。婦援會提供。
圖11－5 沈中阿嬤。婦援會提供。
圖11－6 「軍旗功勳」勳章。作者拍攝。
圖11－7 阿柿阿嬤種植花木。作者拍攝。
圖11－8 阿柿阿嬤閱讀聖經。作者拍攝。

結論

插圖 二〇〇四年臺灣慰安婦抗議活動。婦援會提供。
圖1 婦援會為臺灣阿嬤進行心理治療，參加手繪面具活動的阿嬤合影。婦援會提供。
圖2 臺灣阿嬤的彩繪面具。婦援會提供。

索引

中文

二畫

三畫

四畫

五畫

六畫

七畫

八畫

九畫

十畫

十一畫

十二畫

十三畫

十四畫

十五畫

英文

S

T

Y